Paul Nolte

LEBENS WERK

PAUL NOLTE

LEBENS WERK

Thomas Nipperdeys Deutsche Geschichte –

Biographie eines Buches

C.H.BECK

Mit 9 Abbildungen

Satz: Fotosatz Amann, Memmingen
Druck und Bindung: Beltz Bad Langensalza GmbH, Bad Langensalza
Umschlaggestaltung: Kunst oder Reklame, München
Umschlagabbildung: Manuskriptseite «Deutsche Geschichte»;
Nachlass Thomas Nipperdey
Gedruckt auf säurefreiem, alterungsbeständigem Papier
(hergestellt aus chlorfrei gebleichtem Zellstoff)
Printed in Germany
ISBN 978 3 406 72141 0

www.chbeck.de

Inhalt

I. Prolog: Drei dicke Bände – wo kommt das her?

Da steht ein Buch im Regal – nein, drei Bücher, an gleichem Format und gleicher Beschriftung auf dem Umschlag unschwer als zusammengehörig zu erkennen, als drei Bände eines einzigen Werkes. Drei dicke Bände sind das, gut sechzehn Zentimeter Regalplatz nehmen sie ein: im heimischen Wohn- oder Arbeitszimmer ein repräsentativer Blickfang, während Bibliotheken inzwischen scharf kalkulieren, welche Kosten jeder Zentimeter Regalplatz verursacht. Man könnte das Buch auch auf einem Server ablegen, und wäre es dann nicht viel leichter und universeller zugänglich? Wenn man die Sprache von Büchern zu lesen gelernt hat, die sich in ihrer «Ausstattung», wie die Fachleute sagen, schon äußerlich manifestiert, ist schnell klar: Das ist keine Romantrilogie, keine Reihe von Kochbüchern oder Lebensratgebern. Es ist ein wissenschaftliches Werk, die gelehrte Leistung eines Professors, die dennoch nicht im Elfenbeinturm bleiben will, sondern in die Wohnungen eines gebildeten und neugierigen Publikums strebt. Geschichte, der Blick in die eigene oder eine fremde Vergangenheit, geht da immer gut, bei Zahnärzten und Lehrerinnen, bei Pfarrern, Juristinnen und Ingenieuren. Auf allen drei Bänden steht derselbe Name: Thomas Nipperdey. Das ist der Autor. Und der Titel: Deutsche Geschichte, mit einer Zeitangabe: 1800–1866 auf dem ersten Band, 1866–1918 auf den beiden anderen. Deutsche Geschichte von der Zeit der Französischen Revolution und Napoleons bis zum Ende des Ersten Weltkriegs, der bereits hundert Jahre zurückliegt.

Wo kommt das her? Der Ingenieur würde vielleicht sagen: Das ist doch klar, aus der Druckerei, der Buchbinderei, die Bücher technisch und materiell produzieren. Aus dem Verlag, würden andere sagen, also der Schnittstelle zwischen dem Autor und seinen Lesern, zwischen Wissenschaft und Publikum, zwischen geistiger Leistung und Marktprodukt. «Verlag C.H.Beck» steht dezent, aber auch nicht ganz unauffällig auf allen drei Büchern. Die Juristin kennt das Münchner Haus von ihren Gesetzessammlungen; andere wissen: Es gibt auch einen geistes- und kulturwissenschaftlichen Zweig, bei dem einem Adjektive wie seriös und prestigereich einfallen. Wo kommt das her? Aus der Feder des Autors, aus der vermutlich langjährigen Schreibarbeit

Thomas Nipperdeys. Oder nicht vielmehr aus seinem Kopf, aus unzähligen neuronalen Verknüpfungen, die in ihrer Summe das Wissen dieses Buches generiert haben? Aber es ist ja kein Roman, und Wissenschaft keine Kopfgeburt eines Individuums. Solch ein Werk, solch eine Gesamtdarstellung vielfältig verzweigten Spezialwissens ist eine «Summe der Forschung», wie man im akademischen Jargon früher sagte. Es kommt also aus der Anstrengung Vieler, bei denen sich der Autor Thomas Nipperdey bedient hat: aus dem komplexen sozialen Netzwerk, welches Wissenschaft erst konstituiert, und aus den Interessen und Erkenntnissen, die dieses Netzwerk der Wissenschaft zu einer bestimmten Zeit produziert – und gegenüber anderen möglichen Erkenntnissen präferiert – hat. Das kann ich Dir sagen, wo das herkommt, meint wieder ein Anderer, schlägt die Bände auf und zeigt auf die Erscheinungsjahre: 1983, 1990 und 1992. In dieser Zeit erwachte in Deutschland ein neues Interesse an der Geschichte, an dem, was die eigene Nation und Gesellschaft ausmacht zunächst angesichts der zementiert scheinenden Teilung, dann der überraschenden Wiedervereinigung. Überhaupt ist das sehr deutsch: das große Werk als Krone der Wissenschaft.[1] Wo kommt das her? Aus vielen Quellen, und der Pfarrer würde womöglich vorsichtig hinzusetzen: auch aus solchen, die rational nicht verfügbar oder erklärbar sind – der Autor Thomas Nipperdey hätte dem zugestimmt.

Das Buch ist nicht irgendeines. Es hat Preise gewonnen, seinem Verfasser Ruhm eingebracht und auch Geld. Es ist ein «Standardwerk», auf das man sich beziehen kann, das verlässliche Informationen liefert, mit dem sich Studierende auf die Prüfung vorbereiten können. Aber populär wie Harry Potter ist es nicht, und den Höhepunkt seines Ruhmes und seiner Bekanntheit hat es vermutlich längst überschritten. Als es vor rund drei Jahrzehnten erschien, stand sein Stoff im Zentrum der universitären und schulischen Lehrpläne, und häufig sogar im Mittelpunkt öffentlicher und politischer Debatten wie im «Historikerstreit» der Jahre 1986/87. Die Deutschen galten damals als historisch verunsichert. Sie suchten eine «Identität», wie man häufig sagte, im Angesicht der nationalsozialistischen Vergangenheit, deren realer Schrecken und tief traumatische Wirkung mehr als eine Generation nach ihrem Ende überhaupt erst zu Bewusstsein kam. Wie kam es dazu, zum 30. Januar 1933, zur Preisgabe der Demokratie, zur Errichtung einer Herrschaft von Gewalt und Krieg, zu Terror und Massenmord? Der Blick richtete sich in die Geschichte: Da muss doch etwas schiefgelaufen sein, in den Jahrzehnten davor, in der Zeit des Kaiserreichs, im 19. Jahrhundert einschließlich der weithin gescheiterten Revolution von 1848/49. Was machte Deutschland anders als Frankreich, England oder die USA, also die westlichen Siegermächte, die nach 1945 zu leuchtenden Vorbildern eines besseren Weges in die liberale Demokratie stilisiert wurden?

Andererseits: Ging denn das 19. Jahrhundert in der Vorgeschichte des Nationalsozialismus auf, erst recht in der Vorgeschichte von «Auschwitz», wie man damals noch metaphorisch (und im Unwissen über viele der realen Mordvollzüge) für den Holocaust sagte? Der Ausgang der Geschichte war doch 1849 oder 1871 oder auch 1918 nicht festgelegt, nicht determiniert. Und welche Leistungen, welche Fortschritte hatte das 19. Jahrhundert gebracht! Das setzte das Leitmotiv für Thomas Nipperdeys Darstellung dieser Zeit. Da waren die stürmische soziale und wirtschaftliche Entwicklung und die technischen Leistungen, die den Alltag zumal in den großen Städten revolutionierten – das Leben in Berlin am Vorabend des Ersten Weltkriegs glich eher dem ein Jahrhundert später als hundert Jahre zuvor. Da waren die wissenschaftlichen und kulturellen Leistungen, von den bildenden Künsten, der Musik, dem Theater bis zum Aufstieg der deutschen Geistes- und Naturwissenschaften zu einer weltweit führenden Position im späten Kaiserreich. Aber da waren auch vielschichtige politische Verhältnisse, in denen Obrigkeitsstaat, Autorität und Gehorsam mit beginnender Massenpartizipation und einer relativ liberalen Öffentlichkeit zusammengingen.

Das konnte doch nicht bloß eine Vorleistung für Hitler gewesen sein, dem gewissermaßen nicht nachträglich, aus der Perspektive der demokratischen Bundesrepublik, die Macht über alle Vorgeschichte von 1933 überlassen werden sollte! Thomas Nipperdey konnte den «Schattenlinien» des deutschen 19. Jahrhunderts, wie er es in seinem Buch nannte, nicht ausweichen und versuchte doch, diese Epoche anders zu würdigen: aus ihrem eigenen Recht und Selbstverständnis (also «historistisch», wie er es auch selber bezeichnete) ebenso wie mit den Augen des Bürgertums, dessen Leistungen er mit seinem Buch würdigen und gegenüber der Anti-Bürgerlichkeit, die er an der Achtundsechziger-Bewegung kritisierte, verteidigen wollte. «Bürgerwelt und starker Staat»: Der Untertitel des ersten Bandes über die Zeit von Napoleon bis zur Gründung des Norddeutschen Bundes brachte das Leitmotiv des gesamten Werkes auf eine bündige Formel.

Als Historiker und besonders in seinen geschichtstheoretischen Schriften stritt Nipperdey für das Ideal der «Objektivität»: eine Idealvorstellung der Geisteswissenschaften im 19. Jahrhundert, die durch den Aufstieg der Naturwissenschaften zusätzliche Plausibilität gewinnen konnte. Dann bedeutete

Objektivität nicht, wie bei Leopold von Ranke, sich möglichst vorurteilsfrei und umfassend auf die Quellen und das gesamte Webmuster der Vergangenheit einzulassen, sondern Wissen mit dem Anspruch auf Reproduzierbarkeit zu generieren: Ein anderer an meiner Stelle müsste im Prinzip dasselbe herausfinden und es ähnlich darstellen. Aber hier befand sich Thomas Nipperdey in einem ständigen und mehrfachen Konflikt. Da war der Konflikt mit seiner eigenen bildungsbürgerlichen Prägung und Weltsicht, die eine Archäologie des Bürgerlichen im 19. Jahrhundert zugleich zu einer Rechtfertigung gegen Kritiker seiner eigenen Zeit machte, ja sogar zu einer Suche nach den Wurzeln der eigenen Lebensweise und des eigenen Selbstverständnisses. Da war die zutiefst politische Neigung Nipperdeys, eines *political animal*, an dessen Leidenschaft für die Gegenwart sich die nüchterne, gewissermaßen keimfreie Betrachtung der Vergangenheit immer wieder brach. Und da war die Zerrissenheit seines eigenen Urteils über die deutsche Geschichte der jüngsten Zeit, denn auch wenn er sich vorwiegend an einer «kritischen» Sicht auf das 19. Jahrhundert rieb und Kontinuitäten in den Nationalsozialismus durchaus kämpferisch und polemisch zurückwies, wusste er doch, dass seine wissenschaftlichen und politischen Gegner nicht in allem falsch lagen und die kritische Sicht in sein Bild einer vielfältig abschattierten, von den Grautönen dominierten Geschichte einzufügen sei. Und nicht zuletzt: Als Bildungsbürger, als Geschichtsprofessor, als Gelehrter in seiner Zeit wollte er den Individualismus nicht preisgeben – auch nicht in dem, was seine Arbeit betraf und erschuf: ein großes Werk, das eben nicht jeder andere genauso hätte schreiben können. Leben, Werk und Wissen gingen eine unauflösliche Verbindung ein, die sich in den Geisteswissenschaften noch markanter und konstitutiver zeigt als in den Naturwissenschaften.

Thomas Nipperdey wurde 1927 in Köln geboren und wuchs in sicheren bürgerlichen Traditionen und Verhältnissen auf. Sein Vater war der berühmte Arbeitsrechtler Hans Carl Nipperdey, seit 1925 Professor an der rheinischen Stadtuniversität und seit 1954 erster Präsident des Bundesarbeitsgerichts. Er promovierte in Philosophie – das prägte seinen Zugang zur Geschichte auch später – und habilitierte sich 1961 für Neuere Geschichte. Nach einer ersten Professur an der Technischen Hochschule Karlsruhe kam er 1967 an die Freie Universität Berlin, als die Studentenproteste gerade ihren Höhepunkt erreichten. Nipperdey, der sich wie die meisten in seiner Generation als Reformer verstand und die Demokratie der jungen Bundesrepublik weiterentwickeln wollte – sogar als aktives Mitglied der SPD –, stritt gegen den

Porträtfoto Thomas Nipperdey, 1980

überschießenden Aktionismus, den revolutionären Gestus und die radikale Systemfeindschaft der Westberliner Achtundsechziger und wechselte 1971 enttäuscht und ermüdet ins ruhigere München. Hier setzte er seine politische Aktivität fort, aber begann sich zunehmend zu fragen, was denn, außer Aufsätzen und Gelegenheitsarbeiten, sein nächstes und wichtiges Werk, auch in der Perspektive einer gesamten Lebensplanung, sein solle. Um 1977 begann die Arbeit am ersten Band der Deutschen Geschichte des 19. Jahrhunderts. Gut ein Jahrzehnt später traf ihn eine schwere Krebserkrankung. Immer mehr wurde ihm selber klar, dass seine Lebenszeit begrenzt sein würde. Die Fertigstellung des Werkes und seines dritten Bandes gewann absoluten Vorrang in der Lebensplanung; Lebenszeit und Werkzeit konvergierten am Anfang der 1990er Jahre auf dramatische Weise. Als Thomas Nipperdey am 14. Juni 1992 starb, hatte er gerade noch ein Vorausexemplar des abschließenden Bandes erhalten.

«Habent sua fata libelli», Bücher haben ihre Schicksale: Dieses lateinische Sprichwort aus einer Zeit lange vor der Erfindung des Buchdrucks, das der Börsenverein des Deutschen Buchhandels 1888 zu seinem Wahlspruch machte, könnte man als Motto auch dieses kleinen Buches über ein großes Buch, ein «Opus magnum», wie man wiederum lateinisch gerne sagt, verstehen. Das Buch, ob als wissenschaftliches oder als literarisches Werk, ist ohne das Leben des Autors nicht vorstellbar. Aber dies ist keine Biographie Thomas Nipperdeys, sondern der Versuch einer «Biographie des Buches», nämlich seiner dreibändigen Deutschen Geschichte, in ihrem gesamten Lebenszyklus von der Konzeption über das Schreiben und Publizieren bis zur Rezeption und ihrem – nein, nicht Tod, aber Absinken in die Sedimentation der Wissenschaftsgeschichte irgendwo zwischen Kanonisierung und Vergessen, zwischen der beständigen Referenzierung als Standardwerk und der zunehmenden Vergleichgültigung dessen, was dieses Buch weiß, im Lichte anderer Interessen und fortlaufend neu produzierter Bücher.

Anders als in der Biographie eines Menschen, die bei aller Aufmerksamkeit für die zeitbedingten Umstände des Lebens doch die Besonderheit und Einmaligkeit gerade *dieses* Lebens darstellen will, geht es hier um eine Studie in exemplarischer Absicht: Woher kommt das – wie eigentlich entsteht nicht nur in der Geschichtswissenschaft, sondern in den Geisteswissenschaften (und vielleicht sogar darüber hinaus) ein großes Werk, ein bedeutendes Buch, ein wissenschaftliches Lebenswerk? Man hätte also auch ein anderes Beispiel wählen können: auch das einer anderen Zeit – etwa des 19. Jahrhunderts – oder eines anderen Landes, einer anderen Wissenschaftskultur. Thomas Nipperdeys Buch in exemplarischer Perspektive zu untersuchen bedeutet nicht, es seinem historischen und kulturellen Kontext zu entreißen; im Gegenteil. Man könnte sich auch einen anderen, einen umfassenden und systematischen Zugriff auf das Thema vorstellen: ein Dutzend Bücher und Autoren verschiedener Epochen und Weltregionen im Vergleich. Doch das hätte die Kapazität dieses Autors überstiegen, zu dessen Lebenswerk das Projekt jedenfalls nicht werden sollte. Gleichwohl wird versucht, das Beispiel einzuordnen und Seitenblicke auf andere wissenschaftliche Werke und andere Autoren zu werfen.

Für die Wahl eines historischen Werkes sprach, dass die Geschichtswissenschaft eine Leitdisziplin der *Humanities* ist, nicht nur nach ihrer Größe, sondern auch hinsichtlich ihrer öffentlichen, über die akademische Sphäre weit hinausreichenden Bedeutung. Außerdem hat sie die Orientierung auf das Buch als maßgebliche Form der Repräsentation von Wissen bis heute stärker beibehalten, als das in anderen Geisteswissenschaften inzwischen der Fall ist. Für die Fallstudie zu Thomas Nipperdey wiederum sprach nicht zuletzt ein pragmatischer Grund: die ausgezeichnete Quellenlage, vor allem in dem bisher noch kaum erschlossenen Nachlass des Historikers. Dieses Material ermöglichte es, zusammen mit anderen Quellen, die meisten Facetten der «Biographie des Buches» sehr konkret zu rekonstruieren. Die Überlieferung verschiedener Fassungen des Manuskripts erlaubte detaillierte Einblicke in den Prozess der Konstituierung von Wissen im Schreiben. Und vor allem gestattete es eine sehr dichte Korrespondenz, nicht zuletzt mit den Verlagen, die mit Nipperdeys Werk befasst waren, das Itinerar des Buches, die Motivationen des Autors und seine Arbeitsweise darzustellen. Wenn Thomas Nipperdey an andere schrieb, schrieb er oft zugleich an sich selber; er hielt sich den Spiegel vor und legte sich Rechenschaft über seine Absichten, über das schon Geleistete und die nächsten Schritte der Arbeit an dem Buch ab. Um das möglichst plastisch werden zu lassen, wird an Details und auch an wörtlichen Zitaten nicht gespart.

Wie also entsteht ein großes Werk, ein Opus magnum in der Geschichte, in den Geisteswissenschaften? Kann man sich das vornehmen, oder ist es eine Zuschreibung durch Dritte? Was bedeutet es, wenn man von einem «Klassiker» oder einem «Standardwerk» spricht? Ist da ein geistiger Übermensch am Werk? Es geht um die Dekonstruktion des Genialischen, aber auch um die Kritik jener bloß «technischen» Epistemologie, von der schon Max Weber in seinem berühmten Vortrag über «Wissenschaft als Beruf» vor beinahe hundert Jahren etwas abschätzig sprach.

Es ist ja wohl heute in den Kreisen der Jugend die Vorstellung sehr verbreitet, die Wissenschaft sei ein Rechenexempel geworden, das in Laboratorien oder statistischen Kartotheken mit dem kühlen Verstand allein und nicht mit der ganzen «Seele» fabriziert wird, so wie «in einer Fabrik». Wobei vor allem zu bemerken ist: daß dabei meist weder über das, was in einer Fabrik, noch was in einem Laboratorium vorgeht, irgendwelche Klarheit besteht. Hier wie dort muß dem Menschen etwas einfallen, damit er irgend etwas Wertvolles leistet. Dieser Einfall aber lässt sich nicht erzwingen. Mit irgendwelchem kalten Rechnen hat er nichts zu tun.[2]

Die Einfälle wiederum lassen sich schwer aus den Quellen belegen. Wohl aber lassen sich die «Fabrik» und das «Laboratorium» etwas genauer unter die

Lupe nehmen, was für die Geisteswissenschaften trotz des neueren Booms der Wissenschaftsgeschichte, die jedoch in der Regel am Beispiel der Naturwissenschaften arbeitet, bisher viel zu selten geschehen ist. So kann der Eindruck von der Geschlossenheit und Zwangsläufigkeit eines Werkes durchbrochen werden. Die Kontingenzen treten hervor – es hätte auch ganz anders kommen können.

Die sozialen und kulturellen Kontexte der wissenschaftlichen Arbeit und des Schreibens gewinnen an Bedeutung. Der Autor ist in soziale Netzwerke eingebettet, auch bei einem so individuellen Vorhaben, das weit entfernt war von den heutigen Maßstäben der Verbundforschung und des wissenschaftlichen Networking: in die Familie, in den Kreis der eigenen Mitarbeiterinnen und Mitarbeiter, in die Fachkollegenschaft, die Bezüge zum Verlag und zum Publikum außerhalb der Universität. Auch gibt es den Bezug auf Tote, auf Vorgänger, die – wie in diesem Fall die Historiker Heinrich von Treitschke und Franz Schnabel – viel früher ein ähnliches Werk in Angriff nahmen, es aber nicht vollenden konnten.

Die Produktion des Wissens vollzieht sich in komplizierten zeitlichen Ökonomien: von der langfristigen Planung der Lebenszeit, die für Arbeit und Schreiben verbleibt, bis zur Rhythmisierung der Produktion im Tagesablauf. Auch die materiellen Ökonomien spielen eine wichtige Rolle. Ein großes Geschichtswerk, das auf ein breiteres Publikum zielt, ist ein Geschäftsmodell, nicht nur für den Verlag. Wohl keinen Autor lässt die Aussicht auf ein stattliches Honorar kalt – wie ist Thomas Nipperdey damit umgegangen, und in welchem Verhältnis standen Geld und Wissen, Markt und Episteme zueinander? Das Schreiben eines umfangreichen Buches, gar eines mehrbändigen Werkes mit zusammen mehr als zweieinhalbtausend eng bedruckten Seiten ist ein komplizierter und vielschichtiger Prozess, der sich individuell vollzieht ebenso wie in sozialer Koproduktion mit anderen Akteuren. Das wurde in diesem Fall wegen der schweren Krankheit und des Zeitdruckes zum Abschluss besonders wichtig – aber auch, weil Thomas Nipperdey von vornherein zu den Wissenschaftlern gehörte, die an einem Text in vielen Stufen und in der Rückkopplung mit Dritten arbeiten. Solche Rückkopplungseffekte stellen sich auch durch Rezensionen her, deren Kritik man beim Weiterschreiben bedenkt, durch die Zumessung von Reputation oder durch besondere Konkurrenzverhältnisse. Thomas Nipperdey schrieb gegen einen fachlichen Antipoden und Konkurrenten, den Bielefelder Historiker Hans-Ulrich Wehler, der zur gleichen Zeit unter ähnlichen und doch gegensätzlichen Prämissen an einem mindestens ebenso umfassenden Werk zur neueren deutschen Geschichte schrieb.

Das Ziel ist kein Blick durchs Schlüsselloch, auch wenn gelegentlich Umstände des Lebens oder der Werkproduktion ebenso offen wie nüchtern angesprochen werden, die in den üblichen Darstellungen der Wissenschafts- oder Fachgeschichte nicht vorkommen. Wohl aber geht es um den Versuch einer Entschlüsselung von Geschichtsschreibung. Die klassische Historiographiegeschichte konzentriert sich zumeist auf eine Interpretation des Werkes im Kontext größerer geistesgeschichtlicher Zusammenhänge und fachwissenschaftlicher Paradigmen wie des Historismus oder des *Cultural Turn*, oder auf die Rekonstruktion des Fortschritts in der Erkenntnis bestimmter Themenfelder. Das wird in diesem Buch nicht ganz ausgeblendet, aber die längst umfassend behandelten Kontroversen zwischen Historismus und Historischer Sozialwissenschaft oder über die Interpretation des Deutschen Kaiserreichs von 1871, an denen Thomas Nipperdey zweieinhalb Jahrzehnte lang führend beteiligt war, brauchen hier nur gestreift zu werden. Andere Ebenen treten in den Vordergrund: zum einen die komplexe soziale und kulturelle Konstruktion von Geschichtsschreibung, zum anderen eine tiefere Struktur, eine Art Grammatik der epistemischen ebenso wie der sozialen Konstituierung von historischem Wissen und seinem Machtanspruch im Fach und in einer breiteren Öffentlichkeit.

Man könnte von einer Archäologie der geisteswissenschaftlichen Arbeit im späten 20. Jahrhundert am Beispiel der Deutschen Geschichte Thomas Nipperdeys sprechen. Die Produktion eines gelehrten Werkes vollzieht sich hier fast noch in ihrer «klassischen» Form, wie sie sich seit dem Aufstieg der modernen Geisteswissenschaften im mittleren und späten 19. Jahrhundert, nicht zuletzt in Deutschland, herausgebildet hat. Zugleich stand sie in dieser Zeit am Beginn einer Transformation, die bis in unsere Zeit anhält und sich vermutlich fortsetzen wird: geprägt von der Digitalisierung – auch Thomas Nipperdey wechselte noch zu Computerdateien –, der Internationalisierung und Globalisierung von Wissenschaft – die englische Übersetzung Nipperdeys erwies sich noch als ein gewaltiges Problem – und vor allem einem Formwandel geisteswissenschaftlicher Arbeit, der im Übergang vom Einzelforscher in das Forschernetzwerk nicht aufgeht: Bis ins späte 20. Jahrhundert arbeitete man für sich alleine bis zur Publikation; dann erst standen die Ergebnisse der Arbeit in der *Academic Community* zur Debatte. Inzwischen wird über Forschung als Prozess kommuniziert, und wenn ein Buch erscheint, sind seine Methoden und Ergebnisse – selbst im Falle einer Dissertation – in der Regel schon vielfach auf Workshops und Colloquien, durch *Calls for Papers* und in Internetforen besprochen worden. Zugleich ist keineswegs ausgemacht, dass das gedruckte Buch, auch die Monographie als klassische Einzelleistung, ihre Bedeutung in den Geisteswissenschaften verlieren werden.

Angesichts dieser Melange aus Transformation und Kontinuität, aus tiefgreifendem Wandel und möglichem Fortbestand von spezifischen Arbeitsweisen der Erkenntnis ebenso wie von besonderen Verbreitungsformen des Wissens will dieses Buch auch einen exemplarischen Beitrag zur Situationsbestimmung der Geisteswissenschaften leisten: mit der Rekonstruktion des «Labors» der geisteswissenschaftlichen Arbeit als Ort, der weit über Archiv, Bibliothek und Schreibtisch hinausreicht und vielleicht besser als Netz denn als Ort zu begreifen wäre – und als eine Rechtfertigung des Buches, als «a case for the book», um einen Ausdruck von Robert Darnton leicht zu variieren.[3]

Dies ist eine Biographie des Buches,[4] aber Leben, Werk und Wissen sind in der Wissenschaft – und in den Geisteswissenschaften möglicherweise noch mehr als in den «anderen Kulturen» – eng miteinander verflochten. «Nur wer schreibt, der bleibt.»[5] Im Sinne Max Webers hat die geisteswissenschaftliche Arbeit, erst recht in der Produktion eines großen Werkes, eines Opus magnum, etwas Existenzielles und wird diese Verbindung zum Lebensvollzug des Forschers oder der Forscherin, des Autors oder der Autorin vermutlich behalten. Denn Wissen und Werk, Forschung und ihre Repräsentation lassen sich in den Geisteswissenschaften kaum trennen. Geisteswissenschaftliche Erkenntnis ist insofern nicht nur mit dem Leben verbunden, sondern auch abhängig von der Form ihrer Repräsentation, bis hin zur konkreten Materialität der Darstellung: Drei dicke Bände, wo kommt das her? Schauen wir zu, wie sich das bei Thomas Nipperdeys Deutscher Geschichte im 19. Jahrhundert verhielt.[6]

II. Die Fabrikation von Erkenntnis: Wissen und Werk in den Geisteswissenschaften

Wie entsteht Wissen? Wie wird neue Erkenntnis in den Wissenschaften produziert? In unserer Zeit der digitalen Revolution, in der sich nicht nur das Wissen explosionsartig vermehrt, sondern auch seine soziale Verfügbarkeit erweitert und seine Materialität verändert, drängen sich diese Fragen auf. Sie prägen die öffentlichen Debatten, sie bestimmen die Zeitdiagnose und die Selbstbeobachtung unserer Zivilisation im frühen 21. Jahrhundert. Um 1970 war die «Gesellschaft» der Schlüsselbegriff, um den sich alles drehte: die Strukturen der Klassengesellschaft, die gesellschaftliche Bedingtheit von individuellem Verhalten, das neue Schulfach Gesellschaftslehre. Heute ist «Wissen» das Codewort, um das sich die kulturelle Selbstreflexion dreht. In einigen Jahrzehnten werden Historikerinnen und Historiker zu erklären versuchen, woher die Obsession mit dem Wissen kam.

Dabei sind die Geistes- und Sozialwissenschaften selber, auch die Geschichtswissenschaft, alles andere als unberührt von diesen Fragen geblieben. Aus der älteren Wissenschaftsgeschichte, die vornehmlich als Organisationsgeschichte (etwa von Universitäten), als Disziplingeschichte oder als Geschichte großer Denkbewegungen, «Schulen» oder Paradigmen betrieben wurde – des deutschen Idealismus, des amerikanischen Pragmatismus, der Kritischen Theorie – ist eine Wissensgeschichte geworden. Sie wendet ihr Interesse auf ältere ebenso wie auf neue Gegenstände. Man fragt dann nicht mehr nach der medizinischen Versorgung auf dem Lande im 18. Jahrhundert, sondern nach den Formen und der Verbreitung (para-)medizinischen Wissens; nicht mehr nach der sozialen Struktur von Migrationsbewegungen, sondern nach den Wissenshorizonten von Migranten in ihrer alten und neuen Umgebung.

Der Begriff des Wissens wird bisweilen zu einer Art Universalkategorie aufgebläht, die in der wissenschaftlichen Kommunikation selber, aber auch in Teilen der öffentlichen Rede die früheren Schlüsselbegriffe Gesellschaft und Kultur abgelöst hat. Aus wissenschaftlicher Perspektive ist die Frage nach dem Wissen, nach den Bedingungen seiner Produktion und Dissemination, seiner kulturellen Geltung und seiner Machtansprüche verständlicherweise besonders spannend. Erstens spielen die Wissenschaften unter den Bedingungen moderner Gesellschaften, vor allem des Westens seit dem 19. Jahrhundert, eine ganz entscheidende Rolle in nahezu allen Lebensbereichen: für den Alltag, für die Organisation des Staates und seine Beobachtung der Gesellschaft, für Beobachtung und Steuerung der Wirtschaft.[1] In der jüngeren deutschen Geschichte haben Natur- und Humanwissenschaften dazu beigetragen, Wege in die Diktatur, ja in den Massenmord zu legitimieren; das ist einer der wichtigsten Schwerpunkte der neueren Forschung zum Nationalsozialismus geworden.[2] Er ist eingebettet in eine breitere, kritische Perspektive auf die Entwicklung moderner Gesellschaften seit der Frühen Neuzeit, die ohne das Werk von Michel Foucault seit den 1960er Jahren – längst vor der digitalen Revolution – nicht denkbar wäre. Dynamiken des Wissens und ihrer zunehmend wissenschaftsförmigen Organisation haben demnach die Verdichtung von Staatlichkeit, den Ausbau von Kontrollapparaten und von Macht über das Individuum vorangetrieben. In den epistemischen Ordnungen lesen wir Machtordnungen, und die Geschichte, die sich daraus in den letzten drei Jahrhunderten ergibt, folgt nicht mehr dem liberalen Narrativ der individuellen Emanzipation zur Freiheit.[3]

Es geht aber nicht nur um den Gegenstand, sondern auch um die Reflexion des eigenen Tuns: In der Perspektive des Wissens halten sich die Wissenschaften, zweitens, einen Spiegel vor, in dem sie erkunden, was es eigentlich heißt – oder in früheren Zeiten hieß –, Wissenschaft zu betreiben. Seit den 1970er Jahren wird diese Frage in grundlegender Weise neu gestellt. Entsteht Erkenntnis im Gehirn des Genies und durch den plötzlichen Einfall, das «Heureka» des Archimedes? Soziologen und Anthropologen haben vor allem den naturwissenschaftlichen Erkenntnisprozess neu vermessen und dabei die Prämissen der Individualität und der Plötzlichkeit über Bord geworfen. Sie haben sich, wie Karin Knorr-Cetina, Bruno Latour und Steve Woolgar, als forschende Beobachter in die Labore von Chemikern, Physikern und Biologen begeben und herausgefunden, dass die «Fabrikation von Erkenntnis» ein komplexer Prozess ist, der nicht im Kopf des brillanten Genies isoliert werden kann, sondern sich erst in sozialen und kulturellen Zusammenhängen konstituiert: «Im Labor präsentieren sich uns nicht Kognitionen, sondern verkörperte und sich verkörpernde soziale Interaktionen.»[4]

Tatsächlich ging es den Verfassern der *Laboratory Studies* darum, die Naturwissenschaften von dem Podest einer vermeintlichen Sonderstellung zu holen, bei der ihre Betreiber sich selber einbildeten, unabhängig von einem konkreten historischen oder situativen Kontext «Entdeckungen» zu machen, die nur darauf warteten, aus ihrem objektiven Vorhandensein in der Natur ans Tageslicht der Menschenerkenntnis befördert zu werden. «Wenn die Welt der Natur wie die Welt der Gesellschaft *sozialer* Abstammung ist, wenn naturwissenschaftliche Objekte ähnlich gesellschaftlichen Objekten als sozial konstituiert werden müssen», so Karin Knorr-Cetina, dann verliere die Dichotomie von Naturwissenschaften einerseits, Human- und Sozialwissenschaften andererseits ihren Sinn.[5] Die Kritik einer vermeintlich ahistorischen Objektivität, die Historisierung und Kulturalisierung von Epistemologien ebenso wie von empirischen Formen der Erkenntnisgewinnung und das Bemühen um eine Einebnung der Differenz zwischen Labor und Hermeneutik prägten seitdem, sehr einflussreich etwa in den Arbeiten von Lorraine Daston und Hans-Jörg Rheinberger, die Wissenschaftsgeschichte.[6]

Doch hat sich diese «neue» Wissenschaftsgeschichte, trotz oder gerade wegen ihres Impulses gegen einen epistemologischen und sozialkulturellen Sonderstatus der (experimentellen) Naturwissenschaften, für die konkrete Praxis der geisteswissenschaftlichen «Fabrikation von Erkenntnis» oft nur am Rande interessiert.[7] In ihrem Kern ist sie *History of Science* im englischen Sinne des Wortes geblieben: der Naturwissenschaften, nicht der Geistes- und Kulturwissenschaften, wobei die empirischen Sozialwissenschaften möglicherweise einen dritten Platz, eine Zwischenstellung einnehmen.[8] Das Bild vom Forschungsprozess und überhaupt von der «gesellschaftlichen Konstruktion der Wirklichkeit»[9] in den Humanwissenschaften wurde mehr vorausgesetzt als empirisch überprüft. Kaum gab es den Gang in die «Labore» der Geisteswissenschaftler, seien es Archive, Bibliotheken oder der heimische Schreibtisch; kaum die ethnologische Begleitung eines Lehrstuhlteams; kaum die Rekonstruktion von Produktionsprozessen zwischen Notizzetteln und veröffentlichtem Text – und wenn doch, dann endete ein solcher Blick in der Gelehrtenwelt der Frühen Neuzeit, allenfalls des 19. Jahrhunderts.

An diesem Defizit haben beide Seiten ihren Anteil. Die Wissenschafts- und Wissensgeschichte legte sich primär auf die Naturwissenschaften als Forschungsfeld fest,[10] während das Interesse an Fragen der eigenen Disziplingeschichte in den Geisteswissenschaften häufig anders orientiert blieb: etwa disziplinär statt epistemologisch; oder gegenstandsbezogen und vom Genre her oft biographisch wie in der kritischen Aufarbeitung der Geistes- und Sozialwissenschaften im Nationalsozialismus.[11] Möglicherweise galten die Geisteswissenschaften, obwohl sie der Fluchtpunkt des neuen Konstruktivismus im Blick auf die Naturwissenschaften waren, als nicht wissenschaftlich bzw. nicht «szientifisch» genug für die empirische Forschung. Was sollte man der teilnehmenden Beobachtung einer Historikerin im Archiv oder eines Romanisten am Schreibtisch schon entnehmen können, zumal der Wissenschaftsanspruch der Geisteswissenschaften, zum Beispiel wegen ihrer öffentlichen Orientierungsfunktion, immer wieder bestritten wird?[12]

In Anknüpfung an die *Laboratory Studies* hat die Philosophin Hélène Mialet vor einigen Jahren eine faszinierende Studie über den Physiker Stephen Hawking vorgelegt, «the mythical figure of the lone genius».[13] Minutiös rekonstruiert Mialet das soziale Netzwerk der persönlichen Assistenten, der Mitarbeiter und der Studenten des seit Jahrzehnten gelähmten und stimmlosen Cambridger Forschers, der sich fast nur noch über maschinelle Hilfsmittel wie Sprachcomputer verständigen kann. Sie vermisst das Verhältnis zwischen Körper und Maschine, zwischen Subjekt und Sozialität und löst damit das immer noch weit verbreitete Bild des von Menschen und Materialitäten weitgehend unabhängigen Genies und Produzenten von Erkenntnis auf. Der Stephen Hawking der *Scientific Community*, erst recht die Kultfigur der Öffentlichkeit, entsteht nur mit der maschinellen und sozialen Erweiterung seines Körpers[14] und als Firma, als Betrieb, als Marke, eben als «Hawking Incorporated». Die wissenschaftliche Praxis Hawkings erscheint zugleich weniger als Erfindung von Neuem; eher als eine «Umverteilung von Wissen».[15]

Das ist gewiss, wie auch Mialet weiß, ein «extremer Fall».[16] Aber die Perspektive lässt sich auf die Geistes- und Sozialwissenschaften übertragen. Wissenschaftliche Arbeit ist nicht körperlos – Jürgen Habermas hat einmal gesagt, er «spüre Probleme, mit denen ich mich gerade beschäftige, nahezu physisch».[17] Thomas Nipperdey erfuhr die Körperlichkeit seiner Existenz mit der schweren Krankheit, der er schließlich erlag und die mindestens in die Bedingungen des Schreibens seiner Deutschen Geschichte hineinwirkte. Auch er benötigte zunehmend die soziale Erweiterung des forschenden und schreibenden Selbst und legte doch größten Wert darauf, seine Subjektivität ebenso wie seinen Anspruch auf Herrschaft über das Wissen und den entstehenden Text zu behaupten.[18] Jedenfalls erscheint es spannend und aussichtsreich, die seit den frühen *Laboratory Studies* gestellten Fragen an die soziale und kulturelle Konstruktion der «Fabrikation von Erkenntnis», einschließlich ihrer Voraussetzungen und ihrer Folgen in der Weiterverbreitung des erzeugten Wissens, mehr als bisher auch auf die Geisteswissenschaften zu übertragen. Das ist ein zentraler Impuls dieses Buches.

Ob dabei, in einer vergleichenden Perspektive, die Gemeinsamkeiten mit den Naturwissenschaften hervortreten oder Unterschiede schärfer akzentuiert werden, kann an dieser Stelle nicht beantwortet werden. Aber dass die Produktion und Dissemination von Erkenntnis in den Geisteswissenschaften, hier beispielhaft in der Geschichtswissenschaft, teilweise anderen Regeln folgt als in einem physikalischen Großlabor, liegt auf der Hand. Das lässt sich in verschiedenen Faktoren auffächern. In der *Fabrikation* des Wissens liegt der Akzent möglicherweise noch stärker auf der reproduzierenden Zirkulation, erst recht dann, wenn es sich bei dem Forschungsprojekt selber um eine Zusammenschau der Forschung handelt wie in einer synthetischen Gesamtdarstellung einer Epoche oder Nationalgeschichte. Das Wissen wird fortgeschrieben, umgeschrieben, in Iterationen bewegt.[19] So werden, wie Anna Karla an der Memoirenliteratur der Französischen Revolution gezeigt hat, historische Ereignisse überhaupt erst konstituiert, und in vieler Hinsicht setzt die spätere Forschung und Historiographie diesen Prozess fort.[20] Auch deshalb würde niemand von der Deutschen Geschichte Thomas Nipperdeys erwartet haben, dort überwiegend Dinge zu lesen, die zuvor vollkommen unbekannt waren: Das hätte die Erwartung an das Genre, aber auch an die Anschlussfähigkeit vorhandenen Wissens gerade nicht erfüllt. – Das Aufschreiben, die Darstellung, die Publikation und Proliferation von Erkenntnis hatte auch Karin Knorr-Cetinas Pionierstudie schon im Blick. In den Geisteswissenschaften kommt der *Darstellung* jedoch vermutlich ein größerer Stellenwert insofern zu, als sich ihr Wissen häufig überhaupt erst im Aufschreiben konstituiert: in der Erörterung systematischer Problemstellungen oder in der Erzählung einer Geschichte. Manche Produktionsbedingungen eines wissenschaftlichen Werkes nähern sich damit denen eines literarischen Werkes an. Ebenso gilt das für die sprachliche Gestaltung, an die in den Geisteswissenschaften in der Regel höhere Ansprüche gestellt werden, die dem sprachlich vermittelten Wissen jedoch nicht rein äußerlich sein sollen.

Weiter unterscheiden sich die *Materialitäten* der Wissensproduktion erheblich. Technische Einrichtungen, insbesondere zur Durchführung von Experimenten, wird man im geisteswissenschaftlichen Labor kaum finden. In der Kunstgeschichte ebenso wie in den Archäologien spielt die Evidenz historischer Materialität eine entscheidende Rolle. Im Vordergrund aber steht die verbale und textliche Generierung und Prozessierung des Wissens, und historisch heißt das überwiegend: die Materialität des Papiers, auf das die Quellen geschrieben sind, auf das wissenschaftliche Referenzarbeiten gedruckt sind und auf dem die eigene Arbeit festgehalten wird. Solchen Materialitäten der Wissensproduktion und Wissensspeicherung hat die Wissensgeschichte jüngst große Aufmerksamkeit geschenkt: Archiven und Bibliotheken, Zeitungsausschnitten, Notizsammlungen und Zettelkästen.[21] Auch das Manuskript entwickelt – historisch gesehen zunächst handschriftlich, dann immer stärker maschinell überformt und später ersetzt – eine eigene materiale Qualität, die wiederum der epistemischen Ordnung der Dinge nicht bloß äußerlich ist.[22]

Schließlich ist auf der Suche nach möglichen Unterschieden zwischen den Natur- und den Geisteswissenschaften das *soziale Netzwerk* zu nennen, also Reichweite und Formen der sozialen Koproduktion von Wissen. In der Ausweitung projekt- oder sogar betriebsförmiger Forschung und ihren besonderen Finanzierungsformen – Graduiertenschulen, Sonderforschungsbereiche, Exzellenzcluster – hat sich in Deutschland stärker und früher als anderswo, zumal in den USA, eine Annäherung der Geisteswissenschaften an die naturwissenschaftliche Forschungsorganisation entwickelt. Aber die Differenzen bleiben groß, wenn man auf die konkrete Praxis der Forschung blickt, in der die Doktorandin selbst in einem Forschungsverbund prinzipiell autonom und individuell ihr Thema bearbeitet; oder auf die Verfasserschaft wissenschaftlicher Aufsätze. Nicht nur in der (geringeren) Breite, sondern auch in der (größeren) Tiefe lassen sich Eigenheiten der Geisteswissenschaften vermuten und am Beispiel des Historikers Thomas Nipperdey im Folgenden illustrieren. Forschung zielt über Erkenntnisse, die im Labor – oder eben im Archiv – gewonnen werden, hinaus; sie realisiert sich stärker in der Darstellung ebenso wie in besonderen Merkmalen des Publikationsprozesses: weniger beim Zeitschriftenaufsatz, der wie in den Naturwissenschaften einem anonymen *Peer Review*-Verfahren folgt, jedoch markant beim Buch, vor allem bei einem größeren Werk, wo das soziale Netzwerk des Verlages schon im Entstehungsprozess eine wichtige Rolle spielt, auch im Falle von Nipperdeys Deutscher Geschichte: das Lektorat natürlich und der Verleger, aber auch die Herstellung oder das Marketing.

Beinahe alle Dimensionen der Fabrikation von Erkenntnis haben sich im Zeichen der digitalen Revolution, mit dem Verlassen der Gutenberg-Galaxis,[23] verändert; in den Geisteswissenschaften kaum weniger als in den *Sciences*. Historisch spiegelt sich das in einem verstärkten Interesse an vormodernen Wissenskulturen wider, an der Erzeugung und Verbreitung von Wissen in der Frühen Neuzeit und sogar in der Zeit vor dem Buchdruck.[24]

Mit dem Blick auf das 20. Jahrhundert fällt es bisher schwerer, sich Fragen nach der kulturellen und sozialen Praxis der Geisteswissenschaft zu stellen – zum Teil, wie schon angedeutet, weil sich andere Perspektiven in den Vordergrund schieben, die im weiteren Sinne mit der politischen Deutung der jüngsten Geschichte in Verbindung stehen. Thomas Nipperdeys Deutsche Geschichte des 19. Jahrhunderts hat zweifellos in einem solchen Koordinatensystem ihren Platz, im Streit um den Nationalsozialismus, um die Traditionen von Staat und Obrigkeit in Deutschland oder um die Leistungen des Bürgertums. Hier jedoch stehen andere Fragen im Zentrum, bei denen das Werk des Münchner Historikers eher den Übergang von kulturellen Stilen und sozialen Praktiken der Geisteswissenschaft am Ende des 20. Jahrhunderts indiziert: den Versuch, traditionelle Gelehrtenwelt angesichts vielfältiger Herausforderungen noch einmal zu behaupten; den Versuch, noch einmal Wissen im Sinne der Aufklärung zu akkumulieren; den Versuch, an einer Gutenberg-Welle der Renaissance des großen gedruckten Buches teilzuhaben.

Die sozialen Netzwerke und kulturellen Kontexte solcher Wissensproduktion kann man auch als verschiedene Dimensionen einer Aushandlung knapper Ressourcen verstehen. Insofern geht es um die Ökonomien der Produktion und Kommunikation von Wissen in den Geisteswissenschaften. Die Ökonomie des Geldes, die kommerzielle Verwertung von Erkenntnis hat Robert Darnton für das Publikationsprojekt der Aufklärung schlechthin, die «Encyclopédie» Diderots und D'Alemberts im späten 18. Jahrhundert, brillant durchleuchtet.[25] Für die jüngere Geschichte des wissenschaftlichen Publizierens wissen wir darüber weniger,[26] obwohl die Frage angesichts eines grundlegenden Wandels der Geschäftsmodelle in Zeiten des *Open Access* erhebliche Brisanz gewinnt. Der Marktwert des in publikationsfähige Texte geronnenen Wissens verknüpfte sich bereits frühzeitig mit dem Projekt Thomas Nipperdeys, und immer wieder mussten mögliche materielle Vorteile gegen Gewinne auf anderen Feldern abgewogen werden. Denn die materielle Ökonomie von Werk und Wissen ist nicht unabhängig von der Reputationsökonomie oder dem, was Georg Franck die «Ökonomie der Aufmerksamkeit» genannt hat.[27]

Wenn es ein Einkommen gibt, das die Berufswahl des Wissenschaftlers motiviert, dann ist es das an Aufmerksamkeit. Es gehört sogar zur Berufsehre des Forschers, dass ihm Reputation wichtiger ist als Geld. Reputation ist das konsolidierte Einkommen an kollegialer Aufmerksamkeit.

Welches «Einkommen» dem Wissenschaftler (oder auch der Romanautorin, dem bildenden Künstler) jeweils am wichtigsten ist, ist jedoch eine nur empirisch zu beantwortende Frage. Präferenzen können sich verschieben, wenn sich neue Chancen bieten – nicht nur von fachlicher Reputation zu Geldeinkommen, sondern auch in einer Ökonomie der Aufmerksamkeit, wenn solche nicht nur kollegial, das heißt innerhalb des akademischen Subsystems, sondern in einer breiteren Öffentlichkeit oder gar im politischen Raum erzielt werden kann. In mancher Hinsicht sind Begriffe wie Reputation und erst recht Aufmerksamkeit zu schwach, um zu kennzeichnen, worum es (auch) geht: nicht bloß um Ehre oder Beachtung nämlich, sondern um epistemische Geltungsansprüche, die sich in die Währung sozialer Geltungsansprüche konvertieren lassen, in «Autorität» im Fach und darüber hinaus. Wissen übersetzt sich, wie schon Francis Bacon wusste, in Macht.

Den dritten Pol in diesem Kräftefeld der knappen Ressourcen bildet die Zeit. Ihr ist bisher wohl am wenigsten Aufmerksamkeit gewidmet worden. Über die Zeitökonomien von Schriftstellern und Künstlern, erst recht von Managern, weiß man mehr als über die von Wissenschaftlern. Wissenschaft vollzieht sich noch immer in erheblicher Zeitautonomie, in ungemessener Zeit, auch wenn diese Ordnung an vielen Stellen brüchig geworden ist: durch die Befristung von Arbeitsverhältnissen ebenso wie die Befristung von Projekten, für die man schon bei Antragstellung nicht nur angeben soll, wann sie abgeschlossen sein werden, sondern häufig einen monats- oder wochengenauen Zeitplan der Bearbeitung vorlegen muss. Die Perspektive einer gesamten Lebenszeit des Forschens oder Schreibens tritt demgegenüber in den Hintergrund. Die selbstbewusste Reflexion darauf, wie sie der Soziologe Niklas Luhmann mehrfach kundtat, wird zur auffälligen Anekdote.

Ab 1952 oder 1953 begann ich mit meinem Zettelkasten, weil mir klar wurde, dass ich für ein Leben planen müsse und nicht für ein Buch. (Frage: Mit 25 war Ihnen klar, dass Sie für ein Leben planen müssten?) Ja, ich wollte Wissen sammeln und Kombinationsmöglichkeiten erschließen.[28]

In einer großartigen, zu wenig beachteten Studie hat Rolf Engelsing vor mehr als vierzig Jahren die Entwicklung von «Arbeit, Zeit und Werk im literarischen Beruf» seit der Frühen Neuzeit verfolgt und dabei auch das akademische Feld aufgeschlüsselt: den Zeitaufwand für die Lehrtätigkeit von Professoren, für Nebentätigkeiten wie Gutachten und Gremien, aber vor allem die

Zeit des Schreibens.[29] Angesichts der Verpflichtungen in Lehre und Administration und der allgemeinen «Vordringlichkeit des Befristeten»[30] treten die Aufgaben in der Forschung zurück; Forschungszeit und Schreibzeit muss der Arbeits-, Alltags- und Lebenszeit mühsam abgerungen werden. Auf vier verschiedenen Ebenen lässt sich das am Beispiel Thomas Nipperdeys nachvollziehen: erstens in der Gestaltung des Arbeitstages, zweitens im Wechsel von Vorlesungszeit und Semesterferien, drittens in der Suche nach längeren und zusätzlichen zeitlichen Freiräumen durch Forschungsstipendien und Gastaufenthalte im Ausland – was übrigens auf eine «Ökonomie des Ortes» der wissenschaftlichen Arbeit verweist, die derjenigen der Zeit an die Seite gestellt werden kann. Viertens ist die Perspektive der knappen Lebenszeit schon im Entschluss, ein größeres Buch zu schreiben, greifbar und gewinnt mit der tödlichen Krankheit den Vorrang vor allen anderen Zeithorizonten.

Diese Dimensionen der Werk- und Wissensökonomie durchdringen prinzipiell alle Formen der (geistes-)wissenschaftlichen Arbeit, auch die kleineren Genres wie das Schreiben einer Rezension oder eines ganz kurzen Aufsatzes, einer «Miszelle». Reputationsgewinn und Geldeinkommen halten sich dabei freilich ebenso in engen Grenzen wie der Zeitaufwand in Relation zur wissenschaftlichen Karriere, oder gar zur gesamten Lebenszeit. Die größte Investition, aber auch den größten Ertrag verspricht ein großes und langfristig angelegtes Forschungsprojekt, das in der Kultur der Geisteswissenschaften traditionell auf das Schreiben eines großen, eines bedeutenden Buches zielt: eines Werkes, das eine sichtbare und nachhaltige Spur nicht nur im eigenen Fach hinterlässt, sondern im Idealfall darüber hinaus strahlt – und zugleich eine Spur des Lebens markiert. Das große Buch, das Opus magnum wird zum «Lebenswerk», nicht als Summe des gesamten Schaffens eines Gelehrten, sondern als eine herausgehobene Einzelleistung, in der sich forscherische und schöpferische, epistemische und literarische Kraft in besonderer Weise verbinden und sinnhaft auf die Lebensführung, vielleicht gar den Lebenssinn des Autors beziehen lassen.

Was macht ein solches Opus magnum aus, wie wird ein Buch zu einem «großen» Buch, gar zu einem Lebenswerk? Weil das in den folgenden Kapiteln am Beispiel der Deutschen Geschichte Thomas Nipperdeys so genau wie möglich rekonstruiert werden soll, wäre eine vorab fixierte Definition wenig hilfreich. Das Opus magnum ist, davon wird jedenfalls ausgegangen, nicht nur eine kognitive Leistung und epistemische Konstruktion, sondern ganz wesentlich ein sozial und kulturell geformtes Produkt, und darüber hinaus ein materiales Artefakt mit wiederum vielfältiger Chiffrierung, von der Umschlaggestaltung bis zur Haptik des Papiers. So viel kann aber doch gesagt werden: Quantität spielt eine Rolle; es handelt sich in aller Regel um ein umfangreiches Werk. Eine noch so lange und intensiv der Arbeit und dem Leben abgerungene Schrift von zweihundert Seiten wird kaum als Opus magnum oder Lebenswerk gelten. Es ist kein allzu spezielles Werk, keine Spezialmonographie, sondern eine Arbeit, die über weitere Gebiete des Faches auszugreifen beansprucht, die ein breiteres Wissen ebenso voraussetzt wie konsolidiert und wiederum nach außen vermittelt. Nicht unbedingt handelt es sich um eine Gesamtdarstellung eines größeren Themas, etwa einer Epoche oder einer Kultur. Aber oft – fachlich zumal in der Geschichtswissenschaft, und nationalkulturell besonders in Deutschland – ist dieses Genre der Fluchtpunkt; mindestens eine gewisse Syntheseleistung gehört dazu.

Das große Werk soll aber nicht nur Wissen zusammentragen, sondern zugleich einen möglichst breiten Deutungsanspruch erheben: wiederum zunächst fachlich, dann auch darüber hinaus für eine breitere Öffentlichkeit, mit Ausstrahlung in gesellschaftliche Debatten; möglicherweise gar mit politischer Wirksamkeit. Ferner erhebt es in der Tradition geisteswissenschaftlicher Arbeit einen darstellerischen, einen literarischen Anspruch, was eine ganz erhebliche Differenz zur szientifischen Kultur der Natur-, aber zunehmend auch der Sozialwissenschaften bildet. Bezogen nicht nur auf die Karriere, sondern auf das Leben des Autors ist es in der Regel ein Produkt fortgeschrittener Jahre. Einer noch so brillanten oder umfangreichen Dissertation, selbst einer Habilitationsschrift, wird dieses Prädikat nur selten zugemessen. Es ist, mit einer häufig verwendeten Chiffre, ein «reifes» Werk, aber nicht unbedingt ein «Alterswerk» – ein Begriff, der anders und teilweise leicht pejorativ konnotiert ist.

Karriere und Leben des Autors, oder auch der Autorin? Schon zuvor wurde die männliche Form ganz bewusst gewählt, nicht nur aus historischen Gründen, also weil die *Community* der Geisteswissenschaften bis vor wenigen Jahrzehnten, bis in die Zeit Thomas Nipperdeys hinein, mit wenigen Ausnahmen eine Männergemeinschaft war und sich an kulturellen Regeln der Männlichkeit orientierte.[31] Es scheint auch so, als sei das Opus magnum, insbesondere in der Form einer synthetischen Gesamtdarstellung, in der Geschichtswissenschaft etwa einer umfassenden Nationalgeschichte, ein männliches Genre: eines, das auf Wissenschaftlerinnen weniger magische Anziehungskraft ausübt als auf viele ihrer männlichen Kollegen. Man könnte geradezu von einem kulturellen Gestus der Männlichkeit sprechen, der sich in einem solchen Werk äußert. Man schreibt ein «Monstrum»,[32] man setzt eine Geste der Dominanz. Bis in das späte 20. Jahrhundert hinein stützte sich der praktische Lebensvollzug, der diese epistemische und soziale Geste möglich machte, zudem auf ein patriarchalisch organisiertes Privatleben. Dieser Nexus löst sich weithin auf.

So handelt dieses Buch auch von späten Blütezeiten einer deutschen Gelehrtenkultur, die keineswegs nur im 19. Jahrhundert oder in der Zeit vor dem brutalen Zugriff des Nationalsozialismus ihre Höhepunkte hatte.[33] Die Frage nach Werk und Wissen verknüpft sich im Blick auf das Opus magnum, auf das Werk des eigenen Lebens, unauflöslich mit der Lebensgeschichte, mit dem Leben und dem Sterben des deutschen Historikers und Bildungsbürgers Thomas Nipperdey. Auch ohne die theoretisch und systematisch geleiteten Interessen der neuen Wissens- und Wissenschaftsgeschichte führt das auf eine spannende Entdeckungsreise.

III. Das Leben davor: Bürgerliche Jugend, Karriere, Politik

Thomas Nipperdey wuchs in behüteten bildungsbürgerlichen Verhältnissen in Köln auf, als drittes von fünf Kindern eines Juraprofessors. An besten Voraussetzungen für eine erfolgreiche akademische Karriere – vorzugsweise auf dem geisteswissenschaftlichen, philosophischen und ästhetischen Feld, das seine Erziehung und Jugend prägte – fehlte es nicht. Aber ein besonderer Ruhm durch ein großes Buch, ein umfassendes und über die Fachgrenzen hinaus bekanntes Werk zeichnete sich für den zwanzigjährigen Studenten oder den dreißigjährigen Habilitanden nicht ab, nicht einmal für den Vierzigjährigen, der 1967 auf seine zweite Professur an die Freie Universität Berlin wechselte. Die enge Verflechtung von Leben und Werk stellte sich erst später ein; der Abschluss des Buches und das Lebensende im gleichen Sommer 1992 spiegelten keine früh angelegte Symbiose von beidem.

Der französische Soziologe Pierre Bourdieu hat in einem einflussreich gewordenen kleinen Beitrag vor der «biographischen Illusion» gewarnt: vor dem falschen Bild des Zwangsläufigen und Zielgerichteten, das im biographischen Schreiben häufig entworfen wird.[1] Wer im autobiographischen Erzählen auf sein eigenes Leben zurückblickt, wird den Brüchen und Zufällen oft weniger Aufmerksamkeit schenken als einer vermeintlichen Stringenz. Zumal bei erfolgreichen Karrieren, die einem Höhepunkt öffentlicher Anerkennung erst nach der Lebensmitte zustreben, wie das in den Geisteswissenschaften in der Regel der Fall ist, erscheint die nächste Stufe gerne als logische Folge der vorausgegangenen. Auch Biographen, die sich der Rekonstruktion des Lebens eines Anderen widmen, erliegen derselben Illusion. Dafür gibt es verschiedene Gründe. Ein erster liegt in der Rechtfertigung eines erfolgreichen Lebens, das sich in seiner inneren Konsistenz und Folgerichtigkeit erweisen soll. Ein zweiter Grund ist narratologisch: Das Erzählen einer Geschichte, auch einer Lebensgeschichte, drängt auf das Muster des Forterzählens, auf den Entwicklungsroman, der Schritt für Schritt auf die spätere Erfüllung dessen, was schon früh angelegt war, drängt. Und schließlich ist, drittens, zumal für die Geschichtswissenschaft die Frage nach den Ursachen und Vorbedingungen methodisch völlig legitim, ja unverzichtbar und konstitutiv. Man darf nur nicht der Illusion verfallen, das spätere Ereignis sei durch die Vorgeschichte determiniert. Dass es viele Vorgeschichten von etwas gibt und alles auch anders hätte kommen können, gehörte zum Credo des Historikers Thomas Nipperdey bei seinem Blick auf das 19. und 20. Jahrhundert in Deutschland, besonders die Geschichte des Nationalsozialismus.

Ein großes wissenschaftliches Werk hat eine Vorgeschichte, und häufig auch – was etwas anderes ist – einen Planungshorizont im Lebensentwurf der Autorin oder des Autors. Man nimmt sich etwas vor und realisiert es dann, häufig über einen Zeitraum von vielen Jahren oder Jahrzehnten. Dass die Absicht dazu explizit kundgetan wird und, wie Historiker sagen würden, durch die Quellen belegt ist, bleibt wohl die Ausnahme. Aber zu diesen Ausnahmen gehörten, im engeren Umfeld Thomas Nipperdeys und innerhalb seiner eigenen Generation, so bedeutende Gelehrte und charakteristische Werke wie Hans-Ulrich Wehler mit seiner «Deutschen Gesellschaftsgeschichte» – 1973 angekündigt, 2008 abgeschlossen – und Niklas Luhmann mit seiner Systemtheorie – «Laufzeit: 30 Jahre, Kosten: keine», wie er kurz nach seiner Berufung an die Universität Bielefeld im Jahre 1968 festhielt, nicht ahnend, dass sein Tod genau dreißig Jahre später diese Prognose erfüllen würde und nicht das Erscheinen eines letzten Bandes.[2] Wenn das große Werk zuvor nicht angekündigt wurde, mag man seine langjährige Entwicklung und Vorbereitung dennoch im Nachhinein markieren, indem frühere wissenschaftliche Arbeiten als «Vorstudien» oder «Prolegomena» zu diesem herausgebracht werden.[3] Freilich gibt es auch den umgekehrten Fall: Ein Aufsatz oder ein kurzes Buch wird als Vorüberlegungen oder Vorstudien publiziert und kündigt damit, mindestens implizit, eine umfassendere Darstellung an, die dann jedoch nicht realisiert wird.[4] Zur Archäologie des wissenschaftlichen Werkes ebenso wie zur Brechung der «biographischen Illusion» gehört es deshalb, auch diejenigen Spuren zu registrieren, die sich wieder verlieren, und diejenigen Werke im Auge zu behalten, die nie geschrieben oder nie vollendet wurden.[5]

Thomas Nipperdey schloss seine dreibändige Deutsche Geschichte des 19. Jahrhunderts ab, aber sie war als solche, als ein mehrbändiges Werk, nicht von vornherein geplant. Die direkte Vorgeschichte des ersten, 1983 erschienenen Bandes, reicht nur bis etwa 1976 zurück. Der Gefahr, das «Leben *vor* dem Werk» als ein «Leben *zum* Werk» zu stilisieren, wird man hier also kaum erliegen können. Dennoch ist die Frage nach der Vorgeschichte des Lebens wie des Werkes in vieler Hinsicht sinnvoll. Der Autor steht in einem historischen

Kontext, dem er nicht ausweichen kann und der das Leben und Denken, das Schreiben oder auch das Nicht-Schreiben von Büchern maßgeblich prägt. 1927 in Deutschland geboren, das bedeutete, sofern man nicht von den Nazis als Jude verfemt und verfolgt wurde: Kindheit im «Dritten Reich», Hitlerjugend; die Jungen wurden, wie Thomas Nipperdey Anfang 1943 im Alter von fünfzehn Jahren, Luftwaffenhelfer bei der Flak.[6] Das hat – teils in der Selbsterfahrung, teils in der nachträglichen Stilisierung – einer ganzen Generation den Namen gegeben: Die «Flakhelfer-Generation», das waren diejenigen der Jahrgänge zwischen 1927 und 1932, die als Jugendliche nationalsozialistisch geprägt wurden, auch wenn sie dem (wie Thomas Nipperdey) widerstrebten; die am Krieg teilnahmen, aber kaum noch als Soldaten eingezogen wurden wie der im März 1926 geborene Schriftsteller Siegfried Lenz, der nach Notabitur zur Kriegsmarine eingezogen wurde.

Geboren 1927, das hieß für die jungen Männer in Deutschland auch, im Frühjahr 1945 rasch die Chance zum Neuanfang zu haben – schon den äußeren Umständen nach, ohne eine mögliche jahrelange Kriegsgefangenschaft. Aber der Jahrgang 1927 stand auf Messers Schneide. Thomas Nipperdey diente seit Februar 1943 als Luftwaffenhelfer bei der Flak; vom Herbst 1944 bis zum Frühjahr 1945 leistete er Arbeitsdienst. Der Einberufung entkam er mit Glück, weil er nach der Entlassung aus dem Arbeitsdienst von Köln, wo das elterliche Haus zerstört war, nach Jena ging. Dann waren der Krieg und das NS-Regime zu Ende. Die verlorene Schulzeit holte er in einem halbjährigen Sonderkurs nach und bestand im Juni 1943 die Abiturprüfung.[7] Die Chance zur Umorientierung, in den Westzonen auf die entstehende Demokratie der Bundesrepublik hin, hat eine andere Generationsbezeichnung geprägt: Thomas Nipperdey gehörte zu den Fünfundvierzigern und damit zu einer Jahrgangsgruppe, die Wissenschaft, Kunst und Politik in Westdeutschland seit den 1960er Jahren für einen langen Zeitraum entscheidend prägen konnte.[8] Ihre nationalsozialistische Kontaminierung reichte meist nicht sehr tief; «die Gnade der späten Geburt» hieß das später bei Günter Gaus und Helmut Kohl. Viele von ihnen bekannten sich emphatisch zur westlichen liberalen Ordnung, die vor allem die Amerikaner in die Bundesrepublik brachten. Sie distanzierten sich, zumal in den Geistes- und Sozialwissenschaften, von Idealismus und antidemokratischem Denken, die das deutsche Bildungsbürgertum seit dem 19. Jahrhundert kultiviert hatte – aber auch, und das im Falle Thomas Nipperdeys besonders dezidiert, vom radikalen Gestus und revolutionären Anspruch der gar nicht so viel jüngeren Achtundsechziger, die die liberalkapitalistische Ordnung der Bundesrepublik als eine Wiedergängerin des Faschismus schon wieder überwinden wollten.

Dennoch: Politische Anschauungen und persönliche Temperamente gingen auch bei den Fünfundvierzigern weit auseinander. Viele von ihnen, wie Nipperdeys etwas jüngerer Kollege und Konkurrent Hans-Ulrich Wehler, folgten einem Gestus des unbändigen Fortschrittsoptimismus, einer Grundhaltung der unbezweifelbaren Entschiedenheit. Andere verstanden sich eher als Skeptiker, für die auf die radikale Entschiedenheit und Eindeutigkeit des Nationalsozialismus eine neue, nunmehr demokratische Eindeutigkeit nicht die richtige Antwort sein konnte. Zu diesen Skeptikern und Melancholikern des liberalen Fortschritts gehörte Thomas Nipperdey. Im November 1985 schrieb er dem Freiburger Politikwissenschaftler Wilhelm Hennis, einem Freund und intellektuell-politischen Weggefährten, zu dessen Interpretation Max Webers.[9]

Ich frage mich freilich, ob Ihr «Idealtypus» von Liberalismus die ganze Wirklichkeit deckt. Gibt es nicht vielleicht doch eine skeptische Linie des Liberalismus, in die Max Weber, bis auf seine Kompromisslosigkeit, doch hereinpassen würde?

Das war wie so vieles, das Thomas Nipperdey an andere und über andere schrieb, der Versuch einer politisch-persönlichen Selbstbeschreibung.

Mindestens so sehr wie der Geburtsjahrgang und die damit verbundene «Generationenlagerung»[10] prägten der Beruf des Vaters und das soziale Milieu des Bildungsbürgertums Kindheit und Jugend von Thomas Nipperdey – und die spätere Karriere des Historikers.[11] 1925, im Alter von dreißig Jahren, erhielt Hans Carl Nipperdey einen Lehrstuhl für Bürgerliches Recht an der erst 1919 neu gegründeten Universität zu Köln und machte sich bald auf dem Gebiet des Wirtschafts- und vor allem des Arbeitsrechts einen Namen, der bei Juristen bis heute wohlbekannt ist.[12] Beide Eltern, auch die 1903 geborene Mutter Hildegard, waren entschiedene Republikaner, befördert von der vergleichsweise liberalen Atmosphäre des Rheinlands: «Ob mein Vater auch in Rostock Republikaner gewesen oder geworden wäre, weiß ich nicht, in Köln war er es.»[13] Er gehörte der rechtsliberalen DVP, der Partei Gustav Stresemanns, an und kandidierte sogar für diese; nach dem Ende des «Dritten Reiches» trat er der SPD bei. Trotzdem entließ ihn die britische Militärregierung im Oktober 1946 aus seiner Professur, weil Hans Carl Nipperdey sich in manchen Schriften und Aktivitäten auf die Nationalsozialisten eingelassen hatte, denen er und die ganze Familie gleichwohl ablehnend gegenüberstanden – auch aus persönlichen Gründen: wegen der jüdischen Herkunft einer Großmutter des Juraprofessors, die zwischen 1933 und 1945 so gut es ging verschwiegen wurde. Ein gutes halbes Jahr später wurde er in seine Professur wiedereingesetzt und erklomm den Gipfel von Karriere und Ruhm mit der Berufung zum ersten Präsidenten des Bundesarbeitsgerichts in Kassel, dem er zwischen 1954 und seiner Emeritierung 1963 vorstand.

Politik also gehörte in dieser bildungsbürgerlichen Familie zu Beruf und Selbstverständnis dazu, ebenso wie die liberale Grundhaltung, die Thomas Nipperdey in seinem Elternhaus erfuhr, und die Einstellung eines gemäßigten Fortschritts: Man war nicht traditionalistisch oder konservativ, stand aber auch nicht auf der Seite radikaler Veränderung. Am wichtigsten aber waren wohl die Selbstverständlichkeiten des bildungsbürgerlichen Lebens: das Leben nicht in der Unternehmervilla, sondern in der bescheideneren Doppelhaushälfte der Professorensiedlung in Köln-Marienburg, gleichwohl mit Dienstmädchen. Es fehlte an nichts, und doch waren Bescheidenheit und Sparsamkeit in der Lebensführung wichtig: einerseits, weil ein Beamtengehalt, auch wenn ein Juraprofessor es durch das eine oder andere Gutachten aufbessern konnte, nicht so weit reichte wie ein Vermögen, das der Familie vollständig fehlte; andererseits, weil es zum «Wertehimmel»[14] des Bildungsbürgertums gehörte, Selbstverständnis und Lebensführung nicht auf materiellen Wohlstand zu gründen.

Außerdem waren fünf Kinder zu versorgen, das war «damals schon nicht mehr so häufig, wie ich genauer weiß, nachdem ich gerade ein Kapitel über den Geburtenrückgang geschrieben habe», meinte Thomas Nipperdey mit der ihm eigenen Ironie zu seinem sechzigsten Geburtstag.[15] Das waren drei Söhne und zwei Töchter, in dieser Reihenfolge geboren. Der älteste Bruder Carl starb 1945 auf dem Rücktransport von der Front; Thomas war der Drittgeborene. Die ältere der beiden Schwestern, zwei Jahre jünger als er, studierte nach dem Krieg Theologie – und überholte ihn nicht nur an politischer Entschiedenheit, sondern zeitweise auch in der Prominenz: Dorothee Sölle (1929–2003) wurde zur Rebellin der Familie, zur Vorkämpferin rationaler und feministischer Theologie mit breiter Ausstrahlung in die sozialen Bewegungen seit den späten 1960er Jahren, aber ohne die akademische Anerkennung einer Professur in Deutschland.[16] Auch dieser Weg entsprang dem bildungsbürgerlichen Kölner Milieu der dreißiger und vierziger Jahre, nicht nur der äußerlich weitaus konventionellere, stets die Mitte und die Vermittlung suchende des Thomas Nipperdey.

Die Familie war protestantisch in der preußischen bildungsbürgerlichen Tradition der Herkunft des Vaters und vor allem der Mutter Hildegard – in der ganz katholisch geprägten Umgebung des Rheinlandes und zumal der Stadt Köln. Religion aber spielte keine große Rolle; Hans Carl Nipperdey war, im späteren Urteil seines Sohnes, «ein ordinärer Atheist».[17] Eine viel größere Rolle im kulturellen Leben des Jugendlichen Thomas Nipperdey spielten Literatur und Musik, ästhetische Kultur und Bildung. Mit zehn Jahren lernte er Klavierspielen und später auch das Cello, was ihn im Studium mit dem Kölner Historiker Theodor Schieder (1908–1984), also einem Kollegen des Vaters, der ebenfalls in Marienburg wohnte, in dessen häuslichem Streichquartett zusammenbrachte.[18] So «konnte ich, nach meiner philosophischen Promotion ratlos, ihn fragen, was ich tun sollte, und er verwies mich darauf, doch Historiker zu werden».[19] Ästhetische Kultur und akademischer Beruf, Familiennetzwerke und Universitätskarriere verknüpften sich in diesem Umfeld wie selbstverständlich, und die bürgerliche Jugend des Thomas Nipperdey übersetzte sich nicht nur in einen eigenen bürgerlichen Lebensentwurf, sondern auch in eine Faszination für die Kultur des Bürgertums, die zum Leitmotiv seiner Geschichte des 19. Jahrhunderts wurde. Oder ist das wieder die biographische Illusion? Was ist mit dem Anti-Bürgerlichen seiner Schwester Dorothee? Auch Thomas Nipperdey meinte später, zum Bürgertum erst über einen Umweg zurückgekommen zu sein.

Das was ich viel später lieben gelernt habe, das bürgerliche 19. Jahrhundert, haßte ich damals, falsche Sekurität wie Anfang unserer Katastrophe … Beides, das positive wie das kritische Verhältnis zur bürgerlichen Tradition, hat mich wohl geprägt und ist in mein wissenschaftliches Bemühen eingegangen …[20]

Seine «bürgerliche Jugend» hat er eben erst im Nachhinein, als er schon der Geschichtsschreiber des Bürgertums geworden war, als solche stilisiert. Die Spuren sind zwar erkennbar, aber sie führen nicht in eine eindeutige Richtung.

Wie wurde man damals Historiker? Von der Bildungstradition der Familie kam die «zweite Kultur» der Naturwissenschaften, Technik oder Medizin kaum in Frage; keines der fünf Kinder schlug diesen Weg ein.[21] Schon als Schüler, mit 12 oder 13 Jahren, interessierte sich Thomas Nipperdey für Geschichte und las historische Romane wie Felix Dahns «Ein Kampf um Rom».[22]

Nach dem Kriege wollte ich dann Geschichte studieren, aber ich war von dem Universitäts- und Unterrichtsbetrieb der Geschichte zunächst abgeschreckt. Ich fand, daß da die wichtigen Probleme, um die es eigentlich in der Welt ginge, nicht behandelt würden und wandte mich der Philosophie zu.

Wo? Zunächst in Köln, denn auch die Kinder des Bildungsbürgertums begannen ihr Studium häufig im regionalen Einzugsbereich, zumal die alten territorialen, kulturellen und konfessionellen Kraftlinien fortwirkten. Von dort ging es für einige Semester nach Göttingen und ins englische Cambridge, bevor 1953, wiederum in Köln, bereits die Promotion erfolgte: «Positivität und Christentum in Hegels Jugendschriften», betreut von Bruno Liebrucks, der als außerplanmäßiger Professor nur eine Nebenrolle am Philosophischen Institut spielte.[23] Damals war die Promotion noch häufig der erste Studienabschluss; das Staatsexamen schob Thomas Nipperdey ein Jahr später nach, ohne jemals Lehrer werden zu wollen. Der Doktorgrad entsprach eher dem späteren Magister oder heutigen Master: Es ging primär um den Nachweis, an einem selbstgewählten Problem wissenschaftlich arbeiten zu können. Einen wichtigen Beitrag zur Forschung musste man damit nicht unbedingt leisten; häufig blieb die Dissertation ein Solitär, der noch nicht einmal veröffentlicht wurde, auch keine Aufsatzpublikationen nach sich zog, sondern in wenigen Exemplaren der Universitätsbibliothek übergeben wurde. So auch bei Thomas Nipperdey, der mit seiner Promotion ganz klassisch auf den Spuren der damals noch dominierenden deutschen idealistischen Philosophie wandelte, so ähnlich wie der zwei Jahre jüngere Jürgen Habermas, der 1954 im benachbarten Bonn mit einer Arbeit über Schelling promoviert wurde.[24] Gleichwohl und trotz des Fachwechsels zur Geschichte blieben Spuren des akademischen Erstlingswerks erkennbar, bis in die Arbeit an der Deutschen Geschichte des 19. Jahrhunderts hinein: im Interesse an der Geistesgeschichte dieser Zeit ganz allgemein, aber auch an der Philosophie und Denkweise Hegels und an der Geschichte von Religion, Theologie und Christentum in der Epoche der rationalen Moderne.

Danach hatte ich freilich das Gefühl: Wenn man 25 ist und soll sagen, man sei ein Philosoph, dann ist das doch etwas höchst Albernes. Außerdem war nun auch die Zeit des Existenzialismus; das war mir alles zu subjektiv und zu weltanschaulich. Ich wandte mich also wieder der Geschichte zu.[25]

Eröffnung des Max-Planck-Instituts für Geschichte, Göttingen, 1956

Dabei spielte die Vermittlung Theodor Schieders, ob bei der Hausmusik oder bei anderer Gelegenheit, eine wichtige Rolle, und der damalige Doyen der Kölner Neuzeitgeschichte erwies sich in den folgenden Jahren als verlässlicher Mentor und Unterstützer Nipperdeys. Nachdem Schieder sich mindestens wissenschaftlich, teils auch als Experte und politischer Berater auf den Nationalsozialismus eingelassen und von seiner Professur in Königsberg aus den «Volkstumskampf» unterstützt hatte, erfand er sich in Köln als bürgerlich-konservativer Historiker neu, dessen weitgespannte Interessen und methodische Offenheit zahlreiche Studenten und Doktoranden ganz unterschiedlicher Persönlichkeit und politischer Couleur anzogen.[26] Darunter war auch der in Gummersbach, nicht weit von Köln, aufgewachsene Hans-Ulrich Wehler, der seit den frühen 1970er Jahren zum großen Konkurrenten Nipperdeys in der Deutung und Darstellung der deutschen Geschichte vor dem Nationalsozialismus wurde.[27] Zugleich erwies sich Theodor Schieder als ein überaus fähiger Organisator und «Strippenzieher», der durch eine Vielzahl wissenschaftlicher Ämter und die Pflege persönlicher Kontakte weite Einflussmöglichkeiten besaß, die er zugunsten seines großen Schülerkreises geltend machen konnte. Zu seinen Arbeitsgebieten gehörte damals, neben der Problematik von Nationsbildung und Nationalismus, auch die Parteiengeschichte, mit der Schieder eine Brücke in die liberale Verwestlichung der Bundesrepublik ebenso schlug wie zur damals gerade erst entstehenden und von den Historikern oft noch argwöhnisch beäugten Politikwissenschaft.[28]

In diesem wissenschaftspolitischen Kontext stand zu Beginn der 1950er Jahre die Gründung der Kommission für Geschichte des Parlamentarismus und der Politischen Parteien, die am Regierungssitz Bonn wissenschaftliches und historisches Unterfutter für die neue westdeutsche Demokratie liefern sollte.[29] Als ihr Mitglied verhalf Theodor Schieder dem frisch promovierten Thomas Nipperdey, der nun Historiker werden wollte, zu einem Forschungsstipendium der Kommission, mit dessen Hilfe er sich der Geschichte politischer Parteien in Deutschland vor dem Ersten Weltkrieg zuwandte: Ein Thema der nächsten akademischen Qualifikation, der Habilitationsschrift, war geboren. Zugleich war damit der zeitliche Bogen geschlagen, in dem Nipperdey sich in den folgenden Jahrzehnten ganz überwiegend bewegte, ja der sogar die Spannweite seines späteren Hauptwerks ziemlich exakt wiedergab: von der Zeit der Französischen Revolution und Napoleons, in der Hegels theologische Jugendschriften entstanden, bis zum Ende des Kaiserreichs mit der deutschen Niederlage im Ersten Weltkrieg, also die Spanne des später sogenannten «langen» 19. Jahrhunderts.

Nach drei Jahren bei der Bonner Parlamentarismuskommission wechselte Thomas Nipperdey 1957 auf eine Assistentenstelle am Max-Planck-Institut für Geschichte in Göttingen, das erst im Vorjahr, in Anknüpfung an das frühere Kaiser-Wilhelm-Institut für Geschichte, neu gegründet worden war. Dabei spielte der Mediävist Hermann Heimpel (1901–1988) eine führende Rolle, der die Mittelalterliche Abteilung leitete, aber auch als Spiritus rector des gesamten Instituts galt, dem er in einer Denkschrift unter anderem die Geschichte des späteren 19. Jahrhunderts und Fragen einer Methodologie der Geschichte als Arbeitsfelder aufgab.[30] Hier passte Nipperdeys Projekt zur Parteiengeschichte des Kaiserreichs hervorragend hinein, das er in den folgenden Jahren in der von Richard Nürnberger (1912–1999) geleiteten Abteilung für Neuere Geschichte weiter bearbeitete. Nürnberger lenkte die Interessen seines Assistenten zusätzlich auf das 16. Jahrhundert und die Reformationsgeschichte, was wiederum dessen theologie- und religionsgeschichtlichen Neigungen entgegenkam. Nach Abschluss des Parteienbuchs mündete das in eine Reihe von Aufsätzen, die Thomas Nipperdey viel später noch einmal in einem kleinen Taschenbuch des Göttinger «Hausverlags» Vandenhoeck & Ruprecht zusammenstellte.[31]

Dieses Büchlein widmete er jedoch nicht Nürnberger, sondern Hermann

Heimpel, «bei dem ich nach dem Kriege zuerst und in langen Jahren der Zusammenarbeit immer wieder Faszination und Disziplin im Umgang mit der Vergangenheit und mit dem 16. Jahrhundert zumal erfahren habe».[32] Kein Zweifel, die überragende intellektuelle Figur in Göttingen mit Ausstrahlung weit darüber hinaus war Heimpel.[33] Als er im Sommersemester 1953 Rektor der Georgia Augusta wurde, führte er sich mit einer Rektoratsrede über den «Entwurf einer deutschen Geschichte» ein, die in vieler Hinsicht auf das spätere große Projekt Nipperdeys zum 19. Jahrhundert verweist. Dazu zählt der an Alfred Weber anknüpfende Hinweis auf die Bedeutung einer «Anthropologie mit historischer Methode», die eine Nationalgeschichte mit «den Anliegen des Einzelmenschen» verbinden müsse, ebenso wie der fundamentale methodische und geschichtstheoretische Anspruch, der über die Darstellung von Ereignissen weit hinausweist: «Der Entwurf einer Deutschen Geschichte ist verstrickt in das Problem des Geschichtsverständnisses überhaupt.»[34]

Am Ende der 1950er Jahre – Thomas Nipperdey hatte inzwischen den 30. Geburtstag gefeiert – kam das Parteienprojekt zum Ende. Ein Aufsatz in dem von Theodor Schieder herausgegebenen führenden Fachorgan *Historische Zeitschrift* im Jahr 1958 besetzte das Thema und machte auf den jungen Autor aufmerksam, dessen erste wissenschaftliche Veröffentlichung überhaupt damit vorlag.[35] Die Arbeit am Manuskript der Habilitationsschrift schloss er im Frühjahr 1959 ab, aber erst Anfang Dezember beantragte er an der Göttinger Philosophischen Fakultät die Zulassung zum Habilitationsverfahren.[36] Am 18. Februar 1961 bestand er das Colloquium über «Theologie und Revolution bei Thomas Müntzer» und erhielt neun Tage später, nach der Probevorlesung zum Thema «Europa und der Sonderbundskrieg» die Venia legendi für Mittlere und Neuere Geschichte.[37] Die Buchpublikation hatte er währenddessen schon weit vorangetrieben; noch im selben Jahr erschien «Die Organisation der deutschen Parteien vor 1918» in der Reihe der Parlamentarismuskommission des Düsseldorfer Droste-Verlags.[38] Das war ein stattliches Buch von 450 Seiten, ganz aus den Quellen gearbeitet und doch analytisch überformt durch das von Schieder und Werner Conze[39] (1910–1986) unterstützte Interesse der jüngeren Generation an den Strukturbedingungen moderner Gesellschaften. Im Vorwort erklärte der Autor:

Aber soziologische Gesichtspunkte werden stark berücksichtigt. Die Geschichte der Organisationen muß aus dem Wandel der gesellschaftlichen Strukturen, aus dem Übergang zur industriellen Massengesellschaft erklärt werden.[40]

Der für die späteren Bände der Deutschen Geschichte so typische «Nipperdey-Sound» des plastischen, wie mündlich vorgetragenen Erzählens fehlte noch. Aber der Stil des nüchternen Berichtens war schon da, und gelegentlich begann ein Absatz so, wie es der Autor später besonders gern mochte: «Fragen wir nun nach der wirklichen Funktion und Bedeutung des Parteitags.»[41]

Die soziologische Perspektive war neu, und Göttingen methodisch konservativer als Köln oder Heidelberg. Die Gutachten im Habilitationsverfahren fielen sehr kritisch aus. Nipperdeys Mentor Richard Nürnberger brachte kaum verklausuliert zum Ausdruck, dass er diese Form der systematischen Parteienanalyse eher für Soziologie als für richtige Geschichtsschreibung hielt: Nipperdeys Studie sei

ein Dokument dessen, was die Soziologen Neopositivismus in den Geisteswissenschaften nennen: mit ihm ist eine Reduktion der Perspektive, in der die sog. Tatsachen gesehen werden, der geschichtlichen «Anschauung», wie Ranke es genannt hat, verbunden. Die spezifisch historische Frage nach der Genesis und dem Wirkungszusammenhang für das Verständnis der Tatsachen tritt soweit in den Hintergrund, dass die Besonderheiten des Zeitzusammenhangs nirgends ausdrücklich zum Thema gemacht worden sind.[42]

Nachdem Nürnberger dann doch, die Leistung der Arbeit ebenso wie die Begabung des Habilitanden erkennend, die Annahme empfahl, gab er diesem eine scharfe Empfehlung für seine weitere Karriere in Rankes Disziplin auf den Weg.

Die Frage für Herrn Dr. Nipperdey als Historiker dürfte sein, wie ihm auf dem Wege von der Philosophie zur Soziologie und Geschichte das «Real-Geistige» in seiner «ungeahnten Originalität» immer eindringlicher und deutlicher vor Augen trete.

Hermann Heimpel als zweiter Hauptgutachter hieb in die gleiche Kerbe: Er erkannte eine «begriffliche Strenge, die durch Blässe historischer Anschauung erkauft wird». Nicht Menschen, sondern Institutionen trügen die Darstellung; «die Kapitel gehen fort, als hätten die immer wieder auftretenden Menschen, als hätten Bismarck und Bebel, Windthorst und Richter, Liebknecht, Bernstein und Kautsky nicht eigentlich zu leben brauchen».[43] Thomas Nipperdeys Art der Geschichtsschreibung verstieß gegen die Traditionen der

Disziplin; dass er im folgenden Jahrzehnt, bis in seine Berliner Zeit, als Reformer und Innovator galt, verwundert nicht. Bemerkenswert ist vor diesem Hintergrund jedoch, wie sehr er sich selber danach, zumal mit seiner Deutschen Geschichte, in die Tradition Rankes stellte, obwohl er seiner strukturorientierten Art, Geschichte zu schreiben, treu blieb: Den Mangel an lebendigen Personen beklagten dann die Rezensenten aus dem angelsächsischen Raum.[44]

Zwei weitere Jahre blieb der Privatdozent noch am Göttinger Max-Planck-Institut, dessen Abteilung für Neuere Geschichte seit 1961 Dietrich Gerhard leitete. Rainer Riemenschneider, damals Student in Göttingen, erinnerte sich viel später an Nipperdeys ganz unwissenschaftliche Beiträge im «Historischen Colloquium», einem 1952 gegründeten studentischen Wohnprojekt.[45]

Unvergeßlich sind mir die rauschenden Sommerfeste, die wir gemeinsam im Historischen Colloquium am Kreuzbergring feierten. Ich sehe Sie noch zu vorgerückter Stunde am Klavier sitzen, die Fenster der Bibliothek weit gegen die aufgehende Sommersonne geöffnet, und mit Ihren musikalischen Künsten die weinseligen Lieder einigermaßen ins Lot bringen, die das letzte Fähnlein der Aufrechten ... mit Verve absang. Das Repertoire war recht eklektisch, oder, um es modern auszudrücken: pluralistisch, es reichte von «Mariechen saß weinend im Garten» über «Wann wir schreiten Seit an Seit» bis zur Internationale. Das war alles noch vor 1968.

Der Historiker Heinz-Gerhard Haupt, der damals im Historischen Colloquium wohnte, erinnert sich freilich an einen etwas schwermütigen und traurigen Menschen, dessen Vorlesungen zur deutschen Geschichte des 19. Jahrhunderts jedoch «extrem faktenreich und im Vergleich zu den anderen Göttinger Professoren auch begrifflich präzise waren».[46]

Dann kam der erste Ruf, der Thomas Nipperdey 1963 «nur» an die Technische Hochschule Karlsruhe führte, aber immerhin auf den Lehrstuhl für Geschichte, den Franz Schnabel (1887–1966) zwischen 1922 und 1936 innehatte. Die fachliche Außenseiterstellung an dieser Institution mit der Konzentration auf die historische Allgemeinbildung angehender Techniker und Ingenieure nutzte Schnabel dazu, um in kurzer Folge vier Bände seiner dennoch unvollendet gebliebenen Deutschen Geschichte im 19. Jahrhundert zu schreiben.[47] Der frischgebackene Professor Nipperdey verfolgte dagegen in dieser Zeit kein größeres wissenschaftliches Vorhaben; überhaupt publizierte er in den folgenden vier Jahren nicht viel: Nur zwei bis drei Aufsätze jährlich waren es in der Karlsruher Zeit – gelegentlich griff er das Parteienthema erneut auf, auch für eine Festschrift zum 70. Geburtstag seines Vaters 1965;[48] überwiegend schrieb er über das frühe 16. Jahrhundert: Reformation und Bauernkrieg, Thomas Müntzer und Thomas Morus. Selbst als Rezensent war er nur mäßig produktiv.[49] Er wohnte im nahen Heidelberg, wo Werner Conze ähnlich wie Theodor Schieder in Köln weithin ausstrahlte, Fäden zog und für methodische Erweiterungen in der Sozial- und Strukturgeschichte warb. Dort suchte Nipperdey die intellektuelle Anregung, die ihm an der TH in Karlsruhe fehlte.[50] Vermutlich waren die Karlsruher Jahre nicht nur beruflich, sondern auch persönlich unbefriedigend.

Das änderte sich mit dem Wechsel nach Berlin im Jahr 1967, mit dem Ruf an die Freie Universität, schlagartig. Gegen den väterlichen Rat hatte er einen gleichzeitigen Ruf an die neue Ruhr-Universität in Bochum abgelehnt.[51] In Berlin sah Thomas Nipperdey sich am richtigen Platz. Das Friedrich-Meinecke-Institut war eines der größten und wichtigsten geschichtswissenschaftlichen Institute in Deutschland; die FU galt als Reformuniversität, die sich an westlichen Vorbildern orientierte und an der amerikanische Kollegen ein und aus gingen. Auch deutsche Remigranten, die von den Nazis vertrieben worden waren, spielten hier eine wichtige Rolle: allen voran der Politikwissenschaftler Ernst Fraenkel (1898–1975), der vier Jahre zuvor die Leitung des neugegründeten John F. Kennedy-Instituts übernommen hatte;[52] oder Hans Rosenberg (1904–1988), der seit 1949 immer wieder zu Gastprofessuren an das Friedrich-Meinecke-Institut kam und dort nach dem Urteil seines damaligen Schülers Gerhard A. Ritter nahezu schulbildend wirkte.[53]

Hier blühte Thomas Nipperdey förmlich auf. Die Freie Universität war nicht nur akademisch ein exzellenter Ort, sondern West-Berlin kam auch seiner Neigung zum politischen Engagement entgegen. Wenige Monate nach der Ankunft, am 18. April 1968 – exakt eine Woche nach dem Attentat auf den Studentenführer Rudi Dutschke auf dem Kurfürstendamm –, bat er das SPD-Kreisbüro Zehlendorf um ein Aufnahmeformular für den Eintritt in die Partei.[54] Thomas Nipperdey verstand sich als Reformer, und die SPD war, wie Nikolai Wehrs treffend geurteilt hat, damals die «präferierte parteipolitische Option für konsensliberale Intellektuelle mit kulturprotestantischem Hintergrund aus der jüngeren Generation, denen die CDU noch immer zu katholisch und die FDP noch immer zu ‹national› war.»[55] Auch das Privatleben nahm eine glückliche Wendung, als er in Berlin die angehende Juristin Vigdis Henze (geb. 1944) kennenlernte und sie im Sommer 1969 heiratete. Das bot dem langjährigen Junggesellen nicht nur persönliche Erfüllung, sondern auch die Möglichkeit zu einer bürgerlichen Lebensführung. Die vier Kinder kamen aber erst zur Welt, nachdem er Berlin im Spätherbst 1971 wieder den Rücken gekehrt hatte.

Als Thomas Nipperdey im Herbst 1967, mit Beginn des Wintersemesters 1967/68, seine Arbeit an der Freien Universität aufnahm, waren die Universität und die Stadt bereits in Aufruhr. Bei einer Demonstration gegen den Besuch des Schahs von Persien hatte der Polizist Karl-Heinz Kurras am 2. Juni den Studenten Benno Ohnesorg erschossen. Am Friedrich-Meinecke-Institut war es noch relativ ruhig, aber das konzentrierte Schreiben selbst an kleineren Aufsätzen fiel schwer, zumal Nipperdey viel Zeit und Energie in die Lehre investierte, etwa in ein Seminar über Denkmäler gleich im Wintersemester 1967/68, an das sich der Schriftsteller Sten Nadolny noch zwanzig Jahre später beeindruckt erinnerte.[56] Anfang Februar vertröstete er den Herausgeber der *Vierteljahrschrift für Sozial- und Wirtschaftsgeschichte*, Hermann Aubin, auf einen späteren Termin für seinen versprochenen Beitrag über «Neue Aufgaben der Sozialgeschichte».

Einerseits bin ich wegen der Vorbereitung und Durchführung meines Umzugs und wegen der revolutionären Ereignisse hier nicht zu den Arbeiten gekommen, die ich mir vorgenommen hatte; andererseits muß ich für die schriftliche Ausarbeitung und Erweiterung meines Beitrags eine ganze Menge ... Literatur einarbeiten; ich habe diese Literatur zwar inzwischen gelesen, bin aber in diesen Wochen vollständig außer Stande, auch nur drei Tage frei zu machen, um das Ergebnis dieser Lektüre in eine angemessene schriftliche Form zu bringen.[57]

Immerhin wurde der Text von zwanzig Druckseiten im Frühjahr, vermutlich in den Semesterferien, fertig.[58] Im Laufe des Sommersemesters bat er Richard Nürnberger, ihm jemanden für seine noch vakante Assistentenstelle zu empfehlen; «in Frage käme selbstverständlich auch eine Dame».[59] Die Schüler von Schieder und Conze, die er «einigermaßen kenne, sind oder werden gegenwärtig alle in Forschungsstellen untergebracht». Der Brief schloss mit einem düsteren Urteil.

Die Verhältnisse hier in Berlin sind nicht eben erfreulich, und ich habe es gelegentlich schon bedauert, hierher gekommen zu sein. Irgendwann wird sich ja vielleicht noch die Möglichkeit ergeben, hier wieder wegzukommen.

Ein halbes Jahr später klang er gegenüber dem Freiburger Politologen Wilhelm Hennis, mit dem ihn politisch und intellektuell vieles verband, wieder etwas optimistischer. Nipperdey gab aber auch zu erkennen, dass es an seinem eigenen Temperament lag, sich angesichts der politischen Bewegung nicht in die Forschung zurückzuziehen.

Hier in Berlin läßt einem, wenn man einigermaßen politisch aktiv ist, die Universitätspolitik kaum eine freie Minute. Aber vielleicht überstehen wir die Unruhe der nächsten Jahre und kommen dann wieder zu anderen Dingen zurück.[60]

Er warb um einen erneuten Aufenthalt des Stanforder Historikers Gordon Craig, der bereits im Sommersemester 1967 an der FU gelehrt hatte, und versicherte ihm, «bei uns Historikern» gehe es angesichts der allgemeinen Unruhe «einstweilen noch halbwegs gut. Wir glauben nicht, daß der Lehrbetrieb nachhaltig lahmgelegt wird».[61]

Unter den Verhältnissen litt er und manchmal auch unter den Studierenden, aber zugleich genoss er die Herausforderung und nahm sie etwa zu Beginn eines neuen Semesters, die eigene Vorlesung rechtfertigend, in genüsslicher Ironie auf. Indem er eine Mehrzahl von Gründen und Motiven dafür anführte, erweise sich «natürlich sofort mein bloß liberaler Pluralismus, wie er einem Durchschnittsprofessor zukommt, und die Gefahr, daß es sich hier um eine Verschleierung und Manipulationstaktik der gegenwärtig Herrschenden handelt, ist ja dann offenkundig.»[62] Seinen Zuhörern demonstrierte er, dass er ihre Theorien und Idole längst kannte und sie sich schon warm anziehen müssten, um ihm argumentativ zu begegnen.

Ein zweites Motiv, diese Vorlesung zu halten ist, daß es mir Spaß macht und vielleicht auch einigen anderen. Das Einbeziehen einer solchen Motivation in das Arbeitsleben scheint zunächst ein bloß privates Beginnen, was nur der privilegierten Klasse möglich ist, aber es hat natürlich auch eine gesellschaftliche Relevanz, und zwar im progressiven Sinne, indem wir hier eine Vorlesung machen, die mir und Ihnen hoffentlich Spaß macht, antizipieren wir eine künstliche Gesellschaft, wie sie Herbert Marcuse entworfen hat, nämlich die Gesellschaft unter der Herrschaft des Lustprinzips, oder man könnte sich auch auf Brecht berufen, die Wiedereinsetzung des kulinarischen Prinzipes in einer so günstigen Gesellschaft.

Aber Lust und Leid konnten für Thomas Nipperdey eng beieinander liegen, und Möglichkeiten, die Freie Universität schnell wieder zu verlassen, gab es genug. Nach Jahren des Wartens auf dem Karlsruher Nebengleis hatte ihn der Ruf nach Berlin in der Reputation des Faches und der Berufungskommissionen plötzlich ganz nach vorn katapultiert, auch ohne bedeutende neue Publikationen oder die Aussicht auf ein bald fertiggestelltes Buch. Im Dezember 1968 lehnte er einen Ruf nach Kiel ab, im Mai 1969 einen Ruf nach Hamburg.[63] In einer Konfliktsituation, deren prinzipielle Handlungsoptionen der Ökonom und Sozialwissenschaftler Albert Hirschman wenig später mit «exit, voice, and loyalty» prägnant umriss,[64] entschied sich Thomas Nipperdey vorerst gegen den «exit», den Weggang aus Berlin – aber auch gegen die Loyalität, sofern sie die Zustimmung zur zunehmenden Radikalisierung der Studentenbewegung bedeutete oder die Anpassung an den aus seiner Sicht zu nachgiebigen Kurs des von seinem Parteifreund Klaus Schütz geführten Senats von West-Berlin.[65] Im Sommer 1969 landete er schon wieder auf dem ersten Platz einer Berufungsliste; diesmal in Köln, das im Fach mehr als Kiel oder Hamburg galt. Das wäre eine glänzende Rückkehr in seine Heimatstadt und an seine Alma mater gewesen.[66] Aber auch diesen Ruf lehnte er ab: Thomas Nipperdey hatte sich für die dritte Option entschieden, für «voice»: Mit dem Selbstbewusstsein des liberalen Reformers und Sozialdemokraten trat er der Studentenbewegung eloquent und tatkräftig entgegen und zog damit im Laufe des Jahres 1969 deren Attacken auf sich.

Nach kleineren Interventionen in Leserbriefen[67] tat er das am 25. März 1969 weithin öffentlich sichtbar mit einem Radiovortrag beim Sender Freies Berlin «Zur Lage an der Freien Universität».[68] Ohne Umschweife kritisierte er die «radikalen Aktionen», die im vergangenen Semester eine neue Dimension erreicht hatten: «Besetzungen von Instituten, Versuche, sie zu stürmen, Verwüstungen, verbrannte Akten, eingeschlagene Türen und Fenster, tätliche Angriffe auf Dozenten und Studenten, gestörte Sitzungen». Die Liste war damit noch nicht zu Ende und kulminierte in einem Vergleich, den damals nicht wenige Professoren zogen, auch solche, die politisch links von Thomas Nipperdey standen wie Jürgen Habermas und Remigranten wie Ernst Fraenkel, die das Treiben fanatischer nationalsozialistischer Studenten noch aus eigener Anschauung kannten.[69]

Aufgrund dieser terroristischen Aktionen im Stil einer Mafia herrschte zeitweise ein Zustand, in dem die Rechtsordnung und die durch sie verbürgte Lehr- und

Lernfreiheit außer Kraft schien. … Das Verhalten der Radikalen erinnert in vielen Zügen an das der Nationalsozialisten vor 1933, es gleicht in der Praxis – bei aller Verschiedenheit der Motive und Ziele – dem, was von ihnen als faschistisch so heftig bekämpft wird.[70]

In dem revolutionären Gebaren der marxistischen Studenten erkannte er eine «Gegnerschaft gegen die Demokratie» und setzte etwas pathetisch dagegen: «Jetzt aber ist, so scheint mir, nicht die Zeit des Verstehens, sondern die Zeit des Widerstehens».[71] Aber Nipperdey beklagte auch den großen Zeitaufwand für die Diskussion der Reformen und für die akademische Selbstverwaltung nach den neuen Regeln der Beteiligung aller Gruppen: Er selber müsse im Semester, neben der Lehre und ihrer Vorbereitung, «allermindestens in der Woche 30 Stunden für Sitzungen und Besprechungen» aufwenden; von Forschung könne «gegenwärtig im Semester nicht mehr die Rede sein».[72]

Im kurz darauf beginnenden Sommersemester 1969 erreichten die radikalen Protestaktionen auch das Friedrich-Meinecke-Institut in seinem behäbigen klassizistischen Bau in der Dahlemer Altensteinstraße 40.[73] Die Studentenzeitschrift *FU-Spiegel* veröffentliche eine «Denunzianten-Liste», in der Professoren an den Pranger gestellt wurden, die der Universität oder den Behörden Namen von Störern oder Gewalttätern zu nennen bereit waren.[74] Der Kampf gegen «Relegateure» und «Denunzianten» unter den Dozenten setzte sich relativ harmlos mit Zetteln fort, die in Bücher der Institutsbibliothek eingeklebt wurden: «Für jeden relegierten Studenten – 10 gefeuerte Dozenten! Wir schlagen vor – Denunzianten: Laubach – Zipfel – Erbe – Nipperdey».[75] Aber die Angriffe richteten sich auch persönlich, gewalthaft und vulgär gegen Thomas Nipperdey. Am 8. Mai stand «Denunziant» über der Tür seines Dienstzimmers; fünf Tage später wurde er in den ersten Minuten seiner Vorlesung mit Farbeiern beworfen.[76] Am selben Tag erschien das Flugblatt «Die schleimige Sumpfkröte», das die ganze Wut der radikalen Studierenden über den Radiovortrag Nipperdeys offenbarte – und den Faschismusvorwurf natürlich retournierte.

Prof. Dr. Thomas Nipperdey hat am 25. März im SFB ein faschistisches Gequake hören lassen. … Jetzt macht er die eigene Kröten-Krise zur existenzbedrohenden Krise der philosophischen Fakultät und bläst sich entsprechend auf. … Nipperkröte ist das härteste Exemplar! Deswegen schlagt die Kröte, wo ihr sie trefft!!

Keine schleimige Sumpfkröte ist so giftig, daß sie nicht von der Revolution verdaut werden könnte!![77]

Vier Wochen später spitzten sich die Ereignisse weiter zu, unter anderem mit Brandflaschenwürfen gegen die Institutsbibliothek. Am folgenden Tag, dem 14. Juni 1969, wurde Thomas Nipperdey, was seine rasch gewonnene politische Führungsrolle unterstreicht, zum Dekan der Philosophischen Fakultät gewählt, dem letzten vor dem reformerischen Umbau der Freien Universität in Fachbereiche. Wenige Stunden danach brach er zu einer Exkursion ins Elsass auf, und noch in derselben Nacht wurde sein vor der Wohnung abgestellter BMW 1600 zum Opfer eines Ölfarbenanschlags.[78] Wiederum zwei Tage später fanden sich morgens Schmierereien an den Wänden vor seinem Dienstzimmer: «N(ip)P(er)D(ey) ist ein Faschistenschwanz»; oder «NipPerDey führt die Phil.Fak. in den offenen Faschismus».[79]

Erstaunlicherweise kam er zur gleichen Zeit in einem studentischen Führer durch das Friedrich-Meinecke-Institut, das dessen Dozenten fachlich und ideologisch bewertete, gut weg. Offenbar zog er aus zwei Gründen besonders viel Aufmerksamkeit auf sich: Sein intellektueller Rang war schwer zu verkennen – und er hatte politische Erwartungen enttäuscht.

Bevor N. in Berlin auftauchte, ging ihm der Ruf eines Liberalen voraus, der zudem theoretisch versiert sei. Indessen hat es N. glänzend verstanden, die in ihn gesetzten Erwartungen zu enttäuschen. ... N.s Seminare dienen der Stoffzulieferung für seine hastig produzierten Renommieraufsätze. ... für N. gibt es noch die «echte Sachautorität», die es ihm ermöglichen soll, seine durch die derzeitige Produktion bedingte Fragestellung durchzusetzen. Zugleich ist aber auch sein wissenschaftstheoret. Konzept in einer Weise abgesichert, die ihn aus dem Kreis seiner theoriefeindl. Kollegen heraushebt.[80]

Im Anschluss an die Einzelbewertungen stellte ein Schaubild das akademisch-politische Feld des Instituts dar: auf der vertikalen Achse das wissenschaftliche «Ansehen», auf der horizontalen den «politischen Standort». Der Name Thomas Nipperdeys fand sich weit oben, nur unter dem Mediävisten Reinhard Elze und dem mythischen «Meineckegeist»; politisch war er in der rechten Mitte angesiedelt, irgendwo zwischen «autoritär» und «konservativ-reaktionär».[81] Als konservativ wurde er zunehmend und über die eigene Universität hinaus auch von den linksliberalen Kollegen wahrgenommen, die das orthodox-marxistische Revoluzzertum ablehnten, aber den Weg des dezidierten und organisierten Widerstands dagegen nicht mitgehen wollten. Nach den Zuspitzungen des Jahres 1969 engagierte sich Thomas Nipperdey gemeinsam mit seinem Freund, dem Altphilologen Nicolaus Knauer, führend in der Gründung der «Notgemeinschaft für eine Freie Universität» (bald als «NoFU» abgekürzt), ebenso wie deutschlandweit bei der Gründung des «Bundes Freiheit der Wissenschaft» (BFW). Die erste Mitgliederversammlung der NoFU fand am 9. Februar 1970 unter seiner Leitung statt, während er beim Gründungskongress des BFW im November desselben Jahres wegen einer Gastprofessur in Princeton fehlte.[82]

So ist seinem Schüler Martin Baumeister zuzustimmen: Das Jahrzehnt seit 1967 war die «Phase des Politikers Nipperdey».[83] Das galt nicht nur für ihn persönlich: Gewiss war das eine individuelle Lebensphase, aber doch eine in historischer Situierung, und es ist kein Zufall, dass das Jahrzehnt des Politikers Nipperdey – und das heißt zugleich: die Zeit vor der großen wissenschaftlichen Produktivität, vor der Konzentration auf das große Buch – sich mit dem «roten Jahrzehnt» der Bundesrepublik und West-Berlins zwischen 1967 und 1977 deckt, in diesem Fall sogar exakt auf dessen Anfangs- und Endjahr.[84] Ganz unproduktiv war Thomas Nipperdey in den Berliner Jahren nicht; sehr viele «Renommieraufsätze» brachte er neben der Universitätspolitik allerdings nicht zustande. Im Juli 1969 schloss er seinen umfangreichen, und später sehr einflussreichen, Aufsatz «Verein als soziale Struktur in Deutschland im späten 18. und frühen 19. Jahrhundert» ab,[85] der erst drei Jahre später in einem Sammelband des Göttinger Max-Planck-Instituts erschien. Kurz zuvor hatte er einen umfangreichen Besprechungsessay über Ernst Noltes Arbeiten zum Faschismus für die HZ fertigstellen können.[86] Dann wieder zeigte er sich unsicher, ob er angesichts seiner Wahl zum Dekan einen Beitrag zum «Arbeitskreis für moderne Sozialgeschichte» Werner Conzes leisten könnte.[87] 1970 erschien eine wissenschaftspolitische Auftragsarbeit, eine gemeinsam mit Ludwig Schmugge – Assistent im Bereich Mittelalter am FMI – verfasste kurze Geschichte der Deutschen Forschungsgemeinschaft (DFG).[88]

Ende 1968 erwähnte Thomas Nipperdey mehrfach «zwei langfristige Arbeitsvorhaben», wegen derer er einstweilen keine neuen Verpflichtungen übernehmen könne, «zumal unsereins wegen der universitätspolitischen Lage allenfalls in den Ferien einmal zu wissenschaftlicher Arbeit kommt».[89] Der Münsteraner Kollege Gerhard A. Ritter, der die Inhaber einer von der Stiftung Volkswagenwerk finanzierten Gastprofessur am Oxforder St Antony's

College rekrutierte, bemühte sich sehr um Nipperdey.[90] Doch dieser vertröstete ihn um mehrere Jahre, bis zum übernächsten Freisemester im Winter 1974/75, weil er stattdessen lieber ins amerikanische Princeton gehen wollte.[91] Bei Felix Gilbert, einem in die USA emigrierten Schüler Friedrich Meineckes, der seit 1962 eine Professur an der *School of Historical Studies* des renommierten *Institute for Advanced Study* in Princeton innehatte,[92] warb Nipperdey eindringlich um eine Einladung für das Wintersemester 1970/71. Zwar sei er auch nach Oxford eingeladen, «aber ich würde Princeton vorziehen, vor allem, weil ich zwei größere Forschungsvorhaben zum Abschluß bringen möchte.» Als Referenzen nannte er mit Dietrich Gerhard und Hajo Holborn zwei weitere Meinecke-Schüler mit Emigrationserfahrung sowie Theodor Schieder, den Nipperdey hier ausdrücklich «mein Lehrer» nannte.[93]

Tatsächlich verbrachte Thomas Nipperdey 1970/71 mit seiner Frau ein halbes Jahr in Princeton, aber ohne dort konzentriert an einem Buch zu arbeiten,[94] geschweige denn mit einem größeren Manuskript zurückzukehren. In den Publikationen der folgenden Jahre spiegelt sich dieser Aufenthalt denn auch nicht. Bei den zwei größeren Arbeitsvorhaben, die er Ende der 1960er Jahre öfter erwähnte, handelte es sich vermutlich nur um umfangreichere Aufsatzprojekte; es ist nicht einmal auszuschließen, dass er die Rede davon gegenüber seinen Korrespondenzpartnern strategisch einsetzte – oder sich selber bestätigen wollte, dass er trotz der politischen Ablenkung und des vergleichsweise kleinteiligen Publizierens längerfristige Forschungspläne verfolgte. Im Oktober 1968 zeigte sich der Münchner Paul List Verlag sehr beeindruckt von der gerade in der HZ erschienenen Studie über «Nationalidee und Nationaldenkmal in Deutschland im 19. Jahrhundert», der im Rückblick ein bahnbrechender Aufsatz zu einer neuen politischen Kulturgeschichte *avant la lettre* war.[95] Ob man daraus nicht ein Buch machen könne, mit einer Ergänzung durch Bilder und Erweiterungen am Text?

Thomas Nipperdey ließ den Brief sechs Wochen liegen und zeigte sich dann lauwarm interessiert, wiederum mit dem Verweis darauf, dass er einstweilen noch mit anderen Dingen beschäftigt sei: «Die Sache eilt nicht, da ich vor Herbst 1969 keinesfalls in der Lage sein werde, ein fertiges Manuskript zu erstellen. Wahrscheinlich wird sich die Sache bis zum Jahre 1970 hinziehen.»[96] Doch nun hatte der Verlag das Interesse an einem Projekt verloren, das «zwischen alle Stühle fiele», und bot dem Berliner Historiker stattdessen an, einen Aufsatz über methodologische Fragen der Geschichtswissenschaft für die Paperbackreihe auszubauen.[97] Kurz gesagt: Thomas Nipperdey hatte in diesen Jahren zwar wenig Zeit, aber vor allem keine ihn ausfüllende Idee für ein größeres Buch, und die Verleger versäumten es, ihn in diese Richtung zu tragen und zu schmeicheln, so wie es später vor allem Wolf Jobst Siedler und Ernst-Peter Wieckenberg taten.

Außerdem ließ ihn die Universitätspolitik auch in Amerika nicht los. Fast wie eine Abschlussbilanz, als sich seine eigene Haltung doch wieder dem «exit» zuneigte, liest sich ein größeres Vortragsmanuskript «Decline and Fall of the Free University of Berlin», das er offenbar im April 1971 in der Hoover Institution in Stanford präsentierte.[98] Bevor er zu einer schonungslosen Analyse der Verhältnisse an der Freien Universität kam, räsonnierte er über seinen Weg dorthin und über die Verschiebung seiner politischen Haltung: Berlin habe er anderen Orten vorgezogen, weil er die Studenten dort intellektuell anregender und weniger provinziell fand als anderswo und weil ihn die Atmosphäre der Stadt anzog. Stattdessen habe er die letzten Jahre, «practically every day until midnight», der Universitätspolitik geopfert. «In my own estimation I developed from a progressive liberal into a moderate liberal during this time, or more precisely: the changes of the political spectrum within the university shifted my position to a different place.»

Als er nach der Rückkehr aus Princeton einen Ruf an die Ludwig-Maximilians-Universität in München erhielt, nahm er ihn im Oktober 1971 an und verließ die Freie Universität schnell, ohne überhaupt Bleibeverhandlungen zu führen.[99] Wie es seiner öffentlichen Stellung und wohl auch seinem Selbstbewusstsein entsprach, nutzte er die Gelegenheit zu einer demonstrativen Abrechnung in einem langen Grundsatzbrief an Wissenschaftssenator Werner Stein, den er auch der Presse übergab. Frühere auswärtige Rufe habe er noch abgelehnt, «weil ich glaubte, in der Auseinandersetzung um Freiheit und Reform sei mein Platz in Berlin». Seitdem aber habe sich der Zustand der Universität «beständig verschlimmert». Farbeier und obszöne Schmierereien waren gar nicht das Problem, zumal der Höhepunkt der Randale vorbei war. Schlimm waren aus seiner Sicht die Wirkungen des neuen Universitätsgesetzes und die Verfestigung eines leistungsfeindlichen Klimas – «das Bündnis der Radikalen mit den Faulen und den weniger Begabten trägt seine Früchte», während Nipperdey ostentativ, als Sozialdemokrat gegenüber dem Parteifreund, das Leistungsprinzip als «das einzig sozial gerechte Auswahlprinzip» und deshalb «Sache unserer Partei» verteidigte. Am Ende hieß es:

Als Angehöriger der ehemals «freien» Universität, als Bürger dieser Stadt, als engagiertes Mitglied der Sozialdemokratischen Partei Deutschlands verlasse ich Berlin mit Schmerz, mit Trauer, mit Zorn. Die Verantwortlichen haben die Stunde nicht begriffen.

Der Wissenschaftssenator wies das in einer Presseerklärung kühl zurück, nannte den «Weggang eines qualifizierten Hochschullehrers» einen «bedauerlichen Vorgang», doch werde die entstandene Lücke bald wieder geschlossen werden.[100] Es gab sogar ein Nachspiel im Abgeordnetenhaus, weil die CDU-Opposition sich den sozialdemokratischen Dissens nicht entgehen ließ und fragte, welche Konsequenzen der Senat aus dem Weggang Nipperdeys ziehen werde.[101] Die *Welt am Sonntag* porträtierte den «Professor, der sich abkehrt» und «schon lange im Schußfeld der linken Kadergruppen der Universität» stand – die Causa Nipperdey schaffte es sogar zu einer Karikatur mit der Unterzeile «Die Ratten beherrschen das sinkende Schiff», in der Thomas Nipperdey sich in einem Ruderkahn von dem untergehenden Rattenschiff «Freie Universität» entfernte.[102] Für noch mehr Aufmerksamkeit sorgte ein *Spiegel*-Interview über seinen Wechsel nach München und die Verhältnisse an der FU, in dem die Redakteure den Historiker geschickt nach seinen Quellen befragten und so seine Pauschaldiagnosen dekonstruierten: «Haben Sie das auch in ihren eigenen Übungen und Seminaren festgestellt? – Nein, das kann ich eigentlich nicht sagen. – Von wem wissen Sie das dann, bitte?»[103] Auf die Schlussfrage, wann er glaube, dass die Berliner Verhältnisse ihn in München einholen würden, antwortete Thomas Nipperdey: «Ich hoffe niemals.»

Also ein Neuanfang. Thomas Nipperdey war 44, das letzte Buch, seine Habilitationsschrift, lag zehn Jahre zurück, doch seine fachliche Reputation war durch einige bahnbrechende Aufsätze gewachsen, auch durch die Vielzahl der Rufe, und das Engagement auf der politischen Bühne steigerte zumindest seine Bekanntheit. Im späteren Rückblick trat er erst jetzt aus dem Schatten des berühmten Vaters heraus.

Bis ich Mitte 40 war, wurde ich bei fast jeder geselligen Gelegenheit mit der Frage konfrontiert: Sind Sie eigentlich … Ich ließ die Frager nicht ausreden, sondern sagte: Nein, ich bin nicht mein Vater.[104]

Der Wechsel auf den Lehrstuhl Franz Schnabels war ein ambivalentes Omen.[105] Denn Schnabel hatte den Schwerpunkt seiner Tätigkeit beim Übergang von Karlsruhe nach München auf die Lehre gelegt statt auf den Abschluss seines Opus magnum: «Daß ich zur Weiterarbeit an meiner deutschen Geschichte hier nicht kommen würde, war mir klar, als ich den Ruf nach München annahm.»[106] Als Nipperdey dem Pressereferat seiner neuen Universität Anfang Dezember 1971 biographische Informationen schickte, schloss er eine Rubrik «Themen der wichtigeren Veröffentlichungen» an die chronologische Vita an, aber irgendein laufendes Vorhaben oder größeres Projekt, das er sich für München vorgenommen hatte, nannte er nicht.[107] Die hochschulpolitischen Aktivitäten beendete er keineswegs, im Gegenteil: Im September 1973 ließ er sich zum (Mit-) Vorsitzenden des Bundes Freiheit der Wissenschaft wählen, führte in dieser Funktion eine ausgedehnte Korrespondenz, schrieb Leserbriefe und hielt Vorträge.[108] Erst im Januar 1980 gab er dieses Amt ab, als die meisten der frühen Weggefährten und der anderen bedeutenden Gelehrten, die sich in den ersten Jahren für den BFW engagiert hatten, sich längst davon zurückgezogen hatten.[109]

Er eröffnete sogar noch eine weitere Front, als er sich im Konflikt um die Hessischen Rahmenrichtlinien für das Fach Gesellschaftslehre als oberster Kritiker einer «emanzipatorischen» und aus seiner Sicht ideologisierten, zudem das Fach Geschichte verkürzenden Schulpolitik gewinnen ließ. Gemeinsam mit dem Philosophen Hermann Lübbe, der mit der Übernahme einer Professur in Zürich fast gleichzeitig seinen eigenen «exit» aus dem deutschen Universitätssystem vollzogen hatte, verfasste Thomas Nipperdey im Auftrag des Hessischen Elternvereins ein umfangreiches Gutachten als Stellungnahme gegen das neue Curriculum.[110] Den größten Teil des Textes schrieb Nipperdey, unter dessen Namen das Gutachten mit einigen ergänzenden Beiträgen 1974 als Taschenbuch erschien:[111] immerhin, ein Buch, wenn auch kein vollständiger Ersatz für die nächste wissenschaftliche Monographie! Mit Ludwig von Friedeburg, dem für die Rahmenrichtlinien verantwortlichen hessischen Kultusminister – und zugleich zusammen mit dem Niedersachsen Peter von Oertzen Aushängeschild links-sozialdemokratischer Bildungspolitik –, lieferte er sich Scharmützel, etwa indem er diesen – «Sehr geehrter Herr Minister, lieber Genosse von Friedeburg!» – aufforderte, nicht länger fälschlich zu behaupten, er, Nipperdey, sei in Veranstaltungen der CDU aufgetreten.[112] In einem langen Brief an Ralf Dahrendorf, damals EG-Kommissar in Brüssel, verwahrte sich Thomas Nipperdey gegen dessen Parallelisierung des Bundes Freiheit der Wissenschaft mit «den Wirkungen der radikalen Kader und Chaoten» – ein veritabler Deutungskampf zweier liberaler Intellektueller um die vernünftige Mitte in der scharf polarisierten politischen Kultur der damaligen Bundesrepublik.[113]

In diese und ähnliche Aktivitäten investierte Nipperdey in den ersten Münchner Jahren, schon ausweislich der dichten Korrespondenz, sehr viel Zeit und Aufmerksamkeit, die einer Neuorientierung auf ein größeres wissenschaftliches Projekt fehlten. Im Publikationsverzeichnis zwischen 1973 und 1976 halten sich wissenschaftliche Beiträge im engeren Sinne und politische Schriften – umfangreiche wie das Hessen-Gutachten ebenso wie kürzere Interventionen – ungefähr die Waage. Hans-Ulrich Wehler, der vier Jahre jüngere, damals weithin als Marxist geltende Schieder-Schüler, hatte nach einem kurzen Zwischenspiel ebenfalls an der Freien Universität 1971 einen Lehrstuhl an der neu gegründeten Reformuniversität Bielefeld erhalten – und legte dennoch bereits zwei Jahre später, seinerseits von einem Amerikaaufenthalt in Harvard profitierend, eine dreihundertseitige Geschichte des deutschen Kaiserreichs vor.[114] Im Nachwort kündigte Wehler gar an, sich fortan intensiv dem Großprojekt eines «Grundrisses der deutschen Gesellschaftsgeschichte vom ausgehenden 18. Jahrhundert bis zur Gegenwart» widmen zu wollen.[115] Einige Jahre zuvor hatte Nipperdey noch an den gemeinsamen Kölner Lehrer geschrieben:

Ich habe gerade mit wirklich vorbehaltloser Bewunderung und außerordentlichem Gewinn Ihren Beitrag zu Ihrem Handbuch Band 6 gelesen, danach mit zwiespältigen Gefühlen Wehler, seine These vom Sozialimperialismus halte ich für überkonstruiert, seine Neigung zur kritischen Theorie für wenig erkenntnisfördernd.[116]

Jetzt fühlte er sich von Wehler herausgefordert und antwortete, auf dessen Einladung hin, mit einem ebenso glänzenden wie fundamental kritischen Besprechungsessay im ersten Jahrgang 1975 der von Wehler und seinen «kritischen» Kollegen gegen die HZ gegründeten Zeitschrift *Geschichte und Gesellschaft*.[117] Etwa zur selben Zeit apostrophierte ein Artikel des *Spiegel* über soziale Lage und politische Anschauungen deutscher Professoren den Münchner Historiker und BFW-Vorsitzenden als «obersten Freiheitsbündler».[118] Mit dem Versuch, es dem *Spiegel* in gleicher sprachlicher Münze heimzuzahlen, entwarf Nipperdey einen Leserbrief.

Lieber Spiegel, da haben Sie es ja dem reaktionären Bund Freiheit der Wissenschaft und seinem sozialdemokratischen Aushängeschild, dem obersten Freiheitsbündler Nipperdey, wieder einmal schön gegeben.[119]

Aber man spürte, dass ihn das ärgerte. Er wollte nicht mehr zuerst als politischer Kämpfer wahrgenommen, auf eine Rolle und auf eine Position, die oft genug verächtlich gemacht wurde, festgelegt werden. Im Herbst 1976 versuchte er den sehr angesehenen Konstanzer Juraprofessor Bernd Rüthers zu überreden, weiter für die Leitungsgremien des BFW zur Verfügung zu stehen. Aber zugleich sah er seinen eigenen Rückzug voraus: «Ganz persönlich darf ich sagen, daß wir den Bund in den nächsten beiden Jahren in eine andere Organisationsform bringen müssen, die von den alten Kämpfern weniger Aktivität verlangt».[120] Der eben erschienene Band mit seinen wissenschaftlichen Aufsätzen unter dem Titel «Gesellschaft, Kultur, Theorie» hatte ihm vermutlich selber den Spiegel des anderen Thomas Nipperdey vorgehalten: des Gelehrten, des Buchautors.[121] Die Entscheidung, ein richtiges, ein wichtiges, ein grundsätzliches Buch zur Deutschen Geschichte des 19. und 20. Jahrhunderts schreiben zu wollen, verfestigte sich allmählich.

IV. Der Entschluss zum Werk und der Raub eines Halbbandes

Im März 1976 lieferte Vandenhoeck & Ruprecht den großen Aufsatzband Thomas Nipperdeys aus: «Gesellschaft, Kultur, Theorie. Gesammelte Aufsätze zur neueren Geschichte».[1] Das war ein ganz anderes Kaliber als das genau ein Jahr zuvor in der Taschenbuchreihe des Göttinger Verlages erschienene Bändchen mit den Aufsätzen zur Reformationsgeschichte, welches die weitgespannten frühneuzeitlichen und religionshistorischen Interessen Nipperdeys dokumentierte.[2] Immerhin hatte sich der Münchner Historiker damit nach langer Buch-Abstinenz von fast anderthalb Jahrzehnten, seit dem Erscheinen der Habilitationsschrift über die Parteien im deutschen Kaiserreich im Jahre 1961, überhaupt wieder an das Genre herangetastet, das im eigenen Fach und darüber hinaus die größte, die eigentliche wissenschaftliche Reputation versprach.

In der klassischen deutschen Gelehrtenwelt, die noch bis ins späte 20. Jahrhundert nachwirkte, drückten Redensarten und Sprachformeln diese Erwartung und diese Rangfolge aus: «Aufsätze vergehen, Bücher bestehen».[3] Da die Dissertation auch in den Geisteswissenschaften (wie bis heute noch in einigen anderen Fächern) nach Umfang und Anspruch eher eine Qualifikationsschrift zum Studienabschluss jenseits des Lehramts an höheren Schulen darstellte, ein *billet d'entrée* in die akademische Welt, das nicht selten unveröffentlicht blieb, ging aus der Habilitationsschrift häufig das erste «richtige», in einem Verlag erscheinende Buch hervor, mit dem man sich Wahrnehmung und Anerkennung in der Fachwelt verschaffen konnte.

Im Verlauf der 1960er Jahre änderte sich das schnell. Die Dissertationen schwollen an und konnten zu Beginn des folgenden Jahrzehnts ihrerseits die Habilitationsschrift aufwiegen und als Voraussetzung der Berufung überflüssig machen. Aber für die Geburtsjahrgänge der späten 1920er Jahre, zu denen Thomas Nipperdey gehörte, war das traditionelle Muster noch durchaus charakteristisch. Ganz parallel verlief in dieser Hinsicht zum Beispiel die Karriere von Jürgen Habermas: eine frühe Promotion mit Mitte zwanzig, eher die Abschlussarbeit des Studiums, wenn man nicht ins Lehramt strebte. Der eigentliche Durchbruch, der Eintritt in die Gelehrtenwelt, erfolgte mit der

Habilitationsschrift, im Falle von Habermas mit der längst zum Klassiker avancierten Studie über den «Strukturwandel der Öffentlichkeit».[4] Ähnlich war es auch bei dem 1923 geborenen Ernst Nolte, der überdies mit Habermas und Nipperdey die Promotion in der klassischen, idealistischen deutschen Philosophietradition gemeinsam hatte: Die Dissertation über «Selbstentfremdung und Dialektik im deutschen Idealismus und bei Marx» beeinflusste die weitere Arbeit des philosophischen Historikers Nolte durchaus nachhaltig, geriet aber selber in Vergessenheit. Zur fachöffentlichen Signalfahne wurde das Buch über den «Faschismus in seiner Epoche», das 1963 schon gedruckt vorlag, bevor es ein Jahr später noch die akademischen Weihen als Habilitationsschrift erhielt.[5]

Damit war der schwierige Moment der Bewährung gekommen, in dem die Fähigkeit zum Bücherschreiben erneut unter Beweis gestellt werden musste, damit man unter den Kollegen nicht dem männerbündischen Verdikt anheimfiel, ein «vir unius libri», ein Mann bloß eines einzigen Buches, zu sein.[6] Schwierig war das ganz praktisch, weil sich gerade im Falle des Erfolgs, nämlich einer raschen Berufung auf einen Lehrstuhl, andere Verpflichtungen in den Vordergrund schoben, neben der Verwaltung und den bald weiter wuchernden Gremien vor allem die Lehre, und hier ganz besonders die strapaziöse und zeitaufwändige Vorbereitung von Vorlesungen. Bis man eine Reihe, einen Zyklus von Hauptvorlesungen konzipiert, im mehr oder weniger dichten Skript zu Papier gebracht und praktisch erprobt hatte, vergingen oft etliche Jahre, die für das Bücherschreiben verloren waren.[7] Manchem entglitt, damals wie auch noch heute, dieser Faden völlig oder doch für eine sehr lange Karriere- und Lebensphase. Irgendwann ist das nicht mehr in erster Linie ein Problem der objektiv zur Verfügung stehenden Zeit, sondern der Fähigkeit zur Selbstmotivation für diese Extra-Leistung, deren Ausbleiben jedenfalls keine unmittelbaren oder schwer erträglichen Sanktionen nach sich zieht, wenn Stellung und lebenslange Versorgung der verbeamteten Professur einmal erreicht sind. Dann geht es um anderes: um die Fähigkeit, sich selber etwas vorzunehmen, zu dem einen niemand zwingt; um die Fähigkeit, sich selber ein Thema zu setzen, von dem man überzeugt ist, dass es «trägt» – und nicht zuletzt die Fähigkeit zur beharrlichen Konzentration über einen langen Zeitraum und angesichts zahlreicher Ablenkungen nicht nur außerhalb, sondern innerhalb des Berufes.[8]

So war es auch Thomas Nipperdey ergangen, mit dem ganzen Spektrum der alternativen Aufmerksamkeiten, die ein größeres Buchvorhaben nach der Habilitation behindert oder schon im Ansatz illusorisch gemacht hatten: die Pflichten als Professor in Karlsruhe seit 1963, vier Jahre später der Ruf nach

Berlin, mitten in die Studentenrevolte an der Freien Universität hinein, das politische Engagement dort und die zunehmende Enttäuschung, ja Zermürbung in den Berliner Verhältnissen. In München gab es seit 1971/72 Erleichterung und neues Durchatmen. Aber auch hier mussten die Dinge, beruflich wie privat, erst einmal einige Jahre sortiert werden, bevor an die Konzentration für ein Buch wieder zu denken war, zumal Nipperdey sein hochschul- und bildungspolitisches Engagement in den ersten Münchner Jahren keineswegs zurückgefahren, sondern sogar noch ausgebaut hatte. Seine gewachsene Reputation im Fach kam auch in der Mitgliedschaft in zahllosen Gremien und Beiräten zum Ausdruck, die Zeit und Aufmerksamkeit verschlangen. Aber er hatte zunehmend das Gefühl, sich zu verzetteln.[9] Wissenschaftlich unproduktiv war er unterdessen nicht geblieben, weder in West-Berlin noch in München. Die kleineren Formen seiner Arbeiten, vor allem die Aufsätze, fanden breiteste Beachtung und hohe Anerkennung. Von einem «vir unius libri» im Sinne eines mittelmäßigen Wissenschaftlers, der sich Jahr um Jahr mehr an den Rand seiner Profession bewegte, konnte nicht die Rede sein – im Gegenteil: Thomas Nipperdey galt in der Mitte der 1970er Jahre als einer der führenden Köpfe des Faches, als ein brillanter Neuzeithistoriker, dem man freilich ein größeres Buch im Moment eher nicht zutrauen mochte – auch und gerade wegen seiner zahlreichen anderen Verpflichtungen.

Immerhin konnte man, von Kollegen und Verlagen dazu gebeten oder gedrängt, die verstreuten Aufsätze in Buchform zusammenfassen. Groß und stattlich, schon deshalb gewiss den Autor befriedigend, hielt Thomas Nipperdey also im März 1976 «Gesellschaft, Kultur, Theorie» in der Hand – zwar ein Paperback, aber doch ein ganz «richtiges» Buch mit mehr als 450 Seiten Umfang. Platziert war es in der noch relativ jungen Flaggschiffreihe «Kritische Studien zur Geschichtswissenschaft» der wissenschaftlichen und politischen Antipoden aus Bielefeld, Hans-Ulrich Wehler und Jürgen Kocka, mit denen Nipperdey dennoch vieles verband: halb sperrig, halb passend; eine vielschichtige und programmatisch subtile Ansage von der Art, wie sie dem Ironiker Nipperdey gefallen musste. Für Winfried Hellmann, den Lektor bei Vandenhoeck & Ruprecht, der mithilfe der kritischen Geschichtswissenschaft Bielefelder Provenienz sein Verlagsprogramm attraktiver zu machen versuchte, sollte diese Konstellation auch nach außen hin demonstrieren, «wie undogmatisch-offen die Reihe ist».

Aber Hellmanns Interesse ging weiter – auch Verlagen sind Sammelbände nicht das liebste Genre. «Nach zwei Aufsatzbänden», schloss er an die Gratulation zum Erscheinen und die übliche Mitteilung von Auflagenhöhe und Ladenpreis an, «liegt es nahe, mich nach Ihren zukünftigen Publikationsplänen zu erkundigen. Als nächstes würde ich gern einmal ein ‹Originalbuch› von Ihnen bringen.»[10] Vier Wochen später antwortete Thomas Nipperdey und tastete sich dabei selber in das neue, ihn herausfordernde Gelände vor:

Die Frage nach dem, was ich weiter vorhabe, ist natürlich ein weites Feld. Mittelfristig, d. h. für die nächsten drei, vier Jahre, möchte ich eigentlich so etwas schreiben wie «Entscheidungsstationen oder Grundprobleme der deutschen Geschichte in den letzten 200 Jahren», keine fortlaufende Erzählung, sondern um epochale Ereignisse und besondere wichtige Probleme gruppierte Darstellungen und Auseinandersetzungen. Aber bis zum nächsten Herbst bin ich erst mal mit anderen Sachen voll beladen.[11]

Der Göttinger Lektor hatte offenbar einen Nerv getroffen – dass seine Frage die Überlegungen Nipperdeys zu einem monographischen Buch überhaupt erst ausgelöst hat, ist extrem unwahrscheinlich. Doch ist diese Selbstauskunft der früheste Beleg für einen größeren Buchplan, der in den folgenden anderthalb Jahren öfter erwähnt wurde und den Münchner Historiker zunehmend konkreter, und gewissermaßen ihn selbst bedrängender, beschäftigte. In doppelter Hinsicht wird ein Zeithorizont entworfen: ein Zeithorizont für das Werk, dessen «Mittelfristigkeit» einerseits eine Aussage über die Ernsthaftigkeit des Projekts macht – das wird nichts sein, was in ein oder zwei Jahren erledigt, «heruntergeschrieben» ist –, andererseits aber überschaubar genug bleibt, um sich nicht selbst zu entmutigen. Daneben tritt der Zeithorizont für den Beginn, eine Prokrastination «bis zum nächsten Herbst», weil die vielfältigen «anderen Sachen» tatsächlich erst abgearbeitet werden müssen, aber für eine Weile auch die Fortsetzung einer bequemen Routine ermöglichen.

Seit Anfang, Mitte 1976 tastete sich Thomas Nipperdey an den Gegenstand des Buches heran. Keineswegs lag auf der Hand, dass er gegen Wehlers Kaiserreich eine eigene, ganz andere Darstellung deutscher Geschichte zwischen Reichsgründung und Erstem Weltkrieg schreiben wollte. Klar ist freilich, dass es um die deutsche Geschichte gehen sollte, in einem synthetisierenden, deutenden Zugriff auf die zweihundert Jahre seit der Französischen Revolution bis an die Schwelle der Gegenwart. Wie Nipperdey sich dieses Buch über «Entscheidungsstationen», in der Konzentration auf paradigmatische Ereignisse und Schlüsselprobleme, vorstellte, muss offen bleiben. Drei Jahre später fand das von Carola Stern und Heinrich August Winkler herausgebrachte Fischer-Taschenbuch über «Wendepunkte deutscher Geschichte» weite Verbreitung, das – aus einer Serie von Radioessays hervorgegangen – einer solchen Idee folgte; jedoch ohne einen Beitrag Nipperdeys.[12] Ausführlichere Konzepte, ein Exposé oder gar Vorarbeiten dazu finden sich nicht. Der Plan existierte wohl bloß, in eher diffuser Form, im Kopf des Autors und passte zu ihm: keine klassische chronologische Geschichtserzählung, keine «Deutsche Geschichte des 19. und 20. Jahrhunderts», kein Neuschreiben des zumal in einer gebildeten Öffentlichkeit weit verbreiteten Werkes von Golo Mann[13] – sozusagen Golo Mann auf der Höhe der Spezialforschung. Das mochte in Bescheidenheit gründen, oder in der Unsicherheit, sich einen solchen, Vollständigkeit erheischenden Überblick zutrauen zu können. Vor allem jedoch entsprach es dem intellektuellen Temperament Nipperdeys, der schon von seiner philosophischen Herkunft her ebenso ein deutender, ein analytischer Historiker sein wollte wie ein erzählender.

Das Hindenken auf einen Buchplan zur deutschen Geschichte spiegelt sich auch in den Münchner Lehrveranstaltungen derselben Zeit. Für das Sommersemester 1976 kündigte Thomas Nipperdey eine Vorlesung über «Grundlagen der deutschen Geschichte des 19. Jahrhunderts», mit einer Konzentration auf die Epoche des Vormärz zwischen 1815 und 1848, an. In den thematischen Stichworten zu deren Ankündigung spiegeln sich die Kapitel des später tatsächlich geschriebenen Buches, der «Deutschen Geschichte 1800–1866», teilweise schon sehr präzise wider. Doch diesen konkreten Buchplan gab es im Frühjahr 1976 noch gar nicht. Im selben Semester änderte Nipperdey das Thema seines Hauptseminars: «Anstelle des im Vorlesungsverzeichnis angekündigten Japan-Seminars halte ich ein Seminar über Probleme der deutschen Geschichte 1850 – 1870».[14] Die Phase der universalhistorischen Breite in der akademischen Lehre ging zu Ende. Dieser Breite, die aber zugleich ein Muster der älteren Generation fortsetzte, hatte sich Nipperdey seit den Karlsruher Jahren auf beeindruckende Weise gestellt. Jetzt verstärkte sich die Fokussierung auf die deutsche Geschichte im Schatten des Nationalsozialismus: individuell-biographisch im Blick auf sein Buch ebenso wie in einem weiteren disziplinären und kulturellen Sinne, der über Nipperdey hinaus für das Fach insgesamt und die bundesrepublikanische Geschichtskultur seitdem nachhaltig prägend wurde.

Während Winfried Hellmann gerne eine Monographie dieses Autors in seinem Verlagsprogramm gehabt hätte, planten andere Verlage gemeinsam mit Professoren seit 1976 vermehrt größere Buchreihen mit einem Schwerpunkt auf der deutschen Geschichte – und versuchten nun, den renommierten Kollegen Nipperdey für die Übernahme eines Bandes in ihrem jeweiligen Projekt zu gewinnen. Der Frankfurter Neuzeithistoriker Lothar Gall, den Nipperdey aus dem Kölner Umfeld Theodor Schieders gut kannte, entwickelte damals mit anderen für den Oldenbourg-Verlag die enorm einflussreich werdende Lehrbuchreihe «Grundriss der Geschichte». Nipperdey sollte für einen Band über die zweite Hälfte des 19. Jahrhunderts gewonnen werden; man sprach darüber, und im Oktober 1976 erinnerte Gall schriftlich an das verabredete Signal «wegen unseres Oldenbourg-Projekts». Er würde es «außerordentlich begrüßen», «wenn Sie sich zur Mitarbeit entscheiden könnten. Gerade die Zeit von 1850–1890 bedürfte ja dringend einer solchen klärenden Darstellung»[15] – wiederum eine kaum verhüllte Anspielung auf Hans-Ulrich Wehlers pointierte Kritik der Reichsgründungszeit und der Bismarckära in seinem Taschenbuch von 1973. War das nun nicht verlockend, da der eigene Plan doch offenbar noch im Vagen verblieb? Aber Thomas Nipperdey sagte ab und verstärkte die Emphase seiner eigenen Absicht, die nun eine fast schon existentielle Dringlichkeit für ihn zu gewinnen schien:

Ich habe einen so konkreten Plan für die nächsten fünf Jahre, den ich unbedingt durchführen möchte, dass ich mich auf solche anderen Dinge ... jetzt nicht einlassen kann.[16]

Wenn der Gegenstand des Buches schon nicht konkret war, so sollten es doch die äußeren Voraussetzungen sein, um überhaupt ein größeres Buch schreiben zu können: freie Zeit und Gelegenheit zur Konzentration, jenseits der Routinen und Ablenkungen des akademischen Alltagsbetriebs. Also ein Auslandsaufenthalt, eine Gastprofessur, ein Forschungsstipendium! Im Winter 1978/79 winkte ein Freisemester, das Nipperdey zugunsten des Buches in Amerika zu verbringen gedachte, am liebsten am *Institute for Advanced Study* in Princeton, wo er sich bereits bei seinem ersten Aufenthalt 1970/71 sehr wohlgefühlt hatte. Mit der Orientierung auf die Länder der Westalliierten, und hier wieder besonders auf die USA, folgte er einem Grundmuster seiner Generation – und auch darin, dass von den Nationalsozialisten aus Deutschland vertriebene Historiker eine wichtige Rolle für das neue transatlantische «Networking» spielten.[17] Der befreundete Kollege Peter Gay an der Yale University in New Haven setzte sich in Princeton ebenso wie am *Center for*

Advanced Study in the Behavioral Sciences der Stanford University in Kalifornien für die dort von Nipperdey 1976 eingereichten Bewerbungen ein. Im Gegenzug bot Nipperdey Peter Gay an, sich für dessen Einladung nach Berlin, in die Villa der Historischen Kommission in Nikolassee, einsetzen zu wollen, wenn Gay dafür nur Interesse signalisiere.[18]

Kurz vor Weihnachten 1976 berichtete er dem Freund, mit dem ihn Interessen in der Kulturgeschichte und der deutsch-jüdischen Geschichte verbanden, er habe «in den letzten Wochen … einmal etwas ganz anderes gemacht und eine größere Abhandlung über bestimmte Bewegungen innerhalb des Zionismus geschrieben» – thematisch mochte das zutreffen, doch unterstreicht das auch, dass von inhaltlicher Arbeit an dem Buch zu diesem Zeitpunkt noch keine Rede sein konnte; die intellektuelle Befriedigung musste vielmehr weiterhin aus dem Gelingen eines Aufsatzes bezogen werden, der im Druck nicht mehr als zwanzig Seiten umfasste.[19] Aber er versprach, sich selber nicht weniger als dem Adressaten Peter Gay: «Bis ich nach Amerika komme, werden meine Buchpläne soweit Gestalt angenommen haben, und die Vorbereitung wird soweit sein, daß ich dann hoffe, in einem halben Jahr wirklich ein Buch herunterschreiben zu können.»[20] Das klang ein bisschen wie Pfeifen im Walde, wusste Thomas Nipperdey doch, dass das schnelle «Herunterschreiben» jedenfalls bisher nicht seine Sache gewesen war.[21]

Ein Vierteljahr später, Ende März 1977, lag erneut eine attraktive Einladung auf seinem Schreibtisch, einen Band für ein frisch konzipiertes, mehrbändiges Werk zur deutschen Geschichte zu verfassen. Gemeinsam mit dem Mediävisten Peter Moraw und dem Frühneuzeitler Volker Press plante der Trierer Historiker Wolfgang Schieder die auf zehn Bände angelegte «Neue Deutsche Geschichte» für den C.H.Beck Verlag in München. Der Sohn von Nipperdeys Kölner Lehrer Theodor Schieder versuchte dem acht Jahre älteren Münchner Kollegen erneut schmackhaft zu machen, was damals nicht wenige von Nipperdey erwarteten: eine buchförmige Gegenposition zu Hans-Ulrich Wehler, hier als den achten Band der Reihe mit dem Arbeitstitel «Das neue Kaiserreich (1866/71–1918)»:[22]

Ich brauche wohl nicht zu begründen, weshalb ich Sie auf diesen Band hin anspreche. Doch möchte ich vielleicht bemerken, daß Sie sich nach Ihrer Grundsatzkritik an Wehlers Darstellung, die Sie inzwischen in verschiedenen Aufsätzen und Rezensionen wiederholt und vertieft haben, eigentlich herausgefordert fühlen müßten, einmal selbst 300 Seiten im Zusammenhang über das Kaiser-

reich zu schreiben. Bitte erwägen Sie doch, dass bei den Fachgenossen, aber auch, wie ich aus verschiedenen Veranstaltungen der Lehrerfortbildung weiß, bei den Geschichtslehrern, Ihnen gegenüber geradezu schon eine gewisse Erwartungshaltung besteht.

Wenn diese Schmeichelei den Angesprochenen nicht beeindruckte, dann musste es das im Exposé dargelegte Konzept des neuen Geschichtswerkes eigentlich tun. Aus heutiger Sicht ist dieses Exposé ein Dokument einer kulturellen Zeitenwende der Bundesrepublik. Die Zeit der radikalen Kritik ging zu Ende; viele waren der scharfen Polarisierung im Gefolge der Achtundsechziger-Bewegung, aber auch der innenpolitischen Auseinandersetzungen von den Notstandsgesetzen bis zur neuen Ostpolitik überdrüssig.

Die «Neue Deutsche Geschichte» sollte das Pendel aber gerade nicht zur anderen Seite ausschlagen lassen, in die Richtung der alleinigen Traditionsvergewisserung, im Sinne der konservativen Tendenzwende. Sie sollte vielmehr einen mittleren Grund schaffen, eine liberale Konsensposition – nicht im Sinne eines konfliktfreien und harmonistischen Geschichtsbildes, sondern als Versuch, Sprechfähigkeit und Kompromiss wiederherzustellen. Deshalb sollte das Werk «moderne, aber nicht exzentrische Auffassungen» vertreten, sich «nicht um jeden Preis gegen den bisherigen Konsens der Fachwelt stellen, aber auch nicht unbedingt an überkommenen Traditionen festhalten», «Narratives und Analyse» miteinander verbinden.[23] Kurz, die «zentrale Idee» des zehnbändigen Unternehmens sei es, «einem breiten kritischen Publikum im Lande eine verantwortbare und repräsentative Darstellung der deutschen Geschichte zu liefern.» Autoren, die wie Thomas Nipperdey der «mittleren Generation» angehörten, könnten im Blick auf ihre Leserschaft diese Brücke erfolgreich schlagen: «im Hinblick auf die jüngere Generation, die gegenüber der deutschen Geschichte recht hilflos geworden ist, aber auch für die Integration der Älteren, die sich aus den Erfahrungen der letzten Jahre heraus vielfach Neuansätzen gegenüber verschlossen haben.» Abschließend appellierten die drei Herausgeber sogar an die «Verantwortung gegenüber einer stark verunsicherten Öffentlichkeit» in der Bundesrepublik des Jahres 1977. «Auch deshalb erscheint es wichtig, keine extremen Positionen in der einen oder der anderen Hinsicht zu vertreten.»[24]

Offenbar fühlte sich Thomas Nipperdey davon angesprochen – er «überlege nämlich immer noch und wende die Sache mit ihren Vor- und Nachteilen, ihre Provokation und ihre Belastung, hin und her».[25] Wiederum verwies er aber nicht auf den Gegenstand des Buches, sondern auf die äußeren Bedingungen von dessen Ermöglichung: seinen beim bayerischen Wissenschaftsministerium anhängigen Antrag auf Vorverlegung eines Freisemesters, auch vor dem Hintergrund einer großzügigen Freistellung, die der enge Münchner Kollege Gerhard A. Ritter gerade für das von der Friedrich-Ebert-Stiftung finanzierte Großprojekt einer «Geschichte der Arbeiterschaft und der Arbeiterbewegung in Deutschland» erhalten hatte. Schieder räumte ihm gerne weitere Bedenkzeit ein und ergänzte: «An einem Jahr früher oder später sollte das Ganze auch nicht scheitern, wenn wir uns über einen einigermaßen übersehbaren Termin einigen können.»[26] Die ursprüngliche Anfrage hatte Ende Juni 1980 für die Fertigstellung des Manuskripts genannt, also einen Horizont von gut drei Jahren für ein dreihundertseitiges Buch. Dass die «Neue Deutsche Geschichte» sich aus unterschiedlichen Gründen zu einem Sorgenkind des Verlags und der Herausgeber entwickeln würde, konnte zu diesem Zeitpunkt noch niemand absehen. Genauso gut hätte Schieder schreiben können, die Verabredung solle an einem *Jahrzehnt* früher oder später nicht scheitern, denn der Kaiserreichband der Neuen Deutschen Geschichte liegt vierzig Jahre nach dem Start des Projekts noch immer nicht vor.[27]

Am 23. Juni 1977 sagte Nipperdey in einem längeren Brief ab, der sein eigenes Ringen mit dem geplanten Buch auf eine auch sprachlich ungewöhnliche Weise dokumentiert.[28] Er war zu dem Ergebnis gekommen, dass der ihm von Wolfgang Schieder angetragene Kaiserreichband nicht das «große Buch» sein könne, das er sich vorgenommen hatte, oder gleichwertig an die Stelle seines Plans treten könne. Zwei Bücher auf einmal mochte er sich nicht vornehmen, auch wenn er die Provokation der Anfrage im Blick auf die «Wehler-Kontroverse» ausdrücklich würdigte.

Ich habe einen eigenen Plan in den nächsten drei / vier Jahren, ein größeres Buch zuschreiben, eine Analyse von bestimmten Schlüsselsituationen und Schlüsselprozesse der deutschen Geschichte in den letzten 200 Jahren darstellt, und daran möchte ich eigentlich festhalten. So wie ich gebaut bin und so wie meine Produktivität ist, würde ich das Buch, das Sie mir ansinnen doch bis zu einer Fertigstellung eigentlich beschäftigen, ich bin kein schneller Schreiber und habe immer viel mit Überlegungen und weitere Nachforschungen zu tun; wenn ich meinen gesamten Lebens- und Forschungsplan, an dem man, wenn man die 50 zugeht, allmählich denken muß, ansehe, so möchte ich das doch im Augenblick so halte, daß ich meine eigene Priorität festhalte.

Gut vier Monate vor seinem 50. Geburtstag am 27. Oktober 1977 war die Anspannung unverkennbar, sich in einer lebensgeschichtlichen Zäsur selber Rechenschaft ablegen zu müssen. Mit der verbleibenden Lebens- und Arbeitszeit, selbst wenn sie nach menschlichem Ermessen noch mehr als drei Jahrzehnte umfassen könnte, musste man sorgsam umgehen, musste vorausdenken, einen «Plan» machen. Weiterhin richtete sich dieser Plan nicht auf eine Epochendarstellung der deutschen Geschichte, auf eine Gesamtdarstellung in zeitlichen Grenzen, wie auch immer diese gefasst sein mochten: als Geschichte des Kaiserreichs, oder des gesamten 19. Jahrhunderts, oder sogar der letzten zweihundert Jahre bis an die Schwelle der Gegenwart, sondern auf die weniger konventionelle Form der «Schlüsselsituationen» der deutschen Geschichte. Doch gibt es auch für das Jahr 1977 keine Belege einer Ausarbeitung dieses Konzepts, obwohl der Sog des Buchmarktes und der Verlage auf die Wissenschaftler, etwas zu den nun fast überall geplanten synthetischen Sammelwerken beizutragen, immer stärker wurde.

Diesen Sog muss auch Thomas Nipperdey verspürt haben – und möglicherweise stellte er fest, dass die «Schlüsselsituationen» vage blieben oder sich nicht als tragfähig genug erwiesen. Damit verknüpfte sich wohl, dass die Verlockung einer klassischen chronologischen Gesamtdarstellung, im Blick auf die Angebote der Verlage ebenso wie als verlässliche Strategie für den Reputationsgewinn eines Historikers, größer war. So trat die Planung des «großen» Buches, wie er selber es nannte, zum Jahreswechsel 1977/78 in ihre entscheidende Phase. Anstatt Anfragen für ein Buch abzuwehren, drehte Nipperdey den Spieß um und bot sich selber gegenüber einem Verlag und dessen neuem Geschichtsprojekt als Autor an – als Autor einer chronologischen Gesamtdarstellung. Von Freunden und Kollegen hatte er von dem Plan des zum Hause Ullstein gehörenden Berliner Propyläen-Verlages gehört, «im Anschluss an die Geschichte Europas ein großes Sammelwerk zur deutschen Geschichte in Angriff zu nehmen». Wolf Jobst Siedler, Verlagsleiter und zugleich intellektueller Kopf bei Ullstein-Propyläen, wollte die «Propyläen Geschichte Europas» durch eine ähnlich repräsentativ und umfangreich angelegte, sechsbändige Reihe «Propyläen Geschichte Deutschlands» ergänzen[29] – auch dies übrigens ein Hinweis auf den Schwenk von einer älteren Tradition europäischer oder gar Universalgeschichte zu einer nationalen Geschichte, der sich in den 1970er Jahren nicht nur in der Fachwissenschaft, sondern auch in der breiteren Geschichtskultur der Bundesrepublik vollzog. Bei diesem Projekt wollte Nipperdey dabei sein und schrieb deshalb am 13. Dezember 1977 an Siedler:[30]

Ich weiß nicht, wie weit Ihre Planungen und Vorbereitungen schon gediehen sind. Deshalb wende ich mich mit folgender Frage an Sie. Zu meinen längerfristigen Arbeitsvorhaben gehört es eigentlich in den nächsten 2 oder 3 Jahren eine deutsche Geschichte im 19. Jahrhundert zu schreiben. Ließe sich ein solches Vorhaben mit Ihren Planungen in Beziehung bringen?

Und wie um einer eigenen Enttäuschung vorzubeugen oder sich selber Hoffnung zu machen, fügte er hinzu: «Wenn Sie natürlich schon jemanden ausgesucht haben oder jemand ganz anderen in Aussicht genommen haben, erledigt sich die Sache von selbst. Aber vielleicht sind ja Ihre Planungen auch noch im Fluß.»

Nach den Weihnachtsferien antwortete Wolf Jobst Siedler auf den Brief, der ihn «ihm selben Maße erfreut wie bekümmert» habe.[31] Natürlich sei der Name Nipperdeys immer wieder diskutiert worden, als es um die Besetzung des 19. Jahrhunderts für die Propyläen Geschichte Deutschlands ging; und Siedler erinnerte an frühere Bemühungen, vermutlich bis in Nipperdeys Berliner Jahre zurückreichend, ihn für Propyläen zu gewinnen. Aber dieser hatte wohl etwas zu häufig – und über eine unter Wissenschaftlern weit verbreitete Koketterie mit der eigenen Überlastung hinaus zu glaubwürdig – geltend gemacht, «daß Sie im Augenblick zu nichts Größerem kommen werden» und sich deshalb «keine große Arbeit auf den Hals laden wollen, und so waren wir alle der Meinung, daß es nicht viel Sinn hätte, Sie mit dem Vorschlag zu behelligen». So habe man resigniert und für den Band über das 19. Jahrhundert bereits Wolfgang Mommsen angesprochen, dem er, Siedler, ja nun «schlecht plötzlich schreiben» könne, man habe sich «die Dinge anders überlegt».

War die Lage noch zu retten? Das Image eines chronisch überlasteten Thomas Nipperdey, der zur Konzentration auf ein Buch bis auf weiteres überhaupt keine Zeit habe, hatte sich Siedler offenbar nicht nur als taktischen Vorwand erdacht.[32] In seiner Antwort widersprach der Münchner Historiker diesem Eindruck nicht einmal grundsätzlich, auch wenn er bedauerte, «offenbar in der Welt meiner Zunft einen falschen Eindruck hervorgerufen» zu haben, «ganz ohne meine Absicht».[33] Dass er in den vergangenen Jahren immer wieder Anfragen von Verlagen abgelehnt hatte, obwohl er nicht einen einzigen Buchvertrag hatte, dürfte sich herumgesprochen haben. Gleichwohl ist es plausibel, dass Verlag und Herausgeber auch aus anderem Grunde dem Düsseldorfer Neuzeithistoriker Wolfgang J. Mommsen vorerst den Zuschlag gegeben hatten. Dessen in Bochum lehrender Zwillingsbruder Hans Mommsen war nämlich schon zuvor für den Band über das 20. Jahrhundert gesetzt. Hans Mommsen wiederum war mit dem wissenschaftlichen Herausgeber des gesamten Projektes, Dieter Groh von der Universität Konstanz, über gemeinsame Assistentenjahre bei Werner Conze in Heidelberg verbunden.

Dass der habituell und intellektuell konservative, gleichwohl parteipolitisch nicht festgelegte Wolf Jobst Siedler sich für sein neues Prestigeprojekt einer vielbändigen Deutschen Geschichte in schweren Leinenbänden überhaupt so maßgeblich auf den Rat und die Mitwirkung noch eher jüngerer, linksliberal-sozialdemokratischer Historiker wie Dieter Groh und Hans Mommsen stützte, ist bemerkenswert – bei der Planung einer ähnlichen Serie «Die Deutschen und ihre Nation» nur fünf Jahre später war das, wie wir sehen werden, anders. Die persönliche und intellektuelle Wertschätzung Siedlers für Nipperdey war enorm. Vielleicht erhielt Wolfgang Mommsen – ganz davon abgesehen, dass er wie Nipperdey und Wehler fachlich allererste Wahl zumal für das späte 19. Jahrhundert sein musste – nicht nur als Bruder von Hans den Zuschlag, sondern auch, weil diesem und dem Herausgeber Groh die politische und wissenschaftspolitische Position Nipperdeys weniger ins Konzept passte. Auf die unterschiedlichen politischen Auffassungen auch zu Wolfgang Mommsen, «mit dem ich wie gesagt gut befreundet bin, wenn wir auch gewisse unterschiedliche Meinungen haben», spielte Thomas Nipperdey später sogar selber an.[34]

Siedler wollte Nipperdey jedoch nicht mehr von der Angel lassen, lud ihn sogleich zur nächsten Sitzung «meines Beirats», dem neben Dieter Groh auch Joachim Fest, Johannes Gross, Hans Schwab-Felisch und Joachim Kaiser angehörten, nach Berlin ein – und versuchte ihn mit einem ihm selber am Herzen liegenden Buchprojekt zu ködern: einer Biographie des preußischen Königs Friedrich Wilhelm IV. (1840–1861). Er kam auch gleich kaufmännisch zur Sache und bot Nipperdey dafür ein Garantiehonorar von 25 000 DM an.[35] Für eine Biographie des «Romantikers auf dem Thron», der einen Erfolg der Revolution von 1848/49 verhindern half und Preußen danach auf den Weg der Reaktion führte, war Nipperdey mit seinen Arbeiten zur Ideengeschichte des Vormärz bestens ausgewiesen. Doch das Genre lockte ihn nicht: «Aber das ist nichts für mich, jedenfalls nicht für die nächsten 10 Jahre. Ich habe bisher so stark systematisch und analytisch gearbeitet, daß ich im Moment jetzt eine große Darstellung schreiben will, die möglichst alle Aspekte der Geschichte berücksichtigt, das aber noch nicht in der Form einer Biographie tun will und tun kann.»[36]

Stattdessen drängte sich Thomas Nipperdey mit geradezu schlitzohriger Beharrlichkeit, am Ende erfolgreich, in die Propyläen Geschichte Deutschlands hinein. Den in den vergangenen Jahren gereiften, aber vage gebliebenen Buchplan stilisierte er nun zu einer lange gehegten, einer geradezu ursprünglichen Absicht: «Ich wollte immer eine deutsche Geschichte, entweder der letzten 200 Jahre oder des 19. Jahrhunderts schreiben und mich keineswegs von großen Sachen zurückziehen.»[37] Außerdem sei er «im nächsten Winter frei, nämlich in Princeton», wohin er inzwischen die Einladung erhalten hatte. Auf geschickte Weise lenkte er den Verdacht der Überlastung, die dem Bücherschreiben hinderlich sei, auf Wolfgang Mommsen: «die Frage ist, wie es mit seiner chronischen Überlastung steht, zumal seitdem er in London ist», wo dieser seit dem Vorjahr als erster «richtiger» Direktor (nach einem kurzen Gründungsdirektorat Paul Klukes) das Deutsche Historische Institut leitete und aufbaute. Er kündigte Siedler an, bei Mommsen einmal anfragen zu wollen, «wie seine Überlegungen laufen», und schmuggelte auf subtile Weise den Vorschlag ein, den vorgesehenen Band über das 19. Jahrhundert doch zwischen ihm und Mommsen zu teilen: «Ich entnehme aus Ihrem Brief, daß es für das 19. Jahrhundert (1789–1914/1933) einen Band gibt, also nicht einen für die erste Hälfte und einen anderen für die zweite, und daß eine Teilung nicht in Frage kommt.»

Siedler war klug genug, darauf nicht direkt anzuspringen, sondern lediglich das direkte Gespräch der beiden Konkurrenten um die Deutung des, aus damaliger Perspektive, zentralen Jahrhunderts der deutschen Geschichte zu ermuntern. Aber er bot zugleich an, Nipperdeys Darstellung des 19. Jahrhunderts auch außerhalb der Propyläen-Reihe in sein Verlagsprogramm aufzunehmen. Er habe «keine Angst vor zwei Bänden zum selben Gegenstand», denn die Verschiedenheit von Temperament, Denkansatz und methodologischem Zugriff werde schon für unterschiedliche Bücher sorgen. Er wäre in jedem Falle «gern der Verleger Ihrer Deutschen Geschichte im 19. Jahrhundert».[38]

Eigentlich hätte Thomas Nipperdey die Sache jetzt glattziehen können, zumal er aus dem Angebot zu der Biographie Friedrich Wilhelms IV. wusste, dass das auch finanziell lukrativ sein würde. Ließ ein individuelles, «reihenfreies» Buch nicht ohnehin mehr Handlungsspielraum – ohne Notwendigkeit der Rücksichtnahme auf Reihenvorgaben des Verlags, auf Absprachen mit den Autoren der Anschlussbände? Wenn er die sieben, acht Monate in Princeton – im Sommersemester 1979 musste er wieder zurück in München sein – produktiv nutzen wollte, sollte das Projekt besser heute als morgen verabredet sein. Aber Nipperdey ließ nicht locker; er wollte auf jeden Fall in die Propyläen Geschichte Deutschlands hinein. Vielleicht war es ihm symbolisch wichtig, nicht den Kürzeren gegenüber dem befreundeten Konkurrenten zu ziehen; vielleicht spekulierte er auf die höhere Auflage, den breiteren Publikumserfolg, den größeren Reputationsgewinn des vielbändigen Reihenwerks gegenüber einer Einzelmonographie. So erkundigte er sich bald unumwunden bei Wolfgang Mommsen:

Wie steht es denn bei Ihnen mit Ihren Plänen, die deutsche Geschichte im 19. Jahrhundert innerhalb der Propyläen-Reihe zu schreiben? Haben Sie sich da schon entschieden? Ich frage deshalb, weil ich an diesem Projekt auch einigermaßen interessiert bin. Da ich im Herbst für ein halbes Jahr nach Princeton gehe, muß ich in den nächsten Monaten meine Arbeitsvorhaben für diese Zeit gründlich vorbereiten.[39]

Offenbar unabhängig davon ließ Wolf Jobst Siedler sich von Nipperdeys Beharrlichkeit beeindrucken und griff Ende April 1978 die von diesem schon ventilierte Idee der Bandteilung auf, was aus Verlagssicht bedeutete, das Gesamtwerk von den ursprünglich geplanten sechs Bänden auf sieben zu erweitern: «Dies würde darauf hinauslaufen, daß wir das 19. Jahrhundert sozusagen auseinandernehmen und in zwei Teile zerlegen.»[40] Die Teilung sollte «vernünftigerweise» in den 1860er Jahren verlaufen. Wer nun welche Hälfte bearbeiten sollte, hatte Nipperdey bisher offengelassen. Sein Selbstbewusstsein in der ganzen Sache war auch davon getragen, dass er wie wenige andere für beide Optionen ausgezeichnete Kompetenz besaß. Anders verhielt sich das bei Wolfgang Mommsen, der sich bisher, nicht zuletzt in beiden Qualifikationsschriften, vorwiegend mit dem wilhelminischen Kaiserreich seit den 1880er Jahren beschäftigt hatte: mit Max Weber; mit dem deutschen Imperialismus. Dass die Zeit zwischen Französischer Revolution und der Revolution von 1848/49 für Mommsen weithin Neuland sein würde, in das er sich «sicherlich noch einmal einarbeiten müßte», wenn der Band ungeteilt bliebe, war auch Siedler auf Anhieb klar.[41] Also gab es nur eine plausible Variante: Nipperdey von den 1790er Jahren bis in die 1860er, Mommsen von dort bis zum Ersten Weltkrieg.

So zeichneten sich im Frühjahr 1978 erstmals die Umrisse desjenigen Buches ab, das Thomas Nipperdey in den folgenden Jahren tatsächlich schrieb: keine Analyse von «Schlüsselproblemen» der deutschen Geschichte, keine Darstellung des gesamten 19. Jahrhunderts, auch kein Wehler entgegengestelltes Nipperdeysches Kaiserreich – sondern eine Deutsche Geschichte 1800 bis 1866. Der Vorschlag Siedlers war mit Mommsen noch nicht abgesprochen, aber zunächst nahm Thomas Nipperdey ihn äußerst erfreut, ja «sehr glücklich» auf. Er kündigte ein persönliches Gespräch mit dem Kollegen an und schlug eine Besprechung zu dritt in Berlin vor. Vor allem präzisierte er seinen eigenen Arbeitsplan, für den er nun Sicherheit gewann.

Für mich hätte eine solche Lösung den großen Vorteil, daß ich in einem 8-monatigen Aufenthalt in Amerika, der von allen Pflichten frei ist, dieses Buch ungefähr schreiben könnte und damit zugleich mich selbst unter einen bestimmten Druck setzte, der zum Schreiben eines Buches ja oft nicht ganz überflüssig ist, das werden Sie als Verleger ja natürlich besonders gut wissen.[42]

Er reflektierte auch über die «grundsätzliche Frage, ob man das 19. Jahrhundert zusammenhängend behandeln oder teilen soll». Gerade für die Konzeption der Reihe insgesamt und ihre Repräsentation der deutschen Geschichte verteidigte Nipperdey jedoch die Teilung und die dadurch bedingte Verdoppelung des Umfangs, «um auch dem proportionalen Gewicht dieser Zeit für die deutsche Geschichte gerecht zu werden». Der wenig später geläufig werdende Begriff des «langen 19. Jahrhunderts» für die Zeit zwischen Französischer Revolution und dem Ersten Weltkrieg – egal ob man dessen Anfang oder Ende wählte – hatte sich damals noch nicht etabliert. Aber das Gewicht dieses Jahrhunderts als Achsenzeit der Modernität und ihrer «Verwerfungen» – mit Ralf Dahrendorfs historischer Problemanalyse der deutschen Demokratie gesprochen – machte sich immer mehr geltend, und zwar gewissermaßen in beide Richtungen: nach vorn, als Erklärungsgrund für das Scheitern der Weimarer Republik und für den Nationalsozialismus, aber auch nach hinten, in einer zunehmenden Abgrenzung von der Frühen Neuzeit als Epoche eigener Art. Und schließlich konnte Nipperdey sich einen erneuten kleinen Seitenhieb auf Mommsen nicht verkneifen, der «bei seinen vielfältigen Arbeitsbelastungen einerseits und seinen bedeutenden Vorarbeiten gerade für das späte 19. und das frühe 20. Jahrhundert von diesem Vorschlag sicher angetan ist».[43] Oder im Klartext, der Kollege konnte über diese Entwicklung nur erleichtert sein, weil er die ursprünglich ihm zugedachte Aufgabe weder arbeitspraktisch noch intellektuell ohne weiteres hätte bewältigen können. Tatsächlich entwickelten sich die Dinge später so: Mommsen kam als Direktor des DHI in London bis 1985 nicht zur konzentrierten Arbeit an dem Propyläen-Band und legte seine Geschichte von Reichsgründung, Kaiserreich und

Erstem Weltkrieg erst 1993 und 1995 vor: nach dem Abschluss der drei Bände und dem Tod Thomas Nipperdeys – aber nun wiederum selber auf zwei Bände aufgeteilt, deren erster von 1850 bis 1890 und deren zweiter bis 1918 reichte.[44]

Wenig später konnte Nipperdey von persönlichen Gesprächen nicht nur mit Mommsen, sondern auch mit Rudolf Vierhaus berichten, dem Direktor des Göttinger Max-Planck-Instituts für Geschichte, der den chronologisch vorausliegenden Band übernehmen sollte. Mit diesem habe er sich auf eine Staffelholzübergabe etwa im Jahre 1792 geeinigt, mit Mommsen auf einen Schnitt in den 1860er Jahren, vermutlich bei 1866/67, also der Gründung des Norddeutschen Bundes.[45] Der Verleger wiederum war von der ehrgeizigen, vielleicht von der Euphorie des Autors zusätzlich beschwingten Zeitplanung Thomas Nipperdeys besonders angetan – das habe ihm seine «Mitarbeit noch wünschenswerter gemacht ... Kann ich den Dezember 79 als Ablieferungstermin in den Vertrag einsetzen?»[46] Zum Vertrag kündigte er bereits das Pauschalhonorar an, das auch für alle anderen Autoren der Reihe galt: 50 000 DM für alle Rechte am Text. Besonderen Verhandlungsspielraum für Nipperdey gab es hier also nicht.

Als ihm der Vertrag Anfang Juni vorlag, beschränkten sich die Änderungswünsche denn auch auf Kleinigkeiten zur späteren Auswahl der Abbildungen und zu den Raten für die ersten Vorauszahlungen.[47] Nach einem persönlichen Gespräch in Berlin konnte Thomas Nipperdey den unterschriebenen Vertrag am 5. Juli 1978, nur wenige Wochen vor der Abreise nach Princeton, an Siedler schicken.[48] Kleinere Absprachen mit Vierhaus und Mommsen standen noch aus. Außerdem war Nipperdey jetzt selbstbewusst genug, Mitspracherecht über die gesamte Reihe der Propyläen Geschichte Deutschlands zu erwarten. Bei dem Treffen in Berlin war es offenbar um die Besetzung des abschließenden, die Zeit nach 1945 behandelnden Bandes gegangen, und «von den genannten Herren kommen nach meiner Meinung einige eigentlich überhaupt nicht in Frage»; er bitte um eingehende Information dazu und um ein persönliches Gespräch mit Siedler nach seiner Rückkehr. Am wichtigsten aber war vorerst: Er wusste nun, was in Princeton seine Aufgabe war. Bei allem Selbstvertrauen in das nun endlich innerlich wie äußerlich festgezurrte Buchprojekt hatte Thomas Nipperdey etwaige überzogene Erwartungen an Schreibtempo und Ablieferungstermin rechtzeitig korrigiert, denn «die Tatsache, daß ich jetzt in Amerika einigermaßen Zeit habe, an dieser Sache zu arbeiten, besagt nicht, daß ich im Jahre 1979 fertig bin».[49] Wie für die anderen Autoren der Reihe war der Horizont der Fertigstellung des «großen Buches» nun das Jahr 1981.

V. Immer wieder Siedler: Wie der Text nicht zum Buch findet

Über den tatsächlichen Beginn des Schreibens oder die unmittelbaren Vorbereitungen dazu, und allgemein über den Aufenthalt Thomas Nipperdeys in Princeton zwischen September 1978 und April 1979, sind kaum Quellen überliefert. Die auffällige Zäsur in vielen Korrespondenzen spricht dafür, dass es ihm gelang, in dem Fellow-Himmel des *Institute for Advanced Study* auch eine Zäsur der eigenen Alltagsarbeit und Lebensführung zu setzen. Der transatlantische Abstand bedeutete damals, auch in Zeiten des Jetflugzeuges und selbstverständlich von Telefonverbindungen, kulturell und sozial etwas ganz anderes als in der um die Jahrtausendwende anbrechenden Phase globalisierter Wissenschaft im Zeichen von Internet und E-Mail. Man stieg nicht mal eben ins Flugzeug zwischen New York und München, um zwischendurch eine vermeintlich ganz wichtige Veranstaltung oder Gremiensitzung in der Heimat doch noch wahrzunehmen. Telefonieren war teuer, und das Fundament aller damaligen wissenschaftlichen (aber auch geschäftlichen) Kommunikation, die diktierte Korrespondenz, musste in Ermangelung eines Sekretariats ganz erheblich reduziert werden, zumal in den USA, wo persönliche Sekretariate auch für sehr renommierte Wissenschaftler unbekannt waren und bis heute sind. Man war also auf den eigenen Gebrauch der Schreibmaschine oder auf handschriftliche Korrespondenz angewiesen, musste außerdem Adressen parat haben, die Briefe kuvertieren. Wichtige Post wurde natürlich aus München nachgeschickt; bisweilen notierte Nipperdey die Antwort dann handschriftlich, in möglichst gut lesbaren Druckbuchstaben, auf dem Anschreiben und schickte das zur üblichen Ausfertigung des Briefes an die Lehrstuhlsekretärin zurück.[1] Das waren ganz erhebliche Störungen der eingeschliffenen Routinen des deutschen ordinarialen Kommunikationsbetriebs, die dessen möglichste Stilllegung für den Zeitraum des Auslandsaufenthalts nahelegten, was zugleich von den Kommunikationspartnern kulturell verstanden und akzeptiert wurde: Der Kollege war eben wirklich weg.

Dem radikalen Umschalten im eigenen wissenschaftlichen Betriebsmodus von der lebhaften Geschäftigkeit in die fokussierte Konzentration und alltägliche Rhythmisierung des Forschens, und insbesondere des Schreibens, kamen diese Hemmnisse der Kommunikation jedenfalls sehr entgegen. Die in den beiden vorangegangenen Jahren mit zunehmender Energie betriebene äußere Vorbereitung des Buchprojekts von der vagen Idee bis zum Vertragsabschluss zahlte sich nun aus. Über die «innere» Vorbereitung lässt sich weniger sagen, doch ist es sehr unwahrscheinlich, dass Thomas Nipperdey mit einem exakt vorbereiteten Schreibplan, einem detaillierten Exposé des Buches oder mit großen Materialmengen, etwa einer länger gepflegten und systematisierten Exzerptsammlung, nach Princeton kam. Zentrale Kapitel der ersten zwei Drittel des späteren Buches, nämlich zur Politik-, Sozial- und Kulturgeschichte zwischen 1815 und 1848, waren durch Vorlesungen und Seminare gut vorbereitet. Aus der inzwischen jahrzehntelangen Beschäftigung mit Teilen des Stoffes stellte sich wohl das Gefühl einer Sicherheit des Urteils ein, die eine gewisse Freiheit des Schreibens ermöglichte. Man musste nun nicht mehr wie ein Doktorand am Primärmaterial hängen, weder an den zeitgenössischen Quellen, die in der stark analytischen Denk- und Darstellungsform Nipperdeys ohnehin keine tragende Rolle spielten, noch an Namen, Orten und faktischen Grundzusammenhängen, die in Fleisch und Blut übergegangen waren.[2]

Das Buch mit einem vertraglich festgelegten Umfang von 500–600 Seiten in Princeton im Wesentlichen «herunterzuschreiben», erwies sich zwar als Illusion, aber die Psychologie der Selbstmotivierung hatte offenbar funktioniert. Die Konzentration auf das Schreiben des Buches als Mittelpunkt von Arbeit und Lebensführung hatte sich in Amerika so weit verfestigt, dass Thomas Nipperdey seinen Arbeitsalltag auch nach der Rückkehr nach München im Frühjahr 1979 um das Weiterschreiben herum organisieren konnte. Im Dezember 1981 berichtete er Theodor Schieder: «Immerhin habe ich jetzt zwei Drittel meines Buches fertig und bin wohl bis zum nächsten Herbst ganz fertig.»[3] Die Zuversicht war groß genug, die Aufmerksamkeit bereits auf ein nächstes Forschungssemester zu richten, das Nipperdey 1984 am *Center for Advanced Study* in Stanford verbringen wollte und das rechtzeitig «zwischen den Interessen der Fakultät, den Schulkarrieren der Kinder etc.» geplant werden müsse. Nun unterrichtete er Schieder, dass er ihn für seine dortige Bewerbung als Referenz genannt habe.[4] An ein Weiterschreiben der Deutschen Geschichte in die Zeit des Kaiserreichs dachte er zu diesem Zeitpunkt noch nicht; überhaupt war von keinem neuen Buchplan die Rede, zumal es in Stanford nicht so sehr auf ein bestimmtes Projekt ankomme – «ich habe nur Europäische Geschichte im 19. und 20. Jahrhundert angegeben».[5]

In Princeton, März 1979

Mit Verweis auf die Arbeit an dem Propyläen-Band konnte der Autor nun leichter andere Anfragen abwehren. Das Selbstbewusstsein, ein «großes», jedenfalls umfangreiches und in einer mutmaßlich breit wahrgenommenen Reihe erscheinendes Buch zu schreiben, erlaubte es zu differenzieren: Jede Paperbackeinführung musste er selber nicht mehr übernehmen; dafür konnte man nun andere, nicht zuletzt Jüngere, empfehlen. Den Kohlhammer-Verlag, der Thomas Nipperdey 1978/79 für eine Darstellung des Kaiserreiches in seiner neuen Reihe von Studienbüchern zu gewinnen versuchte – und dabei noch einmal mit dem Motiv des Nipperdeyschen Anti-Wehler lockte –, verwies er nach einer Bedenkzeit auf den Würzburger Historiker Harm-Hinrich Brandt, der sich bei ihm in München habilitiert hatte.[6] Einem anderen Projekt empfahl er den damals in Münster lehrenden Klaus Hildebrand und benutzte dabei wieder die Formel von dem «großen Buch», das zu schreiben er für die nächsten Jahre durch einen Verlagsvertrag gebunden sei.[7]

Aber wie viel war der Verlagsvertrag noch wert? Schon Anfang 1980 war Wolf Jobst Siedler nämlich als Verlagsleiter bei Ullstein-Propyläen ausgeschieden und hatte gemeinsam mit dem Filmemacher Jochen Severin in Berlin den Quadriga Verlag gegründet, der wenig später unter den Namen der beiden Verleger als «Severin und Siedler» firmierte. Auf dem neuen Quadriga-Briefpapier wandte sich Siedler bereits am 7. Januar 1980 an den von ihm so geschätzten Autor Thomas Nipperdey und erkundigte sich nach der Möglichkeit eines Zusammentreffens während einer bevorstehenden Reise nach München, «um bei einer Tasse Tee oder einem Glas Wein das eine oder andere zu bereden».[8] Möglicherweise fiel dabei das Stichwort einer «Kulturgeschichte des Kaiserreichs», das Siedler ein gutes Jahr später, im April 1981, aufgriff, als er sich mit dem Verlagsprogramm von Severin und Siedler bei Nipperdey einführte und wiederum einen Besuch in München ankündigte. In höflichen Worten, aber unverklausuliert schilderte er die Situation bei Propyläen, wo sein Nachfolger das Haus bereits wieder verlassen habe und weitere personelle Turbulenzen zu erwarten seien, und bot den eigenen Verlag ersatzweise an: «Sollte an diesen sonderbaren Umständen die Deutsche Geschichte scheitern, für die wohl einige Autoren ohnehin noch keinen Federstrich getan haben, so daß Ihr Text möglicherweise Jahre liegen bleiben muß, so will ich mich doch gleich zur Stelle melden.»[9]

Die Beziehung zwischen dem Verleger Wolf Jobst Siedler und dem Wissenschaftler-Autor Thomas Nipperdey intensivierte sich noch einmal spürbar.[10] Sie war gekennzeichnet von persönlicher Wahlverwandtschaft ebenso wie von einer gewissen Asymmetrie. Denn die Initiative ging mehr von Siedler als von Nipperdey aus, und das nicht nur, weil Verleger eben um Autoren werben müssen. Nipperdey achtete Siedler sehr, der ihn aber geradezu verehrte – und von dem Münchner Ordinarius selber als Autor und als Historiker ernstgenommen werden wollte. Er kokettierte, «ab und zu» zu versuchen, «meinen Autoren ins Handwerk zu pfuschen, um mich selber zu Wort zu melden», und übersandte ein eigenes Manuskript mit der Bitte um Lektüre und, so darf man wohl ergänzen, ersehnte fachliche Anerkennung.[11] Dem entzog Thomas Nipperdey sich, und es scheint, als sei ihm die klare Rollenverteilung lieber gewesen, die sich später in der Zusammenarbeit mit Ernst-Peter Wieckenberg entwickelte, dem Cheflektor von C.H.Beck.

Auf der anderen Seite spürten gewiss beide eine geistige und politische Nähe: als unabhängige Querköpfe zwischen den Stühlen der Parteien, als liberale Konservative mit Neigungen zur SPD, deren Spitzenpolitiker wie Willy Brandt oder Helmut Schmidt Siedler nach eigenem Urteil «immer sympathischer» waren als jene der Union.[12] Vor allem aber trafen sie sich als Verteidiger des Bürgertums in einer Welt, die für sie durch die Achtundsechziger-Proteste und die Kulturrevolution der folgenden Jahre nicht nur unbürgerlich geworden war, sondern auch den Respekt vor den historischen Leistungen des Bürgertums verloren hatte. Dabei teilten sie auch einen gewissen elegischen Gestus, obwohl die Art des Blickes zurück beide schon wieder unterschied: Wolf Jobst Siedler frönte gerne der Nostalgie und hätte sein eigenes Leben am liebsten im 19. Jahrhundert geführt.

Ein deutscher Verleger ließ in den Zwanziger Jahren auf seinen Grabstein meißeln: Geboren im 19. Jahrhundert, gestorben im 20. Jahrhundert, gelebt im 18. Jahrhundert. Ginge es nach mir, so würde ich hinaufschreiben lassen – wenn es so lange dauern soll – geboren im 20. Jahrhundert, gestorben im 21. Jahrhundert, gelebt im 19. Jahrhundert.[13]

Thomas Nipperdey kannte wohl eine Trauer über Verluste und prangerte einen vereinseitigten Progressivismus an, für den der Fortschritt per se etwas Gutes war und die Gegenwart immer besser als die Vergangenheit. Aber viel mehr als Siedler war Nipperdey ein Mensch der Moderne, zu der er sich ebenso bekannte wie zu der Herausforderung, mit manchen ihrer Konsequenzen fertig zu werden.

Nach einem Treffen Anfang Mai 1981 bekräftigte Siedler sein großes Interesse, Nipperdeys entstehendes Buch im Falle eines Scheiterns bei Propyläen zu übernehmen. Am Horizont tauchte das Konkurrenzunternehmen zur Propyläen Geschichte Deutschlands auf, das Siedler für seinen neuen Verlag plante, doch würde Nipperdeys Buch wohl eher ein «Einzelband» werden. Für diesen Fall fragte er, «ob man wirklich so früh im Jahrhundert aufhören sollte» – denn der Zeitschnitt um 1866, der sich bloß aus der Bandteilung mit Wolfgang Mommsen ergeben hatte, wäre dann ja sinnlos. «Deutschland im 19. Jahrhundert», das wäre der richtige Titel: das ganze Jahrhundert umgreifend und zugleich, so weit dachte der Verleger bereits voraus, im Titel eine Unterscheidung zu Golo Manns «Deutscher Geschichte» markierend.[14]

Über den Sommer zog sich die Sache hin, während der Autor auch im

Familienurlaub «die Regentage über seinem Buch saß».[15] Im Ferienhaus in Loipl bei Bischofswiesen konnte er im alten Arbeitszimmer seines Vaters besonders produktiv sein.[16] Im Herbst ging Wolf Jobst Siedler mit seinem Werben in die Offensive, zumal auch Thomas Nipperdey die Unsicherheit des Propyläen-Projekts verspürte – und zwar in doppelter Weise: wegen der Situation im Verlag und weil sein Manuskript so anschwoll, dass es die Umfangsvorgabe der Reihe zu sprengen drohte. Über einen möglichen Ausstieg aus dem Vertrag hatte Siedler mit seinen Anwälten gesprochen und legte dem umworbenen Autor detailliert dar, wie er vorzugehen habe, um möglichst zügig und ohne Schaden wechseln zu können. Nipperdey solle sich im ersten Schritt vergewissern, ob Propyläen ihm weiterhin die verabredete Erscheinungsweise, also den Zeitplan des Gesamtwerks garantieren könne, weil ein «isoliertes Erscheinen» sein Buch «zu einem Torso mache».[17]

Diese Zusage wird man Ihnen, wie ich gerade von einem alten Mitarbeiter hörte, nicht geben können und vermutlich von gewissen Verzögerungen sprechen … So könnte und sollte – nach Meinung unserer Anwälte – Ihr zweiter Brief die Lösung des Vertrags erklären, da die Vertragsgrundlage vom Verlag nicht eingehalten werden könne.

Dass das ganze Projekt tatsächlich gewaltig im Rückstand war, wusste Siedler genau. Beide Mommsens seien in der Zwischenzeit «mit kleineren Büchern» zu ihm gekommen, hätten für die Propyläen-Bände aber «noch nicht einmal mit den Vorarbeiten begonnen»; dasselbe gelte für Peter Moraw und Rudolf Vierhaus.[18]

Um die Jahreswende 1981/82 spitzte sich das verlegerische Schicksal des «großen Buches» erneut zu. Bei Wolf Jobst Siedler in der Charlottenburger Giesebrechtstraße – und ganz gewiss in seinem Kopf – liefen einzelne Autorenkontakte so zusammen, dass er die Chance eines vielbändigen Reihenwerkes zur Neueren Deutschen Geschichte sah. Seine intellektuelle Vaterschaft an der Propyläen-Reihe, die durch das Hickhack und den Niveauverlust nach seinem Ausscheiden nur umso heller strahlte, ließ sich auf diese Weise rehabilitieren. Er konnte sein überlegenes verlegerisches Talent, nicht zuletzt sein Geschick im Umgang mit akademischen Autoren erneut so einsetzen, dass die von ihm selber konzipierte Propyläen Geschichte Deutschlands, noch bevor ihr erster Band erschienen war, bereits verlegerisch und der öffentlichen Aufmerksamkeit nach in den Schatten gestellt war. Mit dem seit

1978/79[19] an der Freien Universität Berlin lehrenden Historiker Hagen Schulze, der mit einer Dissertation über die Freikorps und einer Biographie des sozialdemokratischen preußischen Ministerpräsidenten Otto Braun als Habilitationsschrift zu einem führenden Weimar-Experten aufgestiegen war,[20] hatte Siedler kurz nach Gründung seines neuen Verlags eine Geschichte der Weimarer Republik vereinbart. Schulze war ein zuverlässiger Autor; er kündigte den Abschluss des Manuskripts für das Frühjahr 1982 an, so dass Siedler bereits im Herbst 1981 das Erscheinen zur Frankfurter Buchmesse des nächsten Jahres ins Auge fassen konnte,[21] und so kam es dann auch.[22] Nun wandte sich der Erlanger Historiker Michael Stürmer an Siedler mit dem Unbehagen über seine mit dem Verlag C.H.Beck verabredete Geschichte des Kaiserreichs angesichts eines überproportional angeschwollenen Umfangs – ein häufig wiederkehrendes Motiv in der Geschichte der großen Werke! Tatsächlich hatte Stürmer also jenen Band für die «Neue Deutsche Geschichte» übernommen, den Wolfgang Schieder ursprünglich Nipperdey angetragen hatte. Zweihundertfünfzig fertige Seiten schienen ihm, hochgerechnet, «den Rahmen des Gesamtwerkes zu sprengen und außerdem stehen wir ohnehin so miteinander, daß es ihn ein wenig zu uns zieht.»[23]

Der nächste Gedanke lag auf der Hand: Zu einer Weimarer Republik Schulzes und einem Kaiserreich Stürmers konnte sich Nipperdeys Buch gesellen, nahtlosen chronologischen Anschluss an Stürmer herstellend wie an Wolfgang Mommsen in dem Propyläen-Projekt. Dann fehlte noch die Abrundung zur Gegenwart hin: «Wir gehen mit dem Gedanken um, (Eberhard) Jäckel um eine Geschichte des Dritten Reiches und (Arnulf) Baring um eine Geschichte der Bundesrepublik zu bitten.» So ergab sich – «ganz und gar überraschenderweise», wie Siedler selber meinte – eine aus Einzelbänden zusammenwachsende Deutsche Geschichte, für die er Thomas Nipperdey und dessen halbfertiges Manuskript seit dem Spätherbst 1981 heftig umwarb. Anders als bei Propyläen könnten drei Bände in schneller Folge, im Halbjahresrhythmus, herauskommen; Nipperdeys Darstellung plante er also schon für den Herbsttermin 1983 ein. Mehr noch, eine geistige, eine ideenpolitische Einheit deutete sich an mit drei Autoren, «deren Fragestellungen und Perspektiven einander vermutlich benachbart (sic) sind als Heinrich Lutz und Hans Mommsen».[24]

Thomas Nipperdey konnte Siedler schließlich – wir werden gleich sehen warum – nicht gewinnen, doch sein Plan einer nicht nur wissenschaftliche, sondern auch öffentliche, ja politische Aufmerksamkeit heischenden Gesamtdarstellung deutscher Geschichte ging mit «Die Deutschen und ihre Nation» vollkommen auf. Unter dieser nationalkulturellen Flagge segelte das sechsbändige Projekt, das später nach «rückwärts», für die Zeit vor dem mittleren 18. Jahrhundert, durch weitere sechs Bände «Das Reich und die Deutschen» ergänzt wurde.[25] Nicht nur etablierte das Werk den Rang des Verlages und seinen Namen, bereits seit 1983 mit dem Ausscheiden des Kompagnons Jochen Severin auf «Siedler Verlag» verkürzt. Es indizierte auch einen neuen Ton im Umgang der Westdeutschen mit ihrer Geschichte. Wenn das Moraw-Press-Schieder-Konzept von 1977 das politische Pendel sozusagen in der Mitte arretieren wollte, ließ Siedler es nun ein Stück nach rechts, ins konservative Feld, ausschlagen. Die Autoren der Reihe waren nicht mehr – genau das meinte Siedler ja selber mit seiner Bemerkung über die Spannweite zwischen Heinrich Lutz und Hans Mommsen – politisch und methodisch heterogen, sondern standen bei vielen individuellen Unterschieden eher für liberal-konservative Positionen und nicht zuletzt für eine positive Rückbesinnung auf die «Nation», die das Vorhaben ganz programmatisch im Titel führte. Der Zeitgeist hatte sich gedreht; die Ablösung der sozialliberalen Koalition in Bonn durch eine unionsgeführte Regierung kündigte sich an. Michael Stürmer verfügte bereits über ausgezeichnete Kontakte zum späteren Bundeskanzler Helmut Kohl. Warum auch nicht – Sozialdemokraten betrieben ja ebenfalls Geschichtspolitik, und unter Siedlers Ägide war ein solches Unternehmen zwar ein politisches Signal, aber keins mit der Brechstange. Und nicht nur im Inhalt, sondern auch in der Form hatte Siedler den richtigen Riecher: Warum eine weitere Paperbackreihe, die schnell schmutzig wurde und Eselsohren bekam, als Studienliteratur im Geiste der 1970er Jahre konzipieren, wenn es ein bildungsbürgerliches Publikum gab, das sich die deutsche Geschichte in repräsentativen Leinenbänden mit Schutzumschlag ins Bücherregal stellen wollte? Vergesst mir die Bürger nicht! Ein beträchtlich höherer Umsatz, auch eine höhere Marge ließ sich damit außerdem erzielen. Bildungsbürger und Kaufmann, da war Siedler ganz bei sich selber.

Wie passte Nipperdey da hinein? Das ihm in Aussicht gestellte intellektuell-politische Umfeld ließ ihn kalt. Ihn interessierte sein Buch als ein wissenschaftliches Werk, das in Siedlers neuem Verlag ebenso wenig wie bei Propyläen in ein inneres oder ein äußeres Prokrustesbett gezwängt werden sollte. Beim Äußeren lag das Problem. Nach artigem, angesichts der Emphase Siedlers vergleichsweise zurückhaltendem Dank stellte er lapidar fest:

Die Schwierigkeit mit meinem Buch wird sein, dass es ca. 900 Maschinenseiten werden (530 sind fertig, soll ich davon etwas mitbringen). In einem Jahr bin ich fertig.[26]

Der Schreibfortschritt überholte jetzt fast die begleitende Korrespondenz; im letzten Moment hatte er 500 fertige Seiten in 530 korrigiert, und die Zielmarke von 800 Seiten auf 900 erhöht. Nicht viel später wurde diese Zahl vierstellig, aber den zeitlichen Horizont der Fertigstellung hielt Thomas Nipperdey nun ein. Wenn es einmal läuft, beschleunigt sich das Schreiben auf das Ende hin. Die Sorge, das wesentlich umfangreichere Manuskript angemessen in einem Verlag platzieren zu können, trat immer mehr in den Vordergrund. Offenbar über die Weihnachtsferien besann Nipperdey sich, etwas unternehmen zu müssen, und bot sein Manuskript unter dem Datum des 7. Januar 1982 mehreren Verlagen in praktisch gleichlautenden Briefen an: In relativ förmlicher Weise schrieb er an Siedler, obwohl er diesem die Genese des Projekts und die Schwierigkeiten mit dem Propyläen Verlag ja nicht mehr erklären musste, sowie mindestens auch an Winfried Hellmann für Vandenhoeck & Ruprecht und an Klaus Piper für dessen Verlag, der zwischen Fachwissenschaft und Publikumssachbuch damals hervorragend positioniert war – nicht jedoch an den C.H.Beck Verlag, der nur wenige Schritte von seinem Institutsbüro in der Schwabinger Ainmillerstraße 8 entfernt war. Knapp skizzierte er den bestehenden Vertrag mit Propyläen über einen Band «Deutsche Geschichte von ca. 1800–1870» und erwähnte die Möglichkeit, dass er in den nächsten Monaten aus dem Vertrag ausscheiden werde.

Für diesen Fall überlege ich mir zur Zeit, wie es mit einer Publikation steht. Es würde sich um einen Band von etwa 700 Seiten handeln, der geschrieben ist für den sog. «gebildeten Laien», mit der Maßgabe natürlich, daß er später als Taschenbuch auch für Studenten im Universitätsbetrieb verwendet werden kann. Es würde mich interessieren zu hören, ob Ihr Haus gegebenenfalls an einem solchen Bande Interesse hat, und unter welchen Bedingungen Sie sich eine Vereinbarung vorstellen könnten.[27]

Das Anklopfen bei Piper und Vandenhoeck sollte jedoch eher eine zusätzliche Rückversicherung bilden für den Fall, dass die Verhandlungen mit Siedler stockten; vielleicht auch die Position des Autors dort mit konkurrierenden Angeboten stärken. Die Kommunikation zwischen dem Münchner Historiker und dem Berliner Verleger verlief jetzt auf mehreren Ebenen. Persönlich hatte man sich offenbar kurz vor Weihnachten, am Abend des 22. Dezember, in München getroffen, in etwas größerer geselliger Runde zusammen mit Michael Stürmer und den Ehefrauen.[28] Der Brief Nipperdeys an Siedler vom 7. Januar war dann, im Einklang mit der gesamten Erkundungsaktion, sehr förmlich gehalten, so als habe man längere Zeit keinen Kontakt gehabt und noch nicht über den möglichen Übergang des Buches in das neue Siedlersche Reihenwerk gesprochen.[29] Wolf Jobst Siedler verstand das ganz richtig als eine Rücksichtnahme auf die immer noch heikle Frage seiner Befangenheit in der älteren Rolle des Inspirators der Propyläen-Reihe; er durfte offiziell kein Öl in das Feuer der Bedenken gegenüber diesem Projekt gießen. So wechselte er von der vertrauten in die förmlichere Anrede an den «verehrten» Herrn Nipperdey. Natürlich wolle er «die Interessen meines alten Hauses, das ich mehr als eineinhalb Jahrzehnte leitete, respektieren und so halte ich mich zum gegenwärtigen Zeitpunkt zurück». Wenn sich die Befürchtung hinsichtlich des Propyläen-Verlags jedoch bewahrheiten sollte, «stehe ich Ihnen selbstverständlich mit dem größten Vergnügen zu Überlegungen zur Verfügung, wie man Ihre Arbeit in anderer Form retten kann». Auch «Vorschuß- und Honorarfragen» ließen sich dann «sicherlich ohne große Schwierigkeiten regeln». Vermutlich bereitete es ihm Freude, das doppelbödige Kommunikationsspiel ganz auszureizen, denn er dankte schlitzohrig: «es war ein großes Vergnügen, nach so langer Zeit wieder von Ihnen zu hören».[30]

Inzwischen ging Thomas Nipperdey wieder zum Klartext über und ließ dem «formellen Brief» nur vier Tage später «nun noch ein bißchen Kommentar zu unserer letzten Besprechung», also dem Treffen kurz vor Weihnachten, folgen.[31] Er sei «immer noch einigermaßen überrascht darüber, daß mein Band jetzt Teil einer Reihe werden soll, und dadurch in zwei Bände aufgeteilt werden muß». Der Wechsel zu Siedler, so wurde ihm klar, war atmosphärisch angenehm, löste aber sein eigenes Umfangsproblem keineswegs: Das Manuskript war schon oder wurde viel zu umfangreich nicht nur für die Vorgabe der Propyläen-Reihe, sondern auch für das Format von «Die Deutschen und ihre Nation», für das Siedler vierhundert Seiten und eine reichhaltige Bebilderung vorschwebten, also eine Ausstattung in Richtung eines bürgerlichen *Coffeetable Book*. Schon das war ein Problem für sich: Bei aller ästhetischen Feinsinnigkeit war Thomas Nipperdey als Wissenschaftler im klassischen Sinne ein Mann des Wortes, und die bloße Vorstellung, umfangreiche Bildvorschläge für sein Buch machen zu sollen, bereitete ihm «Kopfzerbrechen».[32] Vor allem aber die Aufteilung des Stoffes und seiner Kapitel auf zwei Bände:

Man kann nicht die Sozial- und Wirtschaftsgeschichte des Vormärz weglassen und erst in einen späteren Band hineinbringen. Das würde auch von den Kritikern schlecht vermerkt werden. Man könnte immer noch zwei Bände gleichzeitig veröffentlichen oder man könnte überlegen, nur die beiden Strukturteile, also Gesellschaft und Wirtschaft, und Kultur zusammenzunehmen und als ersten Band zu veröffentlichen, dann die wirkliche Geschichtserzählung von 1805–1867 in einem zweiten Band durchzuführen.[33]

Das blieb ein Grunddilemma seines Werkes, das sich sechs bis sieben Jahre später in der Frage der Teilung des wiederum umfangsmäßig überbordenden Kaiserreichbandes und des dabei anzuwendenden «Schnittes» exakt wiederholte.[34] Die «Strukturkapitel» waren für Thomas Nipperdey viel mehr als nur eine lästige Pflicht, derer man sich zu Beginn schnell entledigt, um sodann zur herkömmlichen chronologischen Erzählweise von Geschichte überzugehen. Insofern meinte «wirkliche Geschichtserzählung» für ihn keineswegs, dass das andere keine «richtige» Geschichtsschreibung wäre. Beides sollte sich möglichst ergänzen und durchdringen, aber im Zweifelsfall war ihm ein rein strukturgeschichtlicher Band durchaus vorstellbar. Allgemein kann man sagen: Die epistemische Seite von Werk und Wissen geriet in Konflikt mit ihrer verlegerischen Seite, mit derjenigen der Materialität des Buches und der Erwartungen des Publikums. Aber diese Spannung ist in den Geisteswissenschaften unvermeidlich, weil Werk und Wissen außerhalb ihrer Materialität und Rezeption nicht existieren können: weder als eine – wie wir im digitalen Zeitalter sagen würden – bloße Zeichenkette noch, dem wiederum vorgelagert, als ein «Forschungsergebnis», das unabhängig von seiner Schriftlichkeit, seiner literarischen Form und seiner Verwandlung in die Publikation existieren könnte.

Genau das spiegelte sich in den Bedenken, die Wolf Jobst Siedler gegenüber diesem Bandteilungsvorschlag erhob. Zunächst war es ein quantitatives Problem, «daß Sie statt der üblichen vierhundert Seiten annähernd neunhundert Seiten schreiben werden, so daß die Proportionen durcheinander geraten».[35] Reihenwerke hatten aber ihre eigenen Gesetze; man konnte nicht einfach einen mehr als doppelt so starken Band zwischen die schlankeren setzen, erst recht nicht, wenn das Gesamtwerk, wie Siedler es plante, in der Subskription, also über eine Art von Abonnement, vertrieben werden sollte. Eine Aufteilung in einen Band Strukturgeschichte und einen Band Ereignisgeschichte sprenge damit «das Gesetz des Gesamtunternehmens» ebenso, wie sie «die Erwartungen des Publikums desavouiert, das hier sozusagen in sich geschlossene Epochenbilder erwartet.»[36]

Was aber sagt mein Dentist in Flensburg und mein Amtsrichter in Dingolfing, wenn er erst einmal fünfhundert Seiten Strukturgeschichte bekommt und sechs Monate warten muß, bis er den Ablauf der Ereignisse nachvollziehen kann?

Zugleich machte Wolf Jobst Siedler, nun ganz frei von der förmlichen Rücksichtnahme in dem nur einen Tag zuvor verfassten Brief, kräftig Werbung für sein eigenes Unternehmen und ließ die Aussichten der Propyläen-Reihe in denkbar schlechtem Licht erscheinen. Die meisten Autoren hätten noch kaum mit dem Schreiben begonnen, und der Verlag kalkuliere mit zwar wertvoll ausgestatteten, aber extrem hochpreisigen Bänden falsch, wie der soeben erschienene erste Band der Propyläen-Literaturgeschichte zum Ladenpreis von 220 DM zeige.[37] Dieser Einwand traf ins Schwarze: Leineneinband und Schutzumschlag waren wieder angesagt, aber wer das Richtung Ledereinband und Goldschnitt übertrieb, machte seine Bücher für das private Publikum zu Ladenhütern – die Propyläen Geschichte Deutschlands fand ihren Weg am Ende vor allem in Bibliotheken. Außerdem legte Siedler den Honorarköder aus, indem er von einer Verständigung mit den beiden anderen bisher festen Autoren Stürmer und Schulze berichtete. Mit der sehr hohen Auflage von 20 000 wollte der Verlag starten, weitere 10 000 Exemplare schienen ihm leicht erreichbar. Da er gegen die Zweibändigkeit des Nipperdeyschen Beitrags grundsätzlich keine Einwände hatte, verdoppelte sich das zu erwartende Honorar sozusagen automatisch – und er konnte Thomas Nipperdey unter diesen Bedingungen 160 000 DM in Aussicht stellen.[38]

Sechs Wochen später skizzierte Wolf Jobst Siedler den Stand der Dinge nach einer erneuten persönlichen Begegnung bei einem «ausgedehnten Frühstück» in Berlin. Siedler vibrierte nun förmlich vor Euphorie über das Gesamtprojekt seiner Deutschen Geschichte, das im Herbst 1982 «mit einigem Aplomb» in Berlin «bei einem großen Historiker- und Presseempfang» vorgestellt werden solle, mit einer Rede entweder von Joachim Fest oder von Richard von Weizsäcker, dem damaligen Regierenden Bürgermeister der Stadt.[39] Mit der Staffel von Bänden im Halbjahresrhythmus – zunächst

Schulze, dann Stürmer, im Herbst 1983 der erste der beiden Nipperdey-Bände – sei die Konkurrenz von Propyläen weit abgehängt; deren Startverschiebung auf den Herbst 1984 nannte Siedler höhnisch, das bekannte Berliner Bestattungsunternehmen apostrophierend, ein «Grieneisen-Vorhaben». Großmütig malte er aus, wie er dem jetzigen Verlagsleiter Viktor Niemann Nachhilfe geben könnte, seine Reihe noch ganz anders aufzuziehen, sie einzudampfen und kompakter zu machen – «er investiert sonst fünf oder sechs Millionen Mark in ein totgeborenes Kind».

Was Thomas Nipperdey betraf, so gingen das letzte Gespräch und Siedlers Rat nun dahin, er solle beide Verlage, beide großen Reihenprojekte bedienen. Das war freilich mit Wünschen verbunden, die dem Autor nicht behagen konnten: Er solle den «jetzigen Text nach hinten um etwa zwei Jahrzehnte verlängern», damit der Auftakt schlüssiger werde – gemeint war wohl: Nipperdey solle nicht in der Zeit von Französischer Revolution und Napoleon einsetzen, sondern etwas weiter in die Geschichte des Heiligen Römischen Reiches zurückgehen.

Die zweite Hälfte Ihres jetzigen Manuskriptes könnte aber ohne große Umstände im nächsten Herbst bei uns erscheinen, so daß Sie ein ganzes weiteres Dreivierteljahr gewinnen würden, um die erste Hälfte in Form zu bringen. In gewissem Sinne liegt es dann in der Logik der Sache, daß Sie das detailliert ausgeführte dann in anderer Form gerafft für das Lindenstraßen-Vorhaben noch einmal erzählen und fortführen.[40]

Man muss sich klarmachen, dass Wolf Jobst Siedler zu diesem Zeitpunkt noch keine Zeile des Manuskripts gelesen hatte, nur einen vagen Eindruck von der Anlage des Buches hatte und seinen Autor vor allem aufgrund einer enormen Wertschätzung der Persönlichkeit und früherer Arbeiten so umgarnte. Die Vorstellung, die zweite Hälfte des Manuskripts, die noch gar nicht fertig geschrieben war, vor der ersten zu veröffentlichen und die erste Hälfte im Anschluss noch nach rückwärts zu verlängern, war für einen autorensensiblen Verleger wie Siedler im Grunde verblüffend kurzsichtig. Dazu die Vorstellung, das gesamte Werk bald darauf in einer Art *Readers Digest*-Fassung für die «Lindenstraße», also den Propyläen-Verlag, noch einmal herunterzuschreiben! Aber der Überschwang des bald ans Tageslicht tretenden Großprojekts und die persönliche Faszination für den Autor Thomas Nipperdey ließen Siedler sein gewohntes Gespür verlieren. Statt das Manuskript zu lesen, was Nipperdey ihm schon vor Monaten angeboten hatte, lud er ihn bei nächster Gelegenheit zu sich nach Hause ein, in die Gästezimmer, «in denen von Carlo Schmid über Christian Meier und Hans Mommsen bis zu Klaus Scholder jetzt alle Freunde schon kürzer oder länger gewohnt haben». Thomas Nipperdey sollte durch einen solchen Initiationsritus zum persönlichen Freund im großbürgerlichen Haushalt werden; alles andere würde sich dann schon finden.

Meine Kinder sind ausgezogen und so steht eine ganze Etage mit eigenem Bad zur Verfügung. Das Zimmer ist für zwei Personen geeignet und mit antiken Möbeln passabel eingerichtet, so daß Sie sich wohlfühlen würden, wenn Sie allein oder zu zweit bei uns sind – und wenn wir abends vor dem Kamin oder morgens am Frühstückstisch sitzen.[41]

Dabei versuchte Thomas Nipperdey zunächst, den Ratschlägen Siedlers zu folgen, zumindest was die Klärung mit der «Lindenstraße» betraf. Denn es war offensichtlich, dass der angeschwollene Text – Ende Februar lag die Zielmarke für die Fertigstellung bereits bei 1200 Manuskriptseiten[42] – in die Propyläen Geschichte Deutschlands bei weitem nicht hineinpasste. Dieselbe Reise nach Berlin nutzte Nipperdey zu einem Zusammentreffen mit dem Propyläen-Verlagsleiter und Ullstein-Geschäftsführer Viktor Niemann, doch in dieser Beziehung wollte sich Herzlichkeit ganz und gar nicht einstellen. Im Nachgang zu dem Gespräch betonte der Münchner Historiker zunächst, wie wichtig «für mich als Wissenschaftler» das baldige Erscheinen des Buches sei, «vor allem deshalb, weil einer meiner Kollegen, Freunde und Konkurrenten ein Buch über dasselbe Thema geschrieben hat, was auch demnächst erscheinen wird. Es wäre für mich eine große Schwierigkeit, wenn ich erst wesentlich später käme».[43] Mit dem gleichzeitigen Freund und Konkurrenten konnte eigentlich nur Hans-Ulrich Wehler gemeint sein, dessen viel weiter in das 18. Jahrhundert zurückgreifende «Deutsche Gesellschaftsgeschichte» zu dieser Zeit zwar ebenfalls als Manuskript anschwoll, aber längst nicht so kurz vor der Publikation stand wie Nipperdey fürchtete; und gewiss war das auch ein taktisches Argument.[44] In der Hauptsache aber bot er an, was ihm auch Siedler nahegelegt hatte. Den Umfang des schon geschriebenen Textes übertrieb er dabei absichtlich und nannte die Zielmarke der Fertigstellung, denn damals lagen etwa 900 Seiten vor:

Ich habe im Moment ein Manuskript, aus dem eigentlich das Buch für Ihren Verlag werden soll, von etwa 1200 Seiten, das ist also das Doppelte von dem, was für Ihren Verlag vorgesehen ist. Ich könnte nun versuchen, dieses große Manuskript im nächsten Jahr anderswo zu veröffentlichen und dann daran anschließend, natürlich auch in veränderter Form, den Band für das Propyläen-Unternehmen machen. Falls sich bei den Verhandlungen mit den anderen Autoren noch Zeitverschiebungen ergäben, könnte ich auch in der einen oder anderen Richtung noch einen etwas größeren Zeitraum bearbeiten. In diesem Falle wäre es allerdings wohl angebracht, nicht im Herbst 1984 zuerst mit meinem Bande herauszukommen, sondern vielleicht erst im Herbst 1985.[45]

Niemann jedoch ließ den selbstbewussten Autor am langen Arm zappeln. Er antwortete nicht postwendend wie Siedler, sondern erst drei Wochen später mit dem Hinweis, «ein paar Tage» unterwegs gewesen zu sein.[46] Er sprach Nipperdey, den er doch inzwischen persönlich kennengelernt hatte, ungelenk – oder in bewusster Distanzierung? – als «Sehr verehrter Herr Professor» an, sogar ohne Nennung des Namens. Und er beschied ihm, erst die Reaktion der anderen «dieser Tage» von ihm angeschriebenen Autoren der Reihe abwarten zu müssen. Die Reaktion des Autors, er sei darüber «etwas erstaunt», drückte bereits große Verärgerung aus. Seine eigene Entscheidung könne er, Nipperdey, «nicht von der Reaktion anderer Autoren abhängig machen». Er setzte dem Verleger das Ultimatum, «in den nächsten vier Wochen» müsse die Sache entschieden sein.[47] Wenige Tage vor Ablauf dieser Frist mahnte er am 15. April, das war der Donnerstag nach Ostern: «Ich warte dringend auf Ihre Antwort. Wir verhandeln jetzt seit Anfang Februar.»[48] So ein Zweizeiler, noch dazu im DIN A5-Format, auf halbiertem Briefbogen – das war in den üblichen Korrespondenzformen bereits eine Art Höchststrafe.

Natürlich stießen hier unterschiedliche Interessen aufeinander. Implizit offenbarte sich aber für beide gleichermaßen das Dilemma wissenschaftlicher Großwerke im Reihenformat. Die Einbindung eines einzelnen Buches, eines einzelnen Autors in ein solches kollektives Unternehmen versprach dem Verlag erhöhte Aufmerksamkeit, vor allem erhöhten Absatz und Gewinn. Für den Wissenschaftler war dieser materielle Vorteil ebenfalls attraktiv; viel mehr jedoch ging es um kulturelles Kapital, um die Währung der Reputation, die in der Mitwirkung an einem Reihenwerk zum Ausdruck kam, insbesondere wenn den anderen Autoren – wie in diesem Fall den Mommsen-Brüdern oder dem Max-Planck-Direktor Rudolf Vierhaus – ebenfalls überdurchschnittliche Bedeutung im Fach zugemessen wurde. Aber man war dann auch voneinander abhängig; schnelle Autoren ärgerten sich über langsame (und diese über die schnellen), und die verlegerische Planung war extrem schwierig. In jedem Fall verlangte sie ein besonderes Fingerspitzengefühl gegenüber den Interessen und Eitelkeiten von Wissenschaftler-Autoren.

Eben damit tat Viktor Niemann sich gegenüber Thomas Nipperdey sehr schwer. Der spätere «Verleger des Jahres 1998», der 1986 bei Ullstein im Streit um den rechtslastigen Kurs des Verlags nach dessen Erwerb durch die Münchner Langen-Müller-Gruppe ausschied, kehrte 2003 noch einmal als verlegerischer Geschäftsführer zu Ullstein zurück, führte den traditionsreichen Verlag von München zurück nach Berlin und vor allem: zurück zu einem profilierten und anspruchsvollen Programm.[49] Mit der Propyläen Geschichte Deutschlands aber offenbarte er Hilflosigkeit. Gegenüber Nipperdey beklagte er nun, auf seinen Autorenrundbrief sei von vier Autoren «überhaupt keine Reaktion erfolgt, nicht einmal die Bestätigung des Eingangs meines Briefes. Wie soll ich, verehrter Herr Professor, unter diesen Umständen planen?»[50] In der Sache bekräftigte er aber, das Manuskript wie verabredet zum Ende des Jahres zu erhalten, so dass es ein Jahr später, oder wenigstens im Frühjahr 1984, erscheinen könne. Immerhin konnte Niemann auf die Zuverlässigkeit des Wiener Neuzeithistorikers Heinrich Lutz verweisen (von der auch Nipperdey wusste), dessen Synthese des konfessionellen Zeitalters schon im Frühjahr 1983, als erster Band der Reihe, erscheinen werde.[51]

Gewiss musste er es «nicht so glücklich» finden, wenn Nipperdey sein umfangreiches Manuskript einem anderen Verlag gäbe, entstünde dann doch «der Eindruck, der PGD-Band sei nur ein Exzerpt». Doch jegliches Gespür dafür, dass ein Wissenschaftler ein 1200-seitiges Manuskript, das er selber für ein «großes Buch» hielt, nicht auf die Hälfte zusammenkürzen würde, ließ er vermissen. Häufig sind große geisteswissenschaftliche Werke, nicht zuletzt historische Darstellungen, entgegen ursprünglicher Planung auf mehrere Bände angewachsen. Aber so sind sie dann in der Regel auch verlegt worden, selbst wenn der Autor innerhalb eines Reihenwerkes seinen Kollegen damit die «Preise verdarb» und sie nun ebenfalls die Hürde der Mehrbändigkeit überspringen mussten, um nicht als Verfasser bloßer Schrumpfformen dazustehen. Das zeigte sich wenig später bei der «Geschichte der Arbeiterschaft und Arbeiterbewegung in Deutschland», für die der Freiburger Historiker Heinrich August Winkler innerhalb weniger Jahre statt eines einzigen verabredeten Weimar-Bandes gleich drei Tausendseiter produzierte, welche die Symmetrie des Gesamtwerkes gehörig aus der Balance brachten.[52]

Der Streit zwischen Nipperdey und Niemann eskalierte nun ganz offen und führte in eine Sackgasse hinein. Thomas Nipperdey verwies auf die Gesamtsituation der Propyläen-Reihe und spielte auf die Säumigkeit der anderen Autoren an – das war ihm besser vertraut, als Niemann vermutlich ahnte. Er versicherte, sein kürzeres Buch, das er bis zum Frühjahr 1984 oder nach Niemanns Wunsch auch später abliefern könne, werde keineswegs «ein Exzerpt aus einer großen Arbeit» sein, sondern ein «anders stilisiertes Buch», was in der historischen Welt ebenso wie in der Welt der Verlage häufig genug vorkomme. Er ließ sich nicht davon abbringen, sein «großes Manuskript bei einem anderen Verlag unterzubringen».[53] Viktor Niemann seinerseits gewann «das Gefühl, daß wir wirklich ein wenig aneinander vorbeireden», und stellte sich ohne Wenn und Aber auf den Standpunkt der getroffenen Vereinbarungen: Autoren müssten Terminzusagen einhalten, sich aber auch an den Umfang halten: «Dabei ist von Ihnen sicherzustellen, daß der Umfang die verabredete Seitenzahl nicht überschreitet.»[54] Was aus dem Manuskript von 1200 Seiten werden würde, interessierte ihn nicht, und vor allem blieb er unsensibel dafür, was dies für einen wissenschaftlichen Autor bedeutete – und nicht für einen Doktoranden, dem sein Erstlingswerk aus dem Ruder gelaufen war, sondern für einen bereits hoch angesehenen, auch von sich selber überzeugten Gelehrten.

Thomas Nipperdey fühlte sich jedenfalls in die Enge getrieben. Unmittelbar nach Erhalt des letzten Niemann-Briefes klagte er Wolf Jobst Siedler sein Leid und übersandte ihm die gesamte bisherige Korrespondenz mit Propyläen mit der Bitte, prüfen zu lassen – also durch die Juristen bei Siedler –, was nun das Richtige sei. Die frist- und umfangsgerechte Ablieferung sei unmöglich, «denn nach den bisherigen Vorgängen habe ich im Herbst kein 500-Seiten-Manuskript».[55] Ohnehin waren die Gespräche mit Siedler über eine Übernahme des Werkes in dessen neue Reihe inzwischen weitergegangen. Mit den bisher feststehenden Autoren der Reihe hatte der Verleger Mitte März in Berlin konferiert; neben Hagen Schulze und Michael Stürmer waren nun Hans-Ulrich Thamer für die NS-Zeit und Adolf M. Birke für die Bundesrepublik fest dabei.[56] Die Erscheinungstermine waren in eine Halbjahresstaffel gelegt, in der «die zeitliche Lücke für die beiden Bände vom Herbst 1983 und vom Frühjahr 1984» auffiel: «Es sind die Bände, für die alle Beteiligten sehr auf Sie zählen.» Dafür lockte Siedler noch einmal mit den Konditionen, vor allem einer hohen Startauflage von 20 000 Exemplaren und der gesamten späteren Vermarktungsstaffel mit Paperback, Taschenbuch bei dtv und Buchclubausgabe bei Bertelsmann. Zugleich setzte er Nipperdey eine Vierwochenfrist, sich zu entscheiden und bei Propyläen eine Klärung herbeizuführen.[57] Damit verabschiedete sich der Verleger zugleich in eine Autorenklausur, in die Ankündigung eines eigenen Buches, die ihm seine durchbrechende Eitelkeit etwas pompös geraten ließ: Er verlasse für zehn Tage Berlin, um einen Band seiner «eigenen gesamten Essays satzreif zu machen», der im September bei DVA erscheinen werde, «in jener Buchreihe ..., in der in den letzten zwei Jahren Peter Scholl-Latour, Johannes Gross, Manfred Rommel und Joachim Fest herauskamen».[58]

Die Diskussion ging jetzt vor allem um die Frage einer Aufteilung des Manuskripts in zwei Bände, denn auch in Siedlers Reihe passte das gewaltige Konvolut nicht in einen einzigen Band. Der Autor hatte Skrupel, ob man das überhaupt tun könne, ohne die gedankliche und geschriebene Einheit des Werkes zu verletzen. Deshalb sei es «das weitaus Beste, wenn man die beiden Bände gleichzeitig veröffentlicht und schlicht I und II nennt»; einen der Verlags- und Subskriptionslogik geschuldeten Halbjahresabstand mochte er nicht akzeptieren.[59] Weil eine chronologische Aufteilung – etwa mit einer Zäsur im Jahre 1830 – nicht funktioniere, müsse Siedler sich mit einem Band über Gesellschaft und Kultur der gesamten Epoche abfinden, der vielleicht «Das Gesicht des 19. Jahrhunderts» heißen könne. Angesichts der nahenden Fertigstellung verspürte der Autor jetzt erkennbar keine Lust mehr auf spätere Retuschen und Ergänzungen und wollte sich zu einem Rückgriff ins späte 18. Jahrhundert nicht überreden lassen.[60] Wolf Jobst Siedler, zurück aus seiner eigenen Schreibklausur, ging einen Schritt auf Nipperdey zu und wollte nun «notfalls in den sauren Apfel beißen» und beide Bände im Herbst 1983 bringen, «wobei ich dann allerdings mit dem Gedanken spiele – damit Sie wenigstens zweimal Rezensionen bekommen – den ersten Teil im August und den zweiten im Oktober zu bringen».[61] Sehr nachdrücklich machte er die Vorzüge des Reihenwerkes geltend, «denn die Absatzchancen einer sechsbändigen Sache, die mit so großem Aplomb präsentiert wird, sind natürlich viel größer, als wenn ein Klotz isoliert auf dem Ladentisch liegt».

Knapp zwei Wochen später berichtete Siedler von der Vertreterkonferenz und ließ sich von deren positiver Einschätzung des Gesamtwerks, dessen Titel «Die Deutschen und ihre Nation» «mit ziemlichem Enthusiasmus aufgenommen» wurde, selber zu neuer Euphorie hinreißen. Er versuchte Nipperdey den Mund mit den Honoraraussichten wässrig zu machen: Weil vergleichbare Geschichtswerke bisher viel teurer seien, habe man den Bandpreis von 58 DM auf 78 DM erhöht (10 DM weniger in der Subskription auf das Gesamtwerk), was etwa 3,90 DM pro verkauftes Exemplar für den Autor bedeutete und bei gleich zwei Bänden «einige Zehntausendmark-Scheine Gewinn» ausmache.[62] Dabei war der Honorarsatz mit gut fünf Prozent – in der üblichen Berechnung vom Ladenpreis abzüglich der Mehrwertsteuer – durchaus bescheiden; Siedlers primärer materieller Anreiz lag in der hohen Auflage, die er dem Werk zutraute. Die Vertreter sollten bald mit einem Prospekt der gesamten Reihe durch die Buchhandlungen reisen, da wäre es «schade, wenn wir in Ihren beiden Bänden hier auf das Rückenschild, das den Namen des Autors trägt, nur N. N. setzen können».

Erst am 6. Mai 1982 schickte Thomas Nipperdey ein Inhaltsverzeichnis seines Buches über die Deutsche Geschichte zwischen 1800 und 1866 sowie «die meisten der jetzt wenigstens vorläufig fertigen Kapitel» an Wolf Jobst Siedler,[63] der noch kurz zuvor hatte bekennen müssen, bei all der verlegerischen Detailplanung «zur Sache selbst», nämlich zum Inhalt und zur Qualität des Manuskripts, «natürlich wie ein Blinder von der Farbe» zu reden».[64] Mit Propyläen sei er immer noch nicht klargekommen – und dann setzte Nipperdey wie beiläufig hinzu:

Ich will Ihnen nicht verhehlen, daß sich inzwischen auch noch ein anderer Verlag für die Angelegenheit interessiert hat.[65]

Die Gliederung des Buches – nicht aber die Manuskriptteile – verschickte Thomas Nipperdey an diesem Tag ein zweites Mal; sie ging auch an Ernst-Peter Wieckenberg, den Cheflektor von C.H.Beck.[66] Siedler schien das nicht sonderlich ernst zu nehmen; jedenfalls ging er darauf nicht ein. Im Vordergrund stand, nach einer blitzschnellen Lektüre, ein Hymnus auf Nipperdeys Text, der umstandslos in eine Ode auf das 19. Jahrhundert und daraus wieder in eine Selbstbeschreibung des Briefautors überging.[67]

Nun endlich rede ich nicht mehr wie ein Blinder von der Farbe. Die letzten drei Abende verbrachte ich bis in die frühen Morgenstunden über dem Berg Ihres Manuskriptes und heute morgen habe ich es zwischen sechs und acht noch vor dem Frühstück zu Ende gebracht. Eine staunenswerte Leistung zunächst einmal und voller Faszination. Schon der Auftakt hat gedanklichen und sprachlichen

Glanz und stößt einen in die Stoffmasse hinein, die das sonderbare Jahrhundert für uns bereit hielt, das mir immer merkwürdiger und bedeutender wird, und das so sonderbar von Beethoven bis Mahler reicht und von David bis Cézanne und von Goethe bis Tolstoi.

Damit sah er «kaum noch Schwierigkeiten, das gewaltige Konvolut in der Form zweier Halbbände in unser sechsbändiges Unternehmen einzubringen», doch was er dann vorschlug, entsprach überhaupt nicht den Vorstellungen des Autors.[68] Gegen alles schon geäußerte Widerstreben Nipperdeys ging er von einer chronologischen Aufteilung aus, mit dem «Vormärz als Zensur» (sic): «Das wäre dann der große Umbruch vom Ende des Reiches über Bund- und Zollverein bis zur Achtundvierziger Revolution, mit der der zweite Teil einsetzen könnte und mit der Restauration und Biedermeier zu Ende geht». Offenbar hatte er auch mit Michael Stürmer darüber gesprochen und trug dessen Vorschlag weiter, die weit am Anfang stehenden sozialgeschichtlichen Kapitel mit den später platzierten geistes- und kulturgeschichtlichen Teilen auszutauschen – was das Konzept tatsächlich «auf den Kopf stellen» würde, auch in dem Sinne, in dem Marx den Hegelianismus «vom Kopf auf die Füße stellen» wollte: Siedler schlug damit eine idealistische statt der von Nipperdey bevorzugten anthropologischen Begründung des 19. Jahrhunderts in den konkreten Lebens- und Alltagsverhältnissen der Epoche vor. Auch wenn Wolf Jobst Siedler über größere Fachkompetenz sowie eine höhere Sozialkompetenz gegenüber sensiblen Wissenschaftlern verfügte als sein Konkurrent um das Werk, Viktor Niemann: Erstaunlich ist auch hier, wie wenig sich das verlegerische Kalkül für die Ernsthaftigkeit der epistemischen Konzeption und Realisierung des Buches interessierte, als ob Grundentscheidungen des Aufbaus und der Sachlogik beliebig revidiert werden könnten.

Zugleich musste Siedler seinen geliebten Autor immer schärfer unter zeitlichen Zugzwang setzen, weil der Zeitplan seines Großprojekts festgelegt war und er Klarheit über die Bände haben musste, die chronologisch vor Michael Stürmers Kaiserreich stehen würden. Er riet Thomas Nipperdey, gegenüber Propyläen nicht länger zu zaudern, nicht einmal mehr zu verhandeln; er solle «den gordischen Knoten zerhauen», ein «fait accompli» schaffen; nicht länger fragen, ob er die Langfassung anderswo veröffentlichen dürfe, sondern schlicht mitteilen, dass er das tue. Die Reaktion könne ihm «gleichgültig» sein, und «schlimmstenfalls» müsse er sich «der möglichen juristischen Gewalt beugen, an die ich aber nicht glaube».[69] Einen entsprechenden Brief an Viktor Niemann formulierte er bis ins Detail vor.

Nur wenige Tage später lag ein ganz anderer Vorschlag auf Thomas Nipperdeys Schreibtisch: Den von diesem übermittelten Briefwechsel mit Viktor Niemann interpretierte Siedler fälschlich wohl so, als werde die Langfassung des Buches, nolens volens für Autor wie Verleger gleichermaßen, nun doch bei Propyläen erscheinen. Also «sollten wir … die Dinge jetzt ganz auf den Kopf stellen»: das volle Manuskript etwas später bei Propyläen, «und die zur Rede stehende knappere Darstellung schreiben Sie inzwischen für uns und zwar mit anderen zeitlichen Begrenzungen».[70] Nipperdey solle für Siedlers Sammelwerk den Auftaktband unter dem Titel «Die Entstehung des Nationalstaats» schreiben, der nur etwa bis 1848 reiche, auf etwa 350 Seiten, die sich, «da Sie das Material jetzt durchgearbeitet parat haben, vergleichsweise schnell schreiben ließen». Diesen «Gewalt- oder Geniestreich» solle man Anfang Juni, wenn Siedler auf der Reise nach Wien in München Station machen könnte, «ausführlich durchreden».[71] Für die Zeit bis 1866 müsste er, da Michael Stürmers dann einsetzender Text bereits abgeschlossen war und nicht mehr früher einsetzen konnte, einen anderen Autor finden.

Das Reiseziel Wien wies darauf hin, dass dieser Autor bereits gefunden war: Offenbar war Siedler darüber mit Heinrich Lutz, der seinen ursprünglich mit ihm verabredeten Propyläen-Band über die Zeit zwischen Reformation und Westfälischem Frieden abgeschlossen hatte, erneut ins Gespräch gekommen. Die Autorenreise nach Wien und München verschob sich auf Ende Juni, aber schon am 2. Juni nannte Siedler Heinrich Lutz als neuen Autor für seine Reihe, der dafür den chronologisch zweiten Band, etwa von 1830 bis 1866 reichend, schreiben würde. Thomas Nipperdeys Buch sollte jetzt «Die Entstehung der Nationalkultur» heißen und nur noch bis etwa 1830 statt 1848 reichen. Dafür kalkulierte Siedler mit 450 Seiten, von denen zwei Drittel schlicht aus dem bestehenden Propyläen-Manuskript übernommen werden sollten. «So müssten nur rund einhundertfünfzig Seiten neu entworfen werden, in denen Sie den großen ereignisgeschichtlichen Ablauf geben, damit der politische Zusammenhang und Rahmen deutlich wird.»[72] Der Autor hatte unterdessen einem Gespräch darüber in München am 21. Juni zugestimmt, hielt sich aber mit Kommentaren gegenüber den neuen Plänen auffällig zurück, ganz abgesehen von der «schwierige(n) Frage», «ob Ullstein den großen Band will».[73] Für ihn vergrößerte sich im Hin und Her nicht nur zwischen Propyläen und Siedler, sondern auch bei Siedler selber, mit ständig neuen Varianten des Buches, die Unsicherheit über sein Manuskript, das kurz vor dem Abschluss stand und das er zu veröffentlichen gedachte, statt es liegenzulassen und ein neues Buch zu beginnen, und das auch noch in der intellektuell unbefriedigenden Form des Zusammenklebens alter und neuer Textteile.

Dieses Unbehagen muss Thomas Nipperdey bei dem Mittagessen mit Wolf Jobst Siedler am 21. Juni 1982 deutlich ausgedrückt haben, denn eine Woche später kündigte Siedler einen Anruf an, «um Sie zu besänftigen und zu gewinnen».[74] Er berichtete von dem Gespräch mit Heinrich Lutz, zu dem er nach Wien weitergereist war; Lutz würde gerne und schnell den zweiten, auf Nipperdeys Eröffnung folgenden Band schreiben. Der Autor solle nun seine allzu großen Skrupel überwinden und der Teilung seines Manuskripts, «wie sehr sie auch auf den ersten Blick erschrecken mag», zustimmen. Damit sei doch «allen Interessen gleicherweise gedient – beiden Verlagen und auch dem Konvolut Ihrer Manuskripte, die dann auf noble Weise in zwei großen Geschichtsunternehmungen erscheinen würden».[75]

Aber das Feilschen ging noch weiter und im Juli 1982 schließlich in seine entscheidende Runde. Offenbar hatte Thomas Nipperdey klargemacht, dass er für Propyläen gar nicht mehr schreiben wolle, jedenfalls die Langfassung dort keinen Platz habe; also ging es nun doch wieder, ohne Heinrich Lutz, um die Aufteilung des gesamten Manuskriptes auf zwei Bände der Siedler-Reihe. Dafür nannte Wolf Jobst Siedler zunächst noch einmal die Konditionen.

Honorar fünf Prozent vom Ladenpreis, bei DM 78,-- und 20 000 Auflagen (sic) macht das je Band rund 80 000 DM. Nach dem 20. Tausend 15 % vom Reingewinn. Teilen wir den Stoff in zwei Bände, sind das also, ohne die spätere Gewinnbeteiligung, DM 160 000,--. Garantiezahlung auf beide Bände DM 40 000,--, je Band DM 20 000,--.[76]

Er warb auch mit der öffentlichen Aufmerksamkeit für das politisch-kulturelle Signal, das sein Projekt aussenden werde. Die überregionalen Blätter, von der *Süddeutschen Zeitung* über die *Neue Zürcher Zeitung* bis zur *Frankfurter Allgemeinen Zeitung*, wollten das Erscheinen der sechs Bände «zum Anlaß nehmen, schon im Laufe des Sommers in großen Diskussionsrunden die Frage zu erörtern, ob unser merkwürdiges Land wieder einer historischen Selbstvergewisserung bedarf bei einer Art von Nationalgeschichte».[77] Das passte zum politischen Klima des Sommers 1982, in dem das Ende der sozialliberalen Koalition und ein Übergang zu einer unionsgeführten Regierung unter Helmut Kohl nicht nur im Rückblick zum Greifen nahe war.

Schließlich erläuterte Siedler die Aufteilung der Kapitel auf die beiden Bände und hielt daran fest, «Glauben und Wissen», die geistes- und kulturgeschichtlichen Partien, im Anschluss an die Darstellung der Reformzeit in den ersten Band zu sortieren, während die Sozial- und Wirtschaftsgeschichte in den zweiten Band verschoben würde. Aber auch nicht ganz, denn einzelne Kapitel daraus, etwa über «Die bürgerliche Gesellschaft», sollten wiederum nach vorne gezogen werden, «wobei dann zum Abschluß dieses Bandes ein paar Dutzend resümierende Seiten zur politischen Geschichte gegeben werden müssten, so daß wir auf etwa 450–500 Seiten kämen.»[78] Thomas Nipperdey musste es vorkommen, als sei sein Werk ein Ersatzteillager, aus dem man eine neue Maschine zu konstruieren versuchte, ein Puzzlespiel, das nicht aufgehen wollte.

Nipperdey haderte. Er bat Siedler am 2. Juli 1982 erneut um Aufschub – nicht die nächste, sondern die übernächste Woche sei die richtige für eine Entscheidung. Er versuchte ihn auf Distanz zu halten: «Ein besonderes Treffen hier in München scheint mir eigentlich nicht notwendig.»[79] Aber er ließ sich auch auf manche Vorschläge des Verlegers zumindest prüfend ein, vermutlich in der pragmatischen Sehnsucht, die Kuh endlich vom Eis zu bekommen und die buchförmige Gestalt «meines großen Manuskripts», wie er es erneut nannte, konkret vor sich sehen zu können.[80] Er war nun bereit, eine chronologische Zäsur um 1830 zu akzeptieren.

Eine Aufteilung des Gesellschaftsteiles in unterschiedliche Kapitel scheint mir nicht sehr glücklich, ich sehe auch nicht, wie man die Politik zwischen 1815 und 1830 auf ein paar Seiten abhandeln könnte. Aber vielleicht läßt sich das machen. Wie gesagt, ich kann da nichts versprechen, aber ich werde das noch einmal genau durchgehen.

Auch über den Umfang gab es weiter Unsicherheit. 1200 Manuskriptseiten – aber Siedler sprach immer von 450–500 Seiten pro Band: «Sind das Druckseiten oder Manuskriptseiten? … Das müßte ich wirklich sofort wissen.»[81] Zwei- oder dreihundert Seiten aus dem Manuskript herauszunehmen kam nicht in Frage. Da konnte ihn Siedler beruhigen; Nipperdey dürfe sogar noch mehr schreiben, zumal die Politikgeschichte dem Verleger gegenüber der Geistes- und der Sozialgeschichte «ohnehin ein wenig zu knapp gehalten» schien, und Schulze hätte 700, Stürmer 750 Manuskriptseiten geliefert.[82] Er riet noch einmal, den Propyläen-Verlag vor vollendete Tatsachen zu stellen: «Ullstein hat Anspruch auf ein, nicht auf dies Manuskript, und Sie sind ja bereit, dieses Manuskript zu liefern.» Nicht ohne eine gewisse Genugtuung, aber auch in präziser Kenntnis der verlegerischen Dilemmata der Propyläen Geschichte Deutschlands ließ er die Konkurrenz noch einmal in denkbar schlechtem Licht erscheinen.

Die Mediävisten wollen Prunkbände in Farbtafeln und Faksimiles, die zwischen DM 200,-- und DM 250,-- kosten würden, wie die jetzige Propyläen-Literaturgeschichte, von der ganze 1400 Exemplare verkauft wurde (sic). Neuhistoriker wollen preiswerte Bände in kleinem Format, die Mommsens am liebsten Paperbacks. Man weiß in der Lindenstraße überhaupt nicht, wie man diese einander widersprechenden Vorstellungen oder Forderungen auf einen Nenner bringen will, von dem Nichtvorhandensein der Anschlußbände ganz abgesehen.

Hatte Siedler den von ihm so verehrten Autor jetzt endlich gewonnen? Er musste das glauben, als Thomas Nipperdey sich postwendend für die Klärungen bedankte und bat, ihm einen Vertragsentwurf zu schicken, «damit ich auch über die Details und die Zahlungsmodalitäten informiert bin». Daran werde «die offene Entscheidung», wie er es gleichwohl bezeichnete, aber nicht hängen.[83] Und er nannte die Startauflage von 20 000 Exemplaren «ja wohl ein Idealziel» und fragte nach der tatsächlichen Druckauflage, mit der Siedler beginnen wolle. Was der gewöhnlich so gut informierte Berliner Verleger nicht wusste und offenbar unterschätzte: Diese Nachfragen dienten bereits dem Abgleich mit dem Angebot, das Nipperdey von C.H.Beck für sein Manuskript erhalten hatte. Die Einschätzung, ein zweibändiges Werk zu einem Ladenpreis von 156 DM (für die zwei Bände bei Siedler) könne man zwar mit einer Auflage von 20 000 Exemplaren kalkulieren, werde aber «kaum im ersten Anlauf soviel drucken», sondern höchstens 7000 Exemplare, hatte er am selben Tag einem Brief von Ernst-Peter Wieckenberg entnommen.[84]

Wieder eine Woche später, am 14. Juli 1982, sagte Nipperdey Siedler ab, brieflich und sogar per Telegramm.[85] Er brachte seine Wertschätzung gegenüber dem «ideenreichen, provozierenden und kritischen Gesprächspartner und Mitleser» zum Ausdruck und würdigte das Konzept von dessen nationalgeschichtlicher Reihe ebenso wie die finanzielle Seite des Angebots.

Aber: das Manuskript, das ich zu zwei Dritteln fertig habe, und der Rest, der noch zu schreiben ist, passen nun doch partout nicht in Ihr chronologisches Reihenkonzept. ... Das kann man auch nicht mit Hilfe eines sophistischen Vorwortes aus der Welt schaffen. Jeder Rezensent, und darauf kommt es ja nicht unwesentlich an, würde sofort an dieser Stelle einhaken. Für zwei Bände hätte man halt das ganze Konzept anders anlegen müssen. Nachträglich sind alle Versuche, die beiden Konzepte irgendwie zu harmonisieren, künstlich und unschön.[86]

Den Münchner Verlag, für den er sich nun entschieden hatte, nannte Nipperdey nicht beim Namen, sondern verwies bloß auf die Möglichkeit, «nun meinen ganzen Band doch anders zu publizieren».

Siedler reagierte nobel, enttäuscht und nicht wütend. Seinen so sehnlich umworbenen Autor ließ er «mit Schmerzen ziehen» und wünschte ihm Glück und Erfolg. Ausdrücklich hob er die von ihm intensiv verspürte Geistesverwandtschaft mit Thomas Nipperdey hervor, die er als eine «freundschaftliche Bindung» interpretierte, «denn ich weiß wenige Köpfe, deren Art zu sehen, zu fragen, zu denken und zu schreiben ich mich näher fühle».[87] Tatsächlich meldete er sich nur eine gute Woche später wieder in München und bat Nipperdey um einen Essay unter dem Arbeitstitel «Brauchen die Deutschen eine deutsche Nationalgeschichte», den er provisorisch mit Haug von Kuenheim für die *Zeit* verabredet hatte, als Teil der generalstabsmäßig geplanten publizistischen Offensive für seine Geschichtsreihe. Zweifellos sollte der abgesprungene Autor seinem Beinahe-Verleger damit einen Dienst zu Marketingzwecken leisten, auch wenn Siedler damit lockte, die nach Millionen zählende Leserschaft der *Zeit* werde zugleich «ihrem eigenen Beck-Band zugute kommen, dem noch immer meine Tränen gelten».[88] Zu welchem Verlag Nipperdey sein umfangreiches Manuskript trug, war ihm also spätestens jetzt klar. Was sich damals in der Bundesrepublik im Kreuzungspunkt von Fachwissenschaft, Verlagen, Kultur und Politik tat, von dem seine «Deutschen und ihre Nation» ebenso ein Teil waren wie das Buch Nipperdeys, formulierte er als Leitfrage für den erbetenen *Zeit*-Text so:

Weshalb nach der überraschenden Preußen-Renaissance und dem fast noch überraschenderen Erfolg der Bismarck-Literatur nun an allen Ecken und Enden merkwürdige Unternehmungen über die deutsche Geschichte vorbereitet werden, von Propyläen über Beck bis zu Severin und Siedler.[89]

Vermutlich sagte Thomas Nipperdey mit dem Hinweis ab, alle Kräfte auf die Fertigstellung des Buches konzentrieren zu müssen. Tatsächlich markiert das Jahr 1982 einen «Tiefpunkt» in seinem Publikationsverzeichnis mit gerade drei Titeln – eine Marke, die er danach nur 1989 noch einmal erreichte, in der intensivsten Phase der Arbeit an den Kaiserreichbänden.[90] Das Schreiben des großen Werkes spiegelte sich also sehr deutlich in einem Rückgang der Produktivität bei Aufsätzen, Rezensionen und Zeitungsartikeln.

Beiläufig teilte Wolf Jobst Siedler noch mit, inzwischen habe «Ihr Schüler Möller» den Band in seiner Reihe übernommen. Das war nicht ganz richtig – Horst Möller, der 1972 noch in Berlin bei Thomas Nipperdey promoviert hatte (und dann dort geblieben war), schrieb einen das Projekt nach rückwärts, ins 18. Jahrhundert ergänzenden Band über «Fürstenstaat oder Bürgernation», während als Nipperdey-Ersatz nun doch Heinrich Lutz zum Zuge kam.[91] Auch ohne Thomas Nipperdey ging der Plan Siedlers auf: Seine Deutsche Geschichte wurde verlegerisch ein großer Erfolg und erzielte eine beträchtliche öffentliche Aufmerksamkeit. Der Abschluss gelang beeindruckend zügig, so dass der Verlag bereits 1994 alle zwölf Bände in einer Sonderausgabe als «Siedler Deutsche Geschichte» vorlegen konnte[92] – die immer noch nicht fertige Propyläen Geschichte Deutschlands hatte der umtriebige und geschickte Verleger damit nicht nur zeitlich gesehen überholt.

VI. München leuchtet, schwarz wie Craig: Bürgerwelt und starker Staat

Als das verlegerische Schicksal seines Buches im Frühjahr 1982 zwischen Propyläen und Siedler heillos verfahren schien, erfuhr der Cheflektor des Münchner Verlags C.H.Beck, Ernst-Peter Wieckenberg, am Rande einer Abendveranstaltung des Historischen Kollegs in München in dessen ersten Räumen in der Nähe des Stachus von dem umfangreichen Manuskript und der Schwebelage seiner Veröffentlichung.[1] Am nächsten Tag hakte Wieckenberg telefonisch nach, und wiederum kurz darauf schickte Thomas Nipperdey ihm am 6. Mai ein provisorisches Inhaltsverzeichnis «meines geplanten Buches» – gleichzeitig mit der Übersendung von Gliederung und Textteilen an Wolf Jobst Siedler.[2] Die «Thomas Nipperdey – Deutsche Geschichte 1800–1866» überschriebene Übersicht auf zwei Schreibmaschinenseiten spiegelt den Stand des Manuskripts zu diesem Zeitpunkt, dreieinhalb Jahre nach dem eigentlichen Beginn in Princeton und knapp anderthalb Jahre vor dem Erscheinen.[3] Die Gliederung des Buches in sechs große, römisch bezifferte Kapitel war gegeben, und an den Überschriften änderte sich wenig. Das sozial- und wirtschaftsgeschichtliche Kapitel, das auf die Darstellung des «großen Umbruchs» der napoleonischen Herrschaft und der Reformen folgte, hieß im Manuskript «Alte und neue Gesellschaft», im Buch dann «Leben, Arbeiten, Wirtschaften». Zu drei Kapiteln waren Unterkapitel und auch Seitenzahlen genannt; das waren die für den Autor «fertigen Kapitel»: die gerade genannten Kapitel I und II sowie das Kapitel V «Glauben und Wissen, Bildung und Kunst», das in der Planung nach der Revolution von 1848/49 stehen sollte, später aber als Kapitel IV davor gezogen wurde.

Damit kam das Manuskript Anfang Mai 1982 auf 682 fertige Seiten. Thomas Nipperdey schrieb das Buch nicht «von vorne nach hinten», sondern hatte mit den «strukturgeschichtlichen», nicht-ereignishaften Kapiteln zur Sozial- und zur Kulturgeschichte begonnen, die am Ende knapp die Hälfte des gedruckten Textumfangs, 380 von 790 Seiten, ausmachten.[4] In den mehr ereignisgeschichtlichen Kapiteln arbeitete er sich jedoch chronologisch vor. Am Kapitel III über «Restauration und Vormärz» schrieb er im Frühjahr gerade, so dass zu vermuten ist, dass ein Teil davon zumindest in Rohfassung bereits existierte. Hier lagen auch die Überschriften der Unterkapitel fest und änderten sich später nur noch geringfügig. Leerstellen bildeten dagegen die Revolution und die Politik- und Ereignisgeschichte zwischen 1850 und 1866; bei diesen beiden Kapiteln fehlte noch jede Untergliederung. Zum provisorischen Titel des letzten Kapitels «Deutschland 1850 bis 1866» hatte Nipperdey in Klammern hinzugefügt: «Titel wird noch formuliert».

Leicht lässt sich errechnen, dass jeweils drei Schreibmaschinenseiten des Autors später zwei Druckseiten ergaben. Demnach war die damalige Schätzung Thomas Nipperdeys, das gesamte Manuskript werde etwa 1200 Seiten umfassen, sehr realistisch. Das hatte er auch Wieckenberg, offenbar mündlich, mitgeteilt, der sich auf dem Brief mit Bleistift notierte: «Herbst 82 fertig, Ms. ca. 1200 Ms.seiten m. Bibliogr.»[5] Etwa 500 Manuskriptseiten fehlten also Anfang Mai 1982 noch – ein halbes Jahr vor der geplanten Fertigstellung! Ein Teil davon war aber in Arbeit, während die beiden Kapitel über die Revolution und die nachrevolutionäre Politik «zwischen Reaktion und Liberalismus» tatsächlich sehr zügig geschrieben wurden und die Produktivität des Autors in dieser Zeit beträchtlich war, auch wenn man berücksichtigt, dass das Manuskript eher um den Jahreswechsel 1982/83 ganz fertig war. Auf dem Brief, der die Manuskriptsendung begleitete, notierte der Lektor bereits die Grundzüge des Angebots an den Autor: 10 Prozent Honorarsatz, 30 000 DM Vorschuss bzw. Garantiehonorar, «10 000 b. Ablfg.»[6]

Einige Tage später bedankte Ernst-Peter Wieckenberg sich für den Brief «mit der eindrucksvollen Gliederung Ihres Buches» und erkundigte sich, ob er daraus folgern dürfe, «dass Verhandlungen möglich wären». Er kündigte an, bis zum 20. Mai überwiegend verreist zu sein, doch bald darauf, am 26. Mai, trafen sich Wieckenberg und Nipperdey in München zu konkreten Gesprächen über das Buch. Offenbar hatte der Autor einige Probeseiten – nicht aber größere Teile des Manuskripts – mitgebracht, die in der Herstellung des Verlags schnell ausgerechnet wurden mit dem Ergebnis, «dass der Band dann im Format des Craig 750 Druckseiten umfassen würde. Man käme also alles in allem wiederum auf etwa 800 Druckseiten.»[7] Bereits zu diesem frühen Zeitpunkt diente Gordon A. Craigs 1980 bei C.H.Beck erschienene «Deutsche Geschichte 1866–1945» als verlegerischer – und wie man hier sieht, auch herstellungs- und satztechnischer – Maßstab für das Buch von Thomas Nipperdey; dazu gleich mehr. Das muss dem durch Umfangsprobleme geplagten Verfasser eine Genugtuung gewesen sein: Mit dem Satzspiegel des Craig-Buches war es plötzlich möglich, aus dem gewaltigen Konvolut einen einzigen Band zu machen; gewiss umfangreich und eng bedruckt, aber eben das *eine* Buch, das Nipperdey schreiben wollte; alle Eventualitäten der Bandteilung oder, noch schlimmer, der drastischen Kürzung, waren mit einem Schlag vom Tisch. Es waren, ohne die Bibliographie, etwa 2,7 Millionen Anschläge, die der Verlag auf 790 Druckseiten unterbrachte, auf Seiten zu 44 Zeilen mit je etwa 78 Zeichen.[8] Aber im vordigitalen Zeitalter rechnete weder der Verlag so, noch verfolgten die Autoren beim Schreiben die *Word Count*-Funktion ihrer späteren Textverarbeitung.

Heikel aber war die rechtliche Situation des Manuskripts, die vertragliche Bindung des Autors an den Propyläen-Verlag, von dem Nipperdey, wie Wieckenberg in der internen Notiz festhielt, eine Vorauszahlung von 30 000 DM erhalten hatte. Der Lektor sah zwei Möglichkeiten.

1. Beck bringt Herrn Nipperdeys Buch in vollem Umfang. Herr Nipperdey läßt sich von Beck die Vorauszahlung zurückgeben und überweist sie an Propyläen. Propyläen tritt von seinem Vertrag zurück. Das wäre die beste Lösung. Wir erhielten das Manuskript zum Ende des Jahres und könnten es zum Herbst des nächsten Jahres als Vorgängerband des Werkes von Craig herausbringen.[9]

Die andere Lösung war ein «saurer Apfel»: Propyläen würde auf Erfüllung des Vertrags bestehen, Nipperdey dafür – so wie es auch Wolf Jobst Siedler zeitweise vorgeschlagen hatte – später eine kürzere Fassung schreiben. Wieckenberg riet jedoch: «Um sich Freiheit zu verschaffen, überweist er aber gleichfalls die DM 30 000,--, die er zuvor von Beck erhalten hätte, an Propyläen zurück.» In jedem Fall würde Nipperdey den gleich hohen Vorschuss von Beck an Propyläen durchreichen müssen. Wieckenberg war bereit, notfalls Lösung 2 in Kauf zu nehmen, hielt solchen Gang der Dinge aber für unwahrscheinlich: Wenn C.H.Beck das Werk mit Erfolg herausgebracht hätte, wäre die Neigung zu einer «Kurzfassung von Nipperdey» gering, «die durch die Ausstattung mit vielen Bildern aber dann teurer würde als das Beck'sche Werk.»[10]

Im Frühsommer 1982, nach seiner Rückkehr aus dem Urlaub, versuchte Ernst-Peter Wieckenberg die Sache zum Abschluss zu bringen und erkundigte sich bei Nipperdey nach dem Stand mit Propyläen.[11] Dieser konnte davon nichts Neues berichten, aber machte den Lektor mit der Nachricht nervös, es sei «noch einmal eine Veränderung meiner Entscheidungslage eingetreten, als, ich sage das ganz offen, Herr Siedler inzwischen wieder an mich herangetreten ist».[12] Er bat darum, ihm noch einmal die Vertragsbedingungen zu skizzieren – ein offensichtliches Signal, dass er die beiden Angebote vergleichen und bei Beck eine Verbesserung der Konditionen herausholen wollte. Eine Woche später formulierte Thomas Nipperdey das auch ganz explizit:

Ob eine Erhöhung der Garantie allein das Angebot des Verlages konkurrenzfähig macht, weiß ich nicht ganz. Vielleicht überlegen Sie noch einmal eine Erhöhung des %Satzes, u. U. mit der Auflagenhöhe variierend (oder auch je nach dem endgültigen Ladenpreis). Auch Siedler ist ja nicht ohne Verlockung.[13]

In einer handschriftlichen Notiz legte er in denselben Tagen noch einmal nach:

Lieber Herr Wieckenberg, toll ist Ihr Verlagsangebot im Vergleich mit der Konkurrenz gerade nicht. Wenn Sie schon nicht bei höherer Auflage einen höheren Honorarsatz gewähren wollen: Könnten Sie erwägen, die Garantiesumme (in Raten natürlich) auf 50 000 zu erhöhen?[14]

Das war das Dilemma des Autors: Das Angebot Siedlers war materiell weitaus attraktiver, aber die dort lockenden 160 000 DM beruhten (neben der höheren Startauflage) nicht zuletzt auf der Teilung des Manuskripts in zwei separat zu honorierende Bände – was der Wissenschaftler Thomas Nipperdey jedoch vehement ablehnte. Gleichwohl störte ihn diese Debatte über die Ökonomie seines Werks nicht beim konzentrierten Weiterschreiben. Er informierte Wieckenberg, dass er weiterhin 1200 Manuskriptseiten anpeile. Er bemühe sich, «etwa gleichmäßig zu schreiben», «aber auf 100 oder 120 Seiten kann ich es bei diesem Umfang nicht ankommen lassen. Bitte berücksichtigen Sie das bei Ihren Überlegungen.»[15]

Angesichts immer neuer schriftlicher Interventionen aus der Ainmillerstraße, zu denen gewiss etliche Telefonate hinzugerechnet werden müssen, versuchte Ernst-Peter Wieckenberg nun in einem längeren Brief endgültige Klarheit zu schaffen, den er auch dem Verleger Wolfgang Beck zur Kenntnis gab.[16] Zunächst versuchte er es mit einer *Captatio Benevolentiae* der Bescheidenheit:

Wenn ich recht sehe, liegen Ihnen zwei Angebote vor, die beide sozusagen aus einem festen Teil bestehen und die beide Zukunftsperspektiven enthalten. Ich fürchte ein wenig, am Ende siegt der, der die Zukunft in den lockendsten Farben zu malen versteht. Darin bin ich nun möglicherweise kein Meister, nicht zuletzt deshalb, weil ein Rest von Fairneß, der mir trotz allem in diesem harten Geschäft geblieben ist, mich immer wieder zögern läßt, die Vorteile des Beck Verlags in diesem Punkt ganz auszuspielen.

Gegenüber der Seriosität des Siedler-Angebots äußerte er unverhohlene Skepsis: Zu einem Ladenpreis von 156 DM für zwei Bände könne man nicht sofort 20 000 Exemplare drucken, und kein Buchclub würde ein so hochpreisiges Buch in sein Programm aufnehmen. Auch Beck müsse mit einem Absatz von 20 000 kalkulieren, würde «aber wohl mit einer Erstauflage von 10 000 Exemplaren beginnen; wenn Sie so wollen, ist das eine erste Bindequote». Der Ladenpreis würde bei 68 DM liegen, das Honorar für den Autor zehn Prozent davon betragen – keinesfalls mehr, denn «der Verlag würde sich durch eine Staffel gerade die Gewinne ‹wegschneiden›, die er doch bei Nachauflagen allererst erwarten dürfte. Ich denke aber, 6,80 DM sind auch kein ganz schlechter Honorarsatz.» Im Jahr des Vertragsabschlusses, also 1982, sollte der Autor eine Vorauszahlung von 30 000 oder 40 000 DM erhalten, im Jahr des Erscheinens, 1983, die komplette erste Auflage, unabhängig vom Verkauf, aushonoriert werden. Mit dem Erscheinen konnte Thomas Nipperdey also mit 68 000 DM von C.H.Beck rechnen, statt mit 160 000 DM von Siedler. Die Ausgaben von Buchgemeinschaften, die – von Bertelsmann bis zur «Büchergilde Gutenberg» im verblassenden Milieu der Arbeiterbewegung – für den damaligen Buchmarkt und für bildungsbeflissene Leser auch jenseits der Akademikerschaft noch eine wichtige Rolle spielten, setzte Wieckenberg noch einmal mit 6000 bis 10 000 Exemplaren an, aus denen der Autor je 70 bis 80 Pfennig erhalten würde.

Jenseits des materiellen Kalküls jedoch legte der Cheflektor eindringlich dar, wie viel gerade sein Verlag für dieses Buch tun könne, welches passende Umfeld er ihm biete, und wie Verlag und Autor in diesem Projekt auf besonders effektive Weise zusammenfänden.

Die Möglichkeit, dass wir das Werk an das Buch von Gordon Craig anschlössen, käme dem Absatz ganz gewiss zugute. Die Tatsache, dass sein Verfasser Deutscher ist, würde dem Buch aber wohl eine eigene «Dynamik» geben. Ihr Name, das habe ich schon angedeutet, könnte dem Werk nicht zuletzt auch unter Juristen große Verbreitung sichern, die erreichen wir ja durch unsere Werbemittel zu Tausenden.[17]

Obwohl das Buch hier also, anders als bei Propyläen und Siedler, von der Last und den äußeren Restriktionen eines Reihenwerkes befreit war, spannte auch Beck es von vornherein in ein Wahrnehmungskalkül der Serialität ein. Wer sich bei Craig über die deutsche Geschichte von 1866 bis 1945 kundig gemacht oder das Buch im Regal stehen hatte, der würde auch nach dem zu Craigs «Vorgängerband» stilisierten Nipperdey greifen und den Bücherschrank damit ergänzen wollen.

Der seit 1961 an der kalifornischen Stanford University lehrende Gordon A. Craig war damals schon einer der bekanntesten amerikanischen Historiker der modernen deutschen und europäischen Geschichte. 1964 hatte er eine Geschichte Europas seit dem Wiener Kongress 1815 vorgelegt, die C.H.Beck 1978 und 1979 in deutscher Übersetzung brachte.[18] Ironie der Werkgeschichte: Dabei teilte der Münchner Verlag den dicken Band in zwei Teilbände von je 300–400 Seiten auf, damit noch den Publikations- und Lesegewohnheiten der 1970er Jahre entsprechend, die eher auf das Genre knapper gefasster Studienliteratur statt auf die umfangreiche, auch durch ihre schiere Seitenzahl beeindruckende Gesamtdarstellung setzten.

Als Craig jedoch gleichzeitig, ebenfalls 1978, eine voluminöse Deutsche Geschichte zwischen Reichsgründung und Zweitem Weltkrieg im Rahmen der *Oxford History of Modern Europe* publizierte, entschloss Beck sich zu einer raschen Übersetzung unter neuem Konzept: in einem einzigen Band von 800 Seiten, gut ausgestattet, mit wissenschaftlichem Anspruch und doch auf ein breiteres geschichtsinteressiertes Publikum zielend.[19] Das Buch wurde ein großer Erfolg, der Autor galt fortan als einer der historischen Kenner und «Versteher» der deutschen Geschichte mit ebenso kritischem wie sympathischem Außenblick, erst recht seit dem schmaleren Essaybuch «Über die Deutschen» zwei Jahre später.[20] Das Modell der dicken Überblicksbücher ging auf; 1983 erschien eine nunmehr einbändige «Sonderausgabe» von Craigs Europäischer Geschichte.[21] Auf dieselbe verlegerische, aber im weiteren Sinne auch kulturpolitische Spur sollten Thomas Nipperdey gesetzt und die Darstellungen beider zur Deutschen Geschichte der letzten knapp zweihundert Jahre als zusammengehöriges Werk präsentiert werden, auch äußerlich. Umso besser für die öffentliche Resonanz, wenn dieser Autor selber Deutscher war.

Und dann war da noch eine andere Brücke, die des juristischen Teils des Münchner Verlages unter der Leitung von Hans Dieter Beck.[22] Dessen zahlungskräftige Kunden, so insinuierte Ernst-Peter Wieckenberg, würden den Namen von Hans Carl Nipperdey, dem berühmten Juristenvater, wiedererkennen und deshalb das Buch des Juniors kaufen wollen. Für den Autor, der mit seinem Werk nach eigener Reputation strebte, war das gewiss ein zweischneidiges Argument.

Schließlich gab der Cheflektor sehr offen zu erkennen, welche Bedeutung er diesem Buch für die Neujustierung des Verlagsprogramms beimaß, die ihn gemeinsam mit dem Verleger Wolfgang Beck, dem deutlich jüngeren schöngeistigen Bruder des Juristen, seit einigen Jahren umtrieb.[23] Von einem mehr fachwissenschaftlichen Verlag sollte C.H.Beck zu einem Verlag für ein breiteres geschichtsinteressiertes Publikum werden. Gleichzeitig sollte sich der inhaltliche Schwerpunkt des Programms von den Altertumswissenschaften auf die Geschichte des 19. und 20. Jahrhunderts verschieben; pointierter könnte man auch sagen: auf die deutsche Geschichte im Schatten des Nationalsozialismus.[24] Wer in diesem Moment als Autor zum Verlag stoße, werde deshalb von dessen Erfahrung, aber auch von der Energie und den Werbemitteln profitieren, die C.H.Beck in seine eigene Neuerfindung investiere.

Ich bin natürlich nicht schon gescheitert in meinen Bemühungen um eine Erneuerung des Programms, wenn ich Ihr Buch jetzt nicht für den Verlag gewinnen kann. Aber wenn ich es bekomme, dann betrachte ich das als einen gewaltigen Schritt vorwärts, und Sie dürfen sicher sein, dass ich das auch intern in Forderungen an Vertrieb, Werbung und Herstellung zugunsten Ihres Buches umsetzen würde.[25]

Diese wohlkomponierte Offensive blieb anscheinend nicht ohne Wirkung, auch wenn der Autor das zunächst nicht zu erkennen gab und in seiner Antwort mäkelte, mit einer Nachfrage zur Höhe des Werbeetats für sein Buch und der Klage über die geringen Erträge bei den Buchgemeinschaften.[26] Aber mit der Bitte um einen Vertragsentwurf und sehr konkreten Fragen zum Herstellungsprozess ließ er zugleich ein Einlenken erkennen. Nipperdey steuerte jetzt den 1. Januar für die Ablieferung des Manuskripts an, «aber notfalls könnte sich das bis Anfang Februar noch verzögern. Geht das?» Und er erkundigte sich, ob und in welchem Umfang eine Bibliographie erwünscht sei.

Eine Woche später war der Vertrag von beiden Seiten unterschrieben.[27] Was den Propyläen-Band anging, musste Beck tatsächlich noch in den «sauren Apfel» beißen. Nipperdey wollte Rechtssicherheit und bat ausdrücklich darum, ihm in Abweichung von der üblichen Vertragsklausel, ähnliche Werke nicht in anderen Verlagen zu publizieren, diese Ausnahme zu bestätigen: «Dieser Band wird einen Umfang von 40 bis 45 % des bei Ihnen erscheinenden Buches haben. Ablieferungstermin ist bisher das Spätjahr 1983.»[28] Dass er jemals ernsthaft daran glaubte, diese Kurzfassung noch schreiben zu wollen oder zu müssen, ist extrem unwahrscheinlich. Vielmehr bemühte er sich weiter darum, bei Propyläen aus dem Vertrag herauszukommen, wo man im Herbst 1982 schließlich nachgab, nachdem Viktor Niemann einen anderen Autor gefunden hatte.[29] 1994 erschien dort der zwischen Rudolf Vierhaus und Wolfgang J. Mommsen fehlende Band des amerikanischen Historikers James J. Sheehan, dessen englische Originalausgabe wiederum der Vorgängerband zu Gordon Craig in der Oxford-Reihe war.[30]

Erst danach, vermutlich im August 1982, lernte Wieckenberg den vertraglich eingefangenen Text gründlicher kennen; offenbar hatte er das erste und zweite Kapitel über die Reformen und die Sozialgeschichte erhalten. Er war jetzt «ganz sicher, daß das Buch Erfolg haben wird, wenn sich seit dem Erscheinen des Werkes von Gordon Craig die Marktsituation nicht grundlegend verändert hat».[31] Der Vergleich mit Craig war allzeit präsent, selbst in der Negation.

Natürlich kann man ihr Werk nicht mit dem von Gordon Craig vergleichen. Ich finde, Sie schreiben gedrängter, stellen an die Fähigkeiten des Lesers, einer Analyse zu folgen, höhere Ansprüche, aber ich glaube, man wird rasch begreifen, dass Ihr Buch die Anstrengung, die es dem Leser abverlangt, reich belohnt.

Schwang da sogar eine gewisse Enttäuschung über den nicht ganz leicht zugänglichen, keineswegs fesselnd-narrativen Duktus des Manuskripts mit? Aber sein Vertrauen darin verlor der Lektor keinen Moment. Der Text näherte sich unterdessen der Fertigstellung; den ganzen Sommer und Herbst über muss Thomas Nipperdey sehr produktiv geschrieben haben. Am 4. Oktober avisierte er nicht nur das schon lange fertige Kulturkapitel und das Kapitel über die Politik des Vormärz für den Versand in zwei Wochen. «Bis dahin ist auch eine erste, freilich noch gänzlich unbrauchbare Rohfassung der beiden letzten Abschnitte (1848/49; 1850–1866) fertig.» Die Fertigstellung eines Textes war für Thomas Nipperdey ein mehrstufiger Prozess, der Nachbearbeitungen und Revisionen, auch die Umstellung einzelner Passagen und das Neuschreiben einzelner Absätze einschloss, wie wir noch genauer sehen werden.[32] «Die wirkliche Bearbeitung nimmt dann etwa zwei Monate in Anspruch, so dass mit allen Aufhaltungen des Semesters doch bis zum 1. Januar einstweilen alles steht.» Aber auch damit war der Text noch nicht satzfertig: «Freilich sind dann sicher noch kleinere und mittlere Nacharbeiten zu machen.» Die letzten Etappen wurden jedenfalls penibel entlang des Kalenders geplant. Weil er vom 15. Februar an, also mit Ende des Wintersemesters, bis Ende März «nicht im Lande» sei, müsse bis dahin alles abgeschlossen sein.[33] Wieckenberg hatte Mühe, den komplizierten Termindarlegungen zu folgen, und gab zu, den Zeitplan «noch nicht ganz verstanden» zu haben. Aber er ging nun davon aus, bis zum 15. Februar alles satzfertig im Verlag zu haben.[34]

Mitte Dezember hatte Ernst-Peter Wieckenberg das Kultur- und das Vormärzkapitel gelesen und schickte die von ihm lektorierten Manuskriptseiten zurück – vermutlich mit eher zurückhaltenden Hinweisen und kleineren sprachlichen und stilistischen Korrekturen versehen, vorsichtig mit Bleistift am Rand notiert.[35] Thomas Nipperdey schilderte ihm wenige Tage vor Weihnachten den aktuellen Stand der Arbeit am Manuskript.

Im Moment steht bei mir die Sache so: Das Kapitel über die Revolution (V) ist fertig und wohl bis morgen oder übermorgen auch fertiggeschrieben. Für die Weihnachtsferien bis zum 10. Januar habe ich vor, meine 320 Manuskriptseiten zu einem ordentlichen Text von vielleicht 150/160 Seiten zu verarbeiten, das wäre dann der letzte, der 6. Teil, 1850–1866.[36]

Der letzte Teil war offenbar recht schnell heruntergeschrieben worden und existierte einstweilen als ein rohes Konvolut, das noch gestrafft, in Form gebracht, wahrscheinlich in den Übergängen geglättet und um Redundanzen bereinigt werden musste. Im Druck umfasste es später knapp 130 Seiten, so dass die Umfangspeilung des Autors sich auf Druckseiten bezog und keine Halbierung des Rohmanuskripts bedeutete, wohl aber ein erhebliches Umarbeiten. Wenn der Text «fertig» war, musste er «fertiggeschrieben» werden: Das Schreiben war hier keine Tätigkeit des Wissenschaftlers, des Autors, sondern bezog sich auf die technische Verfertigung des Textes, auf das Abschreiben mit der Schreibmaschine durch die Sekretärin: «Schreiben» in diesem Sinne war eben die Aufgabe der «Schreibkraft». Dementsprechend teilte Nipperdey auch mit, die Tabellen zum sozialgeschichtlichen Kapitel lägen vor, «sie müssen noch Anfang des Jahres geschrieben werden».[37] Im nächsten Moment aber konnte sich dasselbe Wort wieder auf die eigentliche kreative Arbeit des Autors beziehen, der die Abschlussphase, bei aller inneren und äußeren Disziplin, doch zunehmend als eine Belastung empfand.

Ich bin froh, wenn ich die Hauptarbeit hinter mir habe. Im Moment stöhne ich schon etwas unter dem Joch des Schreibens, das wirklich keine freie Minute mehr läßt. Aber, wie gesagt, in drei Wochen bin ich wohl soweit.[38]

Mit dem «Joch des Schreibens» machte sich Thomas Nipperdey eine verbreitete literarische Metapher zu eigen, die sich schon im 14. Jahrhundert in Giovanni Boccaccios Geschichtensammlung «Dekameron» fand.[39] Aber die Befreiung war absehbar, in kühl kalkulierter Zeit.

Parallel zum Fertigschreiben – in beiderlei Bedeutung – ging es um die Jahreswende um das Beiwerk, um die vielfältigen Ergänzungen und Peritexte, derer das eigentliche Werk bedurfte, um schließlich als Materialität des Buches, als kulturelle Chiffre, aber auch als ökonomisches Handelsgut ins Leben zu treten. Was Letzteres angeht, bat Thomas Nipperdey darum, ihm noch vor Jahresende, damit es steuerlich für 1982 wirksam werde, 20 000 DM aus dem Vorschuss auf zwei seiner Konten zu überweisen.[40] Namensregister und Bibliographie wurden in Angriff genommen. Aber wie sollte das Buch eigentlich heißen? Der Haupttitel war klar; er entsprach sowohl den Absichten und dem Selbstverständnis des Autors wie dem verlegerischen Kalkül des Anschlusses an das Werk von Gordon A. Craig: «Deutsche Geschichte 1800–1866». Aber ein Untertitel musste her! «Soll man schreiben ‹Vom Ende des Alten Reiches bis zum Norddeutschen Bund›?», überlegte Wieckenberg. «Dagegen spricht wohl, daß man den Anfang eines Buches nicht mit einer Vokabel wie ‹Ende des› setzen sollte. Vielleicht haben Sie bessere Vorschläge.»[41] Der Autor gab zurück, «mit Titeln» sei er schlecht, und am liebsten wäre ihm gar kein Untertitel.[42]

Wenn man einen Untertitel haben muß, wäre mir ein Sachtitel lieber, z. B.: Bürgerwelt und obrigkeitlicher Staat. Wenn es bei Zeitangaben bleiben soll, dann: Von Napoleon bis Bismarck. Das ist zwar altmodisch, aber lapidar.

Die Sache blieb zunächst unentschieden, aber die entscheidende Spur war gelegt. Vier Wochen später war es soweit.

Zu dem Titel ist mir nicht sehr viel eingefallen; ein Untertitel wäre doch besser, wenn er nicht auf Zeit bezug nähme, also auch nicht auf Napoleon und Bismarck. Und das Wort «Bürgerwelt» gefällt mir insoweit ganz gut, weil es sowohl Kultur wie Wirtschaft und Industrie einschließt. Im Moment denke ich etwa, «Bürgerwelt und starker Staat». Starker Staat ist zwar etwas ungewöhnlich und nicht besonders erleuchtet, aber es ist besser als das abgegriffene «obrigkeitlicher» Staat, und irgend etwas von Staat müßte wohl doch in den Titel hinein.

Und handschriftlich setzte er beim Unterschreiben der Korrespondenz noch hinzu: «und ‹starker Staat› fesselt, weil es ungewöhnlich ist.»[43]

Also: Bürgerwelt und starker Staat! Kein chronologischer Titel, sei es durch Jahreszahlen, die Nennung von Ereignissen oder von Namen wie Napoleon oder Bismarck – sondern ein «Sachtitel»: Darin kam Thomas Nipperdeys Präferenz für eine analytische Deutung der Epoche zum Ausdruck, gegenüber der konventionellen Ereigniserzählung. «Bürgerwelt» umspannte die beiden Kapitel, die er zuerst konzipiert und geschrieben hatte; in vieler Hinsicht die gedankliche Grundachse des Buches. Und der Staat – aber nicht als ein «obrigkeitlicher», denn dieses Adjektiv schien ihm abgenutzt durch jene «kritische» Historiographie des 19. Jahrhunderts und zumal der Reichsgründung, zum Beispiel bei Hans-Ulrich Wehler, von der er sich distanzieren wollte. So brachte der erst spät gefundene Untertitel wesentliche Absichten des Buches, ja geradezu seine methodologische und hermeneutische Tiefenstruktur auf den Punkt und wurde auch deshalb zu einer Chiffre für das gesamte Werk.

Verglichen mit diesem genialen Griff tat sich Nipperdey mit der von ihm geforderten Stilisierung der eigenen Person und Beschreibung des Buches für Werbezwecke schwerer. Der Verlag wollte einen «Waschzettel» für Werbezwecke und den Klappentext, und die bei C.H.Beck so genannten «Blauen Blätter» mussten ausgefüllt werden, ein Autorenfragebogen auf traditionell hellblauem Papier.[44] Man musste sich biographisch präsentieren und die Frage nach hervorragenden «Studienvätern» beantworten – Thomas Nipperdey nannte Nicolai Hartmann, Hermann Heimpel und Theodor Schieder. Seine Hauptarbeitsgebiete bezeichnete er mit «Politische Geschichte, Sozialgeschichte, Geistesgeschichte, Philosophie». Dass es sich dabei im Wesentlichen um deutsche Geschichte handelte, musste nicht hinzugesagt werden; für einen Russland- oder Englandexperten wäre das anders gewesen. Bei seinen bisherigen beruflichen Stationen hob er die beiden Aufenthalte in Princeton sowie am St Antony's College in Oxford 1974/75 besonders hervor. Für einen «eventuellen Vorabdruck» nannte er die Passagen zur Familie und zur Kunst, also je ein Stück aus dem sozial- und dem kulturgeschichtlichen Kapitel, sowie den Abschnitt über das Ende der Revolution von 1848/49.

Den Adressatenkreis des Buches fasste Nipperdey als «Gebildeter Laie, Studenten und Lehrer», nannte die eigene «Zunft», die professionelle Gemeinschaft der Historiker und Historikerinnen also nicht, obwohl ihm das gewiss selbstverständlich war. Als möglichen Rezensenten schlug er Michael Stürmer mit dem Hinweis auf die *Süddeutsche Zeitung* vor und zählte bei weiteren Vorschlägen zur Werbung «mir relativ gut bekannte Journalisten» auf, die ein Netzwerk der journalistischen Proliferation des Werks andeuteten: unter anderem Joachim Fest, Günter Gillessen und Konrad Adam bei der FAZ; Hermann Rudolph, Johannes Gross und Golo Mann für die *Zeit*. Für eine englische Übersetzung des Buches dachte er an Oxford University Press.

Der separat entworfene, einseitige Kurztext über das Buch lässt gut erkennen, wie Thomas Nipperdey sein gerade abgeschlossenes Buch selber sah und wie es andere sehen sollten. Am Anfang stand das Sich-Einschreiben in die historiographische Tradition: «Dieses Buch gibt 50 Jahre nach Franz Schnabels unvollendetem Werk zum ersten Mal wieder eine umfassende moderne deutsche Geschichte».[45] Angesichts des begrenzten zeitlichen Rahmens und noch ohne konkrete Planungen für eine mögliche Fortsetzung war das eine starke Ansage. Er erläuterte das Ineinandergreifen chronologischer und systematischer Kapitel von Familie über Wirtschaft und Religion bis zu Musik – das alles werde «in diesem Buch eindringlich, analytisch und doch zusammenfassend präsentiert, auf dem neuesten Stand unseres Wissens, ohne den Leser mit den Spezialproblemen und Terminologien der wissenschaftlichen Debatte zu ermüden.» Und er formulierte seinen besonderen methodischen Anspruch, seinen Blick auf das 19. Jahrhundert, und darin auch eine geschichtspolitische Stoßrichtung des Buches.

Diese Geschichte ist ein Versuch, auch dem deutschen 19. Jahrhundert Gerechtigkeit widerfahren zu lassen, es in seiner Vielfalt, das Deutsche auf dem Hintergrund des Europäischen, das Moderne und das Altmodische, das Bürgerliche und das Unbürgerliche, seiner Nähe wie seiner Ferne zu uns zu zeigen, zu ver-

stehen, zu erklären; es ist der Versuch einer objektiven Darstellung jenseits besserwissender Kritik wie erinnernder Verklärung. Es ist eine Darstellung, die bei aller wissenschaftlichen Objektivität auch vom Mitgefühl mit vergangenem Leben geleitet ist und darum auch die tragischen Dimensionen unserer Geschichte betont.[46]

Das bot eine beeindruckend konzise Zusammenfassung seiner Geschichtstheorie, ja seiner Welt- und Lebensauffassung, war freilich als Werbetext für das Buch nur bedingt geeignet.

Schließlich musste es in eine äußere Form gebracht werden. Ein «großes» Buch für ein breites, und nicht in erster Linie studentisches Lesepublikum – also fadengeheftet, in Leinen gebunden, mit Schutzumschlag. Auf den Umschlag sollte, als Chiffre für die Epoche, eine Abbildung der Frankfurter Paulskirche, des Ortes der Nationalversammlung von 1848; danach erkundigte sich Wieckenberg bereits Ende Oktober 1982 bei der Bildstelle des Frankfurter Stadtarchivs.[47] Die Orientierung des «Outfits» an Gordon Craigs Deutscher Geschichte 1866–1945 wurde jetzt ganz konkret umgesetzt; der Lektor trug dem Herstellungsleiter Jürgen Fischer zur Umschlaggestaltung auf: «Ich plädiere sehr dafür, daß man ihn im Aufbau möglichst an den Craig-Umschlag angleicht, daß man aber die Farben wechselt.»[48] Noch nicht einmal das geschah; der Schutzumschlag von Nipperdey wurde genauso schwarz wie derjenige von Craig, so dass sich – zusammen mit der Schriftgrafik und der mittigen Platzierung der Abbildung – der Eindruck eines einzigen, zweibändigen Werkes unmittelbar herstellte.[49]

Der Zeitplan für die Fertigstellung des Textes bis nach den Weihnachtsferien war eingehalten worden; einige Tage später übermittelte Wieckenberg dem Autor eine detaillierte Terminübersicht für die Korrekturgänge.[50] Anfang Februar kündigte Thomas Nipperdey seinem Team von sieben Mitarbeitern am Münchner Lehrstuhl das Eintreffen der Druckfahnen für den ersten Korrekturgang an, der bis zum 23. März erledigt sein müsse. Karl-Joseph Hummel, einer der erfahreneren Mitarbeiter, der damals kurz vor dem Abschluss seiner Promotion über die Revolution von 1848/49 in München stand,[51] sollte die Korrekturarbeit so organisieren, «daß alle etwa gleichmäßig davon belastet werden».[52] Wie das geschehen sollte, davon hatte der Autor ganz genaue Vorstellungen.

Bei der Korrektur müssen auf jeden Fall immer zwei zusammen lesen, einer die Druckvorlage und einer die Fahnen. Es muß laut gelesen werden und nicht zu schnell, alle Satzzeichen müssen mitgelesen werden und auch auffällige Großschreibungen. (Man beachte, daß ich im allgemeinen nach einem Doppelpunkt klein weiterschreibe, ich habe das strikt durchgeführt, das soll auch so erhalten bleiben.)

Ausdrücklich mahnte er, nicht nur Setzerfehler zu korrigieren, die damals noch weitaus häufiger waren, als zwar nicht mehr in Blei gesetzt wurde, aber noch jeder Buchstabe und jedes Komma aus der Schreibmaschinenvorlage abgetippt werden musste, statt bloß eine Datei zu konvertieren. Die Mitarbeiter sollten vielmehr den Mut haben, auch Fehler und Verschreibungen des Autors noch zu korrigieren.

Weiterhin kommt es aber auch darauf an (das ist bei den bisherigen Lesungen leider nur ganz selten geschehen!), daß die beiden Korrektoren selbst noch Fehler, Verschreibungen und grammatische Irrtümer etc. entdecken und anmerken.

Auch das Handwerk des Korrekturlesens erklärte Thomas Nipperdey: Wer das noch nicht getan habe, solle sich unbedingt mit den Korrekturzeichen im Duden vertraut machen; bei Fragen sei «mit einem dünnen Bleistift» ein Fragezeichen am Rand zu markieren, «das ist dann mit mir zu besprechen». So wurde das Korrektorat des Textes geradezu in einen rituellen Akt der Mitarbeitergemeinschaft überführt, der sich durch Präzision und Regelhaftigkeit auszeichnen sollte. «In jedem Fall und noch einmal», beschied er abschließend: «äußerste Korrektheit, ja Übervorsicht ist diesmal absolut geboten. Je besser die Fahnen korrigiert sind, desto weniger Arbeit entsteht dann im Sommer bei dem sogenannten Umbruch.»[53]

Zuletzt wurde das Nachwort verfasst. Im Herbst hatte der Autor seinen Lektor wissen lassen, dass er ein Vorwort «eigentlich nicht schreiben» wolle; «vielleicht eine Widmung».[54] So kam es auch: eine Widmung der Ehefrau und den vier Kindern auf Seite 5 des Buches, zwischen Titelei und Inhaltsverzeichnis – und ein unvermittelter Beginn des Textes, ohne Vorwort, erst recht ohne eine Einleitung, die Absichten, Ziele, Methoden oder gar Forschungsgeschichte und Forschungsstand akademisch dargelegt hätte. Aber vor allem als Danksagung schrieb Thomas Nipperdey ein einseitiges Nachwort, das im Buch auf «Ostern 1983» datiert war und vermutlich kurz vorher entstand.[55] Die späteren Bände über das Kaiserreich nahmen dieses Muster auf: die Situierung des Buches in der Lebenszeit des Autors, in seinem sozialen Umfeld, dem privaten ebenso wie dem professionellen, in der geschichtlichen Zeit ebenso wie in einem religiösen Kontext, der durch die nicht nur an Menschen adressierte «tiefe Dankbarkeit» gleich zu Beginn ebenso bezeugt ist wie durch die Datierung auf das christliche Fest. Der menschliche Dank richtete sich an Freunde und Kollegen, sogar an die «wissenschaftlichen Gegner», und besonders hervorgehoben an die Familie – und an das *Institute for Advanced Study* in Princeton, «ein akademischer Himmel gewiß», in dem das Buch tatsächlich begonnen wurde: Ohne es wäre er «nicht zur Denk-Ruhe und zu den Denk-Spielen gekommen, die ein solches Buch braucht».

Dieses Buch, «das mich Jahre meines Lebens begleitet hat», erscheint als Lebensaufgabe und als Produkt beständiger Disziplin in einem beruflichen Umfeld der Universitäten, dem Wissenschaftler «jetzt mehr als ehedem … Buch-Schreib-Zeit abringen müssen». Er beschrieb das «Glück der begriffenen Geschichte, über alles Zweifeln hinweg das Glück, etwas für abgeschlossen zu halten und sich davon trennen zu können». In der Entstehung war das Buch beim Autor gewesen, als seine Idee, als sein Text. Es hatte die Verwandlung im Verlag, in der Herstellung, in Satz, Druck und Bindung durchlaufen. Jetzt trennten sich beide, das Buch fing, in anderer Gestalt, sein eigenes Leben an.

Anfang August war es so weit: Ernst-Peter Wieckenberg gratulierte Thomas Nipperdey zum Erscheinen. «Morgen werde ich ein erstes Exemplar Ihres Buches bekommen und gleich entweder selber zu Ihnen tragen oder an Sie schicken.»[56] Es erreichte ihn am 10. August 1983 im Sommerurlaub in Loipl im Berchtesgadener Land.[57] 8000 Exemplare waren gedruckt worden, der Ladenpreis auf 68 DM festgesetzt. «Ich hoffe, Ihnen macht das Buch Freude, wenn Sie es vor sich sehen.»

VII. Weiterschreiben: Die Bände zum Kaiserreich

Wenn das große Buch fertig ist, ist das Werk noch nicht abgeschlossen. Trotz der Erleichterung, von einer jahrelang drückenden Last befreit zu sein, das «Joch des Schreibens» abgelegt zu haben: Für den Autor hat sich auch eine innere Befriedigung der erfolgreichen Produktion eingestellt, die im Leben weitergetragen werden will. Ein Rhythmus des Lebens und Schreibens, des Schreibens im Leben ist gefunden, der nach Fortsetzung verlangt. Wenn dann noch äußere Anreize dazu kommen, umso besser: Der Erfolg des Buches bei den Fachkollegen, in einer breiten Öffentlichkeit, auch sein kommerzieller Erfolg motivieren zu einer Fortsetzung, zum Weiterschreiben. Sollte man selber nicht auf diesen Gedanken gekommen sein, wird der Verlag sehr schnell daran erinnern.

Thomas Nipperdeys Buch zur deutschen Geschichte zwischen 1800 und 1866 war nicht von vornherein auf eine Fortsetzung angelegt. Aber verschiedene Umstände legten das nahe. Am Anfang, um 1976/77, hatte die Idee einer problemorientierten Synthese deutscher Geschichte des gesamten 19. Jahrhunderts gestanden, oder sogar der «letzten zweihundert Jahre» bis nah an die Gegenwart heran. Nipperdey hatte sich bei Wolf Jobst Siedler um den Band der Propyläen-Reihe für das 19. Jahrhundert beworben und sich vorerst, in der Teilung mit Wolfgang J. Mommsen, mit dessen ersten zwei Dritteln begnügen müssen. Dabei galt er damals eher als ein Experte für das Kaiserreich, und zu dieser Epoche war er nicht nur durch substantielle Forschungsarbeiten aufgefallen, vor allem seine Habilitationsschrift über die Parteien, sondern auch durch pointierte Interpretation und wissenschaftspolitische Intervention, insbesondere in der Kontroverse um die strukturgeschichtliche und «kritische» Deutung des Kaiserreichs bei Hans-Ulrich Wehler.

Historiker genießen ohnehin den Vorteil, ein einmal begonnenes und erfolgreiches Werk einfach chronologisch fortsetzen zu können. Sofern man sich nicht als Zeithistoriker bereits an die Gegenwart herangeschrieben hat, lässt sich prinzipiell immer ein zeitlicher Fortsetzungsband denken. Oder man kann, wie Heinrich August Winkler das über mehrere Jahrzehnte vorgeführt hat, die Perspektive ein ums andere Mal erweitern und dabei allmählich bis zur «Flughöhe der Adler»[1] aufsteigen. Seine von einem Band auf drei Bände angewachsene Geschichte der Arbeiterbewegung in der Weimarer Republik erweiterte er zu einer Geschichte Weimars, diese zu einer zweibändigen deutschen Geschichte unter dem Gesichtspunkt des «langen Weges nach Westen», auf die wiederum eine ursprünglich ebenfalls zweibändig gedachte, am Ende vierbändige «Geschichte des Westens» folgte.[2] Mit dem, was man sich vornimmt, oder jedenfalls öffentlich ankündigt, sollte man vorsichtig sein, sonst bleibt ein mehrbändig geplantes Werk ein Torso, was womöglich die Reputation beschädigt, weil ein einzelnes sehr beachtliches Buch dann trotzdem als defizitär erscheint.[3]

Wann und wie bei Thomas Nipperdey der Gedanke reifte, den ersten Band in eine Geschichte des Kaiserreichs fortzuschreiben, ist nicht ganz klar; vermutlich in der Abschluss- und Produktionsphase des 1983 erschienenen Buches. Dessen Selbstbeschreibung als eine «moderne deutsche Geschichte» reichte ja offensichtlich schon über das gerade Geschriebene hinaus. Dazu kam der in der Fachwissenschaft geradezu zum Topos gewordene Makel des Unvollendeten in den früheren Anläufen zu einer deutschen Geschichte des 19. Jahrhunderts: bei Heinrich von Treitschke und insbesondere bei seinem Vorbild Franz Schnabel, auf das Nipperdey sich auch explizit bezog.[4] Dennoch ging die Initiative zunächst sehr allgemein vom C.H.Beck Verlag aus, von Ernst-Peter Wieckenberg, der bereits am 10. August 1982 notierte: «Für einen Fortsetzungsband nennt Nipperdey unter anderem Hockerts, bisher Frankfurt am Main, jetzt Bonn.»[5] Obwohl Thomas Nipperdeys Buch zugleich an Gordon Craig ausgerichtet wurde, in diesem Verständnis die Fortsetzung also bereits vorlag, dachte Wieckenberg sehr früh an ein Buch zur Geschichte des Kaiserreichs als eine Verlängerung von Nipperdey in einem engeren Sinne. Und dieser brachte nicht zuerst sich selber ins Spiel, sondern nannte andere Namen wie den von Hans Günter Hockerts, den er 1981/82 als Kollegen in München kennen und schätzen gelernt hatte; 1986 kam Hockerts auf den Lehrstuhl für Zeitgeschichte an die Ludwig-Maximilians-Universität zurück.

So richtete sich das Interesse des Verlages zunächst darauf, Thomas Nipperdey möglichst bald mit einem ganz anderen Buchprojekt weiter an das Haus zu binden. Anfang Februar 1983, als das Manuskript gerade im Satz war, wandte sich Cheflektor Wieckenberg deshalb an den Verleger Wolfgang Beck.

Ich habe den Eindruck, daß Herr Nipperdey sich jetzt sozusagen freigeschrieben hat, und ich habe mich ihm gegenüber auch so geäußert. Er hat das im wesentlichen bestätigt. Nach meiner Meinung sollte man ihn jetzt schon auf das nächste Projekt festlegen. Sehr reizen würde ihn ein Buch über Denkmäler im 19. Jahrhundert – wobei er vor allem an die großen politischen Denkmäler (Hermann-Denkmal, Germania usw.) denkt. Er ist Fachmann auf diesem Gebiet, vermutlich der erste, der sich dazu geäußert hat. Was meinen Sie?[6]

Einen umfangreichen, für die politische Kulturgeschichte des 19. Jahrhunderts bahnbrechenden Aufsatz über «Nationalidee und Nationaldenkmal» hatte Nipperdey, wie erwähnt, schon 1968 in der *Historischen Zeitschrift*, dem führenden Fachorgan, veröffentlicht. Das Thema trieb ihn weiter um, auch während der Arbeit an der Deutschen Geschichte; erst 1981 war ein Aufsatz über den Kölner Dom ebenfalls in der HZ erschienen.[7] Daraus ließ sich gewiss ein Buch machen, das trotz vieler Facetten des Themas aber doch eher eine Spezialmonographie geworden wäre – nicht umsonst apostrophierte der Lektor seinen Autor hierzu als «Fachmann». Das war auch dem Verleger klar, der verhalten zurückgab, nicht beurteilen zu können, ob sich ein solches Werk «an ein großes Publikum richten kann» – «trotzdem bin ich dafür».[8] Mit diesem Mandat wandte sich Wieckenberg sogleich und in geradezu förmlicher Weise an Thomas Nipperdey, der – vom Manuskript und Semesterstress entlastet – kurz vor einer Vortragsreise nach Südamerika stand.

Ich habe Ihnen ja vor einigen Tagen gesagt, ich könnte mir denken, daß Sie jetzt Spaß am Schreiben großer Bücher bekommen hätten. Sie haben das nicht unbedingt verneint. Lassen Sie mich nur sagen, daß wir natürlich auch sehr gerne Ihr nächstes Buch in unserem Verlag herausbrächten. Wir haben darüber gesprochen, daß es denkbar wäre, ein Buch über die politischen Denkmäler des 19. Jahrhunderts herauszubringen. Das Thema scheint Sie zu interessieren; man könnte es ganz bestimmt in einem sehr schönen Band präsentieren. Aber auch andere Bücher ließen sich natürlich denken.[9]

Konkreter wurde das nicht; stattdessen ventilierte Wieckenberg weitere Ideen, für die er aus Gesprächen mit dem Autor Interesse zu spüren meinte. Außer dem Denkmal-Buch könne man von Nipperdey, so übermittelte er Mitte April an den Verleger, auch etwas über «Schicksale des Christentums seit dem 16. Jahrhundert» bekommen; dazu habe der Historiker mehrfach eine Vorlesung gehalten und sei womöglich nicht abgeneigt, daraus ein Buch zu machen.[10]

Bis zum Sommer 1983 jedoch muss Thomas Nipperdey mehr Klarheit über seine weiteren Pläne gewonnen haben und hat das seinen Lektor bei gelegentlichen Gesprächen wohl auch spüren lassen. Zum Erscheinen der Deutschen Geschichte 1800–1866 schrieb Wieckenberg seinem Autor an dessen Urlaubsadresse und hob den außerordentlichen Stellenwert dieses Buches für den Verlag hervor, der «in seiner nicht ganz kurzen Geschichte» von immerhin mehr als zweihundert Jahren «nur sehr wenige Bücher von dieser Bedeutung veröffentlicht hat».[11] Der Stolz, ihn damit für den Verlag gewonnen zu haben, setzte sich im unmittelbaren Versuch fort, Nipperdey für ein nächstes Buch bei der Stange zu halten – aber von Denkmälern und Christentum war nun keine Rede mehr.

Mein Eindruck ist, daß Sie im Augenblick dazu neigen, die Fortsetzung dieses Bandes als nächstes in Angriff zu nehmen. Wir haben darüber schon dann und wann gesprochen. Dabei haben Sie die Meinung geäußert, die Fortsetzung passe nicht in den Beck Verlag, weil das Buch von Gordon Craig schon da sei. Ich glaube, das wäre falsch. Ich habe darüber auch mit Herrn Beck gesprochen und auch mit den Kollegen, um sicher zu gehen, daß ich hier nicht einem Wunschdenken zum Opfer fiele. Aber wir sind alle der Meinung, daß ich Sie in aller Form und ganz nachdrücklich bitten sollte, uns auch den Nachfolgeband zur Veröffentlichung anzuvertrauen.

Es war also mehr oder weniger klar: Nipperdey wollte einen zweiten Band über das Kaiserreich schreiben – bloß war unklar, ob dieses Buch wieder bei Beck erscheinen würde, nicht nur wegen der vermeintlichen Doppelung mit Craig, sondern auch, wie sich bald herausstellte, weil der Autor prinzipiell zögerte, sich auf diese Weise festzulegen. Wieckenberg bemühte sich zu zeigen, dass das bis 1945 reichende Buch von Craig doch ein ganz anderes sei: «Sie werden den doppelten Umfang für die Hälfte der von Gordon Craig behandelten Zeit zur Verfügung haben, und Sie werden die Epoche auf ganz andere Weise sehr viel umfassender behandeln.»[12] Anschaulich und mit konkreten Werbestrategien umwarb er den Autor, auch den Fortsetzungsband Beck zu geben. Ein «so bedeutendes Werk» sollte man nicht verlegerisch auseinanderreißen; «man muss sogar die Möglichkeit haben, beide Bände einmal gemeinsam in einer Kassette herauszubringen». Das sollte dem Autor den Mund wässrig machen: Die Aussicht auf ein Werk, dessen Bedeutung sich schon in der Materialität des Schubers und der Kassette zeigt! Was die Nähe zu Craig betraf, die der Verlag nicht zuletzt auf seine Initiative in der äußeren Gestaltung hergestellt hatte, fiel Wieckenberg sich jetzt selber in den Rücken: Der Verlag müsse diesen Zusammenhang wieder lösen, und zwar schon möglichst bald, um die Hilfskonstruktion einer Serialität «Craig-Nipperdey» durch eine echte Serialität des Nipperdeyschen Werkes zu ersetzen. «Denn dieser Zusammenhang war ja immer nur einer, den wir aus Gründen der Werbung hergestellt haben, und nicht einer, der sich aus der inneren Beziehung der Bücher ergab.»

Offenbar signalisierte Thomas Nipperdey nach der Rückkehr aus dem Urlaub, bei einem persönlichen Gespräch mit Ernst-Peter Wieckenberg am 24. August 1983 in München, dass auch sein Kaiserreichbuch bei C.H.Beck erscheinen solle. Sogleich bestätigte dieser handschriftlich: «dass Sie uns die Fortsetzung Ihres Buches auch anvertrauen wollen, war für mich heute eine ganz große Freude.»[13] In den nächsten Wochen wolle er ihm einen Vertrag zuschicken. Nach der Frankfurter Buchmesse Mitte Oktober traf dieser Vertrag «über den zweiten Band Ihres Werkes» bei Thomas Nipperdey ein.[14] Die von Wieckenberg geäußerte Hoffnung, dass der Autor ihn unterschriebe, erwies sich nicht als eine bloße Floskel: Erst fast fünf Jahre später, im Spätsommer 1988, setzte Nipperdey die Unterschrift unter den Verlagsvertrag für seine Deutsche Geschichte des Kaiserreichs.

Für ihn war schon seit Längerem klar, dass er sein nächstes Freisemester, das ihm im Wintersemester 1984/85 zustand, erneut in den USA verbringen wollte, und am liebsten mit einem dritten Aufenthalt am *Institute for Advanced Study* in Princeton.[15] Ursprünglich verband sich dieser Wunsch nicht mit einem bestimmten Projekt, und auch als Thomas Nipperdey im Januar 1983, um Unterstützung bittend, an Albert O. Hirschman schrieb, erwähnte er ein Folgeprojekt nicht.

I have just finished the book that I had begun in Princeton in 1978 – it has become a rather fat 1200 page volume and will be published next fall. Now I have to think about the question of my next sabbatical which will be – according to the very strict German rules – in 1984/85.[16]

Wieder spielte das Emigrationsnetzwerk aus der Zeit des Nationalsozialismus, das zur Grundausstattung des Princetoner Instituts gehörte,[17] eine wichtige Rolle: Felix Gilbert, ein Schüler Friedrich Meineckes, den Nipperdey «my good friend Felix» nannte, war schon 1975 in den Ruhestand gegangen und wollte sich in Institutsdinge nicht mehr einmischen. Außerdem waren mehrfache Einladungen nach Princeton ungewöhnlich, und zweimal war er schon an der *School of Historical Studies* gewesen. Aber eine andere Fakultät des Instituts wäre daran nicht gebunden, und viele Neuzeithistoriker, erst recht mit sozial- und kulturwissenschaftlichen Interessen, zog es seit langem an die *School of Social Sciences*. Deshalb wandte Nipperdey sich an Albert Hirschman, der ihr seit 1974 als ständiges Mitglied angehörte, obgleich er Hirschman gar nicht besonders gut kannte. Aber er war eben auch ein deutscher Emigrant, ein gebürtiger Berliner.[18] Im Postskriptum seines Briefes richtete Nipperdey Grüße an Wolf Lepenies aus, den Berliner Soziologen, der in Princeton arbeitete und kurz vor seiner Berufung an das nach dem Modell Princetons 1981 gegründete Wissenschaftskolleg zu Berlin stand, wo er 1986 Rektor wurde.[19] Über diese Brücke eines gemeinsamen Bekannten versuchte er Vertrauen zu schaffen. Er betrachte sich jedenfalls, «as you may perhaps remember», als einen Sozialhistoriker und habe seine engsten Kontakte in Hirschmans Fakultät gehabt. Auf Geld, auf ein Stipendium des Instituts, komme es im Übrigen nicht an, denn er werde mindestens 85 Prozent seines Gehalts weiterbeziehen.[20]

Mit der Einladung klappte es: Zum Herbstsemester 1984, das Anfang September begann, ging Thomas Nipperdey mit der ganzen, inzwischen sechsköpfigen Familie für acht Monate nach Princeton; zum Beginn des Sommersemesters 1985 war er Ende April wieder zurück in München. In Princeton wurden offenbar, ganz ähnlich wie bei dem früheren Aufenthalt 1978/79, entscheidende Grundlagen für die Darstellung des Kaiserreichs gelegt. Dabei war die intellektuelle Herausforderung diesmal deutlich geringer. Denn obwohl Nipperdey nicht wie sein Konkurrent Hans-Ulrich Wehler einem festen, gar theorieförmig begründeten Schema der Stoffgliederung folgte, hielt er am formalen und methodischen Grundkonzept des ersten Bandes fest: mit den eher chronologisch-narrativen Kapiteln zur Politikgeschichte und, im Umfang etwa gleichgewichtig, eher systematischen Kapiteln zur Sozial- und Wirtschaftsgeschichte sowie zur Kultur- und Geistesgeschichte. Wie etwa sechs Jahre zuvor begann er erneut mit dem, was ihn im Hinblick auf eine tiefe, anthropologische und philosophische Durchdringung der Epoche intellektuell am meisten reizte, nämlich den sozial- und kulturgeschichtlichen Abschnitten.

In den Monaten vor Princeton genoss er noch den Verkaufserfolg seines Buches, litt aber auch darunter, weil eine Neuauflage Korrekturen erforderte – und hielt dem Drängen des Lektors auf den Vertragsabschluss stand. Zur ersten Auflage von 8000 Exemplaren war schnell, im November 1983, ein Nachdruck von weiteren 5000 Stück nötig; zum Jahresende wurden erneut 6000 Exemplare gedruckt, die nun als zweite Auflage gekennzeichnet waren. «Insgesamt sind also», rechnete Wieckenberg seinem Autor erfreut vor, «bisher 19 000 Exemplare gedruckt worden. Der Verlag verkauft zur Zeit die zweite Auflage, d. h. also die dritte Druckquote, wenn man so will.»[21] Innerhalb weniger Monate war die Marke von 20 000 Exemplaren, die Siedler kalkuliert und die Wieckenberg für ein solches Buch für illusorisch gehalten hatte, beinahe erreicht. Verhaltener entwickelte sich das Geschäft mit den Buchclubs; im Frühjahr 1985 gelang ein erster Abschluss mit der Buchgemeinschaft «Ex Libris» über 2500 Exemplare. Die Mitteilung dazu nutzte der Lektor, um an den Fortsetzungsband – und damit die noch offene Vertragsfrage – zu erinnern.[22]

Vor der Abreise nach Princeton war die lästige Arbeit der Zusammenstellung inzwischen aufgefallener Fehler abgeschlossen. Darin unterstützte den Autor vor allem sein Assistent und Doktorand Stefan Fisch, der für viele Jahre das Lehrstuhlteam der Helfer und Berater, der Amanuenses Nipperdeys anführte.[23] Die sachliche, aber auch die sprachliche Stimmigkeit des Buches waren dem Autor sehr wichtig; und insofern war das fertige Buch nur ein Zwischenergebnis.

Dabei ist doch mehr an Korrektur herausgekommen, als wir ursprünglich dachten. Es handelt sich um Druckfehler, Zeichensetzungsfehler, kleine grammatische Fehler, gelegentliche stilistische Scheußlichkeiten (z. B. Wiederholungen), um ein paar Sachfehler, leider auch im Zusammenhang mit den Statistiken. … Es war eine Heidenarbeit, aber ich hoffe, daß es jetzt gut ist.[24]

Zugleich gab er Wieckenberg zu, die Frage nach dem Vertrag «etwas dilatorisch» zu behandeln und «eigentlich gerne erst nächstes Frühjahr», also nach der Rückkehr aus Princeton, endgültig klären zu wollen. Er wolle erst sehen, wie er vorankomme, «wie die Zeitperspektiven und auch die Problemperspektiven sind». Auch finanzielle Überlegungen spielten eine Rolle; Thomas Nipperdey wollte den Steuerbescheid für das Jahr 1983 abwarten,[25] wohl um zu sehen, wie sich die in dieser Dimension bisher ungekannten Zusatzeinkünfte auswirkten und welches Vorschuss- und Zahlungsmodell am günstigsten sei. Wieckenberg blieb unermüdlich; Anfang Mai 1985 hatte er nach eigenem Urlaub gehört, Nipperdey sei wieder in München, und fragte ihn gleich nach einer Verabredung zum Mittagessen.[26] Im Dezember 1985 war die zweite Auflage (oder: der dritte Druck) ausverkauft, waren also 19 000 Exemplare abgesetzt, und der Verkauf der Neuauflage, «die ja eine echte bearbeitete Auflage ist», begann.[27] Wieckenberg blieb, am Rande dieser oder jener anderen Verständigung, bei seinem *ceterum censeo*: «Wir haben ja auch noch keinen Vertrag über den zweiten Band Ihrer ‹Deutschen Geschichte›. Sollten wir darüber nicht bei Gelegenheit sprechen?»[28] Thomas Nipperdey blieb vorerst stur bei seiner dilatorischen Haltung.

Umso mehr galt die innere Konzentration dem Buch. Im November 1985 teilte er Wilhelm Hennis nach der Lektüre von dessen Aufsatz über Max Weber und den Liberalismus mit, er beschäftige sich gerade mit den geistes- und wissenschaftsgeschichtlichen Teilen «meines geplanten Buches über das Kaiserreich, und dabei natürlich u. a. mit einiger Intensität mit Nietzsche und Weber».[29] Anfragen von Kollegen und Verlagen nach längeren Texten oder gar Büchern musste er deutlich seltener abwehren als um 1980, denn nun war allgemein bekannt, woran er arbeitete – und die meisten Verlage gingen wohl davon aus, der Autor sei fest an C.H.Beck gebunden. Von dem Saarbrücker Frühneuzeitler Richard van Dülmen um einen zwanzig Druckseiten langen Artikel «Neuzeit» für die Neuauflage des Fischer-Lexikons Geschichte gebeten, legte Thomas Nipperdey in seiner Absage die Zeitökonomie des großen Werkes und der Gelegenheitsarbeiten dar.

Natürlich ist das eine an sich interessante und auch spannende Aufgabe, die doch einige Wochen Arbeit macht, jedenfalls bei meinem normalen Arbeitsverfahren. Das kann ich im Moment nicht auf mich nehmen, da ich mit einem großen Buch in der Hauptsache beschäftigt bin, und mit einigen übernommenen Nebentätigkeiten vollkommen ausgelastet bin. Das tut mir leid, aber ich kann es im Moment nicht ändern.[30]

Ähnlich teilte er ein Dreivierteljahr später den Kölner Kollegen Otto Dann und Klaus Pabst mit, die erbetene Einleitung zu einem geplanten Band mit Aufsätzen des gemeinsamen Lehrers Theodor Schieder nicht übernehmen zu können.[31] Auch hier wieder: Er *könne* es im Moment nicht anders entscheiden: Das Schreiben des Buches gewann in der Stilisierung des Autors eine Eigenmacht, die seinem freien Willen, anderes zu tun, Grenzen setzte.

Dann wieder reizten ihn das politische Engagement und die öffentliche Artikulation; ganz in die Abgeschiedenheit des Schreibens wollte er sich nicht zurückziehen. Im beginnenden Bundestagswahlkampf 1986/87 erkundigte Nipperdey sich aus freien Stücken bei dem damaligen CDU-Generalsekretär Heiner Geißler, ob es «eine Initiative aus Wissenschaft, Literatur und Kunst, oder von sog. ‹Intellektuellen› für die Unionsparteien» gebe. «Ich selber kann zwar aus Zeit- und auch aus Sachgründen (Austritt aus der SPD im vorigen Jahr) nicht eine solche Sache organisieren, halte es allerdings für möglich, mich daran zu beteiligen.»[32] Aber das alles war ein heikler Balanceakt. Als Thomas Nipperdey in der Zeit der deutschen Wiedervereinigung von den Medien häufig angesprochen wurde und sich auch selber, in einer gewissen Entspannungsphase des Werkes und der Gesundheit,[33] wieder mehr als früher engagierte, weigerte er sich gleichwohl, und etwas ruppig, von dem Gießener Kollegen Siegfried Quandt in eine Art Expertenkartei oder Mediendatenbank von Historikern aufgenommen zu werden: Er wolle nicht noch mehr zur bloßen «Beantwortungsmaschine» für ihm unbekannte Menschen werden. «Dazu bin ich allmählich auch zu alt und zu beschäftigt.»[34]

Auch ohne abgeschlossenen Folgevertrag konnte oder wollte Thomas Nipperdey sich jedoch nicht entziehen, als Wolfgang Beck und Ernst-Peter Wieckenberg im August 1987 wichtige Autoren des Hauses ansprachen und um einen Beitrag für einen Almanach zum bevorstehenden 225. Geburtstag des 1763 gegründeten Verlags baten, der wie schon seine Vorläufer zu früheren Jubiläen den Namen «Der Aquädukt» tragen sollte. Dafür sollten maximal zwölf Manuskriptseiten bis zum 31. Januar geliefert werden.[35] Obwohl für ein einheitliches Honorar von 500 DM «auch gute Beiträge von ein bis zwei Seiten ... willkommen» waren, entwickelte sich nun ein Konflikt über einen *zu langen* Text, denn Nipperdey wollte seinen autobiographischen Rückblick über «Eine bürgerliche Jugend 1927–1945» gerne dort unterbringen. Der Verlag sträubte sich zuerst, weil die zwanzig Seiten das Konzept sprengten, und überlegte sogar, den Text des ihm so wichtigen Autors als eigenen Separatdruck herauszubringen. Aber Thomas Nipperdey setzte sich schließlich durch.[36]

Der Rückblick auf die eigene Herkunft und Jugend begann mit dem ironischen Hinweis auf den langen Schatten des Vaters Hans Carl Nipperdey, der bis in die eigene Lebensmitte gereicht hatte.[37] Sich mit dem Herannahen des 50. Geburtstages das eigene große Werk vorgenommen zu haben, bedeutete insofern auch eine Emanzipation aus dieser abgeleiteten Identität. Wenn

Hans-Ulrich Wehler in seiner Besprechung der «Deutschen Geschichte 1800–1866» enthusiastisch erklärt hatte, man werde von dem Buch bald als «dem Nipperdey» sprechen, hatte sich diese generationelle *Translatio* von Name, Werk und Ruhm schon weitgehend erfüllt. Man musste die Vaterfrage nun nicht mehr stellen; «der» Nipperdey war Thomas, eine eigene Marke, ein *Brand Name* in Wissenschaft, Verlagswelt und Öffentlichkeit.

Seit dem Entschluss zum Werk waren nun wieder zehn Jahre vergangen, und Thomas Nipperdey lud mit seiner Frau Vigdis zu seinem 60. Geburtstag am 27. Oktober 1987 abends in die Räume der Siemens-Stiftung im Nymphenburger Schloss ein.[38] «Keine Reden» – nur er selber hielt den aus diesem Anlass geschriebenen Vortrag über «Eine bürgerliche Jugend», «unser Freund Gottfried Herbst wird Klavier spielen, und dann werden wir bis 23 Uhr zusammen sein können.»[39] Zwei Monate später, im Jahreswechsel 1987/88, bedankte sich Thomas Nipperdey mit einem Rundbrief bei seinen Gästen und Gratulanten.[40] Das Werk, das Schreiben des Buches kam darin nicht vor. Eine Verbindung war dennoch erkennbar. Der Blick auf das eigene Leben in einer Grundhaltung der Dankbarkeit erschien in Formulierungen, die auch den Nachworten zu den drei Bänden der Deutschen Geschichte ihren charakteristischen Ton gaben.

Denn was man geworden ist und was man erreicht hat, ist ja nicht einfach Leistung und Verdienst, sondern ist nur möglich durch das, was einem das Leben geschenkt hat, was andere Menschen, Sie, die Lebenden, und auch die Toten einem haben zukommen lassen. Das auch trägt und hält einen.

Die Dankbarkeit und Gerechtigkeit gegenüber den Toten, den Vorlebenden, also der eigenen Geschichte, war zugleich die Grundhaltung des Geschichtsschreibers Thomas Nipperdey, der damals nicht wusste, dass dies sein letzter «runder» Geburtstag war.

Wie sich Leben und Werk zu diesem Zeitpunkt zueinander verhielten, wussten natürlich auch die zahlreichen Briefschreiber nicht, die dem Jubilar gratulierten oder für die Einladung zur Feier dankten. M. Rainer Lepsius schrieb ungeduldig: «Wir warten alle auf Ihren 2. Band zum 19. Jahrhundert – Sie mögen ihn schon fertig haben?»[41] Der Freiburger Historiker Hans-Günter Zmarzlik versuchte es mit Sarkasmus, der bald darauf bitter wirken musste: «60 Jahre, das ist schon ein Wendepunkt. Da beginnt das Alter, wenn nicht geistig, dann körperlich: die Gelenke krachen; das unendlich scheinende Leben zeigt seine tödliche Endlichkeit.»[42] Zugleich stellte er Position und Werk Thomas Nipperdeys in aufschlussreiche Perspektive zu dessen Schwester Dorothee Sölle.

Andererseits sind Sie Großordinarius geworden und damit witzigerweise ex negativo Ihrer Schwester ähnlicher: der Großernüchtiger und die weithin hörbare Erweckungspredigerin.

Im Vordergrund aber stand, zumal im Kollegenkreis, der Ausdruck des Respekts vor der «fulminanten wissenschaftlich-literarischen Produktivität», die noch lange erhalten bleiben möge.[43] Und der fünfzehn Jahre jüngere Frühneuzeithistoriker Winfried Schulze befand: «Je älter man selber wird, um so größer wird der Respekt vor solchen Arbeitsleistungen.»[44]

An Produktivität mangelte es in dieser Zeit jedenfalls nicht. Die Arbeit an dem Kaiserreichbuch war nach etwa vier Jahren so weit vorangekommen, dass der Autor wiederum ein Umfangsproblem befürchtete: Wenn das so weiterging, wie sollte am Ende alles in einen Band passen? Von diesem Grundmotiv und der heiklen Frage einer Bandteilung kam das Werk ein weiteres Mal nicht los. Möglicherweise hatte sich Thomas Nipperdey diese Problematik in den Weihnachtsferien selber klargemacht und war zu dem Schluss gekommen, die Behandlung des Kaiserreichs müsse auf zwei Bände aufgeteilt werden – obwohl ein einzelner Band bei C.H.Beck zwei Bücher im Normformat der Propyläen- und der Siedler-Reihe zwischen die Buchdeckel zwingen konnte. Um den 31. Januar 1988 eröffnete er Ernst-Peter Wieckenberg seine Überlegungen dazu in einem persönlichen Gespräch,[45] über das der Cheflektor einen Vermerk für den Verleger, die Pressechefin und den Herstellungsleiter anfertigte.[46] Nipperdey habe «Probleme mit dem Umfang» und erwäge zwei Lösungen, die aber beide nur Varianten einer Aufteilung in zwei Bände waren, welche für den Autor offenbar bereits so gut wie feststand. Die erste Lösung entsprach ziemlich genau dem später eingeschlagenen Weg.

Vorweg-Veröffentlichung der bereits vorliegenden Abschnitte Kultur, Gesellschaft, Wirtschaft etwa im Jahre 1989. Spätere Veröffentlichung, etwa im Jahre 1992, des Politikabschnitts. Nachteile dieser Lösung: Der erste Band würde ein insgesamt zu positives Bild des Kaiserreichs bieten. Auch der Versuch, dieses Bild schon im Hinblick auf die negativen Akzente des Politikabschnitts zu färben, würde vermutlich nicht ausreichen, um dem entgegenzuwirken.

Dabei hatte Thomas Nipperdey seinen Arbeitsstand etwas zu großzügig beschrieben, oder sein Gesprächspartner etwas missverstanden: Die für einen solchen ersten Band vorgesehenen sozial- und kulturgeschichtlichen Kapitel waren weit fortgeschritten, lagen aber noch nicht fertig vor; so kam dieser Band ja auch erst ein Jahr später, während der Politikband – unter dem Druck der verknappten Lebenszeit, der sich erst später ergab – tatsächlich 1992 erschien.

Die Bedenken hinsichtlich eines «zu positiven» Bildes im ersten Teilband äußerte er selber, nicht der Verlag. Bei aller fundamentalen Skepsis gegenüber einer Geschichtsschreibung, welche die Vergangenheit im Lichte späterer Ereignisse oder der Gegenwart bewertete: Thomas Nipperdey war völlig klar, dass die Darstellung des Kaiserreichs, ganz anders als der bis 1866 reichende erste Band, einem normativen Problem nicht ausweichen konnte. In diesem Zusammenhang entstand offenbar die Idee, die negativen Akzente der Geschichte des Kaiserreichs in einem Schlusskapitel des sozial- und kulturgeschichtlichen Bandes zu erörtern. Daraus wurde das Kapitel über die «Schattenlinien»: «nicht pränationalsozialistisch, aber widerstandsarm gegen Machtmißbrauch, Radikalnationalismus, Illiberalismus», wie Thomas Nipperdey es dort später formulierte.[47] Jedenfalls pragmatisch musste diese Lösung dann doch ausreichen.

Die zweite Lösung lief auf eine eher chronologische Teilung hinaus, mit der offensichtlichen und in der Historiographie etablierten Zäsur im Jahre 1890, zwischen Bismarckära und wilhelminischem Zeitalter. Die diesen Schnitt übergreifenden Kapitel über Gesellschaft, Wirtschaft und Kultur mussten dann so ähnlich aufgeteilt werden, wie es in den früheren Überlegungen zur Bandteilung zwischen Nipperdey und Wolf Jobst Siedler bereits zur Debatte gestanden hatte.

Band 1 würde politisch von 1866 bis 1890 reichen und würde dann die Geschichte von Wirtschaft und Gesellschaft für den gesamten Zeitraum umfassen. Band 2 würde von 1890 bis 1918 reichen, darüber hinaus die Abschnitte Kultur, Kunst und Religion für den gesamten Zeitraum bieten.[48]

Ein Teil der Probleme würde sich bei einem gleichzeitigen Erscheinen der beiden Bände auffangen lassen: Dann wäre den Lesern die Ordnung des gesamten Stoffes unmittelbar klar, und ein zu «positives» Urteil über das Kaiserreich stünde nicht zwei oder drei Jahre lang im Raum der öffentlichen und fachlichen Kritik. Aber dagegen sprach – das hatte Thomas Nipperdey wohl unmissverständlich zu verstehen gegeben – die Konkurrenz mit Hans-Ulrich Wehlers «Gesellschaftsgeschichte», deren erste beide Bände im Herbst 1987 erschienen waren.[49] Sein Manuskript durfte nicht liegenbleiben, «weil dann für ihn die Gefahr bestünde, daß Herr Wehler bereits Teil 3 abgeliefert hätte. Er möchte ihm aber verständlicherweise wenigstens mit einem Band zuvorkommen.»[50] Und dann war da der fehlende Vertrag: Ginge man überhaupt nicht auf die Zweibändigkeit ein, «so würde er möglicherweise noch abwandern».

Die Unsicherheit bei C.H.Beck war tatsächlich groß. Der Verleger fand noch am ehesten plausibel, die zweite Lösung weiterzuentwickeln.[51] Wieckenberg gestand dem Autor die Ratlosigkeit ein: «Ich bekomme von jedem der Kollegen, dem ich diese Fragen vorgelegt habe, andere Vorschläge.»[52] Er schlug ein Arbeitsgespräch mit allen beteiligten Abteilungen des Verlags – Lektorat, Herstellung, Presse, Vertrieb – und dem Verleger vor und bat mehrfach um einen Termin,[53] mit dem Thomas Nipperdey es jedoch selber nicht ganz eilig hatte.[54] Offenbar fand dieses Gespräch nach Ostern 1988, spätestens im Frühsommer statt und führte zu der Einigung auf die vom Autor bevorzugte erste Lösung. Sie teilte den Stoff auf unmittelbar einleuchtende Weise thematisch auf und riss die sozial- und kulturgeschichtlichen Kapitel nicht auseinander. Zudem war der erste Teilband so am schnellsten realisierbar, denn von diesen Kapiteln lag das meiste vor, und das Übrige hatte sich Nipperdey für die nächste Zeit vorgenommen.

Mit der Verständigung auf die Bandteilung und der absehbaren Fertigstellung des ersten Teils war nun auch die Zeit für den Vertragsabschluss gekommen. Wieckenberg schickte den Vertrag am 8. August.[55] Für die Ablieferung des ersten Teilbands wurde der 31. Juli 1989 verabredet; als Termin des zweiten Teilbands «Ende 1991».[56] Der Lektor brachte noch einmal seine große Freude zum Ausdruck, «daß wir jetzt einig geworden sind über die Aufteilung des Stoffs auf die beiden Halbbände. Ganz besonders aber freue ich mich, daß der erste Halbband schon in knapp zwei Jahren wird erscheinen können.»[57] Ansonsten bewegte sich der Vertrag im üblichen Rahmen. Der Honorarsatz betrug wiederum 10 Prozent;[58] bei Erscheinen durfte Thomas Nipperdey das Honorar für ein Viertel der Auflage im Voraus beanspruchen. Die Höhe der Auflage blieb – wie in solchen Verträgen üblich – unbestimmt, und nach dem über Erwarten guten Absatz des ersten Bandes trieb diese Frage den Autor anscheinend nicht mehr so um wie sechs Jahre zuvor.

Wieckenberg bot brieflich einen Vorschuss noch im Jahr 1988 an, weil das für den Autor steuerlich günstig sein könne, und erkundigte sich bereits nach Vorschlägen zum Umschlagbild.[59]

Drei Tage vorher hatte Thomas Nipperdey ihm die fertigen Kulturkapitel geschickt; außer einem noch zu schreibenden «kleine(n) Kapitelchen über Presse» lag der zweite Teil des nächsten Buches damit vor.[60] In dieser Zeit vollzog sich im Münchner Institutsbüro in der Ainmillerstraße auch der Übergang in die elektronische Texterfassung am Computer: Der Autor wies auf kleinere Fehler hin, die sich aus der Übertragung ergeben haben könnten, und im Moment komme er nicht zum Gegenlesen.[61] Dann skizzierte er seinen Plan für die Fertigstellung der Teile über Gesellschaft und Wirtschaft, also die erste Hälfte des Buches.

Sodann bekommen Sie irgendwann im Herbst die Kapitel Wirtschaft (Landwirtschaft, Industrie, Handwerk, Dienstleistung, Volkswirtschaft) und Bevölkerung und Juden. Die sind z. T. besser durchkorrigiert, bei anderen ist es aber ähnlich wie im ersten Fall. Sie können sich dann einteilen, wie Sie die Dinge bis Anfang des Jahres vielleicht lesen, so daß wir dann im April sofort weiterfahren können. Vielleicht kommen dann auch im Februar noch ein paar neue Kapitel, z. B. über Familie und Frauen, das tägliche Leben und die Arbeiter, an denen sitze ich jetzt noch und auch noch in Amerika.

Denn inzwischen stand der wiederum nächste Aufenthalt in den USA nah bevor, in einem erneuten Freisemester im Winter 1988/89. Diesmal war nicht Princeton das Ziel, sondern ein anderer Wissenschaftlerhimmel: das *Center for Advanced Study in the Behavioral Sciences* im kalifornischen Stanford. Kurz vor der Abreise mit der gesamten Familie legte Thomas Nipperdey seinem Lektor erneut den Arbeitsstand und die demnächst zu erwartenden Manuskriptteile dar. In seinem räsonierenden Stil wirkt das so, als habe er sich auch selber Rechenschaft über den komplexen Prozess des Schreibens, Umschreibens und Korrigierens ablegen wollen. Denn Nipperdey schrieb nicht ein Kapitel druckreif, und dann begann er das nächste; er bevorzugte ein überlappendes Arbeiten, eine Art *Layover*-Verfahren, in dem – gewiss mit der konzentrierten Schreibarbeit an einem bestimmten Abschnitt im Zentrum – verschiedene Kapitel in unterschiedlichen Bearbeitungsstufen gleichzeitig prozessiert wurden wie in einer gewaltigen Geistmaschine.

Wenn Sie damit durch sind, liegen für Sie hier bereit bestimmte Kapitel aus dem Teil Gesellschaft und Wirtschaft, nämlich (1) Bevölkerung, (2) Familie, Frauen etc., (3) tägliches Leben (noch nicht ganz fertig, aber in Bälde), (4) Landwirtschaft, (5) … Industrie bis Volkswirtschaft im ganzen, (6) (?) Arbeiter und soziale Frage. Dieses Kapitel ist knapp zur Hälfte fertig, das mache ich auch in Amerika und bis zum Jahresende wird es sicher so weit sein. Die beiden Kapitel Familie etc. und Arbeiter werden noch von zwei Mitarbeitern von mir durchgeprüft und z. T. statistisch korrigiert. Ach, jetzt habe ich vergessen, es kommt auch noch das Kapitel Juden, das in den Gesellschaftsteil gehört, das ist fertig.[62]

Der Autor reflektierte auch über diejenigen Kapitel, die für die Gesamtdeutung besonders wichtig waren und ihn intellektuell und darstellerisch am meisten herausforderten. Das war zum einen ein Abschnitt «über die bürgerliche Gesellschaft und Klassengesellschaft» – «das ist ein wichtiges, aber auch ein schwieriges Kapitel, in jedem Falle müßte ich das bis zum kommenden Frühjahr aber schaffen».[63] Zum anderen handelte es sich um das Schlusskapitel des ersten Teilbandes, das einen möglicherweise zu positiven Eindruck von den ökonomischen und kulturellen Leistungen der Epoche korrigieren sollte, indem es «etwas stärker die Schatten berührt, die unpolitischen Deutschen und die merkwürdigen deutschen Ideologien».[64] Hier zeichnete sich die prägnante Überschrift «Schattenlinien» des späteren Buchkapitels ab. «Dieses Kapitelchen schreibe ich in Kalifornien.»

Bei der gesamten komplexen Prozessorganisation spielte der Mitarbeiterstab während dieser Zeit eine wachsende Rolle, der nun teilweise, zumal während der Abwesenheit des Autors in Amerika, stellvertretend auch den Kontakt zum Verlag übernehmen sollte. Dafür und «wegen aller technischer Fragen» wurde Ernst-Peter Wieckenberg an Stefan Fisch verwiesen, der die Fäden in der Hand hielt und acht Tage später die von Nipperdey avisierten Manuskriptteile schickte.[65] Hinter dem rationalisierten Produktionskalkül ist deutlich spürbar, wie dieser der Fertigstellung und dem Erscheinen des nächsten Bandes entgegenfieberte. An alles war schon gedacht, auch an die Bibliographie, an die Recherche der Lebensdaten von Personen, die (erneut) im Register genannt werden sollten: «Das kann uns also im Sommer nicht mehr aufhalten.»[66] Der immer wieder verzögerte Vertragsabschluss aber prägte sich dem Autor, auch wegen des Umzugs nach Kalifornien ein paar Tage nach der Unterschrift und der dramatischen Entwicklungen dort, nicht nachhaltig ein. Einige Monate nach der Rückkehr schickte er dem Verlag, zugleich mit der Bitte um einen Vorschuss von 20 000 DM für 1989, erneut ein unterschriebenes Exemplar, und Wieckenberg musste ihn über sein Missverständnis aufklären, was er mit der ihm eigenen Eleganz, den Fehler des anderen zu seinem eigenen machend, tat: «weil auch ich vergessen hatte, daß Sie diesen Vertrag bereits 1988 unterschrieben haben».[67]

In Amerika fühlte sich die ganze Familie, wie schon bei den früheren Aufenthalten in Princeton, wohl. Die Westküste, Kalifornien, Wärme und Sonnenschein zu jeder Jahreszeit – das war eine neue Erfahrung gegenüber dem mehr europäischen Klima in Princeton, nicht nur in meteorologischer Hinsicht. Etwas skeptisch beobachtete die bildungsbürgerliche Familie aus Deutschland den Lebensstil, der sich bald von der Bay Area in die halbe Welt ausbreitete. «Gesund zu leben ist die Mode, die (zur Zeit) mit Inbrunst betrieben wird», während Nipperdeys es eher mit den «Gelehrten von der Ostküste oder aus England» hielten, die fragten, «Glauben sie wirklich, auf diese Weise unsterblich zu werden?»[68] Das von einer amerikanischen Familie, die sich währenddessen in Japan aufhielt, gemietete Haus lag zwar unmittelbar an einer Autobahn, dem Junipero Serra Freeway zwischen San Francisco und San José, aber nur wenige Minuten am Rand der Hügelketten entlang vom Arbeitsplatz Thomas Nipperdeys am *Center for Advanced Study in the Behavioral Sciences* entfernt.

Dort gab es so gut wie keinerlei Verpflichtungen – solche der akademischen Lehre und Betreuung schon gar nicht, und auch keinen Druck auf Vernetzung der eigenen Vorhaben mit denen von Kollegen, geschweige denn gemeinsam zu betreibende Forschungsprojekte. Das 1954 maßgeblich von der *Ford Foundation* gegründete Center in Stanford mit seinen jährlich etwa vierzig Fellows war, wie sein Name schon sagt, mehr sozial- und verhaltenswissenschaftlich ausgerichtet; Psychologen spielten eine wichtige Rolle, aber auch Geisteswissenschaftler fanden ihren Platz. Für Thomas Nipperdey war das erneut der ideale Ort, sich jenseits der üblichen professoralen Pflichten und Ablenkungen ganz auf das Weiterschreiben seines Buches zu konzentrieren, ohne auf die ebenso praktisch wie emotional stützenden Routinen der Einbettung in die Familie verzichten zu müssen.

Aber nach wenigen Wochen, im Oktober 1988, war auf einmal alles anders. Thomas Nipperdey musste einen Arzt aufsuchen. «Diagnose: Nierenkrebs. Operation: sofort. Über den Schock brauche ich nichts zu sagen.»[69] Ein Rückflug nach Deutschland, die Operation in München oder Köln standen zur Debatte, aber man entschied sich, den Eingriff am Universitätsklinikum von

Stanford vornehmen zu lassen. An seinem 61. Geburtstag, dem 27. Oktober, wurde Thomas Nipperdey dort die rechte Niere entfernt. Damit schien der Krebs beseitigt; alle weiteren Untersuchungen ergaben, dass die Krankheit noch nicht auf andere Stellen des Körpers übergegriffen hatte.

In solchen dramatischen Lebenssituationen hilft es gewiss, sich an den Regelmäßigkeiten festzuhalten, nicht zuletzt denen der disziplinierten Arbeit. Dennoch ist es nicht selbstverständlich, dass dies gelingt. Aber in den ersten Wochen in Stanford war er gut angekommen, hatte in intensives Schreiben, in seinen *Flow* gefunden und konnte daran nach der Operation, äußerlich unbeeindruckt, wieder anknüpfen.

Nach sechs Tagen setzte er sich wieder an seinen Schreibtisch – den meisten seiner gelehrten Kollegen war seine Abwesenheit gar nicht aufgefallen – und hat die letzten 4 Kapitel des Buches fertig, das im nächsten Sommer zum Verlag soll; das wird Band 1, jetzt sitzt er an Band 2, der anderen Hälfte. Die gleichmäßige und unaufgeregte Existenz, die wir hier führen, ist bei seiner Lage das Beste – und das Center könnte man glatt für ein Sanatorium halten, wenn nicht alle Leute so fleißig wären.[70]

Stanford war so der Zauberberg der deutschen Geschichte des 19. Jahrhunderts. Der Verlag war in Sorge; Ernst-Peter Wieckenberg hatte durch einen Anruf bei Vigdis Nipperdey um den 10. November von der Situation erfahren. Neben guten Wünschen hielt auch er an den Routinen fest: Im Verlag war gerade Vertreterkonferenz gewesen, und da lag die Frage nach einem Umschlagbild nahe, mit dem der nächste Band dem Buchhandel anschaulich werden könnte.[71]

Wenig später telefonierten offenbar auch der Autor und sein Lektor, und kurz darauf beruhigte Thomas Nipperdey ihn mit handschriftlichen Zeilen: «Sie sehen nach dem Schrecken lebe ich doch, die Prognosen sind sehr gut + ich komme wieder ins Normale zurück.»[72] Mit Genugtuung berichtete er, die fehlenden Kapitel für das nächste Buch seien fertig, zwei davon «bei meinen jungen Leuten … in mancherlei Nachprüfung». Dass der Ortswechsel mit seinen Unwägbarkeiten dem Schreiben nicht schaden würde, war immerhin nicht selbstverständlich, auch schon vor der Zäsur der plötzlichen Diagnose. «Insoweit bin ich ganz erleichtert, das Schreiben ging besser als ich dachte. Die einzige Gefahr ist, daß die Sache zu umfangreich wird. Nun, wir werden sehen.» Er arbeitete noch an den beiden schwierigen Kapiteln des ersten Teilbandes über die «Schattenlinien der Kultur», wie er es jetzt nannte, und über die Klassengesellschaft: Beide waren Ende November «formuliert erst in einer etwas rohen Fassung + bedürfen noch der Überarbeitung – aber wenn ich erstmal Maschinengeschriebenes vor mir sehe, geht das bei mir schnell, 4 Wochen höchstens.» Wenn er im April nach München zurückkehre, sei «bis auf nachträgliche Kleinkorrekturen» alles fertig, und seine Mitarbeiter hätten dann auch Register und Literaturverzeichnis erstellt.

Schreiben mit der Hand, abschreiben lassen, im Typoskript überarbeiten, dazu die Korrekturen und Ergänzungen der Mitarbeiter berücksichtigen, die Peritexte organisieren – das alles hatte sich eingespielt, gab einen Rahmen, der das Weiterkommen erleichterte und schützte, erst recht bei außergewöhnlichen Ereignissen. Der Autor reflektierte diese Organisation, diesen Prozess der Entstehung ganz bewusst. Die neuerliche Befürchtung von Umfangsproblemen führte noch in Stanford im Frühjahr 1989 sogar zum Kokettieren mit der Frage, «wie es mit drei Bänden wäre».[73] Der Lektor wollte da kein Machtwort sprechen, aber «ich hoffe, ehrlich gesagt, wir kommen mit zwei Bänden aus.»[74]

Dabei blieb es dann auch, und angesichts des zuverlässigen Arbeitstempos von Thomas Nipperdey konnte sich die Verwandlung des Manuskripts in ein Buch in relativer Gelassenheit vollziehen. Vermutlich hätte man das Erscheinen des ersten Halbbandes zum Kaiserreich sogar auf das Frühjahr 1990 vorziehen können, aber besonders wichtige Titel pflegen traditionell im Herbstprogramm zu erscheinen, zur Frankfurter Buchmesse im Oktober, und am besten mit einigen Wochen Vorlauf, so dass das Buch sich bis dahin schon am Markt warmgelaufen hat und erste Rezensionen vorliegen. Für den Autor war das Sommersemester 1989, ab Ende April in München, wieder ein ganz normales Semester des Lehrens, des Prüfens und der Gremien, aber besonderer Konzentration bedurften die Nacharbeiten an den Typoskripten nicht mehr. Während des Sommerurlaubs im Berchtesgadener Land las er bereits Korrektur und notierte selber: «Thomas hat Buch fertig gemacht – Korrekturgelesen, durch schlechtes Wetter begünstigt.»[75] Kurz darauf reiste er nach Princeton ab, wo er erneut einige Monate am *Institute for Advanced Study* verbrachte; diesmal alleine, ohne die Familie. Die revolutionären Umbrüche in Ostmitteleuropa beobachtete er deshalb nur aus der transatlantischen Entfernung, auch den Mauerfall in Berlin am 9. November 1989 und die ersten Gedanken an eine schnelle Wiedervereinigung. Das engagierte ihn persönlich und politisch sehr, aber die Konzentration galt bereits dem abschließenden Band,

Im Urlaub: Loipl, ca. 1989

während sich in München der von ihm losgelassene Text, das satzfertige Manuskript, in die Materialität eines Buches verwandelte.

Dieser Prozess nahm bis zur Auslieferung an den Handel ein gutes Dreivierteljahr in Anspruch, zwischen Ende Oktober 1989 und Anfang August 1990. Am 27. Oktober übermittelte die Herstellungsabteilung von C.H.Beck die Satzanweisung an die Firma Otto Gutfreund in Darmstadt.[76] Nun wurde aus den Dateien direkt in Fotosatz konvertiert. Aber dieser technische Fortschritt änderte nichts an den formalen Konventionen des Satzes und an der erheblichen Transformation, die der Text auf diese Weise durchlief, zumal fortgeschrittene Textverarbeitungsprogramme im Stile des *Desktop-Publishing*, die auch den Satz teilweise in die Hoheit des Autors geben – oder zu seiner Last machen – damals noch nicht verfügbar waren. Der Hersteller legte den Satzspiegel fest, also die Größe des Druckbildes auf der Seite, ferner Schriftart und Schriftgröße für den Haupttext und für die Überschriften verschiedener Hierarchie, die Größe und Platzierung der Seitenzahlen und vieles mehr. So entsteht ein bestimmter Eindruck vom Text, von Schwere oder Leichtigkeit, von Seriosität oder Verspieltheit. Die gewählte Garamond-

Schrift ist ein Klassiker der Seriosität. Es kam darauf an, möglichst viel auf eine Seite zu bringen, um das Buch noch handhabbar zu machen. Andererseits musste man bedenken, denselben Satz später für eine Paperbackausgabe, eventuell gar für eine Taschenbuchausgabe in kleinerem Format zu verwenden, was dem Füllen der Seiten mit Zeilen und Zeichen Grenzen setzte. Wie schon beim ersten Band von 1983 kamen 44 Zeilen auf eine Seite: ein aus heutiger Sicht sehr hoher, auch bei C.H.Beck für wissenschaftliche Werke nur noch selten gewählter Wert.[77] Lesererwartungen und ästhetische Ansprüche haben sich verändert; Druckseiten sind etwas «luftiger» geworden. Die Kosten für den Satz berechneten sich nach Druckbogen zu je 16 Seiten; für einen Textbogen kalkulierte Gutfreund mit 450 DM; der Satz der Tabellen für die sozial- und wirtschaftsgeschichtlichen Kapitel war aufwändiger und teurer.[78]

Im Satz gewinnt der Text eine andere Dignität; er emanzipiert sich vom Autor und beansprucht zugleich, zumal bei wissenschaftlichen Texten, eine andere Autorität, er erscheint legitimiert jenseits der Kontingenz des bloß individuell Aufgeschriebenen. Aber so ist es noch kein Buch – dafür muss der in mehreren Durchgängen korrigierte Satz, wenn er schließlich das Imprimatur, die Druckreiferklärung, erhalten hat, gedruckt und gebunden werden. Das war die Aufgabe der Druck- und Buchbindereiwerkstätten May & Co. in Darmstadt, die ihr Angebot für Thomas Nipperdeys ersten Kaiserreichband aufgrund der Herstellerspezifikationen des Verlags am 7. November 1989 vorlegten.[79] Während der Text selber den Verstand ansprechen, gewiss nach dem Willen dieses Autors auch ein wenig unterhalten sollte, war der Satz für die Optik zuständig – und Druck und Bindung für die Haptik.

Dann ging es um die Qualität und Stärke des Papiers: danach, nicht nur nach der Seitenzahl, entscheidet sich, wie dick das Buch wird, und das wiederum ist nicht ausschließlich eine praktische Frage – liegt es noch gut «in der Hand» –, sondern mit kulturellen Codes versehen. Mithilfe von Dünndruckpapier kann man auch aus einem Werk von 800 Seiten einen vergleichsweise «schlanken» Band, wie es im Branchenjargon heißt, machen. Doch nimmt man ihm dann den Anspruch ab, ein wirklich wichtiges Werk, eine umfassende Darstellung zu sein? Auch muss das Buch dick genug sein, damit der Name des Autors und der Titel auf dem Rückenschild, also mit dem, was bei Aufstellung im Regal sichtbar ist, horizontal lesbar sind, die Schrift also nicht den Buchrücken hoch- (wie es in Deutschland üblich ist: Kopf am Regal nach links neigen) oder herunterläuft (wie im englischen Sprachraum: Kopf nach rechts neigen). Die Bindung muss qualitativ hochwertig sein und es ermöglichen, das Buch aufgeschlagen vor sich hinzulegen, vielleicht sogar die Seiten «glattzustreichen», ohne dass sie sich aus dem Klebstoff lösen; erst recht bei der typischen akademischen Strapaze, der sich ein solches Buch auf dem Fotokopierer stellen muss. Auch der Druck des Schutzumschlags gehörte zu diesem Auftrag dazu. Kalkuliert war, nach dem Wunsch des Verlags, mit einer Verkaufsauflage von 8000 Exemplaren; nach dem Erfolg des ersten Bandes ein eher bescheidener Ansatz. Bei dieser Auflage – branchenüblich erhöht um zehn Prozent als Frei-, Werbe- und Rezensionsexemplare – errechnete May & Co. Druckkosten pro Exemplar von 1,77 DM; dazu kamen 0,24 DM für den Schutzumschlag und 2,39 DM für die Bindung in Leinen. Ein Nipperdey kam so auf 4,40 DM.[80]

Jetzt konnte der Verlag ausrechnen, unter welchen Bedingungen das Buch für ihn zu einem Geschäft werden würde.[81] Der Aufwand war gegen die Erlöse zu stellen. Die variablen Größen, mit denen man rechnen konnte, waren Auflagenhöhe und Ladenpreis. Eine höhere Auflage versprach nicht nur höhere Bruttoerlöse, sondern auch eine bessere Marge, denn manche Kosten waren fix, insbesondere der Satz; bei anderen gewährten die beteiligten Firmen sozusagen einen Mengenrabatt. Aber unverkaufte Exemplare brachten gar nichts ein. Als Orientierungshilfe wurden die Auflagen und Verkaufszahlen des Buches von 1983 zusammengestellt. Das gab Anlass zu Optimismus: Mit der 1987 erschienenen vierten Auflage von «Bürgerwelt und starker Staat» waren mehr als 30 000 Exemplare gedruckt, davon waren etwa 25 000 verkauft. Also rechnete man die zunächst geplante Startauflage von 8000 Exemplaren im Vergleich zu möglichen 12 000. Dann der Ladenpreis: Wo lag die Schmerzgrenze für die Kunden, wann würde der Preis prohibitiv, so dass die Erlöse wieder sinken würden? Mit denselben 68 DM wie 1983 konnte oder wollte man nicht mehr auf den Markt gehen; mindestens zehn Mark teurer sollte das neue Buch sein. Oder konnte man es effektiver für 84 DM, oder sogar für einen knappen Hundertmarkschein, für 98 DM losschlagen? Beim Verlag kam nur gut die Hälfte des Ladenpreises an, denn von diesem war zunächst die Mehrwertsteuer von sieben Prozent abzuziehen und dann der Buchhandelsrabatt, der im Durchschnitt mit 43 Prozent angesetzt war.

Auf der Kostenseite wiederum kalkuliert ein Verlag mit den sogenannten «Gemeinkosten», einer Art Pauschale für das eigentliche Verlagsgeschäft, denn dessen Büroräume müssen betrieben und bewirtschaftet, die Gehälter von Lektoren, Herstellern und Vertriebsleuten gezahlt werden. Man lädt einen Autor zum Mittagessen ein oder veranstaltet einen Empfang auf der

Frankfurter Buchmesse und dem Historikertag. All das wird in der Regel nicht einem bestimmten Projekt, einem Autor, einem Buch zugerechnet, weil Lektoren keine Anwälte sind, die ihren Autoren *billable hours* in Rechnung stellen. Also wird das pauschaliert und häufig, so auch hier, mit der Hälfte des Umsatzes des betreffenden Buches angesetzt. Je nach Ladenpreis und Auflage ergaben sich so ein Aufwand zwischen 350 000 und 470 000 DM und ein Erlös zwischen 360 000 und knapp 500 000 DM. Man kann also sagen: So ein Nipperdey war ein Halbmillionengeschäft. Am besten sah die Marge des Verlags mit sieben Prozent bei der kleineren Auflage und dem höchsten Ladenpreis aus, aber die Auflage von 12 000 (was einem Druck von 13 200 Exemplaren entsprach) bei dem niedrigen Preis von 78 DM rechnete sich mit knapp sechs Prozent nicht wesentlich schlechter. In diese Richtung wurden die Weichen gestellt. Dass der Autor bei vereinbartem Honorarsatz, in diesem Falle zehn Prozent des Ladenpreises, schlechter dastand, wenn der Verlag einen niedrigeren Verkaufspreis festsetzte, spielte hier wie allgemein üblich keine Rolle; ein Mitspracherecht hatte er deshalb jedenfalls nicht. Er konnte hoffen, dass sich das Buch bei geringerem Ladenpreis besser verkaufte und sein Erlös auf diese Weise wieder ins Lot kam.

Mitte Mai 1990 stellte Otto Gutfreund dem Verlag den Satz des Buches in Rechnung.[82] Insgesamt blieb das im Rahmen des Angebots und der Kalkulation, auch wenn der Umfang noch einmal etwas angeschwollen war, auf nun 55 ½ Bögen. Die Autorkorrekturen entsprachen in etwa dem, was der Verlag dafür angesetzt hatte; größere Eingriffe in den schon gesetzten Text, die entsprechend teuer geworden wären, nahmen der Autor und seine «jungen Leute» also nicht mehr vor. In der nüchternen satztechnischen Perspektive transformierte sich die geistige Leistung von Thomas Nipperdey in eine siebenstellige Ziffer: 2 737 611 Anschläge hatte er mit dem zweiten Buch, dem ersten Teilband seines Kaiserreichs, produziert.

Besondere Aufmerksamkeit verlangte der Druck, denn mit den von May gedruckten Büchern war der Verlag in letzter Zeit nicht immer zufrieden gewesen; offenbar hatte sich öfters ein ungleichmäßiges, nicht gleichmäßig sattes Druckbild ergeben. Unmittelbar vor der Auftragserteilung wandte sich Jürgen Fischer, der Herstellungsleiter, deshalb an die Geschäftsleitung von May & Co. und mahnte mit dem Hinweis auf die besondere Bedeutung dieses Buches eindringlich und «persönlich» zur Qualität.[83]

Wir vertrauen Ihnen damit unser wichtigstes Verlagswerk der Herbstproduktion 1990 an. Wie Sie wissen, haben wir in letzter Zeit wiederholt mehr oder weniger gravierende Mängel bei den von Ihnen produzierten Büchern feststellen müssen.

Der Angesprochene zeigte «vollstes Verständnis» und wusste, «daß Sie in einigen Fällen in der Vergangenheit Anlaß hatten, mit der Farbgebung der Druckerei nicht zufrieden zu sein». Er habe jedoch mit seinen Herren darüber gesprochen und könne zusagen, «daß Sie künftig mit dem Druckausfall der auf der Bookomatik gefertigten Bücher zufrieden sein werden.»[84]

Inzwischen wurde eine Feuchtwasserkühlung mit einem Dosiergerät für den Wischwasserzusatz installiert. Wir erreichen damit eine wesentliche Verbesserung der gleichmäßigen Farbführung.

Angebot und Druckauftrag wurden den inzwischen veränderten Parametern angepasst. 13 200 Exemplare sollten gedruckt werden, davon zunächst 8000 in Leinen gebunden, mit Schutzumschlag versehen und einzeln in Folie eingeschweißt.[85] Das ließ Spielraum, wenn der Absatz der Leinenausgabe sich nicht wie erwartet entwickelte, den noch nicht gebundenen Teil der Auflage mit einem einfachen Kartonumschlag zu versehen und zu deutlich geringerem Preis, etwa als «Studienausgabe» deklariert, auf den Markt zu bringen. Im Falle Nipperdeys erwies sich das jedoch nicht als nötig.[86] Ende Juli, kurz vor der Auslieferung, wurden die Druck- und Bindearbeiten abgerechnet; Anlass zu Beschwerden gab es offenbar nicht mehr.[87] Das Buch als materielles Artefakt war fertig und bereit zum Kontakt mit seinem Publikum.

Inzwischen hatte auch der Autor nicht untätig sein können, während sich im Verlag die Aufmerksamkeit vom Lektorat über die Herstellung schließlich zur Presseabteilung und verschiedenen Marketingaktivitäten rund um das Buch verschob. Wiederum verfasste Thomas Nipperdey ein Nachwort, das auf den 8. September 1989 datiert war – kein symbolisches Datum, also wohl tatsächlich der Tag des Schreibens.[88] Mehr als sechs Jahre zuvor hatte er eine Begründung des Buches geliefert und in verdichteter Form eine Skizze der Forschungsdebatten zum Kaiserreich und seiner eigenen Positionen gezeichnet: gegen die Vorstellung von einem deutschen Sonderweg, gegen die Perspektivierung der Vergangenheit auf die eigene Gegenwart hin. «Man kann nicht alles nur als Vorgeschichte lesen, man muß die Dinge auch selbst lesen.»

Er begründete die Bandteilung und konzedierte, dabei «mit Schubladenvokabeln» vorgegangen zu sein: «Gesellschaft und Kultur zuerst, dann Staat und Politik, so bin ich, so werde ich verfahren.» Er formulierte, was ihn beim Schreiben umgetrieben hatte: die Spannung zwischen den positiven und den negativen Seiten, das mögliche Ungleichgewicht der beiden Teilbände mit Bezug darauf, und verwies auf die Kapitel über Klassengesellschaft und Schattenlinien, «auch wenn das gewiß nicht genug für diejenigen ist, die alte Zeiten nur noch mit dem ‹kritischen› Auge sehen können.» Thomas Nipperdey stellte dieses Buch als das mittlere von dreien vor, stellte es in den Zusammenhang, in die Serialität des Gesamtwerks über Deutschland im 19. Jahrhundert und bis 1918, das er nun sogar als eine «Trilogie» bezeichnete. Mit dem letzten Satz des Nachworts setzte er ein Datum für deren Abschluss und deutete an, dass er dabei gegen eine Krankheit zu kämpfen hatte: «Ich hoffe, daß Gott mir Kraft und Zeit gewährt, auch den letzten Band in etwa drei Jahren zu vollenden.»

Den Zusammenhang der Bände unterstrich auch die Titelgebung und, in gewissen Grenzen, der Schutzumschlag. Es lag nahe, an den prägnanten Untertitel «Bürgerwelt und starker Staat» anzuknüpfen; bloß verteilten sich die beiden Pole nun auf zwei Bände: Der erste Halbband über Gesellschaft und Kultur hieß «Arbeitswelt und Bürgergeist», der zweite über die politische Geschichte wurde 1990 als «Verfassung und Imperium» angekündigt und erschien zwei Jahre später als «Machtstaat vor der Demokratie».[89] Die Gestaltung des Umschlags war mit dem Buch von 1983 fast identisch, mit Grafik, Schriftart und dem mittig platzierten, nun farbigen, leitmotivischen Bild. Die Grundfarbe des Schutzumschlags aber wechselte von Schwarz zu Weiß, während noch die bis dahin letzte, vierte Auflage des ersten Bandes ihr mittlerweile etwas unzeitgemäßes schwarzes Outfit behalten hatte, entgegen der frühen Absicht Ernst-Peter Wieckenbergs, den Abschied vom Vorbild Craig und die Etablierung einer eigenen «Marke» Nipperdey so bald wie möglich zu vollziehen.[90] 1991 kam eine fünfte Auflage des ersten Bandes heraus, die den Wechsel auf den weißen Schutzumschlag nachholte.

Dann musste wieder ein Werbetext verfasst werden, was der Autor Anfang März 1990 tat.[91] Hier galt es sich selber zu loben, was Thomas Nipperdey erneut etwas hölzern geriet. «Nach seinem großen und vielgerühmten Werk zur Deutschen Geschichte zwischen 1800 und 1866 (Wehler) legt Nipperdey nun ein neues Werk vor, zur Deutschen Geschichte in der Zeit des Kaiserreiches.» Das Wehlersche Lob in der *Zeit*-Rezension hatte sich tief eingeprägt;

der Verlag sollte es hier im Wortlaut einfügen. Mit Wehler gegen Wehler – im nächsten Atemzug brachte er sein oberstes methodologisches Postulat unter: «Gerechtigkeit für die Großväter, so Nipperdeys Parole, gegen die eilfertige Kritiklust der Nachfahren, ohne doch das Unheil, das da war und ihrem Wirken folgte, … aus dem Auge zu verlieren.» Und dann fasste er die verschiedenen Facetten des Buches, das so viel von einer gesellschaftlichen und kulturellen Dynamik erzählte, die ihn selber unverkennbar faszinierte, doch in einer bündigen Formel zusammen.

Ein durchgängiges Thema ist dann der aufhaltsame Aufstieg zur Modernität, die Mischung der rasanten und effektiven Modernisierung mit dem Leiden an den Modernisierungsverlusten, und die dabei entstehenden Ambivalenzen.

Wollte er hier wirklich vom «aufhaltsamen» Aufstieg sprechen? Wohl kaum, aber man mag das als höchst charakteristischen Freudschen Verschreiber interpretieren, als unbewusstes Zögern gegenüber der hegelianisch-progressistischen Geschichtsdeutung, die er prinzipiell ablehnte und in der Dynamik des Kaiserreichs doch beinahe wiederfand.

Für ein so wichtiges Buch, das wichtigste nicht nur des Herbstprogramms 1990, warb der Verlag auch mit besonderen Mitteln. Zweimal im Jahr lud C.H.Beck die Buchhandelsvertreter zu einem Abendessen nach München ein, auf dem das Programm der kommenden Saison präsentiert wurde und ein Autor sein demnächst erscheinendes Buch persönlich mit einem kurzen Vortrag vorstellte. Diese Rolle fiel Thomas Nipperdey Mitte April 1990 zu, und Ernst-Peter Wieckenberg stellte kurz danach zufrieden fest: «Ihr Vortrag hat großen Eindruck gemacht und wird dem Verkauf des Buches sehr zugute kommen.»[92] Ebenfalls für den Buchhandel entstand eine vierzigseitige «Leseprobe», ein Vorgeschmack auf das große Buch mit der Umschlaggestaltung des Originalbandes. Hier nahm der Verlag das gesamte, dem Autor so am Herzen liegende Kapitel über die Klassengesellschaft auf; dazu vor allem Ausschnitte, die durch ihre Anschaulichkeit eine Brücke zum Leserinteresse schlagen sollten: Sexualität, Reisen und Natur, Kunstgewerbe.[93]

In der privaten und halböffentlichen Kommunikation, für das Knüpfen persönlicher und professioneller Netzwerke spielten die vom Verlag versandten Freiexemplare des Buches eine wichtige Rolle. Darüber stimmte sich Thomas Nipperdey kurz vor der Auslieferung, im Juli 1990, mit Eva von Freeden ab, der Leiterin der Presseabteilung bei C.H.Beck. Über die persönlichen Belegexemplare hinaus war der Verlag bereit, ein zusätzliches Kontingent an Kollegen, Journalisten und Funktionsträger zu verschicken, die man zugleich als «Multiplikatoren» für die Verbreitung des Buches sehen konnte. Der Autor bearbeitete sorgfältig eine Liste des Verlages und ergänzte sie um eine eigene Aufstellung.[94] Dabei entwickelte er eine mehrstufige Hierarchie der sozialen und kulturellen Nähe und Distanz, indem er vier Kategorien bildete.

Zunächst strich er diejenigen aus der Liste der Presseabteilung, die sein Buch überhaupt nicht zu bekommen bräuchten, «z. B. reine Frühneuzeitler und reine Zeithistoriker, die mir persönlich alle auch relativ fern stehen». Zu manchen markierte er die Distanz noch deutlicher: «in einigen wenigen Fällen möchte ich auch eigentlich meinen Namen als Mitgeber da vermeiden». Die zweite Gruppe bildeten diejenigen, zu denen er ein nüchternes oder gleichgültiges Verhältnis hatte; die mochten das Buch erhalten, «aber ich will mich da persönlich nicht weiter engagieren». Die größte Gruppe sollte ein Buch mit eingelegter Karte des Verlags bekommen – «zugleich im Namen des Verfassers» stand üblicherweise darauf – mit zusätzlicher Unterschrift von Thomas Nipperdey. «Das sind also Leute, denen ich eine Unterschrift zugedenke, wo aber Autor und Verlag sozusagen gleichmäßig auftreten sollten». Und schließlich die vierte, ihm am nächsten stehende Gruppe: Solche Namen hatte er mit dem Zusatz «Th. N.» versehen. In deren Bücher sollten besondere Kärtchen in einer Weise eingelegt werden, die Nipperdey präzise vorgab.

… die im wesentlichen meinen Namen betonen, und zwar auch so, daß man sie aufgeklappt hereinlegt, so daß man zuerst meinen Namen und die Empfehlung sieht. Das hat viele z. T. komplizierte diplomatische, z. T. natürlich auch einfach persönliche Gründe, aber da würde ich einigen Wert darauf legen.

Zum guten Stil gehörte es, auf solche Zueignung mit einem Dankbrief zu antworten. Der Romanist Harald Weinrich beglückwünschte den Autor «zur Fertigstellung dieser neuen Etappe Ihres Lebenswerkes.»[95]

Gleichzeitig plante das Lektorat mit Nipperdey dessen Auftritt auf dem Verlagsempfang während der Frankfurter Buchmesse im Oktober – hier war es ebenfalls Tradition, einem prominenten Autor mit seiner Neuerscheinung die Gelegenheit zu einem kurzen Vortrag zu geben. Es war die Hochphase des deutschen Einigungsprozesses, und zu diesem Thema, das den sozial- und kulturgeschichtlichen Schwerpunkten des ersten Teilbandes zum Kaiserreich im Grunde wenig entsprach, sollte er reden. Nipperdey haderte mit dem, wenn auch in Frageform gebrachten, Vorschlag seines Vortragstitels: «ob der Nationalstaat die Erfüllung der deutschen Geschichte ist weiß ich wirklich nicht». «Ist der deutsche Nationalstaat eine Rückkehr zur Normalität?», schlug er stattdessen – weniger pathetisch, gleichwohl damals politisch nicht selbstverständlich – vor, und dazu sprach er Anfang Oktober, wenige Tage nach der Wiedervereinigung, in Frankfurt.[96]

Zum Erscheinen des Buches im August 1990 hatte das *FAZ-Magazin*, das der Tageszeitung jeden Freitag als farbiges Extra beilag, Thomas Nipperdey eingeladen, seinen damals sehr populären und mindestens unter Akademikern weithin beachteten «Fragebogen» auszufüllen – auch das Teil einer *Promotion*, in der sich die Interessen von Autor, Buchverlag und berichtenden Medien verknüpften.[97] Selbststilisierung und authentische Auskunft konnten hier nahtlos ineinander übergehen. Zur Frage: Wo möchten Sie leben? trug Thomas Nipperdey ein: Princeton, N. J. – Was ist für Sie das vollkommene irdische Glück? Ein Buch geschrieben zu haben.

VIII. Gipfel und Hügel, Opus und Opuscula

Ein großes Buch steht nicht gerne allein. Kaum ist es fertig, will es fortgeschrieben werden. Nach dem Willen des Autors und äußeren Interessen, die ihn in diese Richtung ziehen, soll es in die Serialität, die Mehrbändigkeit eines umfassenderen Werkes überführt werden. Wenn das nicht möglich oder sinnvoll ist, oder wenn die Serialität sich erschöpft hat, kann die besondere Leistung später an einem ganz anderen Thema, an einem neuen Werk wiederholt oder gar überboten werden. Das historiographische Schaffen Leopold von Rankes im 19. Jahrhundert ist ein klassisches Beispiel dafür. Auf drei Bände Papstgeschichte des erst Vierzigjährigen folgten sechs Bände deutscher Geschichte im Zeitalter der Reformation und schließlich das Alterswerk einer neunbändigen Weltgeschichte.

Aber noch in anderer Hinsicht soll das große Buch nicht zum «Solitär», zum Einzelstück werden. Häufig wird es, aus ganz unterschiedlichen Gründen, in einen Kontext kleinerer Schriften eingebettet. Das ist nicht nur in der Wissenschaft so, sondern teilweise auch in der Schönen Literatur. Romane von vielen hundert Seiten, die den eigentlichen Ruhm des Autors begründen, stehen neben kürzeren Erzählungen, literarischen Essays, Vorträgen und anderen Gelegenheitsarbeiten; möglicherweise auch gesellschaftspolitischen Interventionen. Das Werk von Thomas Mann steht dafür paradigmatisch und beeinflusst wohl bis zum heutigen Tage die Muster literarischen Schaffens.

Das Opus magnum und seine Einbettung in kleinere Schriften erscheinen nicht selten in einer Metaphorik der Landschaft: als Haupt- und als Nebengipfel, als große Berge und kleinere Hügel. Im Idealfall ist das gesamte Werk ein komplexes, vielfach abgestuftes Gebirge, aus dem die schneebedeckten Gipfel des umfangreichen, Respekt einflößenden Hauptwerks herausragen.[1] Aber das Alpenvorland hat seinen Reiz, und auch in diesem Bild ist ein Solitär, ein Kilimandscharo, weniger befriedigend. Als Jürgen Habermas nach dem Abschluss seiner zweibändigen «Theorie des kommunikativen Handelns» gefragt wurde, was der nächste Berg sei, den er jetzt erklimmen müsse, antwortete er: «Hügel, nur kleinere Hügel.»[2]

Zwischendurch etwas Kleineres zu schreiben befriedigt mindestens zwei Bedürfnisse, die auch für die geisteswissenschaftliche Arbeit eine Rolle spielen. Erstens verlangt die Anstrengung der Konzentration auf ein großes Werk, die Disziplin über einen sehr langen Zeitraum, nach Abwechslung, nach leichterer Tätigkeit. Arbeit am Opus magnum bedeutet, sich auf ein «deferred gratification pattern» einzulassen: Die Belohnung muss auf einen späteren Zeitpunkt, oft um viele Jahre, verschoben werden. Ein Zeitschriftenaufsatz dagegen kann schon Monate nach dem Abschluss des Manuskripts, ein Zeitungsartikel nur wenige Tage später publiziert werden. Zweitens verlangt der Markt nach kontinuierlichem Nachschub. In langen Jahren zwischen dem Erscheinen dicker Bücher soll der Autor nicht in Vergessenheit geraten. Vielleicht möchte er das selber nicht; das Ergebnis eines Schaffens in langen Zyklen soll nicht als ein *Comeback* aus der Vergessenheit erscheinen. Leser und «Fans» wollen in der Zwischenzeit gefüttert werden. Als Vermittler dieser Interessen und zugleich als starker eigener Akteur tritt in der Regel der Verlag auf, vielleicht auch ein Agent, der sich um Geschäfte und Markterfolg des Autors kümmert. Zwischen den großen Romanen kann man ein schlankeres Buch mit Kurzgeschichten herausbringen oder mit Essays, die über die Jahre verstreut veröffentlicht wurden.

Im wissenschaftlichen Publizieren hat die Bedeutung des Buches in den letzten Jahrzehnten abgenommen. Zuerst in den Naturwissenschaften, dann auch in den Sozial- und Verhaltenswissenschaften begann der Siegeszug des Aufsatzes, des *Papers*. Wissenschaftliche Reputation bemisst sich in der Physik, der Ökonomie, der Psychologie höchstens noch marginal am monographischen Werk. Zunehmend betrifft das nicht mehr bloß die Form des Schreibens, das Genre aus der Sicht des Verfassers, sondern auch die Form und die (Nicht-)Materialität der Publikation: im Übergang vom Druck in die Online-Veröffentlichung und von der Moderation durch Verlage (und die sie, zum Beispiel als Herausgeber oder Beiräte von Zeitschriften oder Serien, unterstützenden Wissenschaftlerinnen und Wissenschaftler) zum *Open Access*.

An den Geisteswissenschaften ist dieser Trend nicht spurlos vorbeigegangen. Freilich spielte der gut untergebrachte Zeitschriftenaufsatz hier schon seit dem späten 19. Jahrhundert eine wichtige Rolle: möglichst im national führenden Organ der Profession, das man mindestens bis in die 1970er Jahre noch klar identifizieren konnte, etwa als *Historische Zeitschrift* für die deutsche und als *American Historical Review* für die US-amerikanische Geschichtswissenschaft. Mit den wissenschaftlichen Periodika verbindet sich ein weiteres «kleines» Genre des Schreibens, nämlich die Rezension, die zugleich eine wesentliche kulturelle Markierung des kollegialen Gesprächs, des wissenschaftlichen «Diskurses» darstellt. Auch «Festschriften» zu runden Geburtstagen älterer Gelehrter, in denen Schüler und Kollegen eine oft nachrangige kleinere Arbeit unterbringen, haben eine lange Tradition.

Daneben sind ganz neue Genres des akademischen Schreibens getreten, seit dem Ende des 20. Jahrhunderts und nicht zuletzt in der deutschen akademischen Kultur der «Forschungsantrag», mit dem man sich um materielle Ermöglichung oder Förderung des eigentlich Selbstverständlichen, nämlich der Durchführung von wissenschaftlicher Forschung für sich selber oder den akademischen «Nachwuchs» bemüht. Insofern wissenschaftliche Reputation, Karrierechancen, zum Teil auch die materielle Entlohnung sich zunehmend an erfolgreich eingeworbenen Forschungsgeldern, den «Drittmitteln» im deutschen Sprachgebrauch und System, bemessen, können sich Präferenzentscheidungen verschieben. Man schreibt Anträge statt Aufsätze oder gar Bücher; man beantragt Forschung und berichtet über sie. Damit verändert sich vieles: Die Kommunikation mit einem auch außerfachlichen, gar außerakademischen Publikum, die sich durch Bücher wie Thomas Nipperdeys Deutsche Geschichte herstellt, die aber zumal von englischen und amerikanischen Historikern mindestens ebenso sehr gesucht wird, tritt zurück gegenüber einem mehr innerfachlichen Diskurs. Man kann in einem doppelten Sinne von einer Szientifizierung der Geisteswissenschaften sprechen: Sie nähern sich dem Muster der *Sciences*, also der Naturwissenschaften und der von diesen wiederum beeinflussten *Social Sciences* an. Und sie werden in ihrer sozialen Struktur mehr «scientific», nämlich stärker ausgerichtet auf den Binnenraum der akademischen Reproduktion von Wissen, Resonanz und Reputation.[3]

Das spiegelt sich auch in der Form des Schreibens. Die für die Geisteswissenschaften, besonders aber für die Geschichtswissenschaften zentrale Verbindung, ja engste Symbiose von Forschung und Darstellung, von «Wissenschaft als Arbeit» und ihrer auch an ästhetischen Kategorien gemessenen literarischen Repräsentation[4] tritt zurück – einfacher gesagt: Der zweite Pol löst sich auf. Die informell gerne ironisch apostrophierte «Antragsprosa» kennt literarische und ästhetische Maßstäbe höchstens noch in elementarer Form von Orthographie und Grammatik und scheitert oft schon an einer vernünftigen Gestaltung des Textes in Absätze, weil die Vorlagen, die *Templates*, der Geldgeber das nicht mehr vorsehen.

Zugleich sind Hierarchien des sozialen Systems «Wissenschaft» seit den 1970er Jahren abgebaut worden. Heute agieren schon Doktoranden als Mitglieder der *Academic Community*, schreiben Rezensionen und Aufsätze, organisieren Tagungen und geben Sammelbände heraus. Bis in die 1960er Jahre löste man erst mit der Habilitation die vollgültige Eintrittskarte in die wissenschaftliche Welt und die professionelle Gemeinschaft. Der alle zwei Jahre veranstaltete Fachkongress der deutschen Historikerzunft kannte bis 1992 eine besondere Veranstaltung unter dem Titel «Junge Historiker stellen sich vor», auf der nicht Doktoranden oder *Post-Docs*, sondern Privatdozenten, also kürzlich Habilitierte, sprachen. Vor der Habilitation in einer normalen Sektion des Historikertags sprechen zu können war in der Zeit, als Thomas Nipperdey seine akademischen Meriten verdiente, ungewöhnlich. Theodor Schieder, sein akademischer Mentor, gab ihm 1958 in Trier die Gelegenheit, über sein Habilitationsthema «Industrielle Verbände und Parteien in Deutschland vor 1914» zu sprechen.[5] Nipperdeys späterem Münchner Kollegen Gerhard A. Ritter prägte sich die Situation ein.

Alles daran war ungewöhnlich und ich erinnere mich noch, daß einige der älteren Professoren die Nase gerümpft haben. Wieso durfte ein noch nicht einmal Habilitierter sprechen, wo doch damals nur in Ausnahmefällen Privatdozenten bescheiden über ihre Forschungen berichten konnten? Und was war das überhaupt für ein Thema? War es schon zweifelhaft, daß Parteien ein Gegenstand ernsthafter Historiker sein konnten, so schien es doch klar, daß etwas so Degoutantes wie Verbände – gab es die denn überhaupt im Kaiserreich? – sicher auf einem Historikertag nichts zu suchen hätten.[6]

Nicht mit der Promotion, sondern erst nach erfolgter Habilitation begann häufig das wissenschaftliche Publizieren. Theodor Schieder als Herausgeber der *Historischen Zeitschrift* verhalf Thomas Nipperdey, parallel zum Trierer Historikertag, zum Abdruck eines längeren Aufsatzes über sein Parteienthema, aber das war seine erste richtige Veröffentlichung.[7] Erst 1961, im Jahr der Göttinger Habilitation – freilich war er da erst 33 Jahre alt –, begann Nipperdey regelmäßig zu publizieren; seine erste Rezension erschien 1962 in der HZ.[8] Das markierte den vollen Eintritt in die Zunft und war als Ausweis der Zugehörigkeit zu dieser gerade für jüngere, noch nicht etablierte Wissenschaftler notwendig. Später konnte man – und so ist das bis heute – je nach Neigung und Temperament das Schreiben von Aufsätzen und von Rezensionen wieder reduzieren. Aber mit Büchern alleine, mochten sie auch noch so bedeutend sein, drohte man bloß ein wissenschaftlicher Autor oder sogar ein Sachbuchautor zu sein, falls diese Bücher sich gleichzeitig an ein breiteres Publikum richteten.

Am Schriftenverzeichnis von Thomas Nipperdey lassen sich die verschiedenen Zyklen der Produktion, zum Teil auch der Biographie in einem weiteren Sinne deutlich ablesen. Als Privatdozent und während der ersten ordentlichen Professur in Karlsruhe seit 1963 blieb die veröffentlichte Produktion begrenzt.[9] Das professorale Multitasking forderte vermutlich auch an der überschaubaren Technischen Hochschule seinen Tribut. Ein Fundus von Vorlesungen musste erarbeitet werden; das Lesen, das Aufsaugen von Stoff und dessen Verwertung für die akademische Lehre haben in dieser Karrierephase Vorrang.[10] Zwischen 1966 und 1968 erschienen jedes Jahr mindestens drei substantielle Aufsätze; dabei muss man bedenken, dass im Durchschnitt ein Jahr zwischen Manuskriptabschluss und Veröffentlichung verging. Die Zäsur des Wechsels an die Freie Universität Berlin 1967 tritt insofern umso klarer hervor. Universitätspolitische Kämpfe beanspruchten Zeit und absorbierten Aufmerksamkeit. 1969 erschien nicht ein einziger Aufsatz, lediglich zwei Rezensionen; an ein Buch war nicht zu denken. Auch 1970 und 1971 blieb der Ertrag bescheiden. Erst nach dem Übergang nach München 1971/72 konnte Thomas Nipperdey wieder produktiver arbeiten, und nicht zuletzt das war ja ein Motiv für die Annahme des Rufes dorthin gewesen.[11]

Der Beginn der intensiven Arbeit am ersten Band der Deutschen Geschichte hinterließ weniger Spuren in der Produktion kleinerer Schriften. Im Laufe der Zeit stellt sich größere Routine ein, und man zehrt von einem Vorrat – früher behandelte Themen lassen sich, wenn man erneut dazu gebeten wird, variieren. Die intensive Schlussphase der Arbeit am Manuskript, in der Thomas Nipperdey innerhalb eines knappen Jahres vier- bis fünfhundert Schreibmaschinenseiten zu Papier brachte, spiegelt sich in einem Knick der Publikationen im Jahre 1982. Während der Arbeit an den Bänden zum Kaiserreich blieb die Produktivität in den Hügelketten hoch; bloß das Rezensieren stellte der Autor Mitte der 1980er Jahre eine Zeitlang fast völlig ein. Deutlich erkennbar ist dann wieder, seit 1989, die letzte, intensive und zunehmend im Schatten der schweren Krankheit stehende Phase der Fertigstellung der Deutschen Geschichte. 1991 erschien, als letzter konzeptionell eigenständiger Aufsatz Thomas Nipperdeys, der Schlussvortrag auf dem Bochumer Historikertag vom September 1990 «Einheit und Vielfalt in der neueren Geschichte» in der *Historischen Zeitschrift*;[12] so schloss sich der Kreis zum Jahr 1958.

Einen gewissen Sonderfall im Werk von Thomas Nipperdey stellen die politischen Schriften dar, mit ihrem Schwerpunkt in der Bildungs-, Hochschul- und Wissenschaftspolitik der frühen und mittleren 1970er Jahre, also der Zeit, in der er sich nicht nur publizistisch auf diesen Feldern engagierte, insbesondere als Vorsitzender des «Bundes Freiheit der Wissenschaft».[13] Neben dem wissenschaftlichen Werk außerdem politisch zu schreiben und gelegentlich tagesaktuell, und am besten so, dass aktuelle Fragen durch fachliche Kompetenz beleuchtet werden und einen tieferen Resonanzraum erhalten: Das ist kein Sonderfall, sondern geradezu ein Definitionsmerkmal des «Professoren-Intellektuellen», zu dem Thomas Nipperdey, auch wenn er sich selber kaum so bezeichnet hätte, in den 1970er Jahren wurde und das bis zu seinem Tod blieb. Auch andere bedeutende Geisteswissenschaftler seiner Generation engagierten sich so, und auch andere standen vor der Frage, in welchem Verhältnis die mehr politischen und anlassgebundenen Schriften zum engeren wissenschaftlichen Werk stehen sollten. Zeitungsartikel und Radioessays kommen und gehen, aber mit einem bestimmten Grad der eigenen Bekanntheit wächst der Reiz, auch die Gelegenheitsschriften als Teil des Werkes und in Buchform erneut zu dokumentieren. Jürgen Habermas fand dafür die publizistische Form der «Kleinen Politischen Schriften», die vor allem seit Mitte der 1980er Jahre Zeitungsartikel und Vorträge unter einem losen thematischen Stichwort zusammenfassten und in der «edition suhrkamp», der mehr essayistischen Taschenbuchreihe seines Frankfurter Stammverlags, herausbrachten.[14] Nipperdeys Antipode Hans-Ulrich Wehler tat es ihm nach und publizierte ähnliche Arbeiten, auch viele Rezensionen aus der *Zeit* und der *Frankfurter Allgemeinen*, in der Taschenbuchreihe von C.H.Beck, der damaligen «Beck'schen Reihe».

Eine solche Strategie funktioniert dann besonders gut, und zum Nutzen beider Teile des Werkes, wenn wissenschaftliche und politisch-publizistische Schriften, wissenschaftliche und politische *Persona* des Autors sich in der öffentlichen Wahrnehmung überlappen oder zumindest nicht wechselseitig irritieren. Die Reputation des wissenschaftlichen Werkes jedenfalls soll durch das politische Engagement, insbesondere durch eine mögliche Festlegung auf eine politische Partei oder eine Richtung, nicht beschädigt werden. Das effektive Zusammenspiel auf beiden Klaviaturen hat Jürgen Habermas wie kaum ein anderer beherrscht. Das angesprochene Problem ist nicht nur eines von

Wissenschaftlern: Die politischen Stellungnahmen, die tagespolitischen Interventionen des Schriftstellers Günter Grass haben seine Reputation als Künstler zeitweise nicht unbedingt befördert. Es ist auch, wie das Beispiel des «linken» Intellektuellen Grass zeigt, nicht nur ein Problem von «Konservativen», ihre politische Identität in einem – jedenfalls in der Bundesrepublik seit den 1970er Jahren – eher linksliberal, erst sozialdemokratisch und später grün gefärbten Diskursklima der gebildeten Öffentlichkeit zur Geltung bringen zu können.

Gleichwohl gibt es ein solches Spannungsverhältnis im Werk von Thomas Nipperdey. Ganz anders als Habermas und Wehler hielt er seine eigenen «kleinen politischen Schriften» vom wissenschaftlichen Werk ziemlich strikt getrennt. Er sammelte sie nicht in Essaybänden, schlug das keinem führenden Verlag vor und wurde auch von C.H.Beck nicht dazu ermuntert. Das entsprach seinem dezidierten Selbstverständnis, nach dem das politische Engagement die wissenschaftliche Erkenntnis nicht beeinflussen, nicht färben sollte und auch nicht musste, weil für die Wissenschaft der Maßstab der Objektivität galt.[15] In der Bildungs- und Hochschulpolitik trat er zudem, wie im heftigen Konflikt um die Hessischen Rahmenrichtlinien, als Kämpfer in einer eindeutigen Sache auf oder wurde jedenfalls so wahrgenommen, während sein Naturell, aber gewiss auch seine Selbststilisierung, in der Wissenschaft wie im übrigen Leben eher das des Zweiflers, des Skeptikers, des leisen Ironikers war.

Deshalb ist es vielleicht kein Zufall, dass seine politischen Interventionen, vor allem soweit sie sich aus dem Mittun in eher konservativen Netzwerken von Wissenschaftlern und Intellektuellen ergaben, an vergleichsweise abgelegenem Ort erschienen, vor allem in der Taschenbuchreihe «Texte+Thesen» des in Osnabrück und Zürich ansässigen Fromm-Verlages. In dieser Reihe, einer Art intellektuell verschattetem Gegenstück zur «edition suhrkamp», erschien auch die einzige monographische Arbeit Thomas Nipperdeys zwischen seiner Habilitationsschrift und der Deutschen Geschichte 1800–1866: sein erweiterter Beitrag zur Kritik der Hessischen Rahmenrichtlinien Gesellschaftslehre unter dem Titel «Konflikt, einzige Wahrheit der Gesellschaft?»[16] Nipperdeys Beitrag zu einem im Sinne der damaligen «Tendenzwende» arrangierten Kongress konservativer Intellektueller[17] erschien im Februar 1980 in der *Zeit*. Obwohl der Münchner Historiker in diesem Umfeld, auch wegen seiner bis 1985 noch bestehenden SPD-Mitgliedschaft, eher ein liberaler Außenseiter war, sorgte das für eine heftige Briefkontroverse mit den Bielefelder Kollegen Hans-Ulrich Wehler und Jürgen Kocka.[18] Als der Text etwas später in der von Michael Zöller edierten Kongressdokumentation im Fromm-Verlag erschien, hieb Ralf Dahrendorf wiederum in der *Zeit* darauf ein und bescheinigte: «Ausnahmslos schreiben die Autoren dieses Bandes unter ihrem normalen und in den meisten Fällen hohen Niveau.»[19] Der Hauch einer gewissen Peinlichkeit umwehte diese Nischenpublikationen.

In den 1980er Jahren, vor allem mit dem Erscheinen von «Bürgerwelt und starker Staat» 1983, reduzierte Thomas Nipperdey sein publizistisches Engagement auf den bisherigen thematischen Feldern ebenso wie in diesem Milieu. Am Historikerstreit von 1986/87 – davon wird noch die Rede sein – beteiligte er sich kaum.[20] Das fiel leicht, weil die bildungs- und hochschulpolitischen Kontroversen inzwischen nahezu in Vergessenheit geraten waren. Stattdessen rückte Geschichtspolitik ins Zentrum der intellektuellen Debatten, und zur deutschen Nation, zur Problematik von Einheit und Teilung in der deutschen Geschichte konnte Nipperdey sich zugleich politisch unbefangener als auch mit allgemein geachteter wissenschaftlicher Kompetenz äußern.[21] Der Mauerfall und die deutsche Wiedervereinigung trafen seit dem Herbst 1989 einen Lebensnerv. Er trat auf einer an 1817 anknüpfenden Neuinszenierung des studentisch-nationalliberalen Wartburgfestes auf,[22] ebenso in Radio und Fernsehen. Ohne die Krankheit, ohne die körperliche Beeinträchtigung vor allem nach einer erneuten schweren Operation im Spätsommer 1990 und ohne den Zeitdruck auf den Abschluss des letzten Bandes, hätte er der politischen Lust und dem intellektuellen Engagement vermutlich noch mehr Raum gegeben. Der Fertigstellung des Hauptwerks gebührte unzweifelhaft der Vorrang. So blieb der politische Intellektuelle Thomas Nipperdey in verschiedener Hinsicht unvollendet.

Im Sommer 1986 aber, zeitlich ungefähr auf halber Strecke zwischen dem ersten und zweiten Band seiner Deutschen Geschichte, erschien bei C.H.Beck eine Sammlung mit Aufsätzen unter dem Titel «Nachdenken über die deutsche Geschichte», die einige Beachtung fand und auch kommerziell ein Erfolg wurde.[23] Seit dem Erscheinen der eher akademischen Aufsatzbände bei Vandenhoeck & Ruprecht, vor allem der gewichtigen Sammlung «Gesellschaft, Kultur, Theorie», war ein Jahrzehnt vergangen. Der Gedanke lag nahe, seitdem publizierte Aufsätze aus Zeitschriften, Sammelbänden und Festschriften erneut in Buchform vorzulegen. Der Anstoß dazu ging nicht von C.H.Beck aus; am Anfang stand nicht eine Idee von Ernst-Peter Wieckenberg zur Autorenpflege, zur landschaftsgestalterischen Anlage eines Hügels zwischen den

Gipfeln. Es war wohl Thomas Nipperdey selber, der in Gesprächen mit einem anderen Verlag einen Aufsatzband anregte: Am 26. Juni 1985 traf er sich in München mit Reinhard Lebe vom Lektorat der in Stuttgart ansässigen Deutschen Verlagsanstalt.

Die DVA war ein prominenter, prestigereicher Verlag, der im historisch-politischen Sachbuch erfolgreich war und Wissenschaftler ebenso wie Politiker und einflussreiche Journalisten, etwa Sebastian Haffner, zu seinen Autoren zählte – ein Profil, das demjenigen von Wolf Jobst Siedlers eigenem Verlag durchaus ähnlich war. In der Orientierung auf das kommerziell erfolgreiche Sachbuch, auf den «Spitzentitel», der mit hoher Auflage und großem Werbeaufwand in den Markt gedrückt wurde, war die DVA damals dem Münchner Konkurrenten C.H.Beck voraus, der Schritte in diese Richtung forcierte, aber sich noch mehr als ein Wissenschaftsverlag verstand (und diesen Pol ja auch mit großem Erfolg nie vernachlässigte) und sich mit gegenwartsnahen Themen, mit der historisch-politischen Zeitdiagnose, schwerer tat. In Zusammenarbeit mit F. A. Brockhaus brachte die DVA damals ein mehrbändiges Geschichtswerk heraus, dessen Ausstattung dem Propyläen-Konzept ähnelte: nämlich eine Geschichte der Bundesrepublik Deutschland, herausgegeben von namhaften Gelehrten wie Theodor Eschenburg und Karl Dietrich Bracher, mit eher liberal-konservativem als linksliberalem Einschlag – oder man sollte wohl besser sagen: eher staatstragend als kritisch, was schon in der repräsentativen äußeren Gestalt der Bände mit eingeprägtem Bundesadler auf dem Einband deutlich wurde. Die DVA-Reihe mit Autoren wie Hans-Peter Schwarz und Klaus Hildebrand signalisierte den «Abschied vom Provisorium»; sie war eine Chiffre für die Selbstbestätigung des lange verunsicherten Halbstaates, der in der Mitte der 1980er Jahre zu sich selber fand und sich nicht ohne Stolz seiner eigenen Geschichte vergewissern zu können glaubte.[24]

Dass Nipperdey über seinen Wunsch nach einem Aufsatzband nun mit einem Verlag wie der DVA ins Gespräch kam, verriet nicht nur etwas über die in zehn Jahren gewachsene Reputation und öffentliche Bekanntheit des Münchner Geschichtsprofessors, sondern spiegelt auch einen Wandel auf dem Buchmarkt und in der öffentlichen Geschichtskultur der Bundesrepublik in den 1980er Jahren. Das neue Interesse an Geschichte, vor allem an der Deutung der deutschen Geschichte der letzten zweihundert Jahre, bot Wissenschaftlern wie ihm die Möglichkeit, kürzere Gelegenheitsarbeiten, aber durchaus auch fachwissenschaftliche, sehr «gelehrte» Aufsätze anders zu positionieren und im Zusammenspiel mit einem entsprechenden Verlag an ein breiteres Publikum zu adressieren. So erschienen die Beiträge in «Nachdenken zur deutschen Geschichte», obwohl es sich überwiegend um wissenschaftliche Aufsätze handelte – wenn auch oft allgemeineren und interpretativen Charakters –, unter der Genrebezeichnung der «Essays» und nicht der «gesammelten Aufsätze».

Das Interesse der DVA richtete sich freilich weniger darauf als auf ein «richtiges», monographisches Buch – und offenbar spielte Thomas Nipperdey auch während dieser Zeit noch und wieder mit dem Gedanken, etwas anderes, ebenso für ihn wie vom Genre her «leichteres» zwischen die harte Arbeit an der Deutschen Geschichte zu schieben. Dazu ist kaum etwas überliefert; Reinhard Lebe nannte es im Nachgang zu dem Gespräch den «von Ihnen skizzierten Plan einer kulturgeschichtlichen tour d'horizon», dem «in unserem Programm durchaus eine stattliche Auflage zuzutrauen wäre.»[25] Ein Band mit Aufsätzen war aus seiner Sicht ein nachrangiges Projekt, das allzu kunterbunt nicht werden sollte, denn er betonte gleich, die Beiträge sollten sich «zu einem thematisch geschlossenen Band zusammenfügen lassen».[26]

Dem Autor war wohl klar, dass eine weitere Monographie, wenn auch der leichteren und kürzeren Art, sich nicht ohne größeren zeitlichen Schaden für sein Hauptprojekt bewerkstelligen ließ – und das wollte er nicht in Kauf nehmen; er spielte diesen Ball künftig von sich aus nicht mehr. Dafür jonglierte er die Idee des Aufsatzbandes zwischen der DVA und C.H.Beck. Teils geschah das aus Loyalität zu dem Münchner Haus und dessen Cheflektor, obwohl er formale Verpflichtungen nicht eingegangen war und den Vertrag über die Fortsetzung der Deutschen Geschichte bewusst liegenließ.[27] Teils war er wohl wirklich unsicher, in welchem Umfeld ein solches Buch am besten platziert würde. Kaum hatte Lebe das Interesse an dem Autor Nipperdey für die DVA brieflich bekräftigt, wandte dieser sich an Ernst-Peter Wieckenberg.

Ein Verlag hat mir angesonnen, einen Band meiner Aufsätze aus den letzten 10 Jahren zu machen, nicht nach dem Typus «Gesammelte Aufsätze», also mit allen, sondern mehr die an ein breiteres Publikum gerichteten und ein relativ großes Thema in Angriff nehmenden Aufsätze, die insgesamt dann auch einen gewissen Zusammenhang hätten. Ehe ich der Sache nähertrete, würde ich aber gerne etwas von Ihnen darüber hören. Bei unserer engen Verbindung möchte ich Ihnen gegenüber nicht illoyal sein. Andererseits scheint es mir so, daß der

Beck-Verlag für eine solche Aufsatzsammlung nicht primär Interesse hat. ... Rufen Sie mich doch einmal an.[28]

Das tat Wieckenberg, der seinen hochgeschätzten Autor in der Gefahr der Abwanderung zu einem anderen Verlag sah, offenbar ohne großen Verzug, denn einige Tage später schickte Thomas Nipperdey ihm bereits eine «Sammlung meiner allgemeineren Aufsätze (den Kölner Dom u. ä. habe ich weggelassen)». Er bekräftigte, dieselbe Sammlung von vierzehn Texten[29] «auch an den anderen Verlag», aus dem er gegenüber C.H.Beck ein Geheimnis machte, gegeben zu haben.[30] Das war zwei Tage vorher geschehen, und umgekehrt legte Nipperdey nun offen, «dass ich auch mit dem Verlag Beck über einen solchen Band sprechen werde, da es mir loyal erscheint, die dortigen Herren über ein anderes Vorhaben zu unterrichten».[31] Einige Texte erwähnte er speziell, weil sie noch ungedruckt waren oder sich gerade anderswo im Druck oder in der Begutachtung befanden; so ein Aufsatz über Martin Luther und der Tutzinger Vortrag über die deutsche Einheit in historischer Perspektive.

Die Reaktion aus Stuttgart blieb etwas verhalten – Lebe bezeichnete seine «eindrucksvolle Lektüre» des Konvoluts als eine «Versuchung ..., über die Komposition eines thematisch möglichst homogenen Auswahlbandes nachzudenken». Als Orientierungspunkt schickte er Eberhard Jäckels Buch über «Hitlers Weltanschauung» mit, das die DVA einige Jahre zuvor als Paperback neu herausgebracht hatte.[32] Statt dem Autor ein Angebot zu machen, verharrte er «gleichsam Gewehr bei Fuß in Erwartung eines Signals, ob Sie sich eine Fortsetzung unserer Gespräche – nicht zuletzt auch über den von Ihnen in München skizzierten Buchplan – in nächster Zukunft wünschen». Dass eine Monographie wenig realistisch war und er lieber den Spatz in der Hand pflegen sollte, ging ihm nicht auf.

Anders Wieckenberg: Am 24. Juli traf er sich mit Thomas Nipperdey, und bei diesem Gespräch über die «Buchausgabe Ihrer Aufsätze» kam man offenbar «rasch zu einer Einigung über den Inhalt», so dass einen Tag später das offizielle Angebot vorlag: Erscheinen des Buches im Herbst 1986 als gebundenes Buch, mit einer Auflage von 2000 bis 4000 Exemplaren. Honorar zehn Prozent, also wie bei dem Buch von 1983; ein Viertel der Auflage könnte im Voraus honoriert werden. «Über den Titel müssen wir uns noch verständigen. Eine Festlegung sollte bis zum Januar des nächsten Jahres erfolgen. (Aufbau, Inhalt, Einbeziehung einzelner Texte)».[33] Zehn Tage später schickte er den vom Verleger bereits unterschriebenen Vertrag.[34]

Aber jetzt war Thomas Nipperdey mit den Konditionen nicht zufrieden. Vor allem schwebte ihm, nach dem Erfolg des Buches zur deutschen Geschichte 1800–1866, eine höhere Auflage als die vorgesehenen 2500 vor. Selbst der frühere Aufsatzband bei Vandenhoeck & Ruprecht habe es inzwischen auf beinahe 4000 Exemplare gebracht; das erwartete er erst recht von C.H.Beck. «Auch die Konkurrenz, die sich freilich noch nicht definitiv geäußert hat, geht von einer höheren Startauflage aus.» Kurzum, «4000 Exemplare schienen mir doch sehr angemessen».[35] Gut, daran sollte es für Wieckenberg nicht scheitern; er gab dem Drängen des Autors schnell nach und sicherte ihm die höhere Startauflage zu, auch um das Buch «erschwinglich zu machen».[36] Wiederum vier Wochen später hatte Nipperdey seine Unterschrift unter den so geänderten Vertrag gesetzt.[37]

In der Zwischenzeit hatte sich aber auch der Kontakt mit der DVA wieder belebt. Im Spätsommer war man in Stuttgart zu einem Abendessen zusammengekommen, nach dem Thomas Nipperdey um einen «verbindlichen Vorschlag» zu seinem Aufsatzband und insbesondere zu dessen Auflage bat.[38] Nun schaltete sich der Verleger Ulrich Frank-Planitz, Geschäftsführer der von zwei Stiftungen getragenen Deutschen Verlagsanstalt, selber ein. Die Kalkulation der Stuttgarter muss den Autor ziemlich verblüfft haben. Gerade hatte er Wieckenberg auf 4000 Exemplare hochgehandelt, da bot ihm Frank-Planitz die fast vierfache Startauflage von 15 000 an und gab der Phantasie noch weiteren Spielraum. Von Sebastian Haffners im selben Jahr erschienenem Band «Im Schatten der Geschichte. Historisch-politische Variationen» seien «bis gestern 39 998 Exemplare ausgeliefert worden», wobei er zu verstehen gab, dass Nipperdey den hohen Bekanntheitsgrad Haffners «beim breiten Publikum» nicht ganz erreiche.[39] Der Band müsse einen neugierig machenden Titel tragen; Frank-Planitz schlug den Allgemeinplatz «Die Aktualität der Geschichte» vor. Der Vertragsentwurf lag bei, einschließlich des Angebots einer Vorauszahlung in Höhe von 20 000 DM.

Nun entschloss sich Thomas Nipperdey zu einem ungewöhnlichen Schritt, der völlig gegen den in Wissenschaft und Verlagswelt üblichen Komment ging: Er stellte den bereits unterschriebenen Vertrag bei C.H.Beck zur Disposition.

Kaum hatte ich Ihnen den Vertrag zugestellt, kam ein Angebot der Konkurrenz. Das macht es eigentlich nötig, noch einmal zu sprechen – ich hoffe, dass der Buchstabe des Gesetzes eine neue Verhandlung mit offenem Ausgang bei Ihnen + in Ihrem Hause nicht ausschließt.[40]

Ernst-Peter Wieckenberg musste in den sauren Apfel beißen, gab aber deutlich zu verstehen, dass geschlossene Verträge im Prinzip sehr wohl zu erfüllen seien.[41] Man könne also noch einmal sprechen, wobei Nipperdey das Angebot der Konkurrenz doch bitte offenlegen solle, damit C.H.Beck «ein vergleichbares oder vielleicht ein besseres» Angebot dagegensetzen könne. Dann legte er die Vorzüge der Synergien zwischen Hauptwerk und Aufsatzband dar, die nur der Münchner Verlag ihm bieten könne. Der Erfolg des Aufsatzbandes werde «dem weiteren Verkauf Ihres großen Werkes zugute» kommen; auch die Presse, «die ja dem Beck Verlag durchwegs recht freundlich gesinnt ist», werde die Kontinuität wahrnehmen. Erneut diente Gordon Craig als Vorbild: In den Erfolg der «Deutschen Geschichte 1800–1866» hatte C.H.Beck nach zwei Jahren den schlankeren, essayistischen Band «Über die Deutschen» nachgeschoben, «mit einer gewissen Virtuosität», die nicht so sehr sein Verdienst, sondern das von Presse- und Vertriebsabteilung sei.[42] Bei Hans-Ulrich Wehler war es später ähnlich, als auf die ersten beiden Bände der «Deutschen Gesellschaftsgeschichte» im folgenden Jahr ein Aufsatzband platziert wurde, der vom Erfolg des großen Werkes profitieren und zugleich den Autor kontinuierlich im Gespräch halten sollte.[43]

Der Blick auf die Gesamtwirkung des eigenen Werkes in allen seinen Facetten, auf das Zusammenspiel von Gipfeln und Hügeln, muss Thomas Nipperdey überzeugt haben, denn vier Wochen später, bei einem Gespräch am 4. November 1985, wurden er und Wieckenberg sich erneut einig. Beck ging mit der Startauflage auf 5000 Exemplare hoch und garantierte das Honorar für die Gesamtauflage, das auch jederzeit als Vorschuss in Anspruch genommen werden könne. Gegenüber dem ersten Angebot mit einer Auflage von nur 2500, von der bloß ein Viertel bei Erscheinen voraushonoriert werden konnte, hatte sich die Hartnäckigkeit des Autors gelohnt. Bei dem späteren Ladenpreis von 38 DM kamen Garantiehonorar und Vorschuss jetzt nah an das DVA-Angebot heran. Die Stuttgarter Konkurrenz ließ Thomas Nipperdey noch eine Weile schmoren; Frank-Planitz musste ausdrücklich nachfragen,[44] bevor er Mitte Januar 1986 die Absage erhielt. Als Hauptgrund nannte er die verlegerische Einheit des Werkes.

Der Zusammenhang meines letzten großen Buches mit einer jetzt erscheinenden Aufsatzsammlung ist doch noch sehr unmittelbar gegenwärtig, und von daher hat sich die Waagschale dann doch zu einer weiteren Verbindung mit meinem bisherigen Verlag geneigt.[45]

Ganz wollte er den Faden nicht kappen, und so ließ er die «Frage eines großen Essays, der eigens für einen kleinen Band bestimmt wäre», auf Sparflamme köcheln; er käme deswegen gegebenenfalls wieder auf die DVA zu. Der Verleger gab sich verständnisvoll – er wollte einen möglichen prominenten Autor nicht vor den Kopf stoßen und hoffte darauf, dass sich der Plan eines Buchessays realisieren ließe. Aber mittlerweile war er auch schon mit deutlich weniger zufrieden, wenn es nur aus der Feder von Thomas Nipperdey wäre und man mit diesem Autor werben könne: «Vielleicht gelingt es uns auch, Sie einmal für ein Vor- oder Nachwort eines Bandes in der Manesse Bibliothek der Weltgeschichte zu gewinnen.»[46] Die Aktien von Thomas Nipperdey waren unübersehbar gestiegen.

Aber wie sollte das Buch nun heißen? Bei der Titelfrage herrschte auf beiden Seiten Ratlosigkeit. Nipperdey notierte sich selber allerlei Vorschläge; aus seinem Mitarbeiterteam tat Stefan Fisch dasselbe.[47] So hatte Wieckenberg kurz vor Weihnachten eine Aufstellung mit nicht weniger als 28 Vorschlägen vor sich, von denen einige so eigentümlich klangen wie «Vergangenheit als Halt und Anstoß: Bändigung von Nach-Denken und Vor-Sicht» oder «Selbstentäußerung im Dienst des Fremd-Vergangenen». Es war aber auch ein bündiger Titel darunter, der Thomas Nipperdeys philosophische Grundhaltung auf den Punkt brachte und dennoch Käufer nicht sogleich abgeschreckt hätte: «Gerechtigkeit für die Geschichte». Das wurde im Verlag zunächst der Favorit.[48] Zwischen den Jahren redigierte der Autor intensiv viele der Beiträge und machte sich erneut Gedanken über die Komposition des Bandes, besonders seinen Auftakt, und den Titel.[49] Der zunächst vergessene, aber ihm wichtige Text über Objektivität sollte als Einleitungsaufsatz dienen.[50] Der langen Liste von Titelvorschlägen fügte er weitere hinzu wie «Last und Größe des Erbes» oder «Aufklären und Gedenken», der ihm zusammen mit «Gerechtigkeit für die Vergangenheit» jetzt am meisten einleuchtete.

Offenkundig wollte er mit dem Buch ein Statement abgeben, wollte sich sehr grundsätzlich philosophisch-historisch positionieren, was er sich in der Deutschen Geschichte, die ohne Einleitung begann, ja aus wiederum grundsätzlichen Gründen versagt hatte. Er schickte seinem Lektor die halb-autobiographischen Einstiegspassagen seines Vortrages anlässlich der Verleihung des Münsteraner Historikerpreises im Jahr 1984, wo er zum Thema «Im Zwielicht der Geschichte. Vom Nutzen und Nachteil der Geschichte für das Leben» gesprochen hatte.[51] Das «Zwielicht» verknüpfte er mit Hegels Wort von der Eule der Minerva, die erst in der Dämmerung ihren Flug beginnt, «dann wenn eine Geschichte zu Ende ist», und schlug den Bogen zu Tocqueville und Karl Löwith. «Unter diesen Perspektiven», so schloss er das mögliche Vorwort, «wollen wir nach dem Verhältnis von Geschichte, Geschichtswissenschaft und Leben fragen».

Noch wochenlang wurde um den Titel gerungen; Anfang Februar ließ der Cheflektor seinen Verleger wissen, er sei «doch jetzt etwas optimistischer. Wir werden schon etwas finden». Bald danach muss «Nachdenken über die deutsche Geschichte» gefunden worden sein: eine Formulierung von größerer Leichtigkeit als die meisten früheren Vorschläge, die dennoch das intellektuelle Selbstverständnis Thomas Nipperdeys, den Gestus des kopfwiegenden Nachdenkens statt des schnellen und eindeutigen Urteilens, gut einfing. Am 16. Juli 1986 konnte ihm Wieckenberg bereits ein Vorausexemplar des Bandes schicken.[52] Nach guten Vorbestellungen des Buchhandels war die Erstauflage auf 8000 Exemplare erhöht worden; zusätzlich wurde die hohe Quote von 1000 Leseexemplaren als Freistücke gedruckt, «die auch bereits verteilt wurden, denn die Auflage entsprach der Nachfrage». Nipperdey war jetzt eine Marke geworden, bei der man zugriff. Auch der Verkauf entwickelte sich gut. Ende August waren bereits 5700 Stück verkauft, und eine zweite Auflage wurde noch im selben Jahr notwendig.[53] 1990 kam eine Taschenbuchausgabe bei dtv heraus. Im November erkundigte Thomas Nipperdey sich, ob er auch für den Aufsatzband Hörerscheine, die Studierenden einen verbilligten Kauf ermöglichten, bekommen könne. «Wenn das der Fall ist, schicken Sie mir doch mal einen Haufen zu.»[54] Alles in allem war das ein prachtvoller Hügel, der die Landschaft des Werkes wirkungsvoll ergänzte.

Andere Möglichkeiten dazu boten kleinere monographische Arbeiten. Auch wenn er solche Anfragen überwiegend gleich abwehrte, geriet Thomas Nipperdey bei dem Werben seines verlegerischen Verehrers Wolf Jobst Siedler in Versuchung, der er schließlich auch nachgab. Siedler war ein begnadeter Verleger, der Trends erspürte und dabei Inhalt und Form, Intellektualität und Marketing, Episteme und Materialität des Buches mühelos und höchst elegant miteinander verknüpfen konnte. Das tat er seit Mitte der 1980er Jahre mit der Reihe «CORSO bei Siedler»: hübsch anzuschauenden und anzufühlenden Bändchen, gebunden mit Schutzumschlag und etwa hundert Seiten Umfang. Zehn Jahre früher hätte man sich so etwas nur als Paperbackbroschüre vorstellen können, die ihre ästhetische Schlichtheit noch ostentativ betont hätte – oder man hätte es für unmöglich gehalten, ein so ausgestattetes «Buch» am Markt zu platzieren, dessen Umfang von 150 000 Anschlägen gerade einmal zwei mittellangen Aufsätzen entsprach. Siedler gelang es, auf diese Weise Schöngeistiges – auch seine eigenen Spaziergänge über die Pfaueninsel – ebenso wie Politisch-Historisches – etwa Reden des von ihm ebenfalls hochgeschätzten Bundespräsidenten Richard von Weizsäcker – als Kleinodien an ein Bildungsbürgertum zu vermitteln, das diese Ästhetik des Buches wieder suchte, auch wenn man dazu nicht das staats- und preußenästhetische Faible des Verlegers teilen musste.[55] Einmal machte die Corso-Reihe auch unangenehme Schlagzeilen; sie wurde im Sommer 1986 zu einem Teilschauplatz des «Historikerstreits». Siedler hatte in ihr zwei Aufsätze des Kölner Zeithistorikers Andreas Hillgruber unter dem Titel «Zweierlei Untergang» veröffentlicht, der sich auf die Schlussphase des Zweiten Weltkriegs bezog. Im Untertitel wurde das Deutsche Reich «zerschlagen», während das europäische Judentum bloß sein «Ende» erfuhr, als habe es keine handelnden Akteure, keine Täter und Mörder gegeben.[56]

Während dieser Streit in den Feuilletons heftig ausgetragen wurde, wandte sich Siedler an Thomas Nipperdey und sprach ihn auf einen Essay über Kulturen des Protestantismus an, mit dem ihm eigenen inneren Engagement und wohl wissend, dass er damit gleich mehrfach einen Nerv des Adressaten traf: einen religiösen des Protestanten Nipperdey, einen wissenschaftlichen des Historikers, der sich mit der Geschichte von Religion und Christentum immer wieder beschäftigt hatte, aber auch einen politischen, nämlich den der Ablehnung eines gesinnungsethischen Linksprotestantismus, der Anfang und Mitte der 1980er Jahre im Umfeld von Friedens- und Ökologiebewegung einen tief prägenden Einfluss auf die Bundesrepublik hatte. Siedler berief sich auf Gespräche mit Klaus Scholder, einem mit ihm befreundeten, bedeutenden Kirchenhistoriker, der im Jahr zuvor nach schwerer Krankheit verstorben war.

Wie oft haben wir auch zusammen mit Klaus Scholder über die Neigung der Protestanten zum Opportunismus gesprochen, ihren Überzeugungshunger und jenes Zeitgeist-Verlangen, das sie immer an der Tête der Epoche reiten läßt. Klaus Scholder wollte kurz vor seiner dritten Operation noch einen einhundert Seiten langen Band darüber zu Papier bringen, aus purem Ärger über die Sölle.[57]

Es erstaunt, in welchem Tonfall er hier Dorothee Sölle apostrophierte, als ob er nicht wusste, dass die prominente feministische Theologin die Schwester von Thomas Nipperdey war! Nun diente er den von Scholder nicht geschriebenen Band, aus seiner Sicht eine Abrechnung mit «der Sölle», ihrem Bruder an. Das Format der Reihe diente dabei als Lockmittel, denn so konnte ein Autor mit einem sehr geringen Schreibaufwand doch zu einem richtigen Buch kommen: «Einhundert Seiten der Reihe CORSO sind sechzig Schreibmaschinenseiten, und so sollte das gar nicht so viel Mühe machen, denn die Sache haben Sie ja parat und sie muss nur noch ins Aktuelle gewendet werden.»[58]

Obwohl ein kleines Büchlein über Religion, wie wir gleich sehen werden, bald auf andere Weise entstand, war jetzt nicht der richtige Zeitpunkt – und man kann vermuten, dass er sich gerade auf die explizite Wendung «ins Aktuelle» nicht einlassen wollte. Die Zeit der Streitschriften war für ihn vorbei; Thomas Nipperdeys Gegenwartskommentar konnte man nun, in subtilerer Form, seiner Geschichtsschreibung entnehmen. Auf das Thema ging er jedoch gar nicht ein; er wies vielmehr auf die Arbeit an seiner Deutschen Geschichte hin: «An sich sitze ich an einer großen wissenschaftlichen gelehrten Sache» – merkwürdig nun wiederum, als ob Siedler dieses Projekt nicht sehr genau gekannt hätte.[59] Die Verlockung, das Schreiben des Hauptwerkes zu unterbrechen, den Rhythmus der Textproduktion einmal zu wechseln, gab er diesem jedoch zu.

Aber es gibt natürlich immer Zwischenphasen, wo man gerne einmal etwas anderes macht und sich bei einem kleineren Stück, etwa des von Ihnen vorgesehenen Umfangs zwar nicht gerade erholt, aber anderweitig und kompensatorisch beschäftigt. Sollte dieser Zeitpunkt sich in Kürze nähern, liegt Ihre Frage rot angestrichen in meinem Schreibtischständer.

Tatsächlich kam der Zeitpunkt ein gutes Jahr später, aber nicht mit dem Schreiben von etwas ganz anderem, sondern in der Verbreiterung einer Spur der Deutschen Geschichte. In dem Corso-Band «Wie das Bürgertum die Moderne fand» erweiterte Thomas Nipperdey seine Überlegungen zu den bildenden Künsten in der Zeit des Kaiserreichs, vor allem im Anbruch des 20. Jahrhunderts.[60] Insofern war das ein *Offspin* der kulturgeschichtlichen Kapitel, die er während dieser Zeit für den ersten Teilband abschloss – und zugleich Ausdruck einer ganz besonderen Vorliebe des Autors, der er ähnlich wie dem Religionsthema in seinen letzten Lebensjahren etliche Vorträge und kleinere Beiträge widmete.[61] Hier sah er das Spannungsverhältnis des Bürgertums zwischen Konvention und Avantgarde, zwischen Affirmation und Kritik, das ihn auch persönlich umtrieb, ja durchdrang, auf exemplarische Weise angelegt. Der Umfang von etwa 120 000 Anschlägen hätte im Format der Deutschen Geschichte gerade einmal 35 Seiten gefüllt; so wurde es ein eigenes gebundenes Buch mit 88 Seiten.

Noch einfacher ließ sich das «kleine Buch zwischendurch» realisieren, wenn gar nichts Neues geschrieben werden musste, sondern wenn man einen Teil des größeren Manuskripts herauszog und schon vorab veröffentlichte. Gewiss musste man damit vorsichtig sein; mit vielen Teilen konnte man das nicht tun, auch wenn es bei größeren wissenschaftlichen Werken durchaus die ältere Tradition gab, sie nach und nach in verschiedenen «Lieferungen» erscheinen zu lassen, die Bibliotheken ebenso wie Privatleute, wenn das Werk vollständig war, vom Buchbinder erst zu einem Buch machen lassen mussten. Man konnte, ähnlich wie bei der in dieser Zeit noch weit verbreiteten Vorabveröffentlichung literarischer Werke in Tageszeitungen wie der FAZ, neugierig machen, ohne dass der Kauf des eigentlichen Werkes sich erübrigen sollte. Dabei wurde Nipperdeys Religionsbuch vom Verlag nicht als ein Vorabdruck aus der Fortsetzung der Deutschen Geschichte angekündigt und vermarktet; nur unter Kollegen konnte man sich diesen Reim darauf machen. Dennoch entsprach das ein bisschen der «Single-Auskopplung» aus dem «Album» in der Popmusik.

Den Gedanken an ein kleineres Buch hatten Ernst-Peter Wieckenberg und Thomas Nipperdey schon im Herbst 1985, in den abschließenden Gesprächen über den Aufsatzband, ventiliert. Der Lektor freute sich «sehr», und das Wörtchen war unterstrichen, über Nipperdeys «Bereitschaft, mit uns über ein ‹kleineres› Buch zu sprechen. Wenn Sie Ihre Vorlesung über die Konfessionen zu einem nicht zu dicken Buch ausarbeiteten, dann könnte das ein großer Erfolg werden.»[62] Dazu kam es jedoch nicht; die Ausarbeitung einer Vorlesung zu einem eigenen Buch wäre doch ein erheblicher Zusatzaufwand gewesen, und das Skript einer Vorlesung mehr oder weniger direkt in ein Buchmanuskript umzuschreiben, entsprach überhaupt nicht seiner Arbeitsweise.[63] Aber das Thema war gesetzt. So entstand zunächst das Kapitel über Kirche und Religion – neben Bildung, Wissenschaften und Schönen Künsten etwa ein Viertel der Kulturgeschichte des Kaiserreichs. Im Sommer 1987 verständigten sich Autor und Lektor im Grundsatz darüber, dieses Kapitel separat herauszubringen. Die treibende Kraft war der Verlag; Ernst-Peter Wieckenberg erinnerte, als er nach seinem Urlaub nichts vorfand, Nipperdey an die versprochene Sendung: «Ich würde mich gerne bald mit dem Text befassen und Ihnen dann auch in allernächster Zeit ein Angebot machen wollen.»[64]

Dieser gestand ein, «das wirklich vertrottelt» zu haben. Aber auch die Aufmerksamkeitsstörung irritierte, selbst wenn man sich nicht dem originären Schreiben eines anderen Textes zuwenden musste. «Leider bin ich im Moment auch in einer so angestrengten Phase der Tagesarbeit, daß ich nur am späten Abend noch dazu komme, das, was der Computer nun ausgedruckt hat, durchzulesen.»[65] Er schickte etwa die Hälfte des Manuskripts und versprach, den Rest in etwa einer Woche nachzuliefern. Außerdem bedurfte ein Buch einer anderen, eigenen Rahmung als ein bloßes Kapitel; er musste die Einleitung entsprechend verändern und stöhnte: «Dazu wollen Sie ja auch noch ein Literaturverzeichnis.» Dennoch war er bemerkenswert schnell und zuverlässig, wenn man bedenkt, dass in diesen Tagen auch sein 60. Geburtstag mit der großen Feier in der Siemens-Stiftung zu organisieren war. Anfang November 1987 lag dem Verlag das komplette Manuskript vor; Wieckenberg skizzierte dem Verfasser die Konditionen: Das Buch würde in der «Beck'schen Reihe», der Taschenbuchreihe von C.H.Beck, erscheinen; Nipperdey erhielte den dort üblichen Honorarsatz von sieben Prozent – weniger als für das große Buch von 1983, «aber immer noch über dem von Taschenbuchverlagen». Um das etwas auszugleichen, sollte das Honorar für die Hälfte der ersten Auflage bei Erscheinen des Buches im Voraus gezahlt werden.[66] Das war in diesem Fall das einzige Entgegenkommen gegenüber dem besonders wichtigen Autor, aber anders als bei seinem Aufsatzband entwickelte Thomas Nipperdey hier auch keinen Ehrgeiz, den materiellen Ertrag aus der geistigen Arbeit zu verbessern.

Wieckenberg, der sich zur gleichen Zeit auch mit dem unter extremem Zeitdruck produzierten Taschenbuch Hans-Ulrich Wehlers zum Historikerstreit beschäftigte,[67] äußerte kurz vor Weihnachten «Begeisterung»: «Ich finde das Buch ganz vortrefflich und habe durch die Lektüre viel gelernt.»[68] Sein redigiertes Exemplar kam gerade rechtzeitig, denn die Weihnachtsferien nutzte Thomas Nipperdey wiederum zu einer intensiven Überarbeitung des Manuskripts, die über die Einarbeitung der Korrekturvorschläge des Lektors weit hinausging; außerdem schrieb er einen «richtigen Schluß» und eine «andere Einleitung».[69] Alles in allem habe ihn das «die letzten zehn Tage ziemlich auf Trab gehalten». Erneut erwies sich das Finden eines Titels als Problem. Thomas Nipperdey bat um Vorschläge des Verlags, die «nicht zu solide» ausfallen sollten wie etwa «Religion in Deutschland 1871–1918».[70] Im Vertrag über das Buch, den er offenbar wenige Tage später erhielt und am 20. Januar 1988 unterzeichnete, fand sich schon der endgültige Titel «Religion im Umbruch».[71]

Das Manuskript ging in Satz; Einleitung und Schluss, die Wieckenberg nach seiner Lektüre «ganz vortrefflich» nannte, wurden einige Wochen später nachgeschoben.[72] Der Rest war Routine der Produktion und des Marketing – aber für den Autor doch wieder lästige Ablenkung: Nun sollte er wieder Namen für die «Multiplikatorenliste» zusammenstellen, ihm befreundete oder bei Rezensionen möglichst wohlgesonnene Journalisten und Kollegen nennen, und das in die Vorbereitung des Stanford-Aufenthalts hinein. Statt einer fertigen Liste, zu der er jetzt nicht ganz komme, zählte er Namen auf, nicht zuletzt «meine Freunde in der FAZ»: Joachim Fest, Konrad Adam, Günther Gillessen, Henning Ritter und Gustav Seibt, dessen Stern am Himmel des historischen Feuilletons damals gerade aufging.[73] Zu den ihm nicht nur persönlich, sondern auch geistig und im weiteren Sinne politisch verbundenen Historikerkollegen gehörten Christian Meier, Rudolf Vierhaus, Ernst Nolte und Lothar Gall; ferner die Philosophen Hermann Lübbe und Robert Spaemann. Angesichts des Themas nannte er auch zwei Theologen, die Münchner Kollegen Trutz Rendtorff und Wolfhart Pannenberg. Bis auf die wenigen deutlich Jüngeren wie Seibt drückte dieses Netzwerk zugleich eine Generationsgemeinschaft ungefähr gleichen Alters und häufig gleicher Erfahrungen und Einstellungen aus.[74] Es war auch eine Männergemeinschaft. Unter den 21 Personen, die Nipperdey nannte, war nicht eine einzige Frau.

Ende August 1988 gratulierte Ernst-Peter Wieckenberg seinem Autor zum Erscheinen. Die Erstauflage betrug 6000 Exemplare, der Ladenpreis lag bei 16,80 DM. Das war weder bestsellerverdächtig noch konnte der Autor damit reich werden – das verabredete Voraushonorar für die Hälfte der Auflage kam so auf etwa 3300 DM. Aber Wieckenberg war zufrieden und malte ein Vierteljahr später, als er Nipperdey kurz nach dessen Krebsoperation nach Stanford schrieb, schon weitere Hügel auf dem Weg zum großen Gipfel aus.

Wenn Sie beim Formulieren eines bestimmten Abschnitts die Neigung verspüren, den Sachverhalt noch anderswo ausführlicher darzustellen, dann denken Sie doch bitte an die Möglichkeit, das in der Beckschen Reihe zu tun. Der Absatz Ihres Religionsbuches läßt sich gut an. Dergleichen könnten wir wiederholen, wobei auch 100 Seiten genug wären für ein solches Bändchen.[75]

Dazu kam es nicht mehr. Im Frühjahr 1990 regte Thomas Nipperdey jedoch einen weiteren Aufsatzband an, den er sehr ausdrücklich in einen verbundenen Kontext von Werk und Leben rückte.

1992 werde ich 65 Jahre alt. Man könnte überlegen, daß dann, zwei Jahre nach dem großen Band und ein Jahr vor dem anderen großen Band, noch einmal eine Sammlung von Essays von mir erscheinen würde, dafür würden sich natürlich nur solche aus den letzten Jahren, also nach unserem früheren Band, anbieten. Das ist erst mal ein lockerer Vorschlag, vielleicht können Sie sich die Sache einmal durch den Kopf gehen lassen oder mit Herrn Beck besprechen.[76]

An der inzwischen gewachsenen Loyalität zum Stammverlag bestand nun, fünf Jahre nach dem ausgebufften Pokern um den ersten Essayband, kein Zweifel mehr. Auch die Logik der Gebirgsbildung hatte Nipperdey sich mühelos zu eigen gemacht: ein großes Buch; dann ein kleines als Gegenakzent und um den Autor im Gespräch zu halten, verbunden mit einem biographischen Einschnitt, der wiederum in der Historikerzunft und in der Öffentlichkeit Beachtung finden würde; schließlich das nächste und abschließende «große» Buch. Der Verlag hielt das für «sehr bedenkenswert» und bat um eine Liste der bisher zusammengekommenen Texte, «die dann den Grundstock des Bandes bilden würden».[77] Vier Wochen später schickte Thomas Nipperdey eine solche Liste, auf der er «die besonders wichtigen» Aufsätze «mit einem Kreuz versehen» hatte. Solche, «die zwar sehr schön sind, aber, weil sie sich mit den Inhalten meiner beiden letzten Bände berühren, nicht absolut notwendig, habe ich in Klammern gesetzt».[78] Ihm lag daran, aber es kam nicht mehr dazu, weder zum Aufsatzband noch zum 65. Geburtstag. Dafür wurde das große Buch fertig, und unter größten Anstrengungen sogar ein Jahr früher als geplant.

IX. Handschrift und Helfer: Vom Schreiben und Umschreiben

Wie schreibt man ein großes Buch? Nach dem Frühstück schließt sich die Tür des Arbeitszimmers, der Autor setzt sich an den Schreibtisch. Vor ihm liegt ein weißes Blatt Papier, in der Hand hält er den Füllhalter. Links und rechts sind Notizzettel, vielleicht auch aufgeschlagene Bücher. Nun muss es losgehen – der erste Satz ist bekanntlich der schwerste. «Am Anfang war Napoleon.» Ist das ein Klischee, oder war es wirklich so?

Wie schreibt man ein großes Buch? Für die Geisteswissenschaften ist diese Frage bisher verblüffend selten gestellt und untersucht worden. Sie erscheint häufig als nebensächlich, als bloß äußerlich, und so tauschen sich Kolleginnen und Kollegen gelegentlich untereinander oder über Dritte aus, oder erfahren Doktoranden Rat von ihren Betreuern: In den Semesterferien konnte ich endlich wieder ein gutes Stück vorankommen. – Kollege A schreibt nur nachts, mit viel Rotwein. – Wie man seine Schreibblockade überwindet. Das Produkt des Schreibens, der Text und das in ihm repräsentierte Wissen erscheinen vom Autor entkoppelt, und gewiss von der situativen Verfertigung des Textes. In den Naturwissenschaften und zunehmend auch in den Sozialwissenschaften ist es so: Forschung findet im Labor, im Feld oder mit Datensätzen statt. So entsteht Erkenntnis, neues Wissen. Das Aufschreiben, die Repräsentation der Forschung ist ein nachgelagerter Akt, ein Nachvollzug des schon Geschehenen, ein notwendiges Übel der Kommunikation. Man könnte beinahe darauf verzichten und nur die Datensätze zur Verfügung stellen, was mitunter ja auch geschieht und den epistemologischen Kriterien der Wiederholbarkeit und Falsifizierbarkeit entspricht. Über seine 1984 publizierte Theorie sozialer Systeme hat Niklas Luhmann gesagt, «Arrangierprobleme» hätten ihn «viel Zeit und Überlegung gekostet», «während die Theorie sich von selbst geschrieben hat», scheinbar ohne dass es eines Autors überhaupt bedurft hätte.[1] Der Soziologe M. Rainer Lepsius, protestantischer Bildungsbürger wie Nipperdey und dessen langjähriger Weggefährte im Arbeitskreis für moderne Sozialgeschichte, machte ganz andere Erfahrungen: nämlich die harter Arbeit und des Scheiterns an einem Buch. «Mehr als 20–30 Seiten kann ich nicht schreiben. Dann ist

Schluss. (…) Ich bin nie zum Essen gekommen, habe immer bloß das Besteck aufgelegt.»[2]

Auch in den Naturwissenschaften und szientifischen Sozialwissenschaften ist die Produktion und Proliferation von Erkenntnis ein durchaus komplizierter Prozess und keineswegs radikal getrennt vom forschenden Subjekt sowie den sozialen und kulturellen Kontexten des Forschers, des Labors und der Werkstatt des Schreibens.[3] Aber mit dem berechtigten Impuls zur Kulturalisierung und Kontextualisierung, der die Wissensgeschichte der Naturwissenschaften in den letzten Jahrzehnten geprägt hat, verschwinden die Unterschiede zwischen diesen und den Geisteswissenschaften, zwischen szientifischer und hermeneutischer Wissensproduktion nicht. Während der geschriebene Text im ersten Fall Erkenntnis repräsentiert, nimmt die textliche Gestalt und damit der Prozess des Schreibens im zweiten Fall Einfluss auf die Konstituierung des Wissens. Geisteswissenschaftliche Erkenntnis existiert nicht ohne ihre textuelle Form. Es gibt keine Kantschen Kritiken, die den Büchern, in denen sie argumentativ entwickelt wurden, vorgelagert wären. Es gibt keine Deutsche Geschichte Thomas Nipperdeys außerhalb und unabhängig von dem, was er in seinen drei Bänden aufgeschrieben hat.

Welche Form dieses Aufschreiben annimmt, ist eine andere und keineswegs triviale Frage. Auch der in Formeln geronnene «Text» einer Dissertation in der Physik oder Chemie hat seine eigene Grammatik und Poetologie. Aber es spricht viel dafür, dass die Erzeugung geisteswissenschaftlicher Erkenntnis auch im digitalen Zeitalter an den klassischen Prosatext und seine Regeln der hermeneutischen Plausibilisierung gebunden bleibt, die – Fremdwörter oder komplizierte Syntax hin oder her – von der Alltagssprache und einer Hermeneutik sozialer Lebenswelten nicht grundsätzlich verschieden sind. Eine Serie von Tabellen, eine Abfolge von Powerpoint-Folien mit ihren additiv gereihten *Bullet Points* mag einiges veranschaulichen, genügt jedoch für sich nicht den epistemologischen und hermeneutischen Kriterien der Geisteswissenschaften. Und aus ihrer Zusammenstellung wird vielleicht ein akademisches Skript, aber – auch unabhängig von der Frage seiner gedruckten und gebundenen Materialität – noch kein Buch, und erst recht kein Opus magnum mit seinen Ansprüchen auf Autorität des Wissens.

Im geisteswissenschaftlichen Schreiben überlagern und verbinden sich auf diese Weise ganz unterschiedliche Dimensionen und Prozesse. Mindestens vier Ebenen lassen sich benennen. Erstens ist das Schreiben ein kognitiver und epistemischer Prozess. Wenn nicht bloß aufgeschrieben wird, was als

Erkenntnis schon zuvor existierte, wo kommt das Wissen dann her? Was sind die Grundlagen der Erkenntnis, unter denen zumal bei Historikern empirische «Daten», die aus «Quellen» verschiedenster Art gewonnen werden, sehr wohl eine wichtige Rolle spielen? Auf welcher Grundlage werden Aussagen getroffen, sprachlich konstituiert und in größere Sinnhorizonte, die wir gemeinhin «Interpretation» nennen, eingebunden? Das berührt bereits die zweite Ebene, den literarischen Prozess des Schreibens. Erkenntnis und Interpretation werden in einer bestimmten Erzählhaltung transportiert, sie verbinden sich mit einem charakteristischen «Stil» des Autors, mit einer spezifischen Literarizität. Das ist im Werk Thomas Nipperdeys besonders auffällig und schon mehrfach diskutiert worden.[4] Der Text als Literatur und der Text als Vehikel von Erkenntnis sind nicht identisch, können aber wie im Falle Nipperdeys deutlich aufeinander verweisen; Episteme und Poetologie durchdringen sich.

Drittens ist das Schreiben ein materialer Prozess. Er vollzieht sich in einem bestimmten räumlichen «Setting» wie dem Arbeitszimmer des Gelehrten. Er stützt sich auf die Materialitäten der Quellen seines Wissens, auf Bücher, Notizen und Exzerpte, auf Zettelkästen. Er konstituiert sich auf Papier, das handschriftlich oder mit der Schreibmaschine beschrieben wird, oder bedient sich anderer Technologien wie des Computers. Auch die Materialität des Schreibens beeinflusst die Produktion des Wissens. Breite Ränder des handschriftlichen Manuskripts laden zur späteren Revision, zu Korrekturen und Einfügungen ein; ein aus der Ordnung des Zettelkastens geschriebenes Buch folgt einer anderen epistemischen Logik als ein stärker ad hoc oder aus ungeordneten Notizen entworfenes Werk. Schließlich ist das Schreiben, viertens, ein sozialer Prozess, jedenfalls ein kompliziertes Geschehen im Spannungsfeld von radikaler Einsamkeit und sozialer Koproduktion. Doch auch die Einsamkeit lässt sich als soziales Ereignis deuten, als eine Produktion nicht nur des Textes, sondern auch der wissenschaftlichen Persona des Autors, als «production of the scholarly Self».[5] Das gilt auch für den sich selbst zugunsten einer Logik der textlichen und epistemischen Autopoiesis eliminierenden Autor Niklas Luhmann.

Zur sozialen Dimension des Schreibens im weiteren Sinne gehören im wissenschaftlichen Kontext, und noch spezifischer im Kontext der deutschen Geisteswissenschaften des 20. Jahrhunderts, häufig und auch bei Thomas Nipperdey die Familie mit Ehefrau und Kindern, die Sekretärin, die für das Auf- und Umschreiben des Textes eine besonders wichtige Rolle spielt; sodann akademische Mitarbeiter und Mitarbeiterinnen, die Material beschaffen oder den Text Korrektur lesen, Fachkollegen, die – über ihre Präsenz in der verwendeten Forschungsliteratur hinaus – während des Schreibens konsultiert werden oder später durch Rezensionen Einfluss auf das Weiterschreiben nehmen; endlich die Partner des Autors im Verlag, vor allem die Lektoren. Thomas Nipperdey gehörte längst vor seiner schweren Erkrankung und ganz unabhängig von ihr nicht zu den Autoren, die sich weitgehend auf sich selber verließen und einen einmal in relativer Einsamkeit geschriebenen Text weithin unverändert zum Druck beförderten.[6] Deshalb ist der Blick auf die soziale Koproduktion in der Entstehung seiner Deutschen Geschichte des 19. Jahrhunderts besonders lohnend und spannend. Die vier Dimensionen des Schreibens gelten im Prinzip auch für die kleineren Formen, für einen Aufsatz, einen Buchbeitrag oder eine Rezension. Aber nur in der komplexen Werk- und Zeitökonomie des umfangreichen Buches, das auch Teil der Lebensökonomie des Autors wird, entfalten sich die ganzen Zusammenhänge von Schreiben und Umschreiben, Erkenntnis und Textualität, Einsamkeit und Sozialität, Materialität und Hermeneutik.

Häufig stehen Quellenprobleme einer genaueren Rekonstruktion des geisteswissenschaftlichen Schreibens im Wege: Wissenschaftler führen selten Tagebuch und reflektieren kaum explizit über den Prozess der Textproduktion. Notizen, Konzepte, Rohfassungen und Korrekturexemplare landen spätestens mit dem Erscheinen des Buches im Papierkorb. Thomas Nipperdey hat die Entstehung seiner Deutschen Geschichte auf ungewöhnlich dichte Weise reflektiert, vor allem in seiner Korrespondenz. Aber nicht alle Aspekte der Produktion von Text und Erkenntnis lassen sich gleichermaßen entschlüsseln und belegen. Zum Schreiben des ersten Bandes seit den späten 1970er Jahren ist nur wenig Material überliefert. Ganz anders ist das jedoch für die beiden Teilbände über das Kaiserreich: Hier sind Ordner zu fast allen Kapiteln erhalten, die zwar nur wenige Notizen und Konzepte, aber eine mehrfache Abschichtung des Manuskripts in den verschiedenen Stadien der Entstehung und Bearbeitung enthalten, von einer ersten, zum Teil handschriftlichen Fassung bis zur schließlich für satzfertig befundenen. In den Kommentaren und Revisionen des Autors, seiner Mitarbeiter und des Lektorats spiegelt sich die soziale Koproduktion des Textes ebenso wider wie die Verfertigung von Erkenntnis und Interpretation im mehrstufigen Prozess des Schreibens. Darüber lässt sich wesentlich mehr und Genaueres sagen als über die Quellen, aus denen Thomas Nipperdey sein Wissen ursprünglich bezog.

Woher wusste er eigentlich, was er aufschrieb?[7] Jedenfalls nicht, wie man bei einem Historiker zunächst annehmen könnte, aus dem Archiv. Die großen Historiker des 19. Jahrhunderts schrieben ihre Gesamtdarstellungen aus den Primärquellen, und für die Neuere und Neueste Geschichte hieß das – anders als für die Alte Geschichte, also etwa Theodor Mommsens Römische Geschichte – aus der Erhebung der Quellen aus den staatlichen oder kirchlichen Archiven. Gerade darin lag ja eine wesentliche Innovation Leopold von Rankes und der Geschichtswissenschaft des Historismus, im Unterschied zur Aufklärungsgeschichtsschreibung des späten 18. Jahrhunderts, dass sie nicht anderswo abschrieb, um in großen Zügen den Entwicklungsgang der Weltgeschichte darzustellen, sondern ihren Stoff und ihr Wissen aus den Archivquellen schöpfte – und diese Herkunft auch mithilfe eines Apparates von Fußnoten belegte.[8] Heinrich von Treitschke verfasste die fünf Bände seiner unvollendeten Deutschen Geschichte des 19. Jahrhunderts weithin aus eigenem Studium in den Archiven.

Nipperdey dagegen verhielt sich, was das betrifft, ganz anti-historistisch – trotz seines vehementen Bekenntnisses zum Historismus, vor allem zu dessen Objektivitätsanspruch und einer Verstehenslehre, die vergangene Wirklichkeit nicht an Maßstäben der Gegenwart oder einer abstrakten Fortschrittsidee messen wollte. Nach der philosophischen Dissertation hatte er, ganz ähnlich wie Reinhart Koselleck,[9] mit seiner Habilitationsschrift über die Parteien im späten Kaiserreich gezeigt (und den Karriereerwartungen gemäß zeigen müssen), dass er auch empirisch, in den Archiven und an Akten arbeiten konnte. Danach kehrte er nie mehr zu archivarischer Forschung zurück. Sein Schüler Martin Baumeister hat viel später geurteilt:

Archive, die Lust an archivarischer Recherche, waren nicht seine Sache. Sie entsprachen weder seinen Neigungen noch seiner auf Interpretation und Synthese ausgerichteten Arbeitsweise.[10]

Insofern das große Werk eine «Synthese» oder Gesamtdarstellung sein will, hatte der Fortschritt der Spezialforschung im 20. Jahrhundert es in den 1970er Jahren bereits nahezu unmöglich gemacht, dieses geschichtswissenschaftliche Genre noch primär aus dem eigenen Quellenstudium zu bedienen. Aber das traf sich zweifellos mit den individuellen Neigungen des «philosophischen» Historikers Thomas Nipperdey. Der epistemologische Sinn einer Synthese liegt ja nicht zuletzt in der Akkumulation und Reproduktion von

Wissen, in der Wiederholung, der «Iteration» des schon vorher Gewussten; auch in der dadurch bewirkten Formung und Normierung von Wissen auf einen Kanon hin: auf das, was zum gesicherten Wissensbestand gehört und was man in bestimmten sozialen Kontexten – als Bildungsbürger, als Examenskandidat – «wissen sollte».[11]

Der Begriff der Gesamtdarstellung indiziert darüber hinaus, anders nuanciert als derjenige der Synthese, einen epistemologischen Totalitätsanspruch, dem sich Thomas Nipperdey trotz seines skeptischen Naturells und seiner tiefen Vorbehalte gegenüber den aufklärerischen Totalprojekten keineswegs verweigerte.[12] Die Fronten waren eigentümlich vertauscht. Der Bielefelder Rivale Hans-Ulrich Wehler argumentierte bei seinem sehr ähnlichen wissenschaftlichen Projekt mit dem Neukantianismus Max Webers gegen die Möglichkeit von Totalerkenntnis und hielt nur die partielle Erfassung von Wirklichkeit unter bestimmten Gesichtspunkten für möglich und legitim.[13] Der (Rechts-) Hegelianer Nipperdey war auch epistemologisch kein (Neu-) Kantianer; er suchte den Gang der Weltgeschichte in seiner objektiven Totalität abzubilden. In der Erweiterung des Stoffes von der Politikgeschichte auf eine umfassendere Geschichte von Lebensverhältnissen und anthropologischen Existenzformen folgte er der französischen Annales-Schule und ihrer Vision einer *histoire totale*. Die Vorstellung des Zusammentragens und Ordnens allen einschlägigen Wissens erinnert aber auch an das frühneuzeitliche Genre des *Commonplace Book*, in dem Gelehrte wie Francis Bacon und John Milton zugleich ihr eigenes, persönliches Wissen aufschrieben.[14] In seinem enzyklopädischen Anspruch ebenso wie in der Ordnung des ihm persönlich verfügbaren Wissens ist Thomas Nipperdeys Werk ein *Commonplace Book* der deutschen Geschichte. Dabei kam sein Zugang zur Geschichte vom Kopf her, nicht aus einem Interesse an der lebendigen Anschauung von Zeugnissen der Vergangenheit. Auf Reisen stellten die Kinder deshalb lakonisch fest, ihr «Daddy» sei der Einzige in der Familie, der sich nicht für Geschichte interessiere.[15]

Die Frage nach den Quellen des Wissens ist auch deshalb schwer zu beantworten, weil der Autor auf Fußnoten, Belege und Literaturnachweise verzichtete. Eine Rekonstruktion der Herkunft bestimmter Aussagen oder Fakten ist damit fast unmöglich, auch wenn für den Spezialisten immer wieder zumindest plausibel ist, dass bestimmte, für ein Thema einschlägige Werke herangezogen wurden. Die «Literaturhinweise» genannten, kapitelweise gegliederten Auswahlbibliographien am Ende aller drei Bände helfen hier nur teilweise weiter: Sie spiegeln zu einem guten Teil das, was Thomas Nipperdey selber zu den jeweiligen Abschnitten gelesen hatte und für wichtig befand, sind aber zum andern Teil erst nachträglich von den Mitarbeitern als thematisch einschlägige Literatur kompiliert worden. Der Verzicht auf Anmerkungen kam dem Bemühen des Verlages, das Werk ohne allzu gelehrte Anmutung einem breiteren Publikum zugänglich zu machen, entgegen – man stelle sich vor, zu achthundert Textseiten wären noch einmal zweihundert Seiten kleingedruckter «Apparat» hinzugekommen.[16]

Unabhängig davon *wollte* Nipperdey ohne Belege, ohne Fußnoten schreiben, weil er das dem Genre und seinem Vorhaben angemessen fand. Der gebildete Laie musste nicht wissen und der Fachkollege wusste sowieso, auf welche Spezialliteratur sich bestimmte Aussagen stützten. Dennoch implizierte dieses Verfahren einen spezifischen Wissens-Machtanspruch des Autors, denn nicht jeder, der eine Synthese der Forschung verfasst, kann sich das leisten. Wenn die Herkunft des Wissens nicht durch die herkömmlichen Regeln der Zitation von Quellen beglaubigt war, blieb nur der Rekurs auf die Person und ihre besondere Reputation: Was hier steht, das dürft ihr, das müsst ihr mir, Thomas Nipperdey, glauben. Räsonnement und Autorität, Diskurs und Offenbarung überlappten sich darin.

Zugleich *konnte* er nicht ohne Weiteres mit Belegen arbeiten, weil ihm die Referenzen seines eigenen Wissens nicht immer und nicht detailliert zur Verfügung standen. Nipperdey arbeitete nicht mit Exzerpten und nicht mit Zettelkästen, in denen er das Material, die Belege, die Fakten für das Schreiben des Buches kapitelweise sammelte bzw. ordnete. Eine Gesamtdarstellung, eine große nationalgeschichtliche Synthese mit der, wie es dann häufig heißt, «souveränen» Beherrschung der Forschungsliteratur beruht nicht zuletzt auf jahrzehntelanger Akkumulation von Wissen durch Lektüre. Zur Motivation seiner Gesellschaftsgeschichte hat Hans-Ulrich Wehler es sogar ironisch als den «einzigen erkennbaren Vorteil des Älterwerdens in unserem Beruf» bezeichnet, «allmählich mehr gelesen und bessere Grundlagen für ein vergleichendes, zusammenfassendes Urteil gewonnen zu haben».[17] Wenn man jedoch die Früchte der Lektüre nicht systematisch und über einen sehr langen Zeitraum in einem ständig wachsenden und gut gepflegten Zettelkasten festhält, so wie Wehler und Niklas Luhmann das zur gleichen Zeit in Bielefeld taten, wandert ein Teil des Wissens in einen diffusen Raum.[18] Gewiss nicht ausschließlich, aber doch nicht zuletzt aus diesem diffusen Raum des kumulierten Lebenslektürewissens hat Thomas Nipperdey seine Deutsche Geschichte geschrieben.[19] Nur so ist die besondere Produktivität an Plätzen fernab von eigener Bibliothek, Fotokopiensammlung und studentischen Hilfskräften wie in Princeton und Stanford vorstellbar.

Gleichwohl spielte die eigene, heimische Bibliothek dabei eine wichtige Rolle: Dieses materielle Substrat sedimentierter Lektüren umgab den Autor in seinem Arbeitszimmer.[20] Man konnte aufstehen, nachschlagen, sich rasch vergewissern. Häufig genügt es schon, das Buch mit Autor und Titel im Regal zu sehen, und die wesentlichen Ergebnisse oder die Kernthese, die für das eigene Schreiben berücksichtigt werden sollen, stehen einem wieder vor Augen. Doch zu eng darf man beim Schreiben eines solchen Buches, das ja eine beständige epistemische Gratwanderung zwischen der Zusammenfassung von Bekanntem und kreativer Produktion ist, nicht an den vielen anderen Büchern kleben. Schließlich ist ein solches Opus magnum, das als «der Nipperdey» zu einer Autorenmarke wurde, kein Forschungsbericht eines Habilitanden, der ebenso gut wie der erfahrene oder geniale Historiker Spezialliteratur im Genre des Studienbuches zusammenfassen kann. Insofern *bedarf* es, epistemologisch gesehen ebenso wie wissenschaftssoziologisch, geradezu einer gewissen Distanz zu den eigenen Quellen: um der freien Anverwandlung des Wissens Raum zu geben und um zu signalisieren, dass es sich um mehr als eine kompilierte Fleißarbeit handelt.

Thomas Nipperdey vollzog diese Unterscheidung auch räumlich, indem er in seinem Ickinger Haus zum Schreiben zumeist das im Erdgeschoss gelegene Bibliotheks-Arbeitszimmer verließ und in einem eigenen Arbeitsraum im Souterrain bewusst auf Distanz zu den Büchern ging.[21] Das Schreiben des großen Werkes «aus dem Gedächtnis» gehört sogar zum Entstehungsmythos von Fernand Braudels dreibändiger Geschichte des Mittelmeerraumes im 16. Jahrhundert, einem der berühmtesten Werke der jüngeren Geschichtsschreibung überhaupt. In fünfjähriger deutscher Kriegsgefangenschaft zwischen 1940 und 1945 konnte Braudel die Arbeit an dem Manuskript auch ohne die üblichen Ressourcen von Archiven und Bibliotheken, von einer Heerschar wissenschaftlicher Mitarbeiter ganz zu schweigen, entscheidend vorantreiben und bereits 1947 als *thèse d'État* vorlegen.[22] Aber ganz oder überwiegend als Kopfgeburt entstand Braudels Mittelmeerbuch ebenso wenig wie Nipperdeys Deutsche Geschichte. Gleichwohl lässt sich, wie wir sehen werden, an den Manuskripten teilweise überraschend konkret nachvollziehen, wie weit das «Kopfwissen» des Autors reichte und wo es, etwa im Nachgang zu einem ersten Entwurf, durch zusätzlich recherchiertes Wissen ergänzt werden musste.

Eine geradezu klassische Quelle des Wissens und Vorstufe von Büchern für Professoren als akademische Lehrer bilden die eigenen Lehrveranstaltungen. Das war auch für Thomas Nipperdey wichtig, aber eine unmittelbare Vorlage bildeten die Vorlesungsnotizen offenbar nicht.[23] Der Schritt vom gesprochenen Vortrag vor Studierenden zum sprachlichen und argumentativen Duktus eines Buches ist größer, als man zunächst denken mag – und gewiss größer, als so mancher Wissenschaftler es sich, nach strapaziöser Arbeit an der Vorlesung und im Leiden am nicht geschriebenen Buch, immer wieder erhofft hat.[24] Manche Klassiker der Geisteswissenschaften zeigen diese Herkunft selbstbewusst vor und interpretieren das Buch als eine Handreichung für die nächste Generation von Hörern, modern gesprochen, als ein «Skript». So verfuhr schon Johann Gustav Droysen mit seinem «Grundriss der Historik».

Vorlesungen über historische Encyclopädie und Methodologie, die ich seit 1857 wiederholentlich gehalten habe, veranlassten mich das Schema derselben niederzuschreiben, um den Zuhörern einen Anhalt für den Vortrag zu geben. So wurde der «Grundriss» zuerst 1858, dann wieder 1862 als Manuscript gedruckt.[25]

Wiederum anders verhält es sich mit posthum, häufig von akademischen Schülern, edierten und veröffentlichten Vorlesungsmanuskripten, die Zugang zu Überlegungen verschaffen sollen, die der Autor zu Lebzeiten nicht in ein Buch umarbeiten konnte oder wollte. Dafür sind die Vorlesungen Michel Foucaults am *Collège de France*, vor allem die zweibändige «Geschichte der Gouvernementalität», ein jüngeres Beispiel von herausragender Prominenz und Wirkung.[26]

Thomas Nipperdeys Sehnsucht richtete sich spätestens seit Mitte der 1970er Jahre auf das Schreiben eines großen Buches zur deutschen Geschichte seit dem späten 18. Jahrhundert, aber der Stoff war seit seiner Zeit als junger Göttinger Privatdozent in Vorlesungen und Seminaren vorbereitet und auch gedanklich vorstrukturiert.[27] Eine Vorlesung über «Grundlagen der deutschen Geschichte im 19. Jahrhundert», mit Schwerpunkt auf der Zeit vor 1848, bot Nipperdey in München gleich in seinem ersten Semester, dem Wintersemester 1971/72, an und wiederholte sie im Sommer 1976.[28] Der Ankündigungstext zu diesem Semester weist sehr deutlich auf die Struktur von «Bürgerwelt und starker Staat», vor allem die Kapitel II und III, voraus.

Die Vorlesung wird nicht vornehmlich chronologisch, sondern nach Sachthemen gegliedert sein. Voraussichtlich werden behandelt: Die Ablösung des Menschen von der traditionalen Welt – Politische Grundtendenzen: Liberalismus – Konservativismus – Nationalismus. – Agrarstruktur – Anfänge der Industrialisierung – Pauperismus. – Modelle staatlicher Gesellschaftspolitik und ihre Auswirkungen – Wirtschaftspolitik: der Zollverein. – Verfassungsprobleme: Frühkonstitutionalismus …[29]

Eine mehr oder weniger direkte Umformung des Vorlesungsskriptes in den Text für das Buch gab es jedoch weder damals noch später. Zwar bereitete Thomas Nipperdey, besonders als ein noch junger Professor, seine Vorlesungen häufig als ausformulierten Text vor. Doch der Sprachduktus war ganz am mündlichen Vortrag orientiert. Der Text für das Buch musste insofern, trotz aller Parallelität und zunehmender Verschränkung mit der Lehre, von Grund auf neu geschrieben werden.

Im Sommersemester 1976 hielt er außerdem ein Hauptseminar über «Probleme der deutschen Geschichte 1850–1870» ab, das den letzten Teil des damals freilich noch gar nicht konkret projektierten Buches abdeckte. Aber es trat kurzfristig «anstelle des im Vorlesungsverzeichnis angekündigten Japan-Seminars»: Während dieser Zeit begann Thomas Nipperdey seine bis dahin thematisch, zeitlich und räumlich sehr weit ausgreifenden Veranstaltungen immer mehr auf die deutsche Geschichte des 19. Jahrhunderts zu fokussieren. Seit den späten 1970er Jahren, und erst recht seit etwa 1985 bei der Fortsetzung des Kaiserreichprojekts, drehte sich außerdem das Verhältnis von Lehrveranstaltung und Arbeit am Buch um: Während die Vorlesungen und Seminare bis 1976/77 nur im Rückblick als Vorbereitung für ein höchstens vage gedachtes Buchvorhaben erscheinen, setzte Nipperdey die Lehre später ganz zielgerichtet und instrumentell zur Erarbeitung, Strukturierung oder eigenen Rekapitulation des Stoffes für die Kaiserreichbände ein, wie in einer zweiteiligen Vorlesung «Wirtschaft, Gesellschaft, Alltag in Deutschland 1871–1918» Ende der 1980er Jahre.

Die Vorlesung soll … wesentliche Tatbestände, Entwicklungen und Probleme des wirtschaftlichen, gesellschaftlichen und alltäglichen Lebens in Deutschland 1871–1914 darlegen. … Vorgesehene Abschnitte: Bevölkerung – Landwirtschaft und ländliche Gesellschaft – Industrie – Handwerk – Dienstleistungen – Volkswirtschaft – Soziale Fragen – Familie, Frauen – Alltag.[30]

Die Ankündigung für die Fortsetzung im Sommersemester 1988 spiegelt noch eindeutiger die Schwerpunkte des damals entstehenden ersten Teilbandes zum Kaiserreich. Aber nun verschob sich das Verhältnis erneut, weil die entsprechenden Kapitel zum Teil bereits geschrieben waren und das Buchmanuskript umgekehrt als Grundlage der Vorlesung dienen konnte.

Eine zunehmend wichtige Rolle für die Vorbereitung des Buches spielten die Hauptseminare. Im Winter 1979/80 standen «Kunst, Musik und Gesellschaft in Deutschland 1800–1870» auf dem Programm und außerdem «Probleme der deutschen Sozial- und Wirtschaftsgeschichte 1840–1870».[31] Der Semesterplan mit den Themen der einzelnen Sitzungen und studentischen Referate breitete die kognitive Landkarte des Themas weiter aus und diente dem Autor zur Vergegenwärtigung seiner wichtigen Aspekte.[32] Zugleich konnten die mündlichen Seminarreferate (und die daraus entstehenden schriftlichen Hausarbeiten) zusätzliche Literaturhinweise erschließen oder Fakten zusammenstellen, die dem Seminarleiter beim Schreiben des Buches nützlich waren. In seinen Haupt- und Oberseminaren durchmaß Thomas Nipperdey seit 1984 fast das gesamte thematische Spektrum der beiden Bände zum Kaiserreich, von den demographischen Grundlagen über Architektur und Kunst bis zur Außenpolitik in der Zeit Bismarcks. Lediglich die zweite Hälfte des letzten Teilbandes und insbesondere der Erste Weltkrieg kamen in den Lehrveranstaltungen weniger vor, weil sich der Abschluss des Buches wegen der schweren Krankheit beschleunigte und der Autor aus demselben Grund in der Schlussphase nicht oder nur noch unregelmäßig lehrte.

Auch die Assistenten erhielten ab und zu, vor allem wohl in der Vorbereitung des Kaiserreichbandes, größere Rechercheaufträge: Es galt, Literatur- und Forschungsberichte zu bestimmten Themen wie der «Bevölkerung im Deutschen Kaiserreich» zu erstellen, die weniger Forschungskontroversen erschließen als Material, Daten, Fakten zusammentragen sollten.[33] Wenn trotz eigener Bibliothek und kumulierter Lektüre, trotz Seminarpapieren und Mitarbeiterberichten noch Wissenslücken blieben, bat Thomas Nipperdey gelegentlich ganz zielgerichtet Kollegen um eine Auskunft. So wandte er sich im Dezember 1985 an den Tübinger Ethnologen Wolfgang Kaschuba.

Kennen Sie wichtige und nicht gänzlich vereinzelte Literatur zum Verbürgerlichungsprozeß der Sachgüter der Bauern im letzten Drittel des 19. Jahrhunderts und im frühen 20., also etwas über Möbel und vielleicht auch über Tracht, Kos-

tüm, Mode. ... Wenn Sie zusätzlich auch noch etwas zur Geschichte der bäuerlichen Familie wissen, wäre mir das auch besonders lieb. Entschuldigen Sie meine Aufdringlichkeit, aber wenn Sie mir helfen können, wäre mir wirklich sehr gedient.[34]

Der junge Kollege ließ sich nicht lumpen: Nur eine Woche später antwortete er auf drei Seiten mit zahlreichen konkreten Literaturhinweisen. Jetzt galt es diese Literatur zu beschaffen; dafür vermerkte Nipperdey auf dem Kaschuba-Brief: «Knauth (u. bitte zurück)», als Auftrag an den damaligen studentischen Mitarbeiter und späteren Doktoranden Andreas Knaut.[35]

Nun ist alles bereit, Thomas Nipperdey begibt sich an den Schreibtisch, im Souterrain seines Hauses in Icking oder in seinem Büro im akademischen Himmel Princetons. Das entspricht einer kulturellen Konvention, einer gelehrten Habitualisierung jedenfalls in der deutschen Geisteswissenschaft mindestens seit dem 19. Jahrhundert: Geschrieben wird zuhause; gelehrt, verwaltet und kommuniziert an der Universität. Größere Teile des mittleren Bandes entstanden dennoch im Dienstzimmer in der Ainmillerstraße, denn der Historiker verfügte über die Fähigkeit, sich nach einer Ablenkung, etwa durch ein kurzes Gespräch mit einem Assistenten, blitzschnell wieder in tiefste Konzentration zu begeben.[36] Über die Mikroökonomie seiner Lebensführung und Arbeitszeit hat Thomas Nipperdey nicht in derselben Weise schreibend Rechenschaft abgelegt wie über die Makroökonomie des Verhältnisses von Werkzeit und Lebenszeit, schon gar nicht Tagebuch geführt. Er war ein regelmäßiger und konzentrierter Schreib-Arbeiter, der gleichwohl nicht zu übertriebener Ritualisierung neigte, wie man sie mit den streng kontrollierten Tagesrhythmen Thomas Manns und dessen Selbststilisierung verbindet.[37] Erst recht pflegte er keine ungewöhnlichen, exzessiven oder konvulsivischen Arbeitsformen. Er brauchte Zeit, sich in einen Stoff innerlich hineinzubegeben – dann fiel ihm das «Dranbleiben» und Weiterschreiben nicht so schwer.[38] Von seinem Kollegen Klaus Hildebrand um einen Vortrag gebeten, gestand er im Juni 1986:

Ich bin kein so schneller Arbeiter, und einen solchen Vortrag kann ich nicht aus dem Ärmel schütteln, da kenne ich mich gut genug, es macht doch immer 10–14 Tage Arbeit, diese Zeit habe ich leider im Moment ganz und gar nicht.[39]

In der Regel schrieb er mit dem Kugelschreiber auf weißes, unliniertes DIN A4-Papier, zumeist einspaltig auf einem längs geteilten Blatt, gelegentlich aber auch – bei kürzeren Texten, ersten Entwürfen, nachträglich verfassten Einschüben – über die gesamte Breite des Blatts.[40] Lange Zeit verwendete Thomas Nipperdey dabei die deutsche Schreibschrift, an der er seit seiner Jugend festgehalten hatte und die bis zum Schluss seine Unterschrift markant machte.[41] Später, vor allem in den 1980er Jahren, wechselte er fast vollständig in die lateinische Schrift, in der er jedoch eher Druckbuchstaben hintereinander setzte als das flüssig verbundene Schriftbild produzierte, das seine Kurrentschrift prägte. Dabei mochte auch das Bestreben, für Mitarbeiter oder andere Adressaten lesbar zu sein, eine Rolle gespielt haben. Was dann entsteht und wie – der Moment der Kreativität, in dem Worte gefunden und zu Sätzen gereiht, Erzählungen vorangetrieben und Argumente entwickelt werden –, bleibt schwer zu entschlüsseln. Jürgen Habermas hat es, im Rückblick auf die Arbeit an seiner gleichzeitig mit Nipperdeys erstem Band entstandenen «Theorie des kommunikativen Handelns», so beschrieben:

Ich bin ganz selten euphorisch … Ich muss Papier vor mir haben, leeres Papier, Bücher um mich herum, aber ich bin kein Arbeiter mit Zettelkasten. Man muss sich in die Arbeit hineinbegeben, dann bewegen sich die Probleme beim Schreiben.[42]

Am späten Nachmittag oder beim Abendessen fragten die Nipperdey-Kinder: «Daddy, hast Du heute schon Deine 16 Seiten geschrieben?»[43] Dieses bemerkenswerte Tagespensum vor allem in der Schlussphase relativiert sich nicht nur beim Blick auf andere produktive Gelehrte – so behauptete Fernand Braudel, täglich dreißig oder gar fünfzig Seiten niederschreiben zu können[44] –, sondern auch auf das Spaltenformat der Manuskriptseite. Eine Seite enthielt um die 25 handschriftliche Zeilen zu je maximal dreißig Zeichen, mithin etwa 700 bis 750 Zeichen.[45] 16 Seiten entsprachen damit 12 000 Anschlägen, was dreieinhalb Druckseiten des Buches mit seinen dicht gesetzten Seiten zu je etwa 3400 Zeichen füllte. So gesehen bedurfte es nur 230 bis 250 Schreibtage, also der Werktage eines einzigen Jahres, um einen der massiven Bände niederzuschreiben. Diese Rechnung mochte in Princeton oder Stanford über einige Monate sogar ziemlich glatt aufgehen. Aber sonst war längst nicht immer Schreibzeit. Und zu der Zeit für die erste Niederschrift kam der erhebliche Aufwand für die Überarbeitung des Textes hinzu.

Wie schrieb Thomas Nipperdey? Sofern sich diese Frage nicht auf die äußere Schreibsituation oder die Techniken des Schreibens bezieht, sondern auf Sprache und Stil, ist dazu schon früher viel gesagt worden. Er gehört sogar zu den wenigen Historikern (und überhaupt wissenschaftlichen Autoren) seiner Zeit und seiner Generation, die einen markanten literarischen Stil pflegten. Er war sich dessen selber sehr bewusst, und es prägte das Bild seines Werkes mit. Thomas Nipperdey verfügte über eine eigene Poetologie, die dem Werk nicht äußerlich blieb, sondern sich mit dessen Aussagen, mit Wissen und Erkenntnis verknüpfte: Die Poetik unterstützte die Episteme.[46] Das gilt für die Grundhaltung gegenüber einer Vergangenheit, der Nipperdey im Sinne des Historismus neugierig und verstehensbereit – was etwas anderes ist als verständnisvoll – begegnen wollte, im Sinne der von ihm gegen die «kritische» Geschichtswissenschaft verteidigten «Gerechtigkeit für die Großväter». Nichts sollte *ex cathedra* verkündet, kein schnelles Urteil gefällt werden; vielmehr wollte er die Leser in ein Gespräch verwickeln.

Daraus ergab sich eine Form der historischen «Erzählung», der Narration, die manchen Erwartungen zuwiderlief: Nicht auf größtmögliche äußere Spannung, nicht auf die dramatische Inszenierung von handelnden Personen und ihren Konflikten kam es ihm an, erst recht nicht auf ein «Zeitkolorit», das aus Quellenzitaten, Episoden, Vignetten schöpfte.[47] Der diskursive, räsonierende Duktus seiner geschriebenen Sprache hat viele, die ihn persönlich kannten, an aufgeschriebenes Sprechen erinnert, so dass die Lektüre der Deutschen Geschichte ein Bild des Autors als eines mündlichen Erzählers evoziert, der in seinem Sessel sitzt – nicht am Schreibtisch, und auch nicht am Vortragspult steht – und das Ohr der Zuhörer gewinnt, wie in einem Überhang mündlicher Überlieferungskultur. «Es geht sicher nicht nur mir so, dass ich ihn sprechen höre, während ich ihn lese», meinte der Schriftsteller und Nipperdey-Schüler Sten Nadolny. «Bei einer Formulierung wie ‹oder einmal anders gewendet› sehe ich ihn leiblich vor mir: er wandte dann ja richtig den Kopf einmal hin, einmal her.»[48] Nadolny hatte völlig recht, wenn er das eher mit einer Grundhaltung in Verbindung brachte und «nicht so sehr mit seiner Arbeitsweise und dem Diktiergerät», denn Thomas Nipperdey *schrieb* seine Texte; er diktierte sie nicht frei aus dem Kopf oder nach Notizen. Aber auch dem Lektor Wieckenberg stellte sich diese Assoziation ein, als ihm im Sommer 1982, bei der ersten Lektüre der Deutschen Geschichte, eine charakteristische Zeichensetzung auffiel.

Sie haben einmal gesagt, wenn Sie ein Manuskript hätten, würden Sie den Text diktieren. Ich vermute, das hatte Folgen für die Zeichensetzung, nämlich dahingehend, daß jetzt viele Kommata in den Text hineingekommen sind, an Stellen wo man eher ein Semikolon, vielleicht sogar einen Punkt erwarten würde. Da der Text nun vorwiegend von Lesern aufgenommen werden wird – das Vorlesen kommt ja immer mehr aus der Mode –, plädiere ich dafür, daß man des öfteren einmal ein Komma durch ein Semikolon oder durch einen Punkt ersetzt.[49]

Es ist bemerkenswert, dass Wieckenberg den kulturellen Übergang vom Vorlesen zum Selberlesen überhaupt registrierte und seine Ausläufer bis ins späte 20. Jahrhundert reichen sah. Doch tatsächlich existierte die Praxis des Vorlesens im Bildungsbürgertum damals noch und war auch patriarchalisch geprägt: Der Mann las, die Frau hörte zu. Harald Weinrich lobte den 1990 erschienenen zweiten Band als «ein Buch, aus dem sich gut vorlesen lässt».[50]

Ich habe schon verschiedene Abschnitte abends meiner Frau vorgelesen und dabei sowohl bei meinen eigenen Vorleseerfahrungen wie auch bei den interessierten Reaktionen meiner Frau gemerkt, dass dieses Buch an die grossen Traditionen deutscher Geschichtsschreibung überzeugend anknüpft.

Auch mit seiner Beobachtung zur Interpunktion lag Wieckenberg richtig. In Nipperdeys Schreibstil, und damit in seinem Denken, überwiegt die Reihung, die Nebenordnung, die Parataxe. Er sprach selber von «meiner schrecklichen Doppelpunktmanie».[51] Die einzelnen Elemente der Geschichte traten nebeneinander und bemächtigten einander nicht durch Über- und Unterordnung, durch Kausalität oder Konzession. Seinen Gegnern hielt er immer wieder die Überzeugung von der panoramatischen Vielfalt der Geschichte entgegen, von einer Nebenordnung von Wirklichkeiten, die auch sprachlich so ausgedrückt sein wollte, denn «die Grundfarbe der Geschichte ist grau, in unendlichen Schattierungen».[52]

Zugleich täuschte er den Erzähler, den biederen und etwas altmodischen Geschichtsonkel im Ohrensessel, nur vor – «davon haben wir schon erzählt» –, wo er tatsächlich analysierte, Faktoren und Gesichtspunkte zu bedenken gab und handelnde Personen über weite Strecken in den Hintergrund traten. Seine Ironie, ein weiteres wichtiges Stilelement und wohl auch Persönlichkeitsmerkmal,[53] half ihm dabei, diese Distanz zu überbrücken. Insofern war Thomas Nipperdey in vieler Hinsicht mehr «Strukturhistoriker» als manche, die sich selber so sahen und von ihm dafür kritisiert wurden. Wehlers Gesellschaftsgeschichte «erzählt» viel mehr, dramatisiert Geschichte, lässt Akteure, individuelle und kollektive, aufeinanderprallen, wo Nipperdey kühl Konstellationen abwägt – gerade in der politischen Geschichte, der vermeintlichen Domäne des «traditionellen» historiographischen Erzählens.[54]

Gleichwohl hat Sten Nadolny vier sprachliche Modi oder «Melodien» in der Deutschen Geschichte Thomas Nipperdeys ausgemacht. Erstens die Ereignisgeschichte, zweitens die Strukturgeschichte; drittens dann die Forschungspirsch: Der Autor nimmt die Leser mit auf eine Erkundung der Geschichte zum Zwecke der Urteilsbildung; und schließlich viertens den «vornehm gedämpften Schlachtgesang», mit dem es gegen die namentlich nicht genannten, aber immer ganz eindeutigen Gegner ging: die kritische Geschichte Bielefelder Provenienz und den Antipoden Hans-Ulrich Wehler.[55] Aber Vorsicht – so gut begründet der sympathisch voreingenommene Nadolny den differenzierten Erzählstil seines akademischen Lehrers lobt, so offensichtlich ist, dass Nipperdey damit die Latte der Rezeption hoch legte. Zumal angelsächsische Kollegen, die eine Kultur der unmittelbaren Narration, geradezu des fesselnden Geschichtsromans, kannten und bevorzugten, konnten mit diesem Erzähler wenig anfangen. Er erschien ihnen teutonisch-abstrakt, und die Schwierigkeiten mit einer Übersetzung des Werks ins Englische gründeten auch darin.[56]

Geschichte, auch sprachlich gefasst, als Parataxe, als Iteration, als Rekurs auf «Wiederholungsstrukturen», wie es Reinhart Koselleck genannt hat:[57] Darin kam, bei Koselleck ebenso wie bei Nipperdey, eine tiefe anthropologische und lebensgeschichtliche Skepsis gegenüber einer liberal-progressiven Fortschrittsgeschichte, gegenüber der «Whig Interpretation of History»[58] zum Ausdruck. Geschichte war nicht Evolution, nicht Entwicklungsgeschichte aus Ursprüngen. Insofern passte der rhetorische Fanfarenstoß, mit dem Thomas Nipperdey den ersten und dann wieder den dritten Band eröffnete, geschichtstheoretisch und poetologisch sehr wohl zu dem sonst dominierenden, zurückhaltenden Gleichmaß der Erzählung, mit dem er auf den ersten Blick kontrastierte. «Am Anfang war Napoleon», «Am Anfang war Bismarck», das hieß auch: Hier setze ich ein; es gibt keine Herleitung aus den Wurzeln, aus Ursprüngen, die sich im Verlauf der Geschichte zur vollen Blüte entfalten. Für Siegfried Weichlein ist das eine historische Argumentation *in principio*, nicht *in initio*, mit der Nipperdey einem vertrauten Muster der deutschen Nationalgeschichte folgte. Weichlein nennt das treffend den «johanneischen Gestus» in der deutschen National- und Zeitgeschichte, dessen sich damals auch andere Historiker – etwa Arnulf Baring mit «Im Anfang war Adenauer» – bedienten.[59] Denn die rhetorische und kulturgeschichtliche Anspielung auf den Beginn des Johannesevangeliums ist offensichtlich: «Im Anfang war das Wort». Sich damit zu messen mag «eine wunderbare Frechheit» sein,[60] ist aber auch eine Aussage zum Offenbarungscharakter der Geschichte und der Rolle des Historikers dabei – ist transformierte Geschichtstheologie, was dem gebildeten Protestanten Thomas Nipperdey kaum entgangen sein dürfte.

Nun mag man sagen, das sind die besonderen Stellen, wie füllte er denn die vielen Seiten? Sammelte er zuerst viele Einzelheiten oder schlug er zunächst eine Schneise, zu der sich das Material dann finden musste? In der epistemischen Logik des Schreibens, des Darstellens von Geschichte und des Argumentierens mit ihr, folgte Thomas Nipperdey in unterschiedlichen Situationen sowohl einem induktiven Verfahren: vom Besonderen zum Allgemeinen, von der Narration und dem Material zu dessen Deutung, als auch einem deduktiven: erst das Allgemeine, die Grundrichtung der Geschichte, der das Auffüllen mit Faktenmaterial nachgeordnet war. Ein markantes Beispiel für das induktive Verfahren ist die geradezu in letzter Minute erfolgte Ergänzung des allerersten Abschnittes im ersten Teilband zum Kaiserreich. Es gab, und das war programmatisch gemeint, kein Vorwort, keine Einleitung. Der Band, der sich aus der Teilung des angeschwollenen Textes ergab, begann mit der Sozialgeschichte, genauer gesagt, mit den nüchternen statistischen Daten der Bevölkerung. An der Stelle des weit nachhallenden Paukenschlags des Vorgängerbandes «Am Anfang war Napoleon» stand noch in den Fahnen zu lesen:

Die Bevölkerung im Gebiet des Reiches von 1871 ist von 1866 bis 1914 von 39,8 Millionen auf 67,8 Millionen angestiegen, das sind 28 Millionen oder knapp 70 %. Die mittlere jährliche Wachstumsrate beträgt 1 %.[61]

Erst jetzt wurde Thomas Nipperdey offenbar klar, dass die Leser von ihm, aber auch er von sich selber einen anderen Beginn erwarteten: einen Beginn, der eine Rahmung herstellte, auf den Napoleon des Vorgängerbandes ebenso verwies wie auf die noch ausstehende Politikgeschichte des Folgebandes, und der sogar eine programmatische Position in seinem eigenen Verhältnis zur Sozialgeschichte und zu den Bielefelder Strukturhistorikern andeuten konnte. Also schrieb er und heftete mit einer Büroklammer einen kleinen Zettel an:

Gewiß, die Geschichte, die 1866 begann, war offen. Und gewiß, sie war, mehr als üblich, von einem Manne geprägt, von Bismarck. Mit ihm fing alles an. Aber sie war auch geprägt von festen Strukturen und objektiv ablaufenden Prozessen, von den Lebensformen des Alltags, von der Wirtschaft, von der gesellschaftlichen Schichtung und ihren Verschiebungen. Die Deutsche Geschichte ist Geschichte der Deutschen, des deutschen Volkes. Damit fangen wir an.

Im allerletzten Moment ergänzte er noch handschriftlich: «diesmal», damit fangen wir diesmal an, um die Kontinuität und Serialität des Werkes zu unterstreichen. So wurde es gedruckt. Es ist bemerkenswert, wie dieser späte Kunstgriff dem gesamten Buch eine Richtung und Deutung mit auf den Weg gab und mit welcher dialektischen Dichte Nipperdey in wenigen Zeilen das Napoleon-Motiv wiederholte, es zugunsten einer sozialwissenschaftlichen Sprache in den Hintergrund rückte, nur um die Sozialgeschichte im nächsten Moment, damit man sich in Bielefeld nicht zu früh freute, nationalgeschichtlich – man kann hier beinahe sagen: ethno-national – zu wenden.

Umgekehrt folgte Thomas Nipperdey bei der Niederschrift der empirischen, zum Beispiel sozialgeschichtlichen Kapitel dem Impuls seiner von den großen Deutungen ausgehenden «philosophischen» Geschichtsschreibung ebenso, wie er aufgrund seiner Arbeitsweise, ohne systematisch angelegte Exzerpte, auf diesen Weg vom Allgemeinen zum Besonderen pragmatisch angewiesen war. Das Fehlen der empirischen Daten war ihm zum Teil durchaus bewusst, aber dann schrieb er die großen Linien, in denen er sich sicher wusste, schon einmal in einer Art Lückentext nieder: mit einigen Zeilen freiem Platz, in die später Daten und Konkretisierungen ergänzt werden konnten.[62] Im Kapitel über Ernährung hieß es in der ersten Textfassung zunächst: «Beim Tabak werden Pfeife und Zigarre allmählich von der Zigarette, die Großstadt wie kleine Leute erfaßt, zurückgedrängt.» Dann mit Abstand weiter: «Ein Wort noch zum Alkoholkonsum. Der nimmt zu, zunächst beim Schnaps, dann beim Bier; um 1900 ist ein Maximum erreicht, dann gibt es einen leichten Rückgang.» Zu vage? In einer nächsten, auf Spaltenformat gebrachten Fassung fand sich eine ähnliche Passage zum Tabak, mit dem Klammerzusatz: «(Zahlen?)» Dann fand er die Zahlen, oder sie wurden ihm von Mitarbeitern zur Verfügung gestellt, und Thomas Nipperdey ergänzte handschriftlich an den Rand und auf die leere untere Hälfte des Typoskripts:

Die «bürgerliche» Zigarre wird in der Form von Zigarillo oder Stumpen auch dem kleinen Mann zugänglich. 1877 liegt der Zigarrenverbrauch bei 92 p.c., 1903 bei 125, 1913 bei 130. Einen steilen Anstieg nimmt der Konsum der neu entwickelten Zigarette: 1877 2.5 p.c., 1893: 14 und dann 1903 schon 62 und 1913 193. Die Zigarette war großstädtisch, dem modernen Tempo + den modernen kurzen Zeiten angemessen.

Die Notizen für den eigenen Gebrauch münden hier frappierend unmittelbar in den lakonischen Stil der Berichterstattung, der das Werk charakterisiert. Die zunächst sehr vorläufig, eben notizhaft wirkende Ergänzung überstand weitere Bearbeitungsstufen und findet sich genauso im Buch wieder.[63] Manchmal schrieb er auch unmittelbar in den Lückentext hinein. In dem Kapitel über «Kranksein und Gesundsein» sollte auch etwas über Geschlechtskrankheiten gesagt werden. Nipperdey wusste natürlich, dass das ein wichtiges Thema seiner Epoche war, aber wie verhielt es sich damit genau? Also entstand zunächst ein Typoskript, das mitten im Satz abbrach: «Die Geschlechtskrankheiten bleiben ein Problem, die Schätzungen» – Lücke!

Es bestätigte sich, dass verlässliche Aussagen schwer zu treffen sind, doch immerhin konnte er den Lückenraum auf dem Papier in der nächsten Stufe handschriftlich füllen: «sind vage. 18,5 per 10 000 p.a. (Preußen), 60,9 in Großstädten. Großstädte, besonders Berlin, Prostituierte + Semiprostituierte, Studenten + Soldaten, Männer + die jüngeren Jahrgänge sind besonders betroffen.»[64] Aber auch unabhängig von solcher textlichen Bastelarbeit: Selbst an den schon relativ weit fortgeschrittenen Texten arbeitete der Autor häufig weiter, wenn sie ihm noch einmal vorgelegt wurden, und die Formatierung auch der Typoskripte und später der Ausdrucke von Computerdateien auf die linke Hälfte des Blattes war oft dringend notwendig, weil Nipperdey den breiten Rand vollständig mit handschriftlichen Ergänzungen füllte, die – wie beim Einstieg in das Kapitel über «Das tägliche Leben» im ersten Kaiserreichband – sowohl Deutungslinien einzogen als auch zusätzliche empirische Konkretisierung und statistische Daten beibrachten, also ebenso induktiv wie deduktiv, *bottom-up* und *top-down*, Arbeit am Text und Arbeit am Wissen leisteten.[65]

Die Arbeit an den großen Deutungslinien und nicht zuletzt an den besonders markanten, geradezu emblematisch gewordenen Passagen des Werkes lässt sich für den Anfang des dritten Bandes, der die Politik im Kaiserreich darstellt, anschaulich nachvollziehen. Bereits im Frühjahr 1985 war ein Kapitel entstanden, das den bis 1866 reichenden Faden der politischen Geschichte des ersten Bandes weiterspann: Welcher Weg führte vom preußischen Sieg über Österreich und vom Norddeutschen Bund zur Reichseinigung von 1870/71? Ein auf den 30. April 1985 datiertes Typoskript trug die Überschrift «Deutsche Außenpolitik» und begann mit dem Satz: «1866 hatte die erste Entscheidung der deutschen Frage gebracht.»[66] Wahrscheinlich war dieser Textentwurf in Princeton handschriftlich entstanden und bald nach der Rückkehr nach München von der Sekretärin am Lehrstuhl, Hannelore Letsch, mit der Schreibmaschine abgeschrieben worden. In wenigen Sätzen stellte der Autor Preußens Sieg und Vorherrschaft, das Ausscheiden Österreichs aus der deutschen Politik und die Situation der süddeutschen Staaten fest, um sogleich zur großen europäischen Politik zu wechseln: «Die deutsche Entscheidung von 1866 war unlöslich mit den europäischen Machtverhältnissen verbunden gewesen. Die Flügelmächte Großbritannien und Rußland hatten nicht interveniert.»

Vermutlich blieb der Entwurf lange Zeit liegen. Thomas Nipperdey wandte sich in den folgenden Jahren zunächst den sozial- und kulturgeschichtlichen Kapiteln zu. Dann fiel die Entscheidung über die Bandteilung. Die intensive handschriftliche Umarbeitung und Erweiterung des Textes von 1985 ist nicht klar zu datieren, aber es spricht viel dafür, dass sie im Winter oder Frühjahr 1989 in Stanford erfolgte, als das Rohkonvolut des Teilbands «Arbeitswelt und Bürgergeist» abgeschlossen war und die Konzentration sich auf die Politikgeschichte zwischen 1866 und Erstem Weltkrieg richten konnte.[67] Damit wurde klar, dass der etwas lakonisch «Deutsche Außenpolitik» betitelte Entwurf einen zentralen Platz im gesamten Werk einnehmen, nämlich den Auftakt des letzten Bandes bilden würde. Der Autor setzte an: «Die Gründung» – aber bevor er weiterschreiben konnte, vermutlich «des Deutschen Reiches», gefiel ihm das nicht mehr, er strich es durch und schrieb stattdessen: «Der Weg zur Reichsgründung. Deutschland 1866–1871», dadurch den Prozess stärker betonend als das Ereignis. Das war dann auch die Überschrift im Buch.[68] Von den ersten beiden Seiten bzw. Textspalten der frühen Fassung blieb so gut wie nichts stehen. Nipperdey erweiterte die Reflexion über die innenpolitische Mächtekonstellation zwischen Preußen, Österreich und den süddeutschen Staaten ganz erheblich und fügte dann eine neue Zwischenüberschrift ein: «Deutschland und Europa», unter der die europäische Einbettung der Konstellation von 1866 und der folgenden Reichseinigung unter preußischer Führung ebenfalls ausführlicher dargestellt wurde. Überhaupt bemühte er sich erst jetzt um eine analytische Ausdifferenzierung der verschiedenen Handlungsebenen von Politik; auf die Skizze der europäischen Ebene folgte ein ebenfalls ganz neu gefasster Abschnitt über «Deutschlandpolitik 1866/71».

Die umfangreiche Überarbeitung, praktisch ein Neuschreiben des Bandanfangs, wurde im Büro maschinell erfasst und inzwischen in Computerdateien umgesetzt, die Kurztitel als Dateinamen und zur Erleichterung der weiteren Bearbeitung durch den Autor und im gesamten Team trugen. Den Ausdruck «REICH01 vom 12.09.1989» nahm Thomas Nipperdey sich nun wiederum gründlich vor, und zwar ziemlich bald, noch im Herbst desselben Jahres. Er veränderte die eine oder andere Formulierung – der erste Satz wurde aus der Unpersönlichkeit des Geschehens, einer metahistorisch «gefallenen Entscheidung», auf den wichtigsten Akteur hin gewendet und aktivisch formuliert: «1866 hat Bismarcks Politik eine erste Entscheidung in der deutschen Frage herbeigeführt». Außerdem machte er sich die in der früheren Überarbeitung vollzogene Unterscheidung dreier Ebenen des politischen Handelns und Konflikts während dieser Zeit klarer: europäische Politik, deutsche Politik, Innenpolitik der Einzelstaaten. Er ergänzte einen Absatz, der den Lesern diese drei Ebenen explizit vor Augen führte und die Struktur der Argumentation und des Kapitels auf diese Weise nachvollziehbarer machte.[69]

Man sieht also: Die Bearbeitung des Textes zielte in mehreren Stufen nicht nur auf seine Erweiterung, sondern in erster Linie auf die Schärfung der analytischen und diskursiven Ebene der Darstellung. Die strategische Position der Abschnitte über die Reichseinigung drängte sich ihm von Mal zu Mal deutlicher auf. So entwarf er, auf drei Blättern in seiner charakteristischen Handschrift, eine Einordnung des gesamten Bandes in sein Werk, die das erfolgreiche Leitmotiv des ersten Buches – «Am Anfang war Napoleon» – aufgriff und zugleich den Dialog mit seinem Rivalen Hans-Ulrich Wehler fortsetzte, der Nipperdeys Anfangssatz sein «Im Anfang steht keine Revolution» entgegengehalten hatte.[70] Und mehr noch – jetzt sprach er selber, in der ersten Person Singular: ein denkbar großer Unterschied zu dem unpersönlichen Duktus des ersten Entwurfs, in dem nicht nur der Autor fehlte, sondern auch Bismarck eher im Hintergrund geblieben war.[71]

Am Anfang war Bismarck.
Vor zehn Jahren habe ich meine Geschichte des 19. Jahrhunderts mit dem Satz begonnen: Am Anfang war Napoleon. Das hat mir viel Kritik + viel Spott einge-

tragen. Die Strukturhistoriker wittern eine personalistische Geschichtsauffassung, die von großen Männern, von Individuen + ihren individuellen Taten bewegte Geschichte. Sie halten sich lieber an den Gegensatz: Am Anfang war keine Revolution. Es ist nicht die Selbstverliebtheit des Autors in eine Stilfigur oder deren Erhebung zu einem Markenzeichen, nicht die Lust an einer provokativen Wiederholung, schon gar nicht das Bekenntnis zu einer allgemeinen unhaltbar personalistischen Geschichtsansicht, wenn ich noch einmal so anfange.

Und so räsonierte er weiter und führte die Überlegung auch rhetorisch wieder an ihren Ausgangspunkt zurück: «Auch darum wiederhole ich den Beginn. Am Anfang war Bismarck.» Ursprünglich sollte die Passage nach dem ersten Absatz des Kapitels über die fundamentalen Entscheidungen von 1866 eingefügt werden. Erst als er den Text erneut in der maschinell erstellten Fassung vor sich hatte, zog er die markante programmatische Passage ganz nach vorne, an den Beginn des Kapitels und damit des gesamten Bandes, mit der Korrekturanweisung «von unten S. 1–3 an Anfang.»[72]

Die Erweiterung der Geschichtserzählung um die reflektierende Perspektive im vielstufigen Prozess des Schreibens und Umschreibens führte Thomas Nipperdey jedoch nicht nur, wie hier, zu einer Bekräftigung seiner eigenen geschichtstheoretischen Positionen. Die Manuskriptschichten des Kapitels über den Antisemitismus im Kaiserreich zeigen geradezu das Gegenteil. Der Autor löste sich schrittweise von seinem «historistischen» Standpunkt und verspürte einen Sog zu dem, wogegen er sich sonst durchaus mit heftiger Polemik wehrte: die Vergangenheit unter dem Gesichtspunkt einer Nachgeschichte zu beurteilen, die den Zeitgenossen noch nicht bekannt sein konnte. Bereits in der ersten überlieferten Fassung des handschriftlichen Manuskripts freilich begann er mit einer Referenz, die bis zum Schluss erhalten blieb: «Jede Erörterung der Entstehung und Entwicklung des Antisemitismus steht im Zeichen von Auschwitz, ist Vorgeschichte von beispielloser Untat + Unheil.»[73] Der Beginn des nächsten Absatzes nahm das dann, in typischer Nipperdey-Manier, wieder etwas zurück: «Dennoch, man muss sich hüten, die Geschichte nur vom Ergebnis her, nur als Vorgeschichte zu schreiben.» In der ersten Überarbeitung der Abschrift des Textes verstärkte er beide Aussagen: Im ersten Satz ergänzte er «in Deutschland», um den Eindruck zu vermeiden, den Finger nicht klar genug in die deutsche Wunde zu legen. Im folgenden Absatz präzisierte er: «diese wie jede Geschichte». In der späteren Bearbeitung nahm er sich, neben der üblichen Vielzahl sprachlicher Korrekturen und sachlicher Erweiterungen, den Schluss des Kapitels in besonderer Weise vor – man hat sogar den Eindruck, Thomas Nipperdey rang innerlich mit einem Abschluss, welcher der Offenheit der Geschichte ebenso Rechnung tragen sollte wie der Perspektive auf den Holocaust, für den am Ende der 1980er Jahre, wie auch im Historikerstreit, die Metapher «Auschwitz» noch weithin gebräuchlich war. Eine Fassung von Ende August 1989 schloss:

Die alldeutsche Propaganda habe die antisemitische «Volksstimmung» während des Krieges also erheblich intensiviert, die Juden vorweg schon als Schuldige an der Niederlage, als Sündenböcke markiert.[74]

Der Konjunktiv der indirekten Rede bezog sich auf eine vorher referierte Position der preußischen Regierung im Frühjahr 1918. In der Bearbeitung dieser Fassung machte Nipperdey aus dem «habe» den Indikativ «hat», was die Aussage bereits erheblich veränderte, und fügte handschriftlich den Satz hinzu:

Auch wenn man vieles dem Krieg zuschreiben mochte, die Aussichten vor 1914 für ein gelingendes Zusammenleben von Deutschen + Juden, für eine Ein- + Zurückdämmung des Antisemitismus, die Hoffnungen liberaler Deutscher wie der Juden waren dahin.

Damit verstärkte er den Ausblick in eine Zukunft nach 1918, in eine dunkel getönte Nachgeschichte des spannungsvollen Verhältnisses von Antisemitismus und Emanzipation im Kaiserreich. Aber diese Zukunft schien nur bis in die Weimarer Republik zu reichen und verwies auf ein schwierigeres Zusammenleben, nicht auf die Zerstörung von Existenz und Massenmord. Thomas Nipperdey fügte im nächsten Schritt einen weiteren Satz hinzu, mit dem das Kapitel im Buch endet.

Die Auschwitzperspektive schiebt sich zwischen 1914 und 1918 wieder vor die Perspektive der Eigenwirklichkeit.[75]

Im Vollzug des Schreibens stieß der programmatische Historismus Nipperdeys an seine Grenzen: geschichtstheoretisch, literarisch und vielleicht auch moralisch. Der Autor aber war klug genug, schreibend dazuzulernen.

Das tat er nicht nur für sich, sondern in jener Zusammenarbeit mit ande-

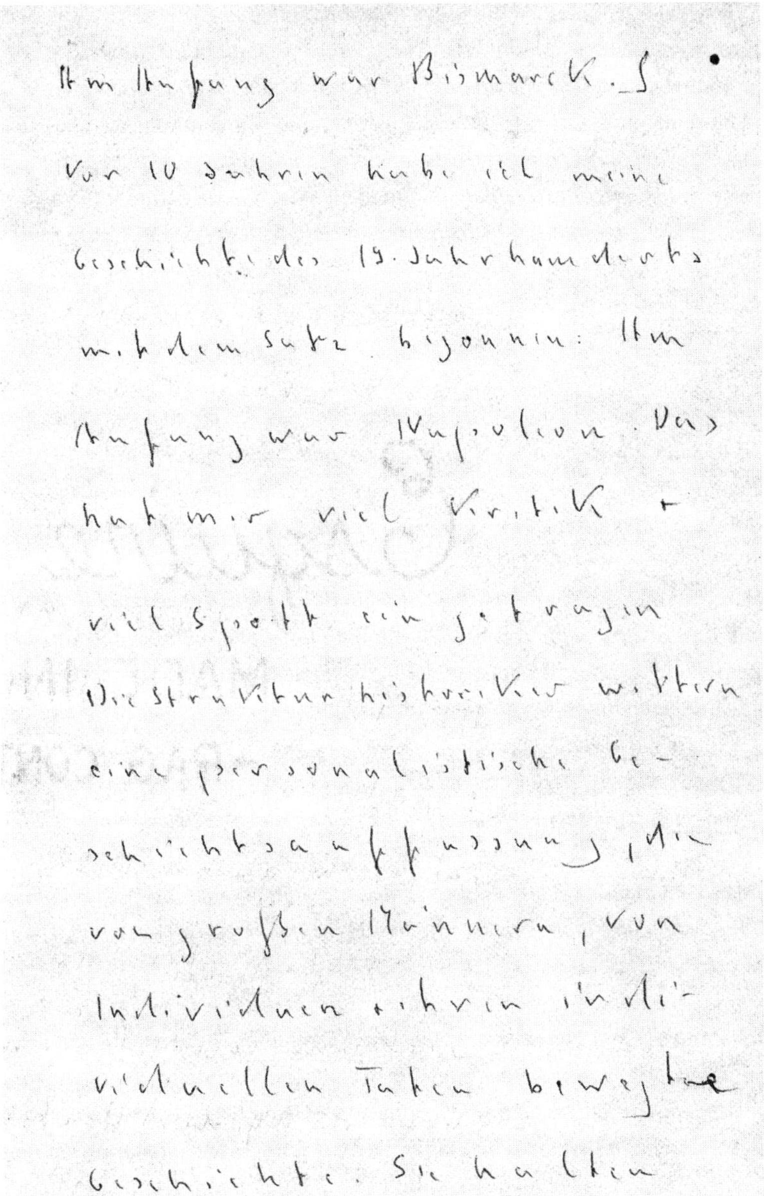
Am Anfang war Bismarck. §

Vor 10 Jahren habe ich meine Geschichte des 19. Jahrhunderts mit dem Satz begonnen: Am Anfang war Napoleon. Das hat mir viel Kritik + viel Spott eingetragen. Die Strukturhistoriker wittern eine personalistische Geschichtsauffassung, die von großen Männern, von Individuen & ihren individuellen Taten bewegte Geschichte. Sie halten

Manuskript-Seite «Am Anfang war Bismarck»

ren, in die das Schreiben des Opus magnum überhaupt eingebettet war. Das Netz der sozialen Koproduktion des Textes war weit gespannt, und seine Verknüpfungspunkte verwiesen immer wieder auf die Transformationen von Materialität und Technologie. Am äußeren Rand standen Kollegen, die Thomas Nipperdey gelegentlich nicht nur um Literaturhinweise, sondern auch um eine kritische Lektüre des Geschriebenen bat. Gerne nahm er für beides jüngere Kollegen in Anspruch, die sich durch solches Ansinnen geehrt, aber auch besonders verpflichtet fühlen mochten. Im April 1987 wandte er sich an Rüdiger vom Bruch, einen Habilitanden Gerhard A. Ritters in München, mit einem Teil des Kapitels zur Universitätsgeschichte und der Bitte,

den folgenden Text von mir durchzulesen und mit korrigierenden, kritischen oder weiterführenden Bemerkungen zu versehen. Sie können ruhig auch in den Text hineinschreiben oder Blätter dazu legen. ... Und natürlich handelt es sich um Ihr Lieblingsgebiet, Professoren und Politik.[76]

Da Nipperdey sich in diesen Abschnitten jedoch nicht zuletzt auf die Arbeiten vom Bruchs gestützt hatte, lief die Bitte um Kritik oder weiterführende Bemerkungen auf einen epistemologischen Zirkelschluss hinaus, wie der Angeschriebene mit höflicher Ironie zurückgab.

Wenn ich mir ein Urteil erlauben darf – ich finde es ganz vorzüglich und habe natürlich mit größtem Vergnügen auch meine eigenen Arbeitsergebnisse wieder erkannt, die auf diese Weise eine mir äußerst sympathische Popularisierung erfahren werden. Da ich ständig ein innerlich zustimmendes hm vor mich hinnickte, fallen die erbetenen Ergänzungen und Korrekturen sehr sparsam aus ...[77]

Im Zentrum des Netzwerks, in engster Verbindung zum Autor, stand die Sekretärin Hannelore Letsch. Der Verzicht auf sie wäre nicht nur ganz allgemein dem Ordinarius, dem Professor und akademischen Lehrer, sondern im Besonderen dem Autor sehr schwer gefallen. Vor diesem Szenario fürchten sich noch heute manche Professoren im Blick auf den bevorstehenden Ruhestand. Der Politologe Ernst Fraenkel klagte nach seiner Emeritierung gegenüber einem Kollegen:

Die Sekretärin fehlt mir sehr viel mehr als die Assistenten. Mir liegt team work nicht. Und ich verstehe noch immer nicht, wie meine Herren Kollegen sich «das Material» von ihren Assistenten zusammenstellen lassen. Wenn mir überhaupt einmal etwas einfällt, dann beim Sammeln des Materials.[78]

Die Sekretärin entzifferte die handschriftlichen Manuskripte und übertrug sie in eine technisierte Schriftform, die erst zur Weitergabe an Dritte geeignet war. Insofern war sie es, die den Text aus der hermetischen Welt des Autors herausholte und kommunikationsfähig, sozial anschlussfähig machte. Teilweise sprach Nipperdey, wie viele Gelehrte seiner Generation, den handschriftlichen Entwurf auf das Tonband eines Diktiergeräts, was die Arbeit der Sekretärin erheblich schneller und effizienter machte: Mit den Ohren hörte sie, mit den Fingern schrieb sie, mit den Füßen steuerte sie das Diktiergerät, etwa um zurückspulen und eine Stelle erneut hören zu können, mit den Augen schaute sie – nein, nicht auf ihr Geschriebenes, da sie ja blind schrieb, sondern zur Seite oder vor sich und verglich das Gehörte laufend mit der handschriftlichen Vorlage. Die besondere Nähe der Sekretärin zur Textproduktion drückte sich darin aus, dass Thomas Nipperdey gelegentlich seine Anweisungen für Hannelore Letsch als Metatext, äußerlich nicht unterscheidbar von dem Text des wissenschaftlichen Manuskripts, auf dieselbe Seite schrieb.

II.4. Das Militär. (Muß nicht gleich in Computer – Schreibmaschine mit breitem Rand geht auch. Was Ihnen lieber ist.) Die Endfassung muß wohl doch neugeschrieben werden.[79]

Bemerkenswert ist auch, dass Nipperdey, wie an dieser Stelle, die Tätigkeit der Sekretärin nie als das «Abschreiben» seines Textes bezeichnete, sondern als das «Schreiben». Wenn es bei ihm in der Korrespondenz mit dem Lektor oder in Absprachen mit den Mitarbeitern heißt, das nächste Kapitel müsse noch «geschrieben» werden, bezieht sich das sehr häufig auf die Erstellung des «maschinellen» Textes durch Hannelore Letsch. Auch aus der Sicht des Autors wurde der Text also erst in dieser Transformationsstufe tatsächlich geschaffen. Dabei blieb es bis zum Tod Thomas Nipperdeys, der den eigenen Übergang zum Schreiben am Computer nicht vollzog – was bis 1991 freilich ohnehin eine Ausnahme blieb. Der im Sekretariat und von den Mitarbeitern am Ende der 1980er Jahre vollzogene Übergang von der Schreibmaschine (und entsprechend: den Durchschlägen, den Fotokopien des immer noch sehr materialen und singulären Typoskripts) zur Textverarbeitung mit dem Computer (und entsprechend: zu Ausdrucken von Dateien) erleichterte die Arbeit an den Kaiserreichbänden, vor allem dem letzten Band, erheblich. Aber in den eigentlichen kreativen Prozess des «Erstschreibens», der handschriftlich blieb, drang die technische Logik des Computers und der Textverarbeitung nicht vor.[80]

Von der Rolle des Lektors im Verlag war schon ausführlich die Rede, und sie umfasste viele Facetten. Verleger- und Lektorpersönlichkeiten wie Wolf Jobst Siedler und Ernst-Peter Wieckenberg motivierten zum Schreiben: durch ihr beharrliches Interesse, ihre zugleich freundschaftliche und extrem professionelle Art der Zuwendung; gewiss auch durch das Erinnern an Termine und indirekt durch die materiellen und kulturellen Anreize, welche die Aussicht auf Veröffentlichung bot, also Honorar und Reputation. Das Lektorat im engeren Sinne, die Bearbeitung des Manuskripts mit Korrekturvorschlägen, spielte dagegen eine geringere Rolle. Wieckenberg las sorgfältig und notierte mit feinem Bleistift am Rande, doch beschränkten sich seine Eingriffe auf die Beseitigung offensichtlicher Fehler und kleinere stilistische Anregungen. Von den umfangreichen Operationen, die der Autor selber vornahm, war das weit entfernt. Thomas Nipperdey schätzte den Cheflektor von C.H.Beck sehr und auch dessen Auseinandersetzung mit seinem Text. Gleichwohl diente die Kommunikation mit ihm, wie das für die Korrespondenz des Münchner Historikers überhaupt charakteristisch ist, oft eher dazu, sich selber Rechenschaft über den Stand der Dinge abzulegen: Der Lektor war wie ein Spiegel, den sich der Autor selber vorhielt. Im Abschluss des Religionsbuches klang das im Januar 1988 so:

Nun zu meinem Manuskript und dem Buch, das wir machen wollen. Es hat mich die letzten zehn Tage ziemlich auf Trab gehalten. Ich finde nach längerem Abstand insgesamt den Text noch immer, oder eigentlich muß ich sagen, wieder recht gut. Aber ich habe noch viel daran korrigiert, natürlich auch auf Grund Ihrer Vorschläge. Zusätzlich zu den inneren Textkorrekturen habe ich noch einen richtigen Schluß geschrieben und dann auch eine andere Einleitung. Beides bekommen Sie, sobald es in Reinschrift da ist.[81]

Wieckenberg hatte ein Typoskript mit handschriftlichen Korrekturen und Ergänzungen des Autors erhalten, die nach der Meinung des Lektors auch dem geübten Auge des Setzers Schwierigkeiten bereiten würden – auch das griff Thomas Nipperdey in einem detaillierten Räsonnement über den eigenen Arbeitsprozess auf.

Eine perfektionistische Verbesserung sämtlicher Korrekturen im Computer macht uns im Moment einfach zu viel Arbeit. Ich habe soviel zu schreiben und zu machen, daß das jedenfalls in den nächsten 4 Wochen nicht drin ist. Genügt es, wenn wir alle die Seiten, auf denen Sie schon vermerkt hatten, daß der Setzer das schwer lesen könne, und diejenigen, die ich mit weiteren handschriftlichen Bemerkungen ausgestaltet habe, nochmal schreiben, mit gleichbleibender Seitenzahl, und dann in dem alten Manuskript lassen?[82]

Diese Problembeschreibung hält zugleich einen kurzen Moment des technischen Übergangs im späten 20. Jahrhundert fest: In seinem Büro hatte Nipperdey bereits die Schwelle zur Textverarbeitung am Computer vollzogen, aber im Verlag operierte noch, «händisch», ein Setzer. Und die Denklogik des Autors stammte noch aus der Zeit der Schreibmaschine, als Umarbeitungen zum massiven Einsatz von Tipp-Ex führten, zu angeklebten, ausfaltbaren Zetteln und zum Neuschreiben einzelner Seiten, die dann etwa als 47a, 47b paginiert waren. Eine auch nur an wenigen Stellen veränderte Computerdatei dagegen wurde in der Regel komplett neu ausgedruckt, bevor sie einige Jahre später überhaupt nur noch elektronisch an den Verlag und in den Satz geschickt wurde und das Papier an dieser Stelle überflüssig machte.

Anderthalb Jahre später, kurz vor dem Erscheinen des ersten Teilbandes zum Kaiserreich, kündigte Thomas Nipperdey seinem Lektor bereits Textteile des letzten Bandes an und erläuterte ihm – und wiederum: sich selber – die verschiedenen Stufen der Bearbeitung in der sozialen Koproduktion, vor allem mit dem Blick auf seine Mitarbeiter.

Ich habe den Computerausdruck durchgelesen und auf Sachfehler, Abschreibemängel, unverständliche oder verstümmelte Sätze etc. durchgesehen oder sonst Dinge, die mir unmittelbar auffielen, korrigiert. Was ich nicht gemacht habe, ist eine Korrektur nach Ausführlichkeit oder Kürze, stilistischer Prägnanz, logischer Stringenz etc. Das mag noch kommen. Dann sind diese Kapitel an jeweils einen meiner Mitarbeiter gegangen, die eine Reihe von sachlichen Nachprüfungen gemacht haben sowie sowohl das noch einmal gemacht haben, was ich schon gemacht hatte, wie auch das, was ich nicht gemacht hatte. Insofern befinden sich mancherlei Vorschläge am Rande. Wir meinen, daß wir Ihnen diese

Lektüre zumuten können, da Sie ja selber auch an den Rand schreiben. Ich möchte sowohl die Bemerkungen meiner Mitarbeiter wie die Ihren dann irgendwann im nächsten Winter abschließend durchgehen, entscheiden, was ich aufnehmen will oder was nicht, oder wo ich selbst etwas verändere, so daß wir dann die Sache im Computer korrigieren können und eine einigermaßen druckfertige Endfassung schon bekommen.[83]

Das «wir» fällt auf, mit dem Thomas Nipperdey die Produktionsgemeinschaft aus ihm und den wissenschaftlichen Mitarbeitern am Lehrstuhl, teils auch einschließlich der Sekretärin, bezeichnete. Für ihn war das wichtiger als für viele andere Gelehrte seiner Zeit. So wie Hélène Mialet im Blick auf die soziale Konstituierung Stephen Hawkings in einer Gemeinschaft von Mitarbeitern und Unterstützern von «Hawking Incorporated» gesprochen hat,[84] so gab es auch eine «Firma Nipperdey», als eine Art zweiten Aggregatzustand des monadischen Gelehrten.

Die Geschichte der modernen Naturwissenschaften, ihrer Labore, Experimente und Aufzeichnungen ist seit dem 17. Jahrhundert, wie Steven Shapin gezeigt hat, durch die nach außen häufig unsichtbaren Helfer, die «invisible technicians», geprägt.[85] Die Arbeitsformen, erst recht die Formen der Produktion von Text und Erkenntnis in den Geisteswissenschaften waren historisch stärker durch den Einzelforscher bestimmt und sind das bis heute geblieben. Doch die soziale Rolle des vertrauten Helfers, des Amanuensis, der (oder die) nicht nur eine professionelle Büroassistenz versieht, sondern in einem intimen Nahraum des Wissenschaftlers Material vorlegt, zuarbeitet, auf-, mit- und fortschreibt, vielleicht sogar Haushalt und Finanzen verwaltet, ist auch in den Geisteswissenschaften seit Jahrhunderten vertraut. Nicht selten waren es Ehefrauen, die diese Rolle übernahmen, oder jüngere Kollegen, die das als Sprungbrett einer eigenen Karriere nutzten. Darauf verweist bis heute der Begriff des wissenschaftlichen Assistenten eines Professors.

Mit der zunehmenden Trennung von Privathaushalt und Arbeitsplatz auch bei den Gelehrten im 19. Jahrhundert (und erst recht im 20.) konzentrierte sich der Raum der Helfer zunehmend auf die Universität bzw. das Institut, während der häusliche Arbeitsplatz zum Rückzugsort des einsamen Teils der geistigen Arbeit wurde, nicht zuletzt des Schreibens. So war es auch bei Thomas Nipperdey. Es gab beides: das Ich des individuellen Forschers und Autors – und das Wir von *Nipperdey Incorporated*. Die Firma wurde angesichts der schweren Krankheit, was durchaus an Hawking erinnert, in den letzten zwei Lebensjahren wichtiger. Die Krankheit verflüssigte die sonst ziemlich scharf gezogene Grenze zwischen privater und professioneller Gelehrtenexistenz, die auch räumlich zwischen Icking und Schwabing markiert war, ein Stück weit, löste sie aber nicht völlig auf. Die Arbeitsbeziehungen am Lehrstuhl veränderten sich; eine größere Nähe als bisher entstand.[86] Für die engsten Mitarbeiter in der letzten Arbeits- und Lebensphase, namentlich Andreas Daum, Wilfried Rudloff, Christiane Frische und Stefan Fisch, war das eine besondere und herausfordernde Situation, nicht nur, weil sich ihre Balance in der Unterstützung des akademischen Lehrers zu Lasten der eigenen Projekte, ihrer wissenschaftlichen Qualifikationsarbeiten, verschob. Aber das Grundmuster der engen Einbeziehung von Mitarbeitern in das Schreiben – noch einmal: nicht in das erste Aufschreiben, wohl aber in das gründliche Um- und Weiterschreiben[87] – hatte sich längst vorher, spätestens in der Arbeit am ersten Band um 1980, etabliert. Im Oktober 1981 notierte Thomas Nipperdey penible Anweisungen «an die Herren Fisch / Hummel / Hardtwig» zur Lektüre des Kapitels über die Künste und bezeichnete seinen Text dabei ausdrücklich als einen «Entwurf», den er zunächst einer schonungslosen Selbstkritik unterzog.[88]

Er hat viele stilistische Mängel, die Logik der Satzfolgen und der Absatzfolge ist nicht durchgängig richtig. Es gibt Wiederholungen, die Sätze sind zu lang, gegebenenfalls fehlt es an Klarheit. Diese ganze Überarbeitung mache ich selbst, darauf brauchen Sie bei Ihrer Lektüre und Ihren kritischen Bemerkungen keine Rücksicht zu nehmen.

Dann präzisierte er seine Bitten um Kritik, denen unverkennbar nicht nur das Bemühen um die Verbesserung des eigenen Textes, sondern auch eine allgemeine erzieherische Absicht zugrunde lag.

Was ich von Ihnen möchte, ist eine scharfe kritische Lektüre und entsprechende Bemerkungen und Vorschläge. Vor allem geht es um folgendes: Was ist überflüssig und zu lang? Was von ganz wichtigen Dingen fehlt? Und vor allem, das ist das Schwierigste: was ist falsch oder was ist schief und müßte anders formuliert werden? Für Ergänzungen und neue Formulierungen oder auch ganz neue Akzentsetzungen bitte ich nicht nur um allgemeine Bemerkungen, sondern um konkrete Formulierungsvorschläge.

Dafür hatten die drei Herren nun fünf Wochen Zeit. Rückgabe «bitte bis zum 28. November (letzter Termin).» Im Laufe der Jahre lockerte sich der Tonfall ein wenig, Verbindlichkeit und Vertrauen nahmen zu.[89] Aber das Muster der «Firmenleitung» blieb bestehen, und wenn etwas nicht perfekt lief, hörte man die Anspannung des Chefs sofort heraus.[90]

Wie sich das Umschreiben im Team, in einer Schreibarbeitsgemeinschaft mit den Mitarbeitern vollzog, lässt sich an den Textstufen des Kapitels über die Verfassung des Deutschen Reiches, erneut im abschließenden Band des Werkes, nachvollziehen.[91] Eine erste Fassung war möglicherweise ebenfalls schon 1984/85 entstanden und wurde seit dem Sommer 1989 in mindestens fünf aufeinanderfolgenden Stufen bearbeitet, bis es knapp zwei Jahre später, im Frühsommer 1991, nahezu satzfertig war. Was im Buch als ein autoritativer Lehrtext erscheint, der bei aller Schwere zugleich so eindimensional wirkt wie das Papier, auf das er gedruckt ist, ist nur die Flachprojektion einer dreidimensionalen Wirklichkeit, eines Palimpsests der Selbst- und Fremdüberschreibungen.[92] Es scheint fast paradox: Je mehr der Abschluss des Bandes und des gesamten Vorhabens drängte, zumal seit dem Spätsommer 1990 unter dem Vorzeichen der schweren, dann auch absehbar tödlichen Krankheit Thomas Nipperdeys, desto mehr wurden die Mitarbeiter einbezogen. Aber wären die vielfachen Schleifen der Textrevision überhaupt nötig gewesen? Die soziale Koproduktion erleichterte dem Autor gewiss vieles und kam dem Text zugute, aber sie beschleunigte den Abschluss nur bedingt. Denn ein anderer Verfasser hätte, erst recht unter solchen äußeren Umständen, das Manuskript viel früher für druckfertig erklären können, und es wäre immer noch gut genug gewesen.

Zunächst nahm sich Nipperdey selber seines Entwurfes an: Wiederum in größter Gründlichkeit widmete er sich besonders dem Anfang des Kapitels, den Stellen, an denen die Pflöcke eingeschlagen werden, und wiederum korrigierte und erweiterte er den Text – im Herbst oder Winter 1989/90 – so, dass es über weite Strecken einem Neuschreiben gleichkam, mit teilweise seitenlangen handschriftlichen Ergänzungen, die eingeschoben wurden oder an die Stelle einer früheren, deutlich kürzeren Fassung traten. Erneut galt sein Augenmerk auch der Bilanz, dem Abschluss des Kapitels; erneut fügte er dem Text eine bilanzierende und analytisch strukturierende Passage hinzu. Das frühere Kapitelende ist noch im Buch deutlich erkennbar, wo auf Seite 108 oben von der Verfassung zur Problematik des Rechtsstaates übergeleitet wird, und es dann heißt: «Davon handeln wir in einem eigenen Kapitel».

Doch dann drängte es den Autor zurück zu einer Systematisierung der Frage nach Verfassung und Staatlichkeit des Deutschen Reiches.

Drei Dinge scheinen mir zum Schluß, wenn wir das Ganze in den Blick nehmen, wichtig. Denkt man von den Aufgaben her, so war das neue Reich gewiß ein Macht- + darum auch ein Militärstaat. Es war ein Rechts- + Kulturstaat, dem Westen mehr als dem Osten zugehörig. Es wurde zunehmend ein Wirtschafts- + dann auch ein Sozialstaat. Von seiner Idee + Struktur her war es ein National-staat, ein Obrigkeitsstaat + ein Verfassungsstaat.[93]

Die im März 1990 sauber erstellte Fassung, die diese Ergänzungen integrierte, wurde vermutlich im Frühjahr 1991 einer weiteren Überarbeitung unterzogen, diesmal auch auf der Grundlage von kritischer Lektüre und Randbemerkungen der Mitarbeiter, hier vor allem von Stefan Fisch.[94] Thomas Nipperdey nahm eigene Ergänzungen vor – wie weit diese durch andere Leser angeregt waren, lässt sich freilich nicht genau sagen. Und er reagierte unmittelbar auf Anmerkungen und Vorschläge. Zur Grundcharakteristik der Reichsverfassung von 1871 gleich im ersten Absatz des Kapitels hatte Fisch notiert: «Fehlenden Grundrechtsteil erwähnen?» Nipperdey fügte an dieser Stelle eine Parenthese ein: «Der Verfassungstext war – ohne Grundrechtsteil – nicht viel mehr als ein Organisationsstatut». Auf der folgenden Seite fiel Fisch auf, dass die Rede von Autonomie und Selbstbestimmung der Gliedstaaten für das annektierte «Reichsland» Elsass-Lothringen nicht galt. Aber diese Präzisierung schien dem Autor zu viel oder nicht nötig; sie wurde nicht übernommen.

Das Institutionengefüge des Reiches präzise und korrekt darzustellen, zumal seine Verschachtelung mit dem dominierenden Einzelstaat Preußen, war eine schwierige Aufgabe. Hier korrigierte der in der Verwaltungs- und Verfassungsgeschichte besonders kompetente Mitarbeiter Fisch auch kleinere faktische Irrtümer, recherchierte dazu und nannte teilweise sogar die Belege. Den Vorsitz im Bundesrat hatte nicht «Preußen» inne, wie Nipperdey geschrieben hatte, sondern der Reichskanzler – zu dieser Korrektur notierte Fisch die entsprechende Stelle der Verfassung «§ 15/1» und die dazu einschlägige Stelle im dritten Band der «Deutschen Verfassungsgeschichte» Ernst Rudolf Hubers: «Huber 3/826». So wurde die eine gelehrte Synthese zum Garanten des Wissens für die nächste.[95] Dann ging es in eine neue Runde. Auf einem gelben Haftnotizzettel vermerkte Andreas Daum, der die Revisionen und Korrekturen der verschiedenen Fassungen der Kapitel des letzten Bandes koordinierte: «Kopie dieser Fassung + neuen Ausdruck 24.5.91 an Dr. Fisch zur erneuten Durchsicht».[96] Diese erfolgte laut Vermerk Fischs im Juni und ging von ihm wieder an den Autor, der erneut Vorschläge aufgriff oder auch verwarf, aber weiterhin eigene Veränderungen vornahm, wenn auch nunmehr in geringerem Umfang. Bis zum Schluss ergänzte Nipperdey besonders solche Sätze oder kurze Passagen, die deuteten und Bezüge, auch innerhalb des Buches, herstellten – häufig in einer sprachlichen Form, die den diskursiven Charakter des Textes, das Gespräch des Autors mit seinen Lesern, hervorhoben.

Wir sparen dabei, der Leser soll das im Gedächtnis behalten, ein besonders zentrales Stück der Reichsverfassung, die Stellung + Organisation des Militärs, für ein eigenes Kapitel auf.[97]

Die Neigung, sich auf alle möglichen Vorschläge, Präzisierungen und Weiterungen der Mitarbeiter einzulassen, nahm jetzt ab. Die Reichsverfassung war «Ausdruck des Kompromisses zwischen den vorwaltenden Kräften der Zeit», so stand da – «gilt nur für Deutschland!» merkte Stefan Fisch an. Durchgestrichen, nicht übernommen. – Stimmenverteilung im Bundesrat: Die ursprünglich 58 Stimmen erhöhten sich 1911 um drei des Reichslandes Elsass-Lothringen auf 61; das wurde eingefügt. Dann wieder eine lange Präzisierung zur historischen Herleitung der Stimmverteilung – gestrichen.[98] Thomas Nipperdey paraphierte «ok. Th. N. 27.6.91».[99]

In der Zwischenzeit war im Büro eine weitere Fassung, datiert auf den 7. Juni, entstanden und von Andreas Daum mit einigen Korrekturen und Anmerkungen versehen worden, offenbar im Zusammenhang mit der Vorlesung, die Thomas Nipperdey im Sommersemester 1991 – zum letzten Mal – über die politische Geschichte des Kaiserreichs hielt. In einer eigenen Datei hielten die Mitarbeiter zudem Mitte Juni mögliche Zusätze für das Verfassungskapitel fest und prüften daran bis zuletzt Details der institutionellen Entwicklung des Kaiserreichs wie die mögliche Entwicklung der «Reichsleitung» zu einer kollegialischen Reichsregierung, wobei sie sich erneut als faktische Autorität bei Hubers Deutscher Verfassungsgeschichte vergewisserten.[100] So wurde nicht nur dieses, sondern wurden die meisten Kapitel der beiden Teilbände zum Kaiserreich ein ums andere Mal durchgearbeitet und fortgeschrieben, ohne dass es jemals ein wirkliches Ende, einen «fertigen» Text gegeben hätte. Natürlich war das satzfertige Manuskript aus der Sicht des

Autors das Ergebnis eines Prozesses stetiger Verbesserung. Aber einem Idealzustand, wenn es ihn überhaupt gab, näherte sich der Text auch nach langer Zeit höchstens asymptotisch an – oder anders gesagt: Der gedruckte Text war eine Momentaufnahme in der stetigen Fortschreibung des Palimpsests. Am Ende rief Thomas Nipperdey sich selber und der ganzen Schreibgemeinschaft eindringlich zu: «Wir müssen jetzt einfach Schluß machen.»[101]

X. Arbeit am Antipoden: Hans-Ulrich Wehler – Konkurrenz und Intertextualität

Die 1970er und 80er Jahre waren die große Zeit der Rivalen. Konkurrenten wetteiferten um Macht, um Sieg, um Ansehen; ganz allgemein um die Vorrangstellung in ihrer jeweiligen Lebens- und Einflusssphäre. Im Gefolge der Achtundsechziger-Kulturkämpfe war das die Zeit der scharfen Polarisierung zwischen links und rechts, die auch die Geistes- und Sozialwissenschaften dieser Ära prägte. Jürgen Habermas oder Niklas Luhmann, Theorie der Gesellschaft oder Sozialtechnologie?[1] Man musste sich entscheiden, und die Entscheidung hatte nahezu den Charakter eines Bekenntnisses.

Nicht nur politische Ideologien und wissenschaftliche Ansätze, sondern auch Charakterprägungen und Habitusformen konzentrierten sich in der Rivalität von Personen, von Männerpaaren. In der westdeutschen Politik standen sich dabei weniger Konkurrenten der beiden Volksparteien oder «Lager» (wie man erst später sagen sollte), von Sozialdemokratie und Union, gegenüber. Die Positionskämpfe spielten sich vielmehr im eigenen Haus ab, unter Ähnlichen und doch grundlegend Verschiedenen. Willy Brandt und Helmut Schmidt – und Herbert Wehner nicht zu vergessen. Auf der anderen Seite: Helmut Kohl und Franz Josef Strauß – mit einer Nebenrolle Richard von Weizsäckers, in dessen Spannung zu Kohl der Vorrang des Charakterlichen und Habituellen gegenüber der politischen Programmatik, die sich kaum wesentlich unterschied, vollends deutlich wird. Aber es gab auch die Brüderpaare, deren Wege sich aus gemeinsamer Herkunft trennten und die sich unterschiedlichen Überzeugungen und Parteien zuordneten: Carl Friedrich und Richard von Weizsäcker, Hans-Jochen und Bernhard Vogel.

Die Rivalität von Personen, die ganz unterschiedlich und doch sehr ähnlich waren, prägte während dieser Zeit auch die Alltagskultur. Im Sport konnten sich Weltanschauungen des Kalten Krieges in den persönlichen Zweikampf, in die Charakterprobe zweier Männer transformieren wie in der legendären Schach-Weltmeisterschaft, die Boris Spasski und Bobby Fischer 1972 in Reykjavik austrugen.[2] Wenig später begann der Siegeszug des Tennis: kein Mannschaftssport, sondern der Showdown zweier Rivalen, mit Idolen wie Björn Borg, Jimmy Connors und John McEnroe, die neben ihrer Leistung immer auch einen spezifischen Habitus kultivierten und zu Markte trugen. 1985 kam der Tennisboom vollends in Deutschland an, als ein siebzehnjähriger Leimener das Turnier von Wimbledon gewann – und gerade mit seiner rohen und doch eleganten Körperlichkeit, mit seiner dezidierten Un-Intellektualität auch viele Bildungsbürger und Intellektuelle faszinierte. In dem schon erwähnten Fragebogen des *FAZ-Magazins* nannte Thomas Nipperdey als seine «Helden in der Wirklichkeit» George F. Kennan – und Boris Becker.[3]

Gewiss ist die Figuration des Rivalen, des Konkurrenten keine Erfindung der westlichen Welt oder gar der Bundesrepublik im späten 20. Jahrhundert, weder in der Politik noch in Wissenschaft, Kultur und Literatur. In mancher Hinsicht ist sie dennoch ein Produkt der modernen Gesellschaft, und nicht zufällig hat Georg Simmel seine «Soziologie der Konkurrenz» um 1900 entworfen. Marktförmiger Wettbewerb drängte aus der Wirtschaft in andere Lebensbereiche; neue Arenen der Massenöffentlichkeit und des Publikums etablierten sich, in denen sich die Rivalität nicht bloß inszenierte, sondern geradezu konstituierte. Moderne Wissenschaft etablierte sich mit ihren Institutionen, ihren sozialen und epistemischen Regelsystemen, aber auch mit den Möglichkeiten zur Schulbildung und zur Konkurrenz von Ansätzen, die von Schulhäuptern repräsentiert wurden. Karl Mannheim analysierte auf dem Zürcher Soziologentag 1928 die «Konkurrenz im Gebiete des Geistigen» und schrieb ihr eine nicht nur periphere, sondern «konstitutive Bedeutung» für die Entwicklung der Wissenschaften zu, und zwar nicht nur für ihre soziale Dynamik, sondern für die Formen und Ausprägungen der Generierung von Wissen selber: Soziale Konkurrenz in der Wissenschaft greift jedenfalls im Bereich des «seinsverbundenen Denkens», wie Mannheim es damals nannte, also für die Geistes- und Sozialwissenschaften, aber auch für das «Denken des Alltags» in die Episteme selber ein.[4] Vom Standpunkt der Wissenssoziologie und Ideologiekritik gesehen, «ist jedes historische, weltanschauliche, soziologische Wissen – auch wenn es die absolute Richtigkeit und Wahrheit selbst sein sollte – eingebettet und getragen vom Macht- und Geltungstrieb konkreter sozialer Gruppen, die *ihre* Weltauslegung zur öffentlichen Weltauslegung machen wollen».[5] Wie sich das im Schreiben und Umschreiben wissenschaftlicher Texte vollziehen kann, hat das vorherige Kapitel bereits gezeigt.

Karl Mannheim sprach von sozialen Gruppen, weil in seinem historischen Stufenmodell der geistigen Konkurrenz weithin überpersönliche Ideologien wie der Konservatismus und der Marxismus den Zusammenhang von Sozialleben und Erkenntnis prägten – die Rolle des einzelnen Wissenschaftlers und der Rivalität zweier Personen auch noch in der modernen Wissenschaft übersah er dabei. Karl Barth und Rudolf Bultmann in der evangelischen Theologie, Habermas und Luhmann in der Sozialwissenschaft, Thomas Nipperdey und Hans-Ulrich Wehler in der Geschichtswissenschaft: Das sind herausragende Beispiele für persönliche Rivalitäten in der deutschen Wissenschaftsgeschichte des 20. Jahrhunderts, in denen der Konkurrent und Antipode das Werk des Gegenübers beeinflusste, ja teilweise mitkonstituierte, und die konkurrierenden Deutungen sich in Wissens- und Machtkämpfen der Schüler fortsetzten. Der Begriff des Rivalen betont den Wettbewerb um knappe Ressourcen vor allem des sozialen und kulturellen Kapitals; im Konkurrenten kann man, der lateinischen Bedeutung entsprechend, mehr den «Mit-Läufer» sehen, was die Verbundenheit und das Arbeiten an einem gemeinsamen Projekt stärker betont, auch wenn es durch den öffentlich inszenierten Streit verdeckt wird. In diesem Sinne waren Thomas Nipperdey und Hans-Ulrich Wehler einander Antipoden: radikal entgegengesetzt und doch in Entsprechung zueinander, manchmal fast bis zur Spiegelbildlichkeit. Das wissenschaftliche Werk beider ist durch das Gegenüber, durch den ähnlichen Anderen, mitgeschaffen worden. An ihren Hauptwerken deutscher Nationalgeschichte des 19. und 20. Jahrhunderts hat der jeweilige Antipode gewiss in einem weiteren Sinne, an manchen Stellen sogar fast buchstäblich «mitgeschrieben».

Thomas Nipperdey und Hans-Ulrich Wehler: geboren 1927 und 1931, derselben Generation der Fünfundvierziger zugehörig, als Jugendliche durch den Nationalsozialismus geprägt, aber in die Wehrmacht nicht mehr eingezogen; Angehörige der Generation der HJ-Jungen und Flakhelfer, die sich seit den 1960er Jahren mit innerer Emphase ebenso wie mit öffentlichem Engagement für die liberale Demokratie der Bundesrepublik einsetzten.[6] Aus der Erfahrung des Nationalsozialismus wie aus den älteren Kontinuitäten des Bildungsbürgertums und ihres Faches war ihnen der nationale Bezugsrahmen selbstverständlich, die Frage danach, wie es zu 1933 kommen konnte und wie die deutsche Geschichte davor auf dieses Datum zulief oder nicht. Generationstypisch teilten beide die Orientierung an den neuen westlichen Vorbildern der zweiten deutschen Demokratie, und für beide war Amerika der «erste Westen», auch in einem lebensgeschichtlichen und sehr persönlichen Sinne, nicht England und erst recht nicht Frankreich. Ob die vier Jahre Unterschied im Geburtsjahrgang die Differenzen in Weltsicht und politischer Haltung mitprägten, ist schwer zu sagen. Man könnte Nipperdeys Neigung zur Skepsis, Wehlers unzweideutigen Progressivismus so begründen; die Älteren waren näher am Zweiten Weltkrieg, die Jüngeren näher an den rebellierenden Studenten. Der unterschiedliche Karriereverlauf spielte dafür eine mindestens ebenso große Rolle: Als 1968 aus dem linken Assistenten Wehler der umstrittene Kölner Privatdozent wurde, hatte Nipperdey schon fünf Jahre als Professor gearbeitet.

Noch wichtiger zur Erklärung der wissenschaftlichen und politischen, aber auch der habituellen Differenzen ist die familiäre Herkunft: Während Thomas Nipperdey in den Selbstverständlichkeiten einer bildungsbürgerlichen Familie groß wurde und das in seiner eigenen Lebensführung fortsetzte, war Hans-Ulrich Wehler eher ein sozialer Aufsteiger, aus mittelbürgerlichen Verhältnissen, die durch das Fehlen des Vaters, der nicht aus dem Krieg wiederkam, beschädigt waren. Was dem Bildungsbürger Nipperdey die klassische Musik war, die Liebe zu Bach, auch als bürgerliche Hausmusik und im eigenen Klavier- und Cellospiel, das war dem Aufsteiger Wehler der Sport, waren Fitness, Wettbewerb und Leistungsbewährung im Mittelstreckenlauf und später im täglichen Schwimmen. Andererseits verband sie in ihrer Herkunft manches: das Aufwachsen im preußischen Rheinland, mit der Orientierung auf Köln; der Protestantismus im überwiegend katholischen Umfeld, wenngleich in unterschiedlicher Ausprägung: bei Nipperdey als Mainstream-Protestantismus der staatsnahen bürgerlichen Bildungselite des Rheinlands, bei Wehler als Calvinismus siegerländisch-oberbergischer Provenienz.[7] Gemeinsame Charakterzüge wie Fleiß und Disziplin, Askese und Arbeit, Ehrgeiz und Leistungsbewusstsein wurzelten auch darin.

Nicht zuletzt kannten sie sich von der Kölner Universität, aus dem akademischen und persönlichen Umfeld ihres gemeinsamen Mentors Theodor Schieder. Während Schieder für Wehler formell Doktorvater war und Betreuer der Habilitation, war er für Nipperdey eher ein verehrtes wissenschaftliches Vorbild, dem er zugleich persönlich, in der bürgerlichen Praxis gemeinsamen Musizierens im Streichquartett, näher kam.[8] Mit anderen Schieder-Schülern wie Wolfgang J. Mommsen und Lothar Gall teilten sie wissenschaftliche Interessen und Forschungsschwerpunkte: an der Geschichte des deutschen 19. Jahrhunderts, an der Problematik der Bismarckschen Reichsgründung und der politisch-sozialen Verwerfungen des Kaiserreichs bis 1918, an der Geschichte politischer Parteien, sozialer Bewegungen und Ideologien. Dass man sich hier später einmal in die Quere kommen würde, um die Teilhabe an attraktiven Verlagsprojekten, um die fachliche und öffentliche Deutungshoheit über eine Epoche miteinander konkurrieren würde, war von vornherein nicht so unwahrscheinlich. Schließlich verband beide auch eine ausgeprägte Neigung, die Dinge sehr grundsätzlich zu sehen, auf ihre fundamentalen Prämissen hin zu befragen – eine dezidierte «Theorieorientierung», wie man damals sagte. Muss man noch hinzufügen, dass sie sich auch durch die Gabe einer überragenden Intelligenz aus dem Durchschnitt heraushoben? Beide waren sich dessen sehr wohl bewusst.

So entstand ein Verhältnis der Nähe und des spannungsreichen Gegensatzes, das sich vor allem in den zwei Jahrzehnten vor Thomas Nipperdeys Tod in nahezu allen Dimensionen der wissenschaftlichen Arbeit entfaltete. In der generationellen und in der wissenschaftlichen Prägung durch den Kölner Lehrer Schieder stand man sich nahe, und das half immer wieder, Differenzen nicht zum Bruch werden zu lassen. Das politische Verhältnis war ambivalent: Während das SPD-Mitglied Nipperdey zu seiner Partei in immer tieferen Dissens geriet, war der politisch nicht organisierte Wehler in vieler Hinsicht ein klassischer Sozialdemokrat, aber im Zweifelsfall – im Nachrüstungsstreit Anfang der 1980er Jahre ebenso wie in der Bildungspolitik – gewiss nicht auf dem linken Flügel. Leidenschaftlich stritten Thomas Nipperdey und Hans-Ulrich Wehler über Grundlagen ihres Faches, über fundamentale Positionen der historischen Erkenntnis und die Aufgaben der Geschichtswissenschaft. Immer wieder rezensierten sie sich wechselseitig und nutzten das – besonders Nipperdey – zur Verdeutlichung gegensätzlicher Positionen, aber auch zur Anerkennung der Gleichrangigkeit als Gelehrte. Im Vordergrund aber stand das Wettschreiben am großen Werk, die Arbeit am Opus magnum der deutschen Geschichte, mit dem sie nicht nur, im vorhin zitierten Sinne Karl Mannheims, ihre jeweilige Weltauslegung zur öffentlichen Weltauslegung machen wollten, sondern das auch als eine dialogische Ansage an den Konkurrenten gemeint war, bis hinein in die textuellen Referenzen. Dazu kam die Rivalität der Werke im selben Verlag, unter der Betreuung desselben, von beiden hochgeschätzten Cheflektors Ernst-Peter Wieckenberg – ein Verhältnis, das dieser ebenso wie der Verleger Wolfgang Beck geschickt und gewiss zum Nutzen des Verlags moderierte, das aber manchmal Risse offenbarte, besonders im «Historikerstreit» zwischen 1986 und 1988. Freunde wurden Nipperdey und Wehler nie, und danach erst recht nicht.

An der Freien Universität in West-Berlin hatten sich die Wege 1970/71 für kurze Zeit wieder gekreuzt, wo Wehler eine Professur für Nordamerikanische Geschichte am John-F.-Kennedy-Institut innehatte, bevor er nach Bielefeld wechselte und dort blieb. Wenig später nahm Thomas Nipperdey den Ruf nach München an und verließ das Friedrich-Meinecke-Institut. Man sah sich zwei bis drei Mal im Jahr: über lange Zeit und ziemlich regelmäßig auf den halbjährlichen Tagungen des Arbeitskreises für moderne Sozialgeschichte, ferner bei den Konferenzen des Arbeitskreises «Theorie und Geschichte» in der Bad Homburger Werner-Reimers-Stiftung; gelegentlich auch auf dem alle zwei Jahre stattfindenden Historikertag sowie öfter in Bielefeld bei Tagungen am dortigen Zentrum für interdisziplinäre Forschung. In der Erinnerung Wehlers führt die unmittelbare Schreibkonkurrenz bis in die frühen 1970er Jahre zurück, als er in Bielefeld das bald so erfolgreiche Buch über «Das deutsche Kaiserreich 1871–1918» schrieb: eine strukturgeschichtliche Skizze, die nicht nur mit Konventionen der narrativ-chronologischen Historiographie brach, sondern sehr kritisch mit Obrigkeitsstaat und politisch-kulturellem Autoritarismus ins Gericht ging.[9]

Als ich überlegte, ob ich das Angebot des Verlags annehmen sollte, sagte damals Thomas Nipperdey, ich solle die Finger davon lassen, er mache das ausführlicher und sei im nächsten Jahr fertig. Ich sagte, seine Position sei mir ja bekannt, dann könne ich eine eindeutige Gegenposition entwickeln.[10]

Einen konkreten Buchplan, einen Verlagsvertrag, erst recht ein halbfertiges Manuskript Nipperdeys gab es damals jedoch nicht.[11] Insofern muss offen bleiben, ob Wehlers Erinnerung trog oder Nipperdey geschickt bluffte, vielleicht sogar in der vagen Hoffnung, irgendwie ein solches Buch schnell realisieren zu können. Stattdessen schrieb er, zwei Jahre nach dem Erscheinen, eine ebenso umfangreiche wie messerscharfe Kritik des Wehlerschen Kaiserreichs, in der er den Bielefelder Antipoden als «Treitschke redivivus» geißelte: als Vertreter einer Geschichtsschreibung, welche die Vergangenheit an normativen Maßstäben der Gegenwart messen wolle und sie danach als defizitär verdamme.[12] Dass dieser Beitrag im ersten Jahrgang der von Wehler gegründeten Zeitschrift *Geschichte und Gesellschaft* erschien, unterstreicht das Verhältnis der symbiotischen Gegnerschaft – symbiotisch auch in dem Sinne, dass beide davon profitierten. Tatsächlich verschaffte die Kontroverse mit Wehler und der an anderen Stellen artikulierte Widerspruch gegen die Positionen der «kritischen» Geschichtswissenschaft Thomas Nipperdey, der inzwischen seit mehr als einem Jahrzehnt ohne ein eigenes Buch dastand, erhebliche Aufmerksamkeit, nutzte aber natürlich auch Wehler.[13] Spätestens 1975 wusste jeder in der Disziplin und viele darüber hinaus: Thomas Nipperdey war *der* scharfsinnige Kritiker der neuen Richtung; derjenige, dessen Argumente man auch in Bielefeld sehr ernst nahm und nicht als Ausdruck eines bloßen Beharrens auf Tradition abtun konnte – und einer, der seinem Antipoden an Kampfgeist und Polemik im Zweifelsfall nicht nachstand.

Wie ein sehr ernstes und doch ironisches Florettfechten mutet in dieser Zeit der Briefwechsel an, den die beiden führten. Nach einer Tagung im westfälischen Rheda, am provisorischen Sitz des Zentrums für interdisziplinäre Forschung,[14] bedauerte Wehler, dass nicht mehr Zeit für Gespräche geblieben war.[15] Er lobte Nipperdeys gerade erschienenen Aufsatz über das Vereinswesen um 1800,[16] zeigte sich aber verwundert, dass dieser «nicht auf die berühmten Abschnitte von Tocqueville in seinem Amerikabuch» hingewiesen habe: So kitzelte man sich gegenseitig, nicht nur was die Vertrautheit mit Amerika anging, sondern auch die Reverenz gegenüber einem Kölner Kanon der politisch-historischen Literatur. Nipperdey gab zurück, er sei bei dem Vereinsaufsatz geradezu «von Tocqueville ausgegangen, Dietrich Gerhard hatte mich schon vor mehr als zehn Jahren dazu ermuntert»[17] – also der 1955 aus der amerikanischen Emigration zurückgekehrte Schüler Friedrich Meineckes, der in Köln eine Professur für Nordamerikanische Geschichte übernahm.[18] Das sollte heißen: Ich weiß, dass auch Sie Dietrich Gerhard verehren, ich kenne ihn aber schon länger, und mit Tocqueville habe ich mich schon beschäftigt, als Sie gerade Ihre Dissertation abschlossen.

Im selben Brief ging Wehler auf einen weiteren grundsätzlichen und eben erst erschienenen Aufsatz Nipperdeys ein: den Beitrag «Über Relevanz», in dem der Neu-Münchner Historiker die in der Geschichtswissenschaft dieser Jahre viel diskutierte Frage nach der «Relevanz», der Gegenwartsbedeutung von Vergangenheit kritisch aufspießte. Sie betraf keineswegs nur sein eigenes Fach. Auch anderswo, vor allem in den Sozialwissenschaften, sammelten sich die «Relevantiner», die Wissenschaft nach dem Kriterium der politisch-pädagogischen Opportunität für die Gegenwart, und am liebsten für die Zwecke der «Emanzipation» in der Zukunft, betrieben.[19] Wehler zeigte sich vermittelnd und empfahl, «eine engere und eine weitere Relevanz zu unterscheiden», und nur um die letztere ginge es ihm, «jede Engherzigkeit wäre mir da jedenfalls ein Greuel». Und dann nahm er den Stier bei den Hörnern.

Im Sinne dieser weiteren Relevanz verstehe ich jedenfalls auch die Untersuchungen eines Historiker (sic) namens Nipperdey über die Entwicklung des deutschen Partei- und Verbändewesens, denn diese Untersuchungen stehen doch in einem sehr deutlichen Zusammenhang mit den relevanten Interessen gerade am Ende der 1950er Jahre. Wir werden uns sicher bald einmal darüber unterhalten können.[20]

Damit spielte er auf die Kritik an einer vermeintlichen «Herrschaft der Verbände» in der jungen Bundesrepublik an, die Theodor Eschenburg 1955 unter diesem Titel einflussreich formuliert hatte.[21] Darin und in der gesamten Debatte überlagerte sich auf sehr komplizierte Weise eine liberale Kritik an starrem Korporatismus mit ihrem glatten Gegenteil: nämlich der Kontinuität antiliberaler deutscher Vorbehalte gegen die Selbstorganisation gesellschaftlicher Interessen und ihre Artikulation in der Politik – *horribile dictu*: Lobbyismus! –, die den preußisch-hegelianischen Verfechtern staatlicher Gemeinwohldefinition jenseits konkurrierender Einzelinteressen gar nicht schmeckte.[22]

Mit Recht sah Wehler dabei Thomas Nipperdey im Prinzip auf der traditionskritischen Seite, als Befürworter eines freien Pluralismus der Parteien und Verbände – bloß wollte dieser seine Wissenschaft, das blieb Nipperdeys Credo, nicht derart für politische Positionen vereinnahmt sehen und verwies darauf, «daß ich mich gegenüber meinem Verbändeaufsatz etwas weiter entwickelt habe».[23] Auch was die Relevanz anging, beharrte er, unter Hinweis auf den gerade veröffentlichten programmatischen Prospekt der von Wehler und Jürgen Kocka herausgegebenen Buchreihe «Kritische Studien zur Geschichtswissenschaft», auf Differenz: Hier konnte ihm das an Jürgen Habermas angelehnte Postulat nicht gefallen, die Geschichtswissenschaft solle die Vergangenheit «mit dem Interesse an einer vernünftig organisierten zukünftigen Gesellschaft» kritisch durchleuchten, «um Voraussetzungen und Anstöße zur Verbesserung der Gegenwart zu schaffen».[24] Aber sofort schlug er den Bogen zur Verbindlichkeit, ja schloss ein ungewöhnlich emphatisches Lob des Konkurrenten an.

... denn daß ich Sie nicht für einen bornierten Vertreter der Richtung halte, gegen die ich ein wenig polemisiere, wissen Sie sicherlich und daß ich Sie trotz vieler Meinungsunterschiede auch in Sachfragen für einen der bedeutendsten Historiker unserer Generation halte, darf ich einmal sagen.[25]

Thomas Nipperdey unternahm sogar einen Versuch, sich fachpolitisch mit Wehler zu verbünden, indem er ihn für moderate Reformen des Historikertages zu gewinnen versuchte, der 1972 in Regensburg an die Grenzen seiner herkömmlichen, ganz von den Lehrstuhlinhabern dominierten Honoratiorenverfassung stieß. Typisch Nipperdey: Er glaubte, die Spannung zwischen Konventionen und «einer gewissen Unruhe bei manchen Leuten» ließe sich «durch vernünftige Vorüberlegungen und einige Änderungen der Geschäftspraxis aus der Welt schaffen».[26] Typisch Wehler: Er nahm statt des kleinen Fingers selbstbewusst die ganze Hand, erklärte «die Vorträge alten Stils, bei denen jemand sein schweigsames Auditorium überrieselte», für passé. Er forderte «Arbeitsgruppen, in denen intensiv und scharf diskutiert werden kann» und wollte so nicht nur die Assistenten, sondern sogar die Studenten für die Arbeit des Verbandes interessieren.[27] Auf die Bitte, «derartige Überlegungen» zu unterstützen, ging Nipperdey nicht mehr ein.

In einem komplizierten Feld magnetischer Kräfte wechselten sich in den nächsten Jahren Anziehung und Abstoßung immer wieder ab oder überlagerten sich wie in dem 1976 in den «Kritischen Studien» erschienenen Aufsatzband Thomas Nipperdeys.[28] Heute würde man von einer Win-win-Situation sprechen: Die Bielefelder konnten ihren intelligentesten Kritiker ein Stück weit auf ihre Seite ziehen, jedenfalls einbinden, und die Offenheit ihres Anspruchs auf theorieorientierte Sozialgeschichte unter Beweis stellen: Nipperdey schien sich damit im Zweifelsfall auf ihre Seite zu schlagen, nicht auf die der von Wehler verachteten und polemisch bekämpften «konventionellen» und analytisch leeren Politikgeschichte, wie sie für ihn Andreas Hillgruber und unter den Jüngeren Klaus Hildebrand repräsentierten.[29] Umgekehrt hatte Thomas Nipperdey für seine Aufsätze einen erstklassigen Publikationsort und konnte sich ein bisschen wie ein Trojanisches Pferd fühlen. Zugleich blieb er jedoch zutiefst überzeugt, nicht in irgendein konservatives Lager zu gehören, sondern den von Überspannungen freien, vernünftigen Anspruch auf Reform zu vertreten, politisch ganz genauso wie fachlich.

Das zeigte sich einige Jahre später in einer zwischen München und Bielefeld mit scharfen Klingen ausgetragenen Briefkontroverse um den Anspruch auf Aufklärung, um kritische Geschichtswissenschaft und die Semantik von Terror und Totalitarismus. Am Ende der 1970er Jahre hatten sich die heftigen politischen und ideologischen Kämpfe des «roten Jahrzehnts» zwischen 1967 und dem Kulminationspunkt des RAF-Terrors im sogenannten «Deutschen Herbst» von 1977 zwar äußerlich beruhigt.[30] Aber die Gräben waren keineswegs zugeschüttet. Auf den ersten «Tendenzwende»-Kongress von 1974 folgte 1978 der Kongress «Mut zur Erziehung». Was auf konservativer Seite als dringend notwendige Sammlung der Kräfte gegen eine linke Hegemonie erschien, war für die Gegenseite Zeichen einer geradezu restaurativen Mobilmachung, die sich gegen die liberalen Errungenschaften der Bundesrepublik, zumal der Achtundsechziger-Bewegung und der sozialliberalen Koalition, richtete.[31] Mit seinen 1979 als Jubiläumsband 1000 der «edition suhrkamp» versammelten «Stichworten zur ‹Geistigen Situation der Zeit›» brachte Jürgen Habermas intellektuelle Positionen eines so verstandenen Fortschritts, vom gemäßigten Liberalismus Ralf Dahrendorfs bis zum systemkritischen Neomarxismus Urs Jaeggis, gegen die neokonservative Tendenzwende in Stellung.[32] Dieses Spektrum repräsentierte für ihn die Traditionen der Aufklärung – in Deutschland zugleich diejenigen Traditionen, die gegen den Nationalsozialismus, seine geistigen Wurzeln und seinen intellektuellen Nachhall eintraten. Zu diesem Projekt trugen, neben Nipperdeys Schwester Dorothee Sölle, als Historiker beide Brüder Mommsen bei, und Hans-Ulrich Wehler mit einer grundsätzlichen und polemischen Positionierung emanzipatorischer «Geschichtswissenschaft heute».[33]

Einige Monate später waren wieder die anderen am Zug. Ein Team um den Bayreuther Politikwissenschaftler Michael Zöller rief Mitte Januar 1980 in München den Kongress «Aufklärung heute – Bedingungen unserer Freiheit» zusammen, auf dem prominente Geistes- und Sozialwissenschaftler des liberal-konservativen Spektrums die Tradition der Aufklärung für sich zu reklamieren versuchten.[34] Bereits die programmatische Einladung ließ keinen Zweifel an der Stoßrichtung: «Freiheitliche Kultur und liberale politische Demokratie sind mit unaufgebbaren Traditionen europäischer Aufklärung verbunden». Doch diese Tradition war in Gefahr, denn sie war «von Anfang an auch von einer im Effekt totalitären Unterströmung begleitet, welche die Ideen der Aufklärung in ihr Gegenteil pervertierte».[35] Neben den Philosophen Hermann Lübbe und Robert Spaemann sowie dem Soziologen Friedrich Tenbruck hielt Thomas Nipperdey einen Vortrag, in dem er dieses Leitmotiv für die Geschichte und die sich ihr widmende Wissenschaft konsequent aufgriff. Seine gelehrten Überlegungen zu «Geschichte als Aufklärung» erschienen als Vorabdruck am 22. Februar 1980 auf einer ganzen, dichten Seite der *Zeit*.[36]

Nipperdey diagnostizierte darin eine fundamentale «Dialektik der Aufklärung», die er freilich anders verstand als Horkheimer und Adorno in ihrer berühmten Abhandlung von 1944. Er sprach von der «Dopplung von liberalen und totalitären Zügen der Aufklärung»[37] und dachte bei dem zweiten an die jakobinische Tradition der Französischen Revolution: an die Verabsolutierung eines Vernunftanspruchs, der die Gegner des eindeutig und einzig für richtig erkannten Fortschritts nicht mehr tolerieren wollte, sondern ihnen nicht nur metaphorisch, sondern buchstäblich den Prozess machte. Nicht Stalins Schauprozesse, sondern Robespierres Herrschaft der Vernunft mit ihrer Kulmination in der *Grande Terreur* des Sommers 1794 stand ihm dabei vor Augen. Aber dieses Muster des Totalitätsanspruchs und des «Terrors» war mit dem *Thermidor*, mit dem Sturz Robespierres nicht vorbei, sondern lebte für Nipperdey in radikalen Ansprüchen auf die Wahrheit von Emanzipation und Fortschritt weiter.

Das erkannte er nicht nur, ohne das konkret zu bezeichnen, in der Studentenbewegung – dem «Aufstand gegen die Institutionen im Namen der Freiheit» –, sondern auch in der kritischen Geschichtswissenschaft der Bielefelder Richtung, und zumal im Programm Hans-Ulrich Wehlers. Mit ihm rechnete der Text in einer besonderen Mischung von Subtilität und Grobschlächtigkeit ab, ohne jedoch den Namen Wehlers oder anderer Gegner irgendwo zu nennen. Aber so war es gemeint, vermutlich zusätzlich provoziert durch den frischen Zorn über Wehlers Beitrag in den Habermas-Bänden. Er verteidigte den von Wehler dort seinerseits sehr holzschnittartig attackierten Historismus und stellte fest: «Die Definition von Geschichte als Historischer Sozialwissenschaft ist demgegenüber mehr wissenschaftstheoretisches Imponiergehabe als substantiell begründet.»[38] Der intertextuelle Diskurs mit dem Antipoden setzte sich, entlang etlicher Argumente aus Nipperdeys Kritik des Wehlerschen Kaiserreichbuches, fort. Wieder warf er den Vertretern der «kritischen» Geschichtswissenschaft vor, Geschichte als Gerichtsprozess zu inszenieren, mit dem Ziel einer Aburteilung moralisch-politisch diskreditierter Vergangenheit. Die Beweislast, und damit schloss sich der Kreis zu Robespierre, werde dem Beklagten zugeschoben: «Damit erhält der Prozeß noch eine zusätzliche, tendenziell totalitär-terroristische Pointe».[39]

Kurz nach der Veröffentlichung in der *Zeit* erhielt Thomas Nipperdey zweimal Post aus Bielefeld, von Hans-Ulrich Wehler ebenso wie von Jürgen Kocka. Der Streit entzündete sich an den Begriffen: Musste man im Kontext der Bundesrepublik um 1980 bei «totalitär» nicht an die politischen Regime des Ostblocks oder sogar des Nationalsozialismus denken? Und bei «terroristisch» nicht an den irregeleiteten Linksradikalismus, an die Mordanschläge der RAF? Wehler zeigte sich «bestürzt, daß Sie gegen anonyme Historiker mehrfach den Vorwurf des Totalitarismusverdachtes, ja an einer Stelle sogar den der terroristischen Pointe erheben. An wen mögen Sie da bloß gedacht haben?»[40] Er nannte die Namen von Kolleginnen und Kollegen der eigenen Richtung sowie von einigen, die im Fach «sozusagen links von uns» stehen «wie z. B. Haupt in Bremen, Medick in Göttingen, Hardach in Marburg und evtl. noch Frau Hausen in Berlin» – und man kenne sich doch persönlich seit mehr als zwanzig Jahren.

Ihr großer Vorteil, wenn ich das einmal so direkt sagen darf, war bisher, daß man mit Ihnen über alle nur möglichen Fragen jederzeit diskutieren konnte, obwohl wir in manchen Bereichen unterschiedlicher Meinung waren, die gemeinsame Interessen vielleicht gelegentlich zurücktreten ließen. Aber wo kommen wir hin, wenn Sie so pauschal, wenn auch etwas verklausuliert von totalitären Tendenzen sprechen und nicht einmal vor dem Terrorismusvorwurf zurückschrecken!

War das nun wiederum eine bewusst überzogene Lesart, ein forciertes Missverständnis des Gegenübers? Aber in einem Diskussionsklima der Vorjahre, das Intellektuelle allzu leicht zu «Sympathisanten» des Terrorismus gemacht hatte, lag eine solche Sorge nicht ganz fern.[41]

Jürgen Kocka hatte, vermutlich mit seinem Kollegen und Bielefelder Flurnachbarn abgesprochen, einen Leserbrief an die *Zeit* verfasst, den diese jedoch nicht abdruckte; stattdessen baute Kocka den Text zu einem Diskussionsbeitrag für *Geschichte und Gesellschaft* aus.[42] Das Manuskript des Leserbriefs schickte er Thomas Nipperdey mit verbindlich klingenden handschriftlichen Zeilen – das Verhältnis dieser beiden war grundsätzlich entspannter und weniger konfrontativ als das zwischen Wehler und Nipperdey.

Ich finde, daß Sie zu einer Polarisierung der Diskussion beitragen, die nicht der Realität entspricht. Oder wird man in München so bedrohlich von den «kritischen» Historikern umringt, daß man so massive Gegen-Polemiken für nötig halten muß? Aus Bielefelder Perspektive bietet sich jedenfalls ein anderes Bild.[43]

Diese Reaktionen nahm Thomas Nipperdey sehr ernst: Mit einem sechs Seiten langen Brief antwortete er Kocka, und implizit auch Wehler, auf deren Vorhaltungen und verteidigte dabei noch einmal sehr grundsätzlich seine wissenschaftstheoretischen Positionen.[44] Anonyme Vorwürfe? Er habe es bewusst vermieden zu personalisieren. Polemik? Aber ja doch, damit setze er nur den bisher auch von der anderen Seite gepflegten Stil der Debatte fort – «ich verstehe nicht ganz, warum Sie jetzt so gekränkt und empfindlich reagieren». Zur Hauptsache verteidigte er den Vorwurf des Totalitären und verwies auf den israelischen Historiker Jacob Talmon (1916–1980) mit seinem 1961 auf Deutsch erschienenen Buch über «Die Ursprünge der totalitären Demokratie».[45] Das betraf den Kern seines eigenen skeptischen Relativismus.

Im Grunde geht es doch nur darum, was passiert, wenn eine Wahrheit oder Wertmeinung entweder ganz oder doch relativ absolut gesetzt wird und eine quasi dogmatische Geltung beansprucht. ... Daß man dieses unter den gegenwärtigen Umständen seit 200 Jahren totalitär nennen kann, scheint mir einigermaßen einleuchtend.

Für die Verwendung des Wortes «terroristisch» entschuldigte er sich angesichts der «Implikationen und Assoziationen des gegenwärtigen Sprachgebrauchs», verteidigte den Begriff aber als prinzipiell angemessen im Sinne von Hegels Urteil über die *terreur* der Französischen Revolution als eine «Herrschaft des Verdachts». Dieses Motiv war Nipperdey, einem Rechtshegelianer des späten 20. Jahrhunderts, wichtig – unter ebendiesem Titel erschien gut sechs Jahre später seine Intervention zum Historikerstreit.[46] Er bestritt den Anspruch der kritischen Historiker, die einzigen und wahren Erben der Aufklärung zu sein, die er auch für sich selber reklamierte, und zwar jenseits einer bloß kritischen Methode der Erkenntnis als eine «inhaltliche Aufklärungstradition», die er wiederum mit deutlichen Anklängen an Hegel als ein «Mehr an Vernunft und Freiheit» bezeichnete.

Dann verlagerte sich die Debatte wieder auf die beiden eigentlichen Antagonisten. Hans-Ulrich Wehler wollte dem doch so belesenen Kollegen die bedenkenlose Verwendung von «totalitär» und «terroristisch» angesichts des durchschlagenden Sprachgebrauches der Gegenwart nicht glauben, der «an die totalitären Regime des 20. Jahrhunderts» und an die «Terrorismus-Hysterie in der Bundesrepublik» denken lasse.[47] Das wies Thomas Nipperdey nun wieder verärgert zurück: «Die Assoziation mit gegenwärtigem Wortgebrauch Anarchisten, Bomben usw. scheint mir in diesem Falle wirklich weit hergeholt und nicht besonders naheliegend.»[48] Aber auch wenn eine Einigung in der Sache nicht möglich war, bemühten sich beide, die gegenseitige Wertschätzung nicht aufzugeben und den Gesprächsfaden nicht abreißen zu lassen. Wehler versuchte seinen Münchner Gegner in die Gemeinsamkeit einer generationellen Verantwortung zu stellen: Er gehöre doch «in unserer Generation zu den am breitesten belesenen Leuten», und «unsere Generation» dürfe bestimmte Worte nicht gebrauchen, «weil sie aus dem Wörterbuch des

Unmenschen stammen». Ihm sei daran gelegen, «daß trotz eines gelegentlichen Dissenses die Debatte weitergeht».[49] Das bekräftigte dann, in ganz ähnlichen Worten, zum vorläufigen Abschluss dieser Auseinandersetzung auch Thomas Nipperdey.

Die fulminante, euphorisch lobende Rezension Wehlers über den ersten Band von Nipperdeys Deutscher Geschichte gut drei Jahre später, im Herbst 1983, muss man auch vor diesem Hintergrund lesen.[50] Nicht nur Thomas Nipperdey, zu dessen programmatischen Kernsätzen die Trennung von Wissenschaft und Politik gehörte, sondern auch sein Antipode konnte zwischen heftiger Kritik politischer und methodologischer Positionen einerseits und der Anerkennung wissenschaftlicher Leistung andererseits gut unterscheiden. Dahin verlagerte sich die Szenerie der Konkurrenz zunehmend. Nach einer langen Phase der Vorbereitung und des intensiven Eindringens in die ihm zuvor weniger vertraute Geschichte des späten 18. und frühen 19. Jahrhunderts schrieb Hans-Ulrich Wehler nun, zeitlich parallel im doppelten Sinne, an der Deutschen Gesellschaftsgeschichte, die er bereits 1973 im Nachwort des Kaiserreichbuches angekündigt hatte.[51] Beim Erscheinen von Nipperdeys Buch hatte er schon eine sehr konkrete Vorstellung davon, welche Leistung eine solche breite Synthese der Forschung, die zugleich analytische Kraft und literarische Bändigung des Autors spüren ließ, darstellte. Während die Entstehung von «Bürgerwelt und starker Staat» tief von Verlagsverträgen, verlegerischen Interessen und Konflikten zwischen Autor und Verlagen geprägt war, schrieb Wehler viele Jahre ohne Verlagsbindung, so dass sich die Frage einer Konkurrenz der beiden großen Geschichtswerke am Markt lange Zeit gar nicht stellte.

Mit dem C.H. Beck Verlag und dessen Cheflektor Ernst-Peter Wieckenberg war Wehler immer wieder in Kontakt. Im Sommer 1985 nutzte Wieckenberg die Gelegenheit, erstmals dezidiert Interesse an dem Buchautor Wehler zu bekunden.

Ich weiß oder glaube zu wissen, daß Ihr großes Buch über das 19. Jahrhundert bereits bei einem anderen Verlag unter Vertrag ist. Es wäre ja vielleicht auch nicht geschickt, für Sie wie für die Betroffenen, wenn man ein solches Buch neben den Bänden von Nipperdey und Craig veröffentlichte.[52]

Ein Aufsatzband, für die Verlage fast immer ein ungeliebtes Genre, sollte es möglichst nicht sein, aber vielleicht könnte aus einem Aufsatz, etwa Wehlers damals verfasster Polemik gegen die Alltagsgeschichte, ein kleines Buch entstehen. Der Zusammenhang mit dem Buch von Thomas Nipperdey war also sofort da – explizit als vorsichtige Abgrenzung, zumal die Nähe Wehlers zum Göttinger Haus Vandenhoeck & Ruprecht, seit Beginn der 1980er Jahre außerdem zum Frankfurter Suhrkamp Verlag, allgemein bekannt war. Doch zwischen den Zeilen konnte man genau das Gegenteil herauslesen. Das verstand auch Wehler, der sich beeilte zu versichern, er habe die Gesellschaftsgeschichte «noch keinem zugesagt, da haben Sie ein Gerücht gehört».[53] Wenig später übermittelte er das Inhaltsverzeichnis «meines Monstrums» – so nannte er, in selbstironischer Distanzierung und im Selbstlob zugleich, sein entstehendes Großwerk.[54] Wieckenberg drückte sein Interesse daran nun schon direkter aus: Wer immer dieses Opus magnum bekomme, dürfe sich glücklich schätzen. «Ich hoffe, ich kann darüber bald einmal mit Ihnen sprechen.»[55]

Bis zur Revolution von 1848/49 wollte Wehler zunächst kommen und das soweit vorliegende Manuskript dann veröffentlichen. Als er im Frühjahr 1986 diesen Punkt erreicht hatte, schickte er das Konvolut parallel an vier Verlage, auch an C.H.Beck, und fragte nach der Möglichkeit der Publikation, der Aufteilung in mehrere Bände und nach den Honorarkonditionen. Ganz ähnlich wie Thomas Nipperdey setzte er seinen Anlauf zu einer modernen deutschen Nationalgeschichte in Beziehung zu früher gescheiterten Versuchen: «Es hat zwar keine Konkurrenz, Treitschke und Schnabel haben um 1840 aufgesteckt, seither gibt's nur Sammelbände.»[56] Warum nannte er das von ihm so gelobte, weithin denselben Zeitraum behandelnde Werk von Nipperdey nicht? Ob ihm Nipperdeys Weiterschreiben in die Zeit des Kaiserreichs bekannt war, ist unklar. Ganz ähnlich wie dieser kokettierte Wehler mit dem gegenüber der ursprünglichen Absicht angeschwollenen Umfang: jetzt bereits annähernd zweitausend Manuskriptseiten; Planung auf vier Bände, statt des früher angepeilten einbändigen «Grundrisses». Erneut bestätigte sich: Wer einmal viele hundert Seiten eines Buches geschrieben hat, das auch dem eigenen Anspruch nach ein Hauptwerk, vielleicht sogar ein Lebenswerk sein soll, der wird zu harten Kürzungen nicht mehr bereit sein. Gewiss mochte der Lektor redigieren, und die Bandaufteilung diskussionswürdig sein. Aber in seinem Ehrfurcht gebietenden Umfang war das Opus magnum, einmal niedergeschrieben, nahezu sakrosankt.

Die parallele Veröffentlichung der beiden Werke Nipperdeys und Wehlers im selben Verlag zeichnete sich nun immer deutlicher ab. Ernst-Peter Wieckenberg sah kein verlegerisches, «sondern nur ein kleines moralisches Problem»:

Was wird Herr Nipperdey sagen? Ich denke, er wird nichts dagegen haben, aber ich müßte ihn von unserer Bewerbung unterrichten. Und dazu wiederum müßten Sie mich autorisieren. Darf ich mit ihm darüber sprechen?[57]

Zu dieser Vorab-Autorisierung kam es zunächst nicht, aber der Bezug auf das Buch von Thomas Nipperdey ließ das entstehende Wehlersche Werk nicht mehr los. So wie wenige Jahre zuvor Gordon Craig das Muster für Nipperdey bildete, war jetzt dessen Band das Urmeter, an dem die Gesellschaftsgeschichte gemessen wurde: «Wir haben der Kalkulation das Format des Buches von Thomas Nipperdey zugrundegelegt.»[58] Das bezog sich auf die Ausstattung des Buches, den Satzspiegel, in Grundzügen auch auf die Kalkulation und die Absatzerwartung, die gleichwohl eine Spur zurückhaltender angesetzt war, ebenso wie der Honorarsatz, der bei acht Prozent liegen sollte, wo Nipperdey zehn Prozent erhielt. Ende Juli reiste der «kleine Mann in der westfälischen Steppe»[59] zum Abschluss der Vertragsverhandlungen nach München, wo ihm der Verlag mit einem höheren als dem ursprünglich angebotenen Vorschuss noch einmal entgegenkam, erneut ausdrücklich mit der Messlatte des Konkurrenten. «Mein Vorschlag wäre, daß man 70 000 DM als Pauschalsumme anböte. (Zur Erinnerung: Herrn Nipperdey hatten wir 68 000 DM zugesagt.)»[60] Freilich galt das bei Wehler für zwei Bände mit zusammen dem doppelten Umfang von Thomas Nipperdeys erstem Buch. So einigte man sich dann auch,[61] und Wehler sagte den anderen drei Verlagen ab.[62] Erst danach wandte sich Wieckenberg an den früheren Autor des Hauses und teilte ihm die neue Akquisition mit.

Wir hatten die Chance, die Deutsche Gesellschaftsgeschichte von Herrn Wehler unter Vertrag zu bekommen, und ich habe diese Chance genutzt, nachdem ich Gelegenheit hatte, das Manuskript der ersten beiden Bände kennenzulernen. Die beiden geplanten Folgebände werden erst sehr viel später herauskommen können. Das Werk unterscheidet sich so sehr von Ihrem, daß es nicht nur keine Konkurrenz zu Ihrem darstellt, daß es vielmehr das Ihre großartig ergänzt. Mich freut, daß ich mit dem Werk von Herrn Wehler ein weiteres bedeutendes Handbuch neben Ihrem und dem von Herrn Craig habe. Das gibt allen Bemühungen auch um die schon erschienenen Bücher natürlich noch mehr Durchschlagskraft als bisher.[63]

Das klang durchaus etwas gewunden und wie eine komplizierte Rechtfertigung für einen Schaden, der sich am Ende für Nipperdey doch noch lohnen sollte.

Die Sorge wegen des schwierigen Verhältnisses der beiden großen Historiker konnte man deutlich heraushören. Auf diese Weise erfuhr Thomas Nipperdey übrigens auch, dass Wehler ihn mit gleich zwei Bänden zunächst «überholen» würde, und dass die Gesellschaftsgeschichte auf vier Bände angelegt war.

Umgekehrt ist zwar nicht genau belegbar, aber sehr wahrscheinlich, dass Wehlers Entscheidung für C.H.Beck durch die dortige Platzierung des Nipperdey-Buches nachdrücklich positiv beeinflusst wurde. Wehler erkannte, dass sein Werk in der charakteristischen Ausstattung des Münchner Verlages, in repräsentativen Leinenbänden, die auch ein breiteres bildungsbürgerliches Publikum ansprachen, besser dastand – und auch materiell mehr abwarf – als in einem eher akademischen Umfeld, in einer mehr universitär angehauchten Paperbackausstattung. Das Verhältnis der beiden Antipoden, die komplizierte Mischung von Nähe und Differenz, spiegelte sich in der Ausstattung und im Layout der beiden Werke wider: Leinenbände im selben Format, mit einer ähnlichen Gestaltung des Schutzumschlags. Die später drei Bände Thomas Nipperdeys jedoch erschienen einheitlich in schwarzem Leinen, mit rotem Rückenschild und Goldprägung: klassisch, edel, konservativ. Dazu passte die Serifenschrift der Schutzumschläge. Bei Wehler dagegen waren die schließlich fünf Bände in farbiges Leinen, mit von Band zu Band wechselnder Farbe geschlagen: etwas frischer, moderner – und dazu passte die ebenfalls wechselfarbige, serifenlose Groteskschrift des Schutzumschlags. So bekamen die großen Werke der Konkurrenten, bei aller Nähe im Verlagsprogramm und im Bücherregal, auch in ihrer Materialität und Optik eine subtile kulturell-politische Codierung der Differenz mit auf den Weg.

Aber noch bevor die Wehlerschen Bände im Frühherbst 1987 das Licht der Welt erblickten, war der Historikerstreit ausgebrochen. Entzündet durch einen Artikel Ernst Noltes in der FAZ über «Vergangenheit, die nicht vergehen will» im Juni 1986 sowie durch eine Attacke von Jürgen Habermas gegen die «apologetischen Tendenzen in der deutschen Zeitgeschichtsschreibung» in der *Zeit* wenige Wochen später, stritten Historiker, Intellektuelle und Journalisten heftig über die Einzigartigkeit und Vergleichbarkeit der nationalsozialistischen Judenvernichtung.[64] Heute besteht weithin Einigkeit, dass die Kontroverse fachwissenschaftlich unergiebig war – vielmehr kam in ihr eine politisch-kulturelle Unsicherheit der Bundesrepublik über ihr Verhältnis zur NS-Vergangenheit zum Ausdruck, aber auch noch einmal der letztlich bis in die Achtundsechziger-Zeit zurückreichende Dissens über Fortschritt und Normalität zwischen den verfeindeten linken und konservativen Lagern: War das Land unter der Kanzlerschaft Helmut Kohls dabei, liberale Errungenschaften wieder aufzugeben, sperrige Vergangenheiten zu glätten und schönzutünchen, mit der Unterstützung revisionistischer Historiker, die der Politik dabei, wie Habermas argwöhnte, sei es opportunistisch oder sei es aus rechter Überzeugung, zuarbeiteten?

Gleichwohl darf man nicht übersehen, dass der Historikerstreit sehr wohl das Fach, die Profession der Geschichtswissenschaft, die Zunft betraf: weniger in den sachlichen Erträgen der Debatte als in ihren sozialen Lagerungen. Zu einem Zeitpunkt, als sich die Wogen der großen – und tatsächlich produktiven – Debatten über Sozialgeschichte und Theorieorientierung, über methodische und thematische Innovation wieder glätteten, riss der Historikerstreit die Wunden noch einmal auf und spaltete das Fach, bis hin zu persönlichen Abneigungen, ja Feindschaften, die zum Teil jahrzehntelang nicht mehr verheilten.[65] Das galt jedenfalls für die Generation, die den Streit ganz überwiegend führte: die Fünfundvierziger-Generation, die Jahrgänge zwischen 1923 und 1933. Auch war das ganz unübersehbar ein Streit unter Männern, in dem nicht nur die ziemlich traditionellen Geschlechterstrukturen der Geschichtswissenschaft und darüber hinaus des akademisch-intellektuellen Feldes der Bundesrepublik in den 1980er Jahren zum Ausdruck kamen, sondern womöglich auch ein impliziter Schuld- und Bewältigungsbedarf der ehemaligen Wehrmachtssoldaten, Flakhelfer und HJ-Jungen, die diesen Streit austrugen.

Aus unterschiedlichen Gründen hatten sich Thomas Nipperdey und Hans-Ulrich Wehler in der Hochphase des Streites mit öffentlichen Äußerungen eher zurückgehalten. Wehler hatte seinen Freund Jürgen Habermas für dessen *Zeit*-Artikel mit Material beliefert, stand aber unter Hochdruck, das Manuskript seiner Gesellschaftsgeschichte zu beenden und zum Druck zu befördern – das Opus magnum besaß auch für ihn eindeutigen Vorrang.[66] Nipperdeys Aufmerksamkeit gehörte ebenfalls der Arbeit am Kaiserreichband. Doch anders als sein Konkurrent fand er sich im Historikerstreit, der scharf polarisierte und kaum Abwägungen zuließ, zwischen den Stühlen. Denn gegen die Position Ernst Noltes hatte er inhaltliche Vorbehalte, während ihm der Stil des Angriffs von Habermas zuwider sein musste: Das ging vollständig gegen sein Credo, Person und Sache ebenso zu trennen wie wissenschaftliche Erkenntnis und politisches Engagement. Deshalb meldete er sich im Oktober 1986 mit der Kritik an der schon erwähnten Hegelschen «Herrschaft des Verdachts» zu Wort, unter die der Frankfurter Philosoph die von ihm angegriffenen Historiker stelle.[67]

Kaum war er die Last des großen Werkes halbwegs losgeworden, sammelte Hans-Ulrich Wehler in Bielefeld jedoch Material für eine polemische Intervention und begann zu schreiben. Im Laufe des Sommers 1987 wurde daraus ein mehr als zweihundertseitiges Manuskript, das er so schnell wie möglich, auf dem Fuße der ersten beiden Bände der Gesellschaftsgeschichte, als Taschenbuch veröffentlicht sehen wollte – bei C.H.Beck. Über den extrem polemischen Stil, der auch vor persönlichen Angriffen nicht zurückschreckte, zeigte sich Ernst-Peter Wieckenberg besorgt, als ihm eine erste Fassung des Textes Mitte September zuging. Gleichwohl plädierte er gegenüber dem Verleger entschieden dafür, das Buch zu bringen, wenn Wehler «sich seinerseits bereit erklärt, die überflüssigen persönlichen Ausfälle gegen (Michael) Stürmer und (Klaus) Hildebrand zu streichen».[68] Die Sorge galt dabei ausdrücklich auch dem Verhältnis zu Thomas Nipperdey als einem der wichtigsten Autoren des Hauses: «Daß auch Nipperdey recht hart attackiert wird, sei nebenbei bemerkt. Aber ich glaube, die Polemik gegen ihn hält sich in vertretbaren Grenzen.» Das bezog sich vor allem auf das vorletzte Kapitel des kleinen Buches, das Kontroversen um Personal und Stellenbesetzungen als Ränkespiele systematisch betriebener «neokonservativer Wissenschaftspolitik» enttarnen wollte, in die auch Thomas Nipperdey verstrickt sei.[69]

Aber das nagte an dem gemeinsamen Lektor der beiden Antagonisten. Als Mitte November bereits die Fahnen der Wehlerschen Polemik vorlagen, schickte Wieckenberg sie deshalb an Thomas Nipperdey, weil ihm das angesichts der darin enthaltenen Angriffe auf den Münchner Historiker «fair» erschien. «Sie sollen als Autor des Hauses nicht das Gefühl haben, daß wir etwas hinter Ihrem Rücken machen.»[70] Ernst-Peter Wieckenberg neigte im Historikerstreit mehr der Position von Wehler und Habermas, ganz gewiss der Kritiker Ernst Noltes zu. Vorsichtig versuchte er, das Nipperdey nahezubringen und ihn gleichzeitig ein Stück herüberzuziehen.

Wo ich selber zwischen Herrn Wehler und Ihnen stehe, vermag ich nicht mit letzter Sicherheit zu sagen. Politisch würde ich mich wohl auf die Position von Herrn Wehler stellen – aber das tun Sie doch wohl auch –, in Fragen der Wissenschaftsmethodik bin ich aber unentschieden und finde, daß Ihre Position vieles für sich hat. Ich denke mir in einer möglicherweise methodisch etwas unzulässigen Naivität, am Ende ließen sich Herrn Wehlers und Ihre Position vereinigen, weil die Argumente oft auf verschiedenen Ebenen liegen.

Thomas Nipperdey aber las gerade die inzwischen erschienenen Bände von Wehlers Gesellschaftsgeschichte.[71] Er hatte auf Bitten von Jürgen Kocka eine ausführliche Besprechung für *Geschichte und Gesellschaft* zugesagt, was in der ambivalenten Beziehung der beiden eine doppelte Pointe hatte: Die Konstellation von 1973/75 wiederholte sich, als Nipperdey schon Wehlers Kaiserreich für die Bielefelder Zeitschrift rezensiert hatte. Und die Konstellation von 1983 kehrte sich um, die Würdigung von Nipperdeys Deutscher Geschichte durch Wehler. Dieses emphatische Lob hatte viele überrascht und sich deshalb eingeprägt. Als der renommierte Göttinger Althistoriker Alfred Heuß sich im August 1986, inmitten der ersten Welle des Historikerstreits, bei Thomas Nipperdey für dessen Aufsatzband «Nachdenken über die deutsche Geschichte» bedankte, wünschte er dem Münchner Kollegen,

daß Ihre Analysen in das verwahrloste allgemeine Bewußtsein eingehen. Der größte Erfolg wäre natürlich, Sie bekehrten H. U. Wehler. Er tut ja so, als wäre er Ihr Freund.[72]

Damit rechnete Thomas Nipperdey wohl kaum. Aber er wollte die Dinge getrennt halten und sich, seiner Grundüberzeugung entsprechend, das Urteil über die wissenschaftliche Leistung des Bielefelder Konkurrenten nicht von dem, was er für bloße politische Polemik hielt, trüben lassen. Das erklärte er dem Lektor bei einem Zusammentreffen in München am Abend des 20. November auch genauso: Er werde Wehlers Historikerstreit-Buch einstweilen nicht lesen, bis er die Rezension der Gesellschaftsgeschichte abgeschlossen habe.[73] Wieckenberg gab das sogleich voller Beruhigung an Wehler weiter.

Im Prinzip schien er sich vor den Angriffen nicht sehr zu fürchten, äußerte sich aber besorgt über den letzten Abschnitt, wozu er sagte, ihm liege nichts daran den Streit zu verschärfen, aber es wäre ihm lieber ein Streit um Positionen und man würde nicht auch die Personalpolitik mit hineinmengen. Aber: Ich bin jetzt ganz optimistisch, daß es mit ihm keinen großen Krach geben wird. Die anderen sind mir völlig gleichgültig.

An die feinsäuberliche Trennung der beiden Lektüren mochte Wehler nicht ganz glauben: «Ob Nippi wirklich nicht in mein Manuskript hineinschaut, … wollen wir einmal abwarten.»[74] Umgekehrt ist übrigens nicht bekannt, dass Thomas Nipperdey für seinen Rivalen im lockeren Umgangston einen Spitznamen parat hatte. Jedenfalls kommunizierten beide in dieser Phase wochenlang «über Bande», durch die mündliche und schriftliche Vermittlung des gemeinsamen Verlagslektors und Vertrauten. Als Nipperdey seine Besprechung der Gesellschaftsgeschichte kurz vor Weihnachten an Kocka schickte, leitete Wehler postwendend eine Kopie an Wieckenberg und lobte die «faire und z. T. sehr einleuchtende Rezension».[75]

Offenbar hielt Nipperdey sich an seinen abgestuften Lektüreplan und nahm sich Wehlers Historikerstreit-Polemik erst «zwischen den Jahren» vor, als die ersten Exemplare des Buches bereits ausgeliefert wurden. Nun war er, wie er Jürgen Kocka sogleich schrieb, «ziemlich zornig», und zwar vor allem wegen des Kapitels über die «neokonservative Personalpolitik».[76]

Und das berührt dann leider auch meinen Aufsatz zu Wehlers Gesellschaftsgeschichte. Ich nehme kein Wort meines Textes zurück. Aber es wäre wirklich günstig und wichtig, wenn das Ding in nicht allzu ferner Zeit bei Ihnen erschiene. … Bitte überlegen Sie doch noch einmal, ob sich die Sache nicht etwas beschleunigen läßt.

Es ging ihm darum, dass die Öffentlichkeit den zweifachen Nipperdey wahrnehmen könne. Für den Fall, dass er auf Wehlers Polemik in Sachen Historikerstreit und Personalpolitik reagieren werde, wollte er sicher sein, dass seine gleichzeitige wissenschaftliche Auseinandersetzung, seine sachliche Analyse, sein Lob des Kontrahenten hinreichend bekannt waren. Deshalb behielt er sich ausdrücklich vor, das Manuskript der Rezension «bestimmten Leuten und auch Presseleuten zugänglich zu machen».[77] In diesem Zusammenhang äußerte er sich mit einer Klarheit, die er öffentlich eher zurückhielt, auch zu seiner eigenen Position im Historikerstreit.

Ich selber habe mich ja, wie Sie neulich mit Recht bemerkten, niemals mit Noltes Positionen inhaltlich identifiziert; aber beim gegenwärtigen Stand der Dinge … sehe ich keinen Anlaß, mich nun von Nolte zu distanzieren.

Am selben Tag klang er gegenüber seinem Lektor aber schon versöhnlicher, als er von der Lektüre der «Wehlerschen Polemik» berichtete. Über das fragliche Kapitel sei er «unglücklich. Aber da wird man weiter sehen.»[78] Und er fragte, was Wieckenberg denn von einem Buch halten würde, in dem die von Wehler Angegriffenen ihm entgegnen würden.

Darauf ging Ernst-Peter Wieckenberg geradezu erleichtert ein, «weil ich mich in meinem Rollenverständnis als Verlagsleiter von Ihnen verstanden fühle». Dass er politisch in vielem die Meinung Wehlers teile, heiße ja nicht, dass er sich «jede Wendung seines Buches nun zu eigen mache».[79] Am liebsten wollte er Thomas Nipperdey als Alleinautor sehen, so dass der Konkurrenz der wissenschaftlichen Großwerke im Verlag ein Gegenüber der kleineren und eher politischen Schriften entsprechen würde. Aber er wusste, dass Nipperdey ein solches Buch nicht so leicht aus der Feder fließen würde wie Wehler. Also ein Sammelband – dann aber nur mit einem einzigen Herausgeber. «Mir wäre es natürlich besonders willkommen, wenn dieser Herausgeber Sie wären.»

Der Plan fiel jedoch schnell wieder in sich zusammen – den meisten schien wohl der Aufwand zu groß, und vor allem zögerten sie, «der Wehlerschen Schmähschrift ein Gewicht zu geben, was ihr eigentlich nicht zukommt».[80] Tatsächlich erregte das Buch in einer Phase, als der Historikerstreit seinen Höhepunkt deutlich überschritten hatte, zwar Interesse und war auch am Markt ein Erfolg. Wehlers Erwartung, dass die öffentliche Kontroverse nun noch einmal richtig losginge, erfüllte sich jedoch nicht.[81] Mancher renommierte Historiker, der zugleich langjähriger Autor bei C.H.Beck war, wandte sich wegen Wehlers Pamphlet empört an den Verlag und wollte sich dort nicht mehr gedruckt sehen.[82] Ernst-Peter Wieckenberg versuchte den Schaden in Grenzen zu halten, machte aber aus seiner eigenen Haltung und der des Hauses, also vor allem des Verlegers Wolfgang Beck, keinen Hehl – und rief dabei sogar Thomas Nipperdey als Kronzeugen auf wie im Streit mit dem einflussreichen Münchner Mediävisten und Präsidenten der *Monumenta Germaniae Historica* Horst Fuhrmann.

Ich will im übrigen auch gar nicht verhehlen, daß wir im Verlag über einige der Äußerungen von Herrn Nolte empört waren und fanden, sie könnten nicht ohne Erwiderung bleiben. Selbst Historiker wie Thomas Nipperdey oder andere, die von Wehler angegriffen worden sind, haben öffentlich und privat zu erkennen gegeben, daß vieles von dem, was Herr Nolte gesagt habe, nicht nur nicht haltbar sei, daß seine Äußerungen vielmehr überaus unglücklich seien.[83]

Nipperdey sah das gelassener und stellte seine Loyalität zum Verlag keinen Moment in Frage. Er billigte zu, man könne den Standpunkt von Wehler durchaus einnehmen, und ein solches Buch solle auch «in einem ordentlichen Verlag» erscheinen. «Und ich habe jedenfalls genug gesunde Nerven, um solche Polemik zu überstehen.»[84] Aber die Form der Polemik störte ihn – und die Rolle, die Wehler dabei einnahm, den Nipperdey erneut mit der Metaphorik des Gerichtsprozesses kritisierte.

In dem Buch tritt der Autor als Großinquisitor auf, und die Form seiner «Dossiers» über einzelne Historiker ist in bisherigen Polemiken wohl einmalig. Der Spiegel verblaßt ja geradezu zum Waisenknaben. Ganz schlimm ist auch der Schlußabsatz, wo ganz normale Institutionen unserer Zunft vollkommen haltlos angegriffen werden. Das hätten Sie eigentlich vermeiden sollen. Aber nun ist es geschehen und wir werden auch das überstehen.

Am folgenden Tag jedoch beendete Thomas Nipperdey das Spiel über Bande und wandte sich zum ersten Mal im Verlauf dieses Streits direkt an seinen Kontrahenten. Die Parabel Dostojewskis hatte er noch im Kopf. Aber diesmal beschränkte er sich auf einen nahezu drohenden Dreizeiler.[85]

Lieber Herr Wehler,
Sie können nicht meinen, es sei nichts geschehen und alles ginge so weiter – wenn man die Rolle des Großinquisitors einnimmt und gar die Sippen-/Schülerhaftung proklamiert. Für heute nur soviel.
Herzlich Ihr Th. Nipperdey

Wehler antwortete darauf offenbar nicht, sondern schickte Wieckenberg eine Kopie des Briefes. Die zornigen Zeilen aus München erklärte er als Zeichen der Verunsicherung angesichts von Nipperdeys Wunsch, im Herbst zum nächsten Vorsitzenden des Historikerverbands gewählt zu werden.[86] Dafür gibt es freilich keine Indizien; es ist angesichts des bevorstehenden Aufenthalts in Stanford und der Konzentration auf das Buch sogar sehr unwahrscheinlich.[87] Jedenfalls war das ein Zusammenprall nicht nur der wissenschaftlichen Antipoden, sondern auch zweier unterschiedlicher Charaktere. Wehler konnte kühl darüber hinweggehen. Thomas Nipperdey schwankte zwischen demonstrativer Gelassenheit und echtem Zorn, zwischen Liberalität und tiefer Enttäuschung. Der Historikerstreit hinterließ eine Spur in ihrem Verhältnis, auch wenn die gegenseitige intellektuelle Wertschätzung fortbestand: zumindest als das geteilte Gefühl, einander auf Augenhöhe zu begegnen und die anderen überwiegend unter sich zu sehen.

Für Thomas Nipperdey verschärfte sich seitdem das Bewusstsein, mit den großen Büchern nicht nur in Konkurrenz zueinander zu stehen, sondern sich in einem Wettlauf zu befinden. Ende April 1990 entnahm er einem Gespräch mit Wehler, vermutlich während der Frühjahrstagung des Arbeitskreises für moderne Sozialgeschichte, «eine gewisse Unklarheit» über die Fertigstellung von dessen nächstem Band – «soweit er in solchen Sachen anderen gegenüber offen redet», fügte Nipperdey misstrauisch hinzu.[88] Das nahm er, während sein erster Teilband des Kaiserreichs bereits in Produktion war, zum Anlass, vom Verlag eine Ausschlusserklärung zu erbitten. Er richte seine ganze Planung darauf, das Manuskript des letzten Bandes im Herbst 1992 abzuliefern, so dass dieser im Herbst des folgenden Jahres erscheinen konnte.

Damit müßte aber dieser Termin für den entsprechenden Band von Herrn Wehler gesperrt sein. Der müßte, wenn er in dieser Zeit kommt, entweder im Frühjahr 93 oder im Frühjahr 94 erscheinen. Ich weiß nicht, wie Sie das mit Herrn Wehler regeln, aber ich muß auf einer solchen Regelung bestehen.

Darauf ohne weitere Umschweife, auch ohne eine Rückfrage in Bielefeld einzugehen, fiel Wieckenberg nicht schwer. Es war gewiss klüger, die Sache gar nicht erst bei Wehler zur Sprache zu bringen. Eine Verteilung auf unterschiedliche Halbjahresprogramme, wenn es zu einer solchen Konstellation denn käme, lag aus Vertriebsgründen ohnehin sehr nahe. Daher sicherte er zu:

Wir werden Ihrem Wunsche entsprechend dafür Sorge tragen, daß kein Band von Herrn Wehlers «Gesellschaftsgeschichte» im Herbst 1993 erscheint.[89]

Bei der Fertigstellung der ersten beiden Bände hatte Hans-Ulrich Wehler vorgeschwebt, die folgenden in relativ dichter Folge herauszubringen. So fasste man es bei Vertragsabschluss im Sommer 1986 ins Auge: Band 3 im Jahre 1990, der abschließende Band 4 nur weitere zwei Jahre später.[90] Von daher war Nipperdeys Nervosität verständlich, zumal dem mindestens ebenso fleißig und asketisch arbeitenden Bielefelder Historiker der Ruf einer übermenschlichen Produktionsgeschwindigkeit vorauseilte. Als Thomas Nipperdey im November 1991 – bereits schwer krank, aber nach dem gegenüber der Planung sogar verfrühten Abschluss des letzten Bandes[91] – in einer Fernsehrunde über die Geschichte der Deutschen plauderte, griff Patrick Bahners in seiner Fernsehkritik für die FAZ diese Konstellation launig auf.[92]

Alle Wahrscheinlichkeit spricht dafür, daß im Bielefelder Heim der Bildschirm dunkel blieb und der Hausherr dieweil für den achten Band seiner «Deutschen Gesellschaftsgeschichte» die Revolutionstheorie von Klaus-Dieter Opp in seine Darstellung der Revolution von 1989 einarbeitete. Und Nipperdeys «Deutsche Geschichte» steht noch immer beim zweiten Band! Kann er es sich da leisten, einen Tag im Studio mit Prominenten zu verplaudern?

Tatsächlich war Nipperdey schon fertig und erlebte ein halbes Jahr später gerade noch den Druck seines letzten Buches, aber nicht mehr den nächsten, bis 1914 reichenden Band seines Konkurrenten, der erst 1995 erschien.

So trugen die beiden, angesichts eines seit 1988 abgekühlten persönlichen Verhältnisses und versiegender brieflicher Kommunikation, ihre Konkurrenz überwiegend in den Büchern selber aus, die sich gewaltig wie Armeen gegenüberstanden und doch wie Kletten ineinander verhakt waren, nicht voneinander loskommend. Die Unterschiede lassen sich nicht bestreiten. In seiner Theorie der geistigen Konkurrenz sprach Karl Mannheim 1928 von einem fundamentalen Gegensatz zwischen synthetischer und analytischer Geschichtsschreibung: «die auf morphologische Schau fundierten Darstellungen auf der einen Seite und die auf Analyse fundierten Darstellungen auf der anderen Seite».[93] Das klingt, als habe Mannheim die Werke des morphologischen Schauers Nipperdey und des Analytikers Wehler bereits vor sich gehabt. Im nächsten Moment aber enttäuschten beide die Erwartungen an ihre historiographischen Rollen – und die geschichtstheoretischen Programme, die solche Erwartungen erst erzeugt hatten. Dann entpuppte sich Nipperdey schnell als der Analytiker, der Erörterer von Problemen, während Wehler viel stärker seiner Neigung frönte, die Geschichte mithilfe von Akteuren zu gestalten – auch diejenige scheinbar anonymer «Strukturen und Prozesse» – und sie dynamisch und konfliktreich zu erzählen.[94]

Immer war der Andere, der Antipode, einer der wichtigsten Adressaten des eigenen Werkes. Die Intertextualität durchzog die Grundfasern ihrer Werke ebenso, wie sie in konkrete Formulierungen, geradezu in das direkte Ansprechen des Anderen mündete. Auf Nipperdeys «Am Anfang war Napoleon» reagierte Wehler mit seinem Eröffnungssatz «Im Anfang steht keine Revolution».[95] Nipperdey konterte in seinem letzten Band: «Am Anfang war Bismarck» – und adressierte seinen Rivalen ganz unmittelbar.[96]

In Bielefeld: Zentrum für interdisziplinäre Forschung, Sommer 1988

Die Strukturhistoriker wittern dabei gleich eine personalistische Geschichtsauffassung, die Vorstellung einer von großen Männern, von Individuen und ihren individuellen Taten bewegten Geschichte. Sie halten sich lieber an den Gegensatz: Am Anfang war keine Revolution.

Als ob Wehler je die Bedeutung Bismarcks bestritten hätte! Natürlich sah er den Eisernen Kanzler kritisch, war aber in seiner Geschichtsschreibung, von der Habilitationsschrift über «Bismarck und den Imperialismus» über das Kaiserreichtaschenbuch bis zum dritten Band der Gesellschaftsgeschichte, geradezu ein Bismarckianer.[97] Man kann wohl sagen, dass die Beziehung eine Asymmetrie hatte: nicht nach dem intellektuellen Gewicht, sondern in der Perspektive. Wehler machte seine Sache, gewiss im Bewusstsein des Konkurrenzwerkes und sich darauf beziehend; Thomas Nipperdey reagierte viel stärker, auch viel empfindlicher, auf die epistemische und literarische Herausforderung seines Konkurrenten.

Die Ähnlichkeit ihrer Unternehmen, wenn sie nicht damals schon erkennbar war, tritt im Rückblick und mit der Veränderung fachwissenschaftlicher Perspektiven, mit der Verschiebung von Methoden und Interessen innerhalb wie außerhalb der Disziplin immer klarer hervor. Die spätere Betrachtung werde, sah Gustav Seibt 1990 voraus, «die großen Darstellungen von Wehler und Nipperdey einmal sehr nahe beieinander sehen, so nahe, daß man sie nur in ihrem dialogischen Zusammenhang lesbar und verständlich finden wird».[98] In einer sehr spezifischen, in einer geteilten historischen und historiographischen Situation der Bundesrepublik und des geteilten, dann wiedervereinigten Deutschlands konzipierten und schrieben sie eine Nationalgeschichte auf den Trümmern von nationalsozialistischer Herrschaft, von Zweitem Weltkrieg und Holocaust. Dem lag auch ein biographischer Impuls zugrunde. «Für die um 1930 geborene Generation, zu der Nipperdey, Wehler und die Mommsenbrüder gehörten», hat Guenther Roth geurteilt, «war das Kaiserreich noch Teil einer erinnerten Familiengeschichte.»[99] Das galt freilich für Wehler weniger als für die Sprosse der bildungsbürgerlichen Familien Mommsen und Nipperdey.

Jedenfalls schrieben sie sich in eine Tradition der Deutung des 19. Jahrhunderts als machtvoll prägender Epoche der deutschen Geschichte ein und sahen sich dabei gleichermaßen in der Kontinuität von Heinrich von Treitschke und Franz Schnabel, und deshalb auch als Vollender des bisher Unvollendeten. Auf unterschiedliche und doch auch wieder gemeinsame Weise wollten sie Innovatoren sein, nicht zuletzt in der Erweiterung dessen, was «Geschichte» als Wissen über die Vergangenheit überhaupt produzierte und nach außen repräsentierte: neben der Politik auch die Gesellschaft, das tägliche Leben, die sozialökonomischen Bedingungen und Prozesse; und die Kultur, die bei Wehler eher institutionell gefasst war, bei Nipperdey eher als Feld der Deutungssysteme. Aber nicht nur in dieser Erweiterung lagen sie eng beieinander, sondern auch im Festhalten an Konventionen: in der Fortsetzung von Form und Geltungsanspruch einer spezifisch deutschen, nicht zuletzt im 19. Jahrhundert konstituierten Gelehrsamkeit, die aus angelsächsischer Warte kalt und humorlos erschien.[100]

«Nipperdey und Wehler haben ihren titanischen Kampf um historisches Unrecht und historische Gerechtigkeit mit den Waffen einer Gelehrsamkeit ausgetragen, die beispielhaft bleibt».[101] Vor zu viel Pathos sollte man sich jedoch hüten. Müde wurden die Titanen zwar kaum, und gewiss standen sich hier zwei außergewöhnliche Gelehrte gegenüber. Aber das, was sie waren und was sie als wissenschaftliches Werk produzierten, hätte ohne das jeweilige Gegenüber, ohne die Arbeit am Antipoden anders ausgesehen.

XI. Wettlauf mit der Lebenszeit: Der Abschluss des dritten Bandes

Als in Berlin die Mauer fiel, das SED-Regime zerbröckelte und die Umrisse einer schnellen Vereinigung beider deutscher Staaten sich abzeichneten, trieb Thomas Nipperdey die Fertigstellung des dritten Bandes seiner Deutschen Geschichte im 19. Jahrhundert voran. Während Deutschland wieder auf dem Weg zum Nationalstaat war, schrieb er über den Reichsgründer Bismarck und die Ambivalenzen des Kaiserreichs. Der innere Zug, das Werk zu vollenden, wurde drängender, je weiter er gekommen war. Die vorerst überstandene schwere gesundheitliche Krise mit der Operation in Stanford im Oktober 1988 hallte nach und wird diesen Drang verstärkt haben. Im Spätsommer 1990 brach die Krankheit erneut und auf dramatische Weise aus. Thomas Nipperdey wurde klar, dass ihm nur noch begrenzte Zeit zur Verfügung stand. Arbeit und Struktur.[1] Werkzeit und Lebenszeit verklammerten sich ineinander und trennten sich erst mit dem Tod des Autors und der fast gleichzeitigen Fertigstellung des dritten Buches im Sommer 1992.

Im Jahreswechsel 1989/90 berichtete Thomas Nipperdey seinem südafrikanischen Kollegen und Freund Floris Albertus van Jaarsveld, den er vermutlich bei einer Vortragsreise für das Goethe-Institut 1977 kennengelernt hatte,[2] über seine Gesundheit und den Arbeitsstand seines Werkes.

Mir selbst geht es im ganzen gut, ich habe meine schwere Operation vom letzten Jahr sehr gut überstanden und es sind keine Nachwirkungen eingetreten. Im nächsten Sommer erscheint der zweite Band meines 19. Jahrhundert-Werks, leider gibt es dann noch einen dritten, der aber schon zur Hälfte fertig ist, er beschäftigt sich nur noch mit der politischen Geschichte, und Bismarck ist gerade entlassen worden. Ich hoffe, ihn in ungefähr einem Jahr einigermaßen fertig zu haben, und vielleicht in zwei Jahren so, daß er dann gedruckt werden kann.[3]

Einige Abschnitte des zweiten Teilbandes waren bereits Mitte der 1980er Jahre entstanden, als noch ein einziges Buch über das Kaiserreich vorgesehen war. In Stanford hatte Nipperdey dann systematischer daran zu schreiben begonnen, und das tat er bei diesem Band ziemlich genau in der Reihenfolge des

Stoffes bzw. der Anordnung der Kapitel. Im späteren Buch wird Bismarck auf Seite 424 entlassen – «eine Epoche ging zu Ende», stellt Nipperdey dort zum 17. März 1890 fest.[4] Knapp die Hälfte des letzten Bandes, dessen Schlusskapitel auf Seite 905 endete, war also, von Revisionen abgesehen, fertig. Anders gesagt, in ziemlich genau einem Jahr, dem Kalenderjahr 1989, waren gut vierhundert der eng bedruckten Buchseiten entstanden. Knapp fünfhundert Seiten kamen in anderthalb Jahren, bis zum Sommer 1991, dazu. In dem «leider» steckte eine Portion Koketterie, doch ohne Zweifel war der Stoff der politischen Geschichte, auch wenn darin die politischen Parteien als Thema der Habilitation eine wichtige Rolle spielten,[5] seinem Herzen nicht so nah wie die Kapitel über Religion, Künste und Wissenschaften aus dem ersten Halbband. In seiner Formulierung, nun gehe es «nur noch» um politische Geschichte, steckte insofern ein Körnchen Wahrheit.

Der Vorrang des Fertigschreibens diente auch in dieser Zeit noch als Begründung, allerlei Anfragen abzuwehren. Der jüngeren Göttinger Kollegin Sabine Krüger, die am dortigen Max-Planck-Institut für Geschichte über dessen ersten Direktor Hermann Heimpel arbeitete – Heimpel war Ende 1988 verstorben –, hatte Thomas Nipperdey offenbar etwas zu leichtfertig, wie ihm nun schien, einen Text über seinen akademischen Lehrer zugesagt, und im Januar 1990 machte er einen Rückzieher. Sein Planungshorizont reichte zu diesem Zeitpunkt über die Vollendung des dreibändigen Werkes hinaus. Das werde «bis Ende 92 dauern», und er habe «für 93 dann schon eine dringende Terminsache angenommen, die mich vermutlich mindestens bis zum Herbst 93 beschäftigen wird».[6] Das mochte erfunden sein, damit sich die Kollegin einen anderen Autor für den Text suche; Hinweise auf eine größere Verpflichtung Nipperdeys, auf ein weiteres Buchprojekt auch bei einem anderen Verlag als C.H.Beck, gibt es nicht. Ausdrücklich ging er außerdem zu dem geplanten Druckort, den Abhandlungen der Göttinger Akademie der Wissenschaften, auf Distanz. Er wollte sich das, wenn er den Beitrag schriebe, «gerne offen halten und mich nicht ganz in die Klauen Göttingens begeben». Möglicherweise glaubte er zu Recht, angesichts seiner Reputation und der Begehrtheit seiner Texte einen weniger abgelegenen Platz für die Publikation finden zu können.

Im März 1990, als auch die Korrekturarbeiten und technischen Fragen zum ersten Kaiserreichband weitgehend abgeschlossen waren, entwarf Thomas Nipperdey gegenüber seinem Verlag einen minutiösen Strategieplan nicht nur für das Fertigschreiben, sondern für den gesamten Prozess der Produktion des Buches bis zu Korrekturen, Lektorat und Endredaktion. Nun trat die lebenszeitliche Perspektive bereits deutlicher hervor: «Ich möchte mit aller Energie und Konzentration die Sache möglichst bald abschließen, u. a. natürlich auch in Rücksicht auf meine nicht ganz stabile Gesundheit und mein zunehmendes Alter.»[7] Zu diesem Zeitpunkt war der Horizont des Abschlusses aber immer noch ein Jahr weiter gesetzt, als es schließlich kam. Obwohl er nun mitteilte, nicht nur die erste Hälfte, sondern auch «von der zweiten Hälfte etwa ein Viertel» fertig zu haben, wollte er das druckfertige Manuskript im Herbst 1992, also zweieinhalb Jahre später, einreichen. Offenbar hatten ihn die gerade überstandenen Korrekturarbeiten sehr angestrengt; in einer so «schrecklichen Hektik» wolle er das nicht noch einmal «durchziehen». Also solle der Lektor schon jetzt mit seiner Arbeit an der ersten Texthälfte beginnen.

Sie, lieber Herr Wieckenberg, würden dann ab etwa 15. Juni des Jahres in gebührenden Abständen die einzelnen Kapitel möglichst in der Reihenfolge, in der sie dann auch kommen, zu einer ersten Durchsicht bekommen. Im Winterhalbjahr 1990/91 wollen wir dann technisch meine Korrekturen, die Korrekturen meiner Mitarbeiter und Ihre Korrekturen in den Computer eingeben, so daß im Frühjahr 1991 die erste Hälfte schon druckfertig wäre. Dann haben wir auch genügend Zeit für die zweite Hälfte. Die Hauptsache ist, daß Sie in die Verlagsplanung das Erscheinen des Buches für 1993 in Aussicht nehmen und die Produktion für 1992/93.[8]

Er legte Ernst-Peter Wieckenberg sogar nahe, die Arbeit mit einem Kollegen zu teilen oder einen «Vertreter» zu benennen, wenn er diesen Zeitplan nicht mitgehen könnte. Wieckenberg versicherte ihm, seine eigenen Pläne auf diese Wünsche abzustimmen und zunächst selber zu versuchen, die Manuskripte durchzuarbeiten.[9] Bei der Sorge um unverzügliche Produktion spielte in dieser Zeit auch, wie wir gesehen haben, die Konkurrenz mit Hans-Ulrich Wehler im selben Verlag eine Rolle; es war wenige Wochen später, als Nipperdey sich ausdrücklich bestätigen ließ, dass C.H.Beck den Herbsttermin 1993 für sein Buch reserviere und der nächste Band Wehlers eben früher oder später erscheinen müsse.[10] Er bemühte sich, für den Schlussspurt noch einmal geschützte Schreibzeit außerhalb Münchens zu organisieren und wandte sich deshalb an Wolf Lepenies, den Rektor des Berliner Wissenschaftskollegs: «Ich bin auf der Suche nach 4–6 Wochen Wissenschaftskloster, um eine Reihe von halbfertigen Manuskripten in eine endgültige Form zu bringen.»[11] Seine Ankündigung, «ab etwa 15. Juni» die fertigen Kapitel zum Lektorat an Wieckenberg zu schicken, setzte er fast taggenau um. Am 18. Juni ging ein Inhaltsverzeichnis in die benachbarte Wilhelmstraße; die schon von ihm und seinen Mitarbeitern vorkorrigierten Kapitel I bis III, also die erste Hälfte des Buches, würden bald folgen.[12] Kapitel IV über die «Strukturprobleme nach 1890», mit den ihm gut vertrauten Parteien im Mittelpunkt, sei «beinahe fertig, aber V und VI werden sicher noch ein Jahr dauern».[13] Damit hatte sich der Horizont der Fertigstellung freilich innerhalb weniger Monate um ein ganzes Jahr verkürzt. Angesichts des zügigen Schreibfortschritts neu rechnend, sah Thomas Nipperdey den Abschluss des Manuskripts nun für den Sommer 1991 statt 1992 voraus.

Das war auch gut so, denn durch eine erneute schwere Krise veränderte sich im Spätsommer 1990 alles. Der Krebs war zurück; Anfang September ließ Thomas Nipperdey sich in Köln operieren. Diesmal war an eine Rückkehr an den Schreibtisch nur wenige Tage später nicht zu denken. Kurz nach dem Eingriff brachte er aus der Klinik einen Rundbrief an Kollegen und Kooperationspartner auf den Weg, mit dem er über seinen Zustand informierte und mitteilte, was er in nächster Zeit tun könne – und was nicht.

Nach einer größeren Operation liege ich voraussichtlich bis Anfang Oktober in der Klinik in Köln. Im Anschluss daran darf ich bis Weihnachten mein rechtes Bein nicht bewegen. Ich bin reiseunfähig und werde mich im wesentlichen zuhause aufhalten müssen. Infolgedessen muß ich leider alle für die nächste Zeit eingegangenen Vortragsverpflichtungen absagen, auch zugesagte oder erbetene Manuskripte kann ich in dieser Zeit nicht fertigstellen. … Rundfunkinterviews sind sowohl in der Klinik als auch zuhause möglich. Aus den dargelegten Gründen kann ich natürlich bis zum Jahresende an keinen Sitzungen und Besprechungen teilnehmen.[14]

Zwei Wochen später, vom 26. bis zum 29. September, fand in Bochum der 38. Deutsche Historikertag statt, der ganz im Zeichen der politischen Umwälzungen in Deutschland und Europa stand.[15] Thomas Nipperdey, dessen Licht mit seinem eben erschienenen zweiten Band zum 19. Jahrhundert umso heller strahlte, war eingeladen, den Abschlussvortrag zu halten. Diesen besonderen Auftritt vor dem Fachpublikum seiner Zunft und zugleich einer breiteren Öffentlichkeit wollte er sich nicht nehmen lassen. Im Rollstuhl kam er auf die Bühne des Auditorium Maximum der Ruhr-Universität; im Rollstuhl sitzend hielt er seinen Vortrag über «Einheit und Vielfalt in der neueren Geschichte», hochkonzentriert und vermutlich unter Aufbietung aller inneren und äußeren Kräfte.[16]

In diesen Wochen war er gefragt wie selten zuvor, wegen des neuen Buches und als historischer Kommentator zur Wiedervereinigung. Trotz prinzipieller Skepsis gegenüber einer medialen Vereinnahmung[17] kann es ihm nicht leicht gefallen sein, nach langen Jahren der Schreibklausur auf manche Belohnung zu verzichten oder seine politische Stimme im Streit um Wiedervereinigung und Nationalstaat nicht so erheben zu können, wie er das für nötig hielt. Der berühmte französische Historiker Pierre Nora, intellektueller Vater und Autor der «Erinnerungsorte» und zugleich Herausgeber der *Éditions Gallimard*, in der auch die französische Übersetzung von Nipperdeys Aufsatzband erschien, erbat einen Text zur Wiedervereinigung von ihm. Für die Januar-Ausgabe der von ihm bei Gallimard betreuten Zeitschrift *Le Débat* sollte Thomas Nipperdey «die jüngsten Ereignisse aus einer geschichtlichen Perspektive» behandeln.[18] Eine Woche nach der Rückkehr aus dem Krankenhaus behalf sich der Angeschriebene damit, zwei Manuskripte von Vorträgen zum Thema zu schicken, nämlich vom deutsch-deutschen Wartburgtreffen Ende Mai und von der Frankfurter Buchmesse.[19] Dort hatte Nipperdey, nur eine Woche nach dem Historikertag, auf dem Verlagsabend von C.H.Beck über die Frage «Ist der deutsche Nationalstaat eine Rückkehr zur Normalität?» sprechen sollen, aber absagen müssen – seinen Text verlas stattdessen der Historiker und Journalist Johannes Willms, damals Redaktionsleiter des Kulturmagazins *aspekte* beim ZDF und ebenfalls Autor des Münchner Verlages.[20]

Nipperdey gestand Pierre Nora: «Und gegenwärtig sitze ich für die nächsten Monate im Rollstuhl, bin also wenig aktionsfähig».[21] Aber für Radio- oder Zeitungsinterviews stand er zur Verfügung, wenn die Journalisten ihn zuhause in Icking aufsuchten. So führte Adelbert Reif in diesen Wochen ein längeres zeitdiagnostisches Gespräch mit ihm, das am 3. Dezember 1990 unter dem Titel «Der Abschied von der Utopie wird unsere Zeit bestimmen» in der Tageszeitung *Die Welt* erschien.[22] Im Verlag wusste man jedoch, dass Thomas Nipperdey die prekäre körperliche Situation dazu nutzte, «ständig am Manuskript des zweiten Bandes» zu arbeiten, und der Verleger hoffte, «daß Sie diese Arbeit nicht mancherlei Beschwerden und Rückenschmerzen abtrotzen müssen, daß sich vielmehr breite Besserung eingestellt hat».[23] Außerdem hatte er während dieser Zeit den Tod seiner Mutter zu verkraften.[24] Seinen wahren körperlichen Zustand hielt das Versorgungsamt München fest, das ihm am 11. Dezember 1990 einen Grad der Behinderung von 100 Prozent bescheinigte: «Nephrektomie rechts» – die in Stanford entfernte rechte Niere –, «Lungensegmentsresektion beidseits, osteolytischer Prozess im rechten Oberschenkelhals».[25] Der Krebs hatte auf Lungen und Knochen übergegriffen.

Im neuen Jahr und nach der Rückkehr aus einer Reha-Klinik in Bad Endorf bei Rosenheim fühlte sich Thomas Nipperdey deutlich besser und er legte Ernst-Peter Wieckenberg Anfang Januar erneut einen äußerst detaillierten Plan für die weiteren Arbeitsprozesse zwischen Autor, Mitarbeiterteam und Lektor vor.[26] Dazu gab er ein provisorisches Inhaltsverzeichnis, aus dem sich entnehmen lässt, dass der letzte Band sich mehr als die vorhergehenden beim Schreiben erst entwickelte. Zum letzten großen Kapitel VI, über den Ersten Weltkrieg, fehlten noch eine genauere Struktur und Überschriften. Aber die Maschine war wieder in Gang.

Ab jetzt laufen wieder die Kapitelmanuskripte bei Ihnen ein, gleich in der Anlage aus Teil IV die Parteien. Im Abstand von etwa 3 Wochen wird das jetzt so weitergehen, ich hoffe, daß wir im April fertig sind. ... Von mir aus fehlen noch die ersten beiden Kapitel des Teiles V. Aber die hoffe ich bis zum März fertig zu haben. Ansonsten verfahre ich wie früher, d. h. im Normalfall bekommen Sie die von einem meiner Mitarbeiter korrigierten oder mit Vorschlägen versehenen Fassungen, ohne daß ich sie noch einmal gesehen oder gar wir sie schon im Computer korrigiert haben. Das beschleunigt das Verfahren doch einigermaßen.[27]

Über die Verwandlung des Rohmanuskripts in eine Satzvorlage hinaus reflektierte der Autor jetzt aber auch auf neue Weise über Form, sprachlichen Duktus und Erzählhaltung des Werkes und griff die Frage nach der positiven oder negativen Sicht auf das Kaiserreich wieder auf. Darin spiegelten sich wohl die intensivere Einbindung seines Mitarbeiterteams und deren Rückmeldungen, aber auch manches kritische Urteil von Rezensenten zum ersten Halbband. Müsste die Benutzbarkeit nicht durch ein Sachregister, das auch in dem Buch von 1983 schon fehlte, erhöht werden? Thomas Nipperdey schlug vor, dem letzten Band ein «ausführliches Inhaltsverzeichnis» für beide Teilbände hinzuzufügen: «das würde die Kapitel- oder Abschnittüberschriften weiter differenzieren und etwa mit Stichworten, prägnanten Kurzformeln oder zugespitzten Thesen die Inhalte der Abschnitte etwas näher wiedergeben. Das ist ein heute ungewöhnliches Verfahren, früher war es sehr üblich» – und er verwies auf die Anfang der 1950er Jahre erschienene, fünfbändige «Geschichte der neuern evangelischen Theologie» von Emanuel Hirsch.[28] Eine solche Erschließung nach Art eines Regests hätte das Werk zwar zugänglicher gemacht, aber zugleich auch gelehrter (und vielleicht: altmodischer) wirken lassen; die Idee fiel unter den Tisch.

Aber er dachte auch über den vor allem von angelsächsischen Rezensenten wie Richard Evans erhobenen Vorwurf nach, seine sehr analytische Darstellung bräuchte «mehr Anschaulichkeit, mehr Zeitkolorit durch zeitgenössische Selbstzeugnisse und Zitate».[29] Dazu rieten ihm wohl auch seine Mitarbeiter, denen er jedoch die praktischen Schwierigkeiten eines späten Stilwechsels entgegenhielt: «Ich neige daher, anders als meine Mitarbeiter, mehr dazu, in dieser Hinsicht nicht mehr sehr viel zu ändern und nicht in einen neuen Stil zu fallen.» Was den Umgang «mit den von mir gelegentlich apostrophierten Kritikern» betraf und «die Frage, wie man eine ‹apologetische› Fassung vermeidet», entschloss er sich jetzt dazu, den letzten Band und das Werk insgesamt mit einem Schlusskapitel zu beenden, das sich den normativen Problemen des Kaiserreichs und seinen Konsequenzen für die deutsche Geschichte explizit stellen sollte.

Mein ursprünglicher Plan, eine solche Bilanz gar nicht zu schreiben, sondern simpel mit dem 9. oder 11. November 1918 aufzuhören, läßt sich nicht durchführen. Wenn ich also noch bei Gesundheit und Kräften bin, würde ich mich im Sommer an eine solche Bilanz setzen. Ob man dabei bestimmte theoretische Bemerkungen, z. B. über Erzählen oder über «totale Geschichte» aufgreift oder das in ein Nachwort verbannt, bei dem ich aber bisher ja immer solche theoretischen Ausführungen sehr bewußt vermieden habe, das ist noch eine weitere solche offene Frage.[30]

Das Angebot des Verlages, ihm eine zusätzliche Sekretärin zur Verfügung zu stellen oder zu finanzieren, schlug er einstweilen aus, denn «im Moment», und das bestätigte sich bis in den Oktober 1991 aufs Ganze gesehen, «geht es bei uns mit der Arbeit passabel weiter».[31] Aus dem Ich des Autors war das Wir des Teams geworden, das die Rohfassungen der Kapitel prüfte, korrigierte und der Satzfertigkeit entgegentrieb.

Dann wieder Ablenkungen, durch das schwierigste aller wissenschaftlichen Genres, die Festschrift. Gemeinsam mit Anselm Doering-Manteuffel und Hans-Ulrich Thamer kümmerte Thomas Nipperdey sich um eine Festschrift für Ernst Nolte, die zu dessen 70. Geburtstag im Januar 1993 bei Propyläen erscheinen sollte.[32] Ende Juni musste er feststellen, dass das nicht möglich war; er bat die beiden Kollegen, die Redaktionsgeschäfte allein zu übernehmen. Zudem sah er im Moment keine Möglichkeit, einen eigenen Beitrag zu verfassen. Die Fertigstellung des Buches hatte jetzt strikten Vorrang, und schonungslos stellte er seine eigene Situation dar.

Leider ist es so, daß sich mein Gesundheitszustand in den letzten Monaten wieder sehr verschlechtert hat. Ich bin unheilbar krank und nur noch wenig bewegungsfähig, meine Arbeitsfähigkeit ist eingeschränkt. Im Moment scheint es mir, daß ich die Dinge noch machen kann, aber es ist natürlich möglich, daß ich jederzeit ausfalle. … Ich muß im Augenblick alle mir verbleibende und verbliebene Zeit für die Vollendung meines Buches nutzen, das müßte bis zum Herbst gehen und dann hätte ich Zeit für einen Nolte-Aufsatz.[33]

Die Qualitätsansprüche an sich und an das ganze Projekt hielt er gleichwohl aufrecht und mahnte, lieber die Notbremse zu ziehen, falls die Beiträge «zu mäßig» oder disparat würden; dann sollte man die Festschrift lieber «unter irgendwelchen Vorwänden ausfallen» lassen. Gleichzeitig nahm er Einfluss auf eine Festschrift, die Kollegen und Schüler zu seinem eigenen 65. Geburtstag am 27. Oktober 1992 planten; seine Frau und Ernst-Peter Wieckenberg hatten ihn darüber im Juni 1991 informiert. Seinem Schüler Wolfgang Hardtwig, der damals in Erlangen lehrte und einer der Herausgeber sein sollte, beschied er bündig die Zustimmung des Geehrten: «Dazu nun kurz folgendes: Ich habe nichts dagegen. Ich fände es gut, die Sache auf das 19. Jahrhundert zu konzentrieren, das gibt ein Buch und das bezieht sich auf mich und mein Tun.»[34]

Heikler war, wegen der fachpolitischen Verwerfungen zumal im Gefolge des Historikerstreits, die Frage des Autorenkreises. Eine ihm vorgelegte Liste teilte er in drei Kategorien ein: die auf jeden Fall für ihn schreiben sollen, die «Fraglichen» und diejenigen, die ausschieden; von diesen wiederum «scheinen mir einige nicht so dringlich nötig, andere möchte ich auch nicht so gerne». Die Münchner Kollegen sollten möglichst draußen bleiben; «es sollen keine Fakultätsbeziehungen hier hergestellt werden»; Gerhard A. Ritter bildete eine Ausnahme. «Ausländer» waren ihm besonders wichtig, mit einem Schwerpunkt auf den amerikanischen Kollegen und den jüdischen Emigranten: «Sheehan, Feldman, Paret, Gay, G. Mosse, Volkov, F. Stern, P. Kennedy, G. Craig.» Die israelische Historikerin Shulamit Volkov, zu der Nipperdey ein sehr gutes Verhältnis hatte, war die einzige Frau auf der Liste. Am schwierigsten war «das Möller-Wehler-Problem», weil Horst Möller und Hans-Ulrich Wehler seit dem Historikerstreit bzw. nach Wehlers «Pamphlet»-Buch nicht zwischen dieselben Buchdeckel passen wollten. Aber Thomas Nipperdey versuchte sich darüber hinwegzusetzen. An Wehler und überhaupt an seinen Bielefelder Kollegen, die auch Gesprächspartner im von ihm geschätzten «Arbeitskreis für moderne Sozialgeschichte» waren, lag ihm; also: «Dazu zunächst einmal doch: Möller, Wehler, Kocka.»[35] Manche Überlegungen zur thematischen Konzentration und zum Autorenkreis waren gewiss auch ohne Nipperdeys ausdrückliches Votum plausibel, aber das im Frühjahr 1993, nach seinem Tod, als Gedenkschrift erschienene Buch kam seinen eigenen Vorstellungen sehr nahe.[36]

Das Buch näherte sich der Vollendung, die Kräfte ließen nach. Im Juli setzte Thomas Nipperdey ein «Memo» auf: «für die Vollendung des Buches bis zur Druckfassung und zum Umbruch für den Fall, daß ich aus Krankheitsgründen aus der Arbeit ausscheide».[37] Die wissenschaftlichen und studentischen Mitarbeiter erhielten je besondere Aufträge, einzelne Kapitel fertig zu redigieren, Literaturverzeichnis und Register zu erstellen. In Zweifelsfällen würde ein Komitee der wichtigsten Mitarbeiter entscheiden;[38] «wenn da keine Einigung erzielt wird, sollten meine Frau und Herr Wieckenberg zugezogen werden». Durch eine Einladung als «Gast des Rektors» Wolf Lepenies ermöglicht, war im März und April bei einem etwa vierwöchigen Aufenthalt am Berliner Wissenschaftskolleg ein Entwurf des letzten noch fehlenden Textstücks, des bilanzierenden Schlusskapitels, entstanden.[39] Wilfried Rudloff erhielt den Auftrag, daraus – wenn er selber nicht mehr dazu käme – «einen brauchbaren, fertigen Text zu machen». Er mahnte die Mitarbeiter, zum Ende zu kommen: «Wiederholungen, Weitschweifigkeiten und Widersprüche» seien zu vermeiden, eventuell sei etwas zu kürzen.

Alles andere führt jetzt ins Uferlose. Wenn man inhaltlich korrigiert, sitzen wir noch in drei Jahren an immer neuen Verwandlungen und Entwürfen. Wir müssen jetzt einfach Schluß machen …

Denn für Thomas Nipperdey war das Buch «trotz des noch nicht ganz abgeschlossenen Schlusses druckfertig». Und man darf hinzufügen: Andere Autoren hätten, in welcher gesundheitlichen Verfassung auch immer, überhaupt nicht einen so großen Aufwand mit der Kontrolle und Revision des einmal aufgeschriebenen Textes betrieben. Vehement setzte er sich gegen die Vorstellung zur Wehr, dass das Buch nach seinem möglichen vorzeitigen Tod unter eine Herausgeberschaft gestellt würde, und damit als ein aus dem Nachlass von Dritten ediertes Werk erschiene: Es war nur *sein* Buch und sollte es bleiben. «Einer besonderen Herausgeberschaft bedarf es nicht. Ich werde ein Nachwort schreiben.» Für den Fall der Fälle aber sollten seine Frau, der Lektor Ernst-Peter Wieckenberg und für die Mitarbeiter Andreas Daum noch ein paar Zeilen unter dieses Nachwort setzen.

Unterdessen hatte Wieckenberg im Verlag tatsächlich, wie schon länger von Thomas Nipperdey angefragt oder geradezu gefordert, Unterstützung bei dem durch die Arbeitsweise des Autors besonders aufwändigen Lektorat bekommen. Detlef Felken, selber bei Klaus Hildebrand in Bonn promovierter Neuzeithistoriker, war im Januar 1991 in das Lektorat von C.H.Beck eingetreten und wurde in der Schlussphase zum zusätzlichen Ansprechpartner. Bei ihm liefen seit Ende Juli die nahezu fertig überarbeiteten, auch von Wieckenberg schon lektorierten Kapitel noch einmal zusammen.[40] Bis Ende August sollte alles, einschließlich des korrigierten Schlusskapitels, bei Felken sein. Auch diesem schärfte Nipperdey ein, nicht mehr zu viel Aufmerksamkeit auf das Einzelne zu lenken, wohl aber gelegentlich Vorschläge zur Straffung zu machen. Die Sorge, der relativ schnell entstandene Text sei ungleichmäßig dicht, trieb ihn bis zum Schluss um. Stärken und Schwächen konnte er genau benennen: Das Kapitel über Nationalismus schien ihm «ziemlich dicht», dasjenige über Militär hingegen «etwas ausgeufert». Er war hin und hergerissen. Manches sollte noch geändert werden, wo andere Autoren vermutlich längst das Imprimatur erteilt hätten, anderes so bleiben.

Eine parallele oder gleichmäßige Proportion wird man jetzt nicht mehr herstellen können, aber man muß damit leben, daß es einfach längere und kürzere Kapitel gibt. Aber an diesen Dingen kann man doch noch ein bißchen feilen. Manchmal sind Wiederholungen auch nicht so schlecht, man muß dann immer nur einfügen, daß man das alles schon einmal gesagt hat oder daß man später darauf zurückkommt, wo mir das auffiel, habe ich das auch gemacht.

Das Nipperdey-typische «Davon haben wir schon erzählt» und «Davon werden wir später noch erzählen» floss dem vermeintlichen Erzählonkel mithin keineswegs naiv aus der Feder, sondern wurde öfter bewusst in den Text montiert, um Querbezüge herzustellen oder die Wahrnehmung von Redundanz aufzufangen.

Im Schlusskapitel wollte Thomas Nipperdey noch einmal die Gesamtschau auf das Kaiserreich herstellen, in diachroner ebenso wie in synchroner Perspektive. Es ging, wie er das selber charakterisierte, um die «Wechselwirkungen zwischen Kultur, Wirtschaft und Gesellschaft, Alltag und Politik, sozusagen auf den Spuren Jacob Burckhardts», also die Frage des von ihm bewunderten Schweizer Kulturhistorikers nach dem Zusammenspiel der geschichtsmächtigen «Potenzen».[41] Und im historischen Längsschnitt musste das Kaiserreich, an der Schwelle zur Weimarer Republik angekommen, zugleich ins Verhältnis zu seiner Nachgeschichte gestellt werden: nicht nur der ersten deutschen Demokratie, sondern auch des Nationalsozialismus.

Damit griff er ein letztes Mal die fachlichen Kontroversen zur Deutung der deutschen Geschichte zwischen 1871 und 1945 auf, die seine Arbeit seit seiner Kritik des Wehlerschen Kaiserreichbuches maßgeblich bestimmt hatten. Er nutzte zugleich die Gelegenheit, seinen «historistischen» Blick auf die Geschichte noch einmal grundsätzlich zu verteidigen. Eine geschichtliche Zeit sei nicht nur Vorgeschichte von etwas Späterem; sie sei zunächst einmal «sie selbst. Das wollte Ranke mit der altertümlich religiösen (uns nicht mehr unmittelbar zugänglichen) Formel sagen, jede Epoche sei unmittelbar zu Gott.» Die Urgroßeltern dürften nicht «kritisch und besserwisserisch» abgeurteilt werden, sondern ihnen müsse «Gerechtigkeit widerfahren»: «Das ist die Tugend des Historikers, das ist das Anliegen dieser beiden Bände.»[42]

Im nächsten Absatz gab er der Geschichte des Kaiserreichs aber doch einen sehr klaren Deutungsimpuls der Dynamisierung und der Transformation weit über die Zäsur von 1918 hinaus. Besonders im ersten Teilband hatte Nipperdey, und daran erinnerte er jetzt, viele einzelne Veränderungen mit den Begriffen «Modernisierung» und «Modernität» gekennzeichnet – nicht so weit entfernt von den Theorien der Bielefelder Sozialgeschichte und ihrem Versuch, die Spannungslagen der modernen deutschen Geschichte in der Sprache der sozialwissenschaftlichen Modernisierungstheorie auszudrücken.[43] Während Hans-Ulrich Wehler jedoch – jedenfalls in seinem Taschenbuch von 1973; viel weniger in dem erst 1995 erschienenen Band seiner Gesellschaftsgeschichte – das Kaiserreich als ein System in Erstarrung beschrieben hatte, war es für Nipperdey geradezu eine Zeit der Revolution: «Das Kaiserreich ist in vielem eine Zeit dramatischer Beschleunigung des historischen Wandels».[44] Manche der Organisations- und Lebensformen, die sich in dieser Zeit herausbildeten – Industrialisierung und Urbanisierung, Interventions-

und Wohlfahrtsstaat, Säkularisierung und Partizipation der Massen – kulminierten noch während dieser Zeit.

Andere wiesen über 1918, sogar über das Scheitern der Weimarer Republik und den Nationalsozialismus hinaus in die Lebensformen des späteren 20. Jahrhunderts, bis hin zur damaligen Gegenwart. «Das Kaiserreich ist auch Vorgeschichte von Weimar, ja von unserer Nachkriegswelt, denkt man an die Modernisierungsschübe in Lebensstilen und Kultur oder an Sozialverfassung und Interventionsstaat.»[45] Die Geschichte des Kaiserreichs war für Thomas Nipperdey *auch* eine Art Archäologie der Gegenwart; oder anders gesagt: Im Schlusskapitel blitzte für einen Moment der Entwurf einer Deutschen Geschichte des 20. Jahrhunderts aus seiner Feder auf. Jedenfalls konstituierte sich für ihn während dieser Zeit auf paradigmatische Weise eine Modernitätsspannung, in der er bürgerliches Leben, und sein eigenes Leben, noch immer sah: zwischen Neuerungsskepsis und der Faszination für kreative Dynamiken, zumal in den Künsten, zwischen Sympathie mit den «Anti-Modernitätsaffekten»[46] und ihrer entschiedenen Zurückweisung, wo sie bloß sentimental oder nostalgisch wurden.

An den überlieferten Materialien zur Bearbeitung des Schlusskapitels lässt sich der Arbeitsprozess in der von der Krankheit schwer überschatteten letzten Phase des Schreibens nachvollziehen, das Zusammenspiel von Autor, Mitarbeitern und Lektorat.[47] Nach der Umsetzung der weitgehend in Berlin, am Wissenschaftskolleg, entstandenen Handschrift in die Computerdatei las Ernst-Peter Wieckenberg im Verlag das Kapitel, aber seine Eingriffe beschränkten sich, wie schon bisher, weithin auf kleinere Korrekturen und auf vorsichtige Fragen zum Stil. Am Ende des ersten Absatzes stand zunächst: «Aber wie die Teile des Ganzen zusammenhängen, das ergibt Fragen, sie wollen wir hier zum Schluß erörtern.» «Ergibt es sie wirklich, oder fragt man danach?», notierte Wieckenberg an den wie üblich fast halbseitig breiten Rand. Im Ergebnis liest sich der Satz im Buch kürzer und klarer: «Aber wie die Teile des Ganzen zusammenhängen, wollen wir hier zum Schluß erörtern.»

Nipperdeys Mitarbeiter am Lehrstuhl, in diesem Fall Christiane Frische und vor allem Andreas Daum, nahmen den Text ihres Meisters intensiver in die Mangel, und nichts anderes erwartete dieser auch. Redundanzen und Weitschweifigkeiten wurden beseitigt, aber ganz überwiegend doch im Kleinen, im Detail, im Vorschlag der Streichung einer kurzen Phrase, die eben Gesagtes noch einmal anders ausdrückte – nicht in der Streichung oder dem ordnenden Neuschreiben von ganzen Absätzen. Darüber hinaus waren sie bestrebt, Nipperdey noch mehr Nipperdey sein zu lassen, seinen typischen Stil schärfer herauszupräparieren, seiner Denk- und Sprachwelt naheliegende Begriffe noch einzubauen. «Wir haben am Ende kein Ergebnis, keine Formel, keine These», hieß es ebenfalls im ersten Absatz des Schlusskapitels zunächst. Die Mitarbeiter schlugen vor, und so erschien es dann auch im Druck:

Und so haben wir am Ende auch keine Formel oder These, auf die sich alles bringen läßt. Wir stehen vor dem Panorama der vielen Ergebnisse und Teilbereiche.[48]

Der panoramatische statt thesenartig ordnende oder hierarchisierende Blick entsprach der Geschichtstheorie Thomas Nipperdeys; vielleicht dachten die Mitarbeiter auch an Dolf Sternbergers «Ansichten vom 19. Jahrhundert» unter diesem Stichwort.[49] Sie versuchten den Autor vor Missverständnissen zu bewahren: Seine in den Text geflossene Formulierung von der «Weltgeschichte Europas» könne als Anspielung auf das gleichnamige Buch von Hans Freyer verstanden werden; ob das so gemeint sei? Die Phrase entfiel.[50] Wo Nipperdey auf die Ambivalenzen, die Belastungen des Kaiserreichs hinwies, erinnerten sie ihn an seine eigene pointierte Begriffsprägung von den «Schattenlinien», also die Überschrift des Schlusskapitels vom ersten Teilband und schlugen vor, diesen Begriff einzubauen, also gewissermaßen die Intertextualität zur Parallelstelle des vorausgegangenen Bandes herzustellen; das fand seinen Weg in den Druck.[51] Das galt aber keineswegs für alle Vorschläge der Mitarbeiter, zumal diese auch untereinander und in verschiedenen Lektüreschritten um die beste Formulierung rangen und einen eigenen Vorschlag später auch mal mit der Bemerkung «vorher besser» zurücknahmen.[52]

Die gemeinschaftliche Bearbeitung des Schlusskapitels vollzog sich nicht nur in den Dateien bzw. schriftlich im Weiterreichen immer neuer, mit Marginalien und (wo die breiten Spalten nicht ausreichten) Beiblättern versehener Ausdrucke. Wohl Ende September 1991 fand im Wohnhaus von Thomas Nipperdey in Icking eine Redaktionsbesprechung dazu statt. Danach fassten die beiden nun am intensivsten in die Textarbeit einbezogenen Assistenten, Andreas Daum und Wilfried Rudloff, ihre Vorschläge zu weiteren Änderungen und Ergänzungen für den Schluss noch einmal in einem achtseitigen Dokument zusammen und legten es Thomas Nipperdey zur Entscheidung vor.[53] Auch hier ging es ganz überwiegend um stilistische Feinarbeit, hier und da um größere Klarheit in der Argumentationslinie, auch durch die Verschiebung einzelner Sätze oder kürzerer Passagen an eine Stelle des Textes, wo sie besser zu passen schienen. Wo sich ein Vorschlag zur Neuformulierung über zehn oder zwanzig Zeilen erstreckte, zeigt ein Vergleich mit der früheren Manuskriptfassung in der Regel, dass hier nicht ein längerer Absatz ganz neu geschrieben war, sondern der Entwurf Thomas Nipperdeys an einzelnen Stellen verändert und etwas geschärft wurde. Bisweilen verschob sich ein zentraler Begriff an wichtiger Stelle: Nicht «Kultur», sondern «Deutung» sei der bessere Begriff für die dritte «Potenz» der Geschichte im Burckhardtschen Sinne, neben Politik und Gesellschaft – das übernahm Thomas Nipperdey.[54]

Er blieb jedenfalls bis zum Schluss Herr des Verfahrens und Meister des auf diese Weise entstehenden Palimpsests,[55] das dennoch die Urschrift nirgends unkenntlich machte. Auch hier akzeptierte er keineswegs alle Vorschläge: Etliche Ergänzungen strich er wieder durch, und sie fanden ihren Weg nicht in das Buch; bei anderen notierte er ein «ok» am Rand, oder redigierte wiederum in den Textvorschlag der Mitarbeiter hinein. Das Papier der Mitarbeiter enthielt auch kommentierende und diskursive Passagen, mit denen sie ihren Vorschlag begründeten oder in einen bestimmten historiographischen Kontext, etwa die Debatten über die nach innen legitimierende Funktion des Imperialismus, rückten. Sie versuchten damit nicht nur ihre Textvariante zu stärken, sondern ihren akademischen Lehrer auch zu einer nochmaligen Beschäftigung mit den wissenschaftlichen Fragen zu bewegen, die seinen Formulierungen zugrunde lagen. «Das Problem der Bürgerlichkeit ist ja etwas auf die Kultur abgedrängt»; man könne das doch «vielleicht anhand der Wirtschafts- und der Rechtsordnung» zusätzlich diskutieren?[56] Auf solche Weiterungen wollte und konnte sich Thomas Nipperdey jetzt nicht mehr einlassen. Er verweigerte sich auch dem Vorschlag, den Untertitel des Buches grundsätzlich zu reflektieren.

Die Abgrenzung von «gut» und «böse» finden wir i. Ü. hier nicht so recht am Platz. Vielleicht wäre gerade zum Schluß des Teils über die Politik nun eine Reflexion über den prospektiven Untertitel «Machtstaat vor der Demokratie» zur Abrundung geeignet …, wobei dann die mehreren Bedeutungen des «vor» analysiert werden könnten, das paßt in das vielschichtige, mehrstimmige Bild Ihrer Darstellung.[57]

Der Untertitel des letzten Bandes ließ sich gewiss vielschichtig interpretieren, und er stellte den Bezug sowohl zum ersten Halbband als auch zu dem Buch von 1983 her: Dessen «Bürgerwelt und starker Staat» hatte sich nun weiterentwickelt und zugleich gegabelt in «Arbeitswelt und Bürgergeist» sowie den «Machtstaat vor der Demokratie». Aber nun war es genug. Der Untertitel wurde an der fraglichen Stelle bloß zitiert, aus dem «weder gut noch böse» wurde «weder gut noch schlecht».[58] Die letzten Zeilen des Schlusskapitels, zugleich die letzten wissenschaftlichen Worte Thomas Nipperdeys, blieben ohnehin unangetastet.

Die Menschen unterschieden sich nicht in gut und böse, das Kaiserreich war nicht gut und nicht böse und nicht nach Gutem und Bösem deutlich unterscheidbar: Die Grundfarben der Geschichte sind nicht Schwarz und Weiß, ihr Grundmuster nicht der Kontrast eines Schachbretts; die Grundfarbe der Geschichte ist grau, in unendlichen Schattierungen.[59]

Zur abschließenden Rahmung des Werkes fehlte jetzt nur noch ein Paratext, dem in der Traditionsstiftung des Autors durch die beiden vorangegangenen Bände allerdings eine große Bedeutung zukam: das Nachwort.[60] Es platzierte das Werk und den Autor in der Geschichte, die ihm wichtig war, und an dem Ort, an dem er zuhause war und an dem, Wissenschaftsklöster wie Princeton hin oder her, das Buch in der Einheit von Leben und Arbeit überwiegend entstanden war: «Icking, am 3. Oktober 1991, dem Tag der deutschen Einheit.»[61] Neben der unbestreitbaren Stilisierung spricht alles dafür, dass das Nachwort tatsächlich in dieser Zeit, vermutlich Anfang Oktober, geschrieben wurde, nach dem Abschluss der Redaktionsarbeiten am Schlusskapitel. Eine offensichtlich bereits korrigierte, satzfertige Fassung des Textes im Nachlass trägt das Datum 21. Oktober.[62]

Das letzte Nachwort war knapper als das vorangegangene, auf das es verwies, und beschränkte sich auf eine Danksagung. An erster Stelle stand der Dank dafür, nicht nur dieses Buch, sondern das Gesamtvorhaben, das anfangs ja gar nicht so geplant war, trotz der Krankheit noch abgeschlossen zu haben: «Ich danke Gott, der es mir vergönnt hat, diesen letzten Band meiner Werke zum 19. Jahrhundert einer schweren und fortschreitenden Krankheit noch abzuringen.» Das war für Thomas Nipperdey nicht nur eine religiöse Formel. Mehr noch, man kann sie als eine transzendentale Bekräftigung lesen, als eine Beschwörung der Geschichtsreligion des Historismus[63] und als Versuch, der Einheit von Leben und Werk im Moment des Abschlusses von beidem einen zusammengehörigen Sinn zu verleihen. Er blickte zurück auf «dreizehn Jahre der Arbeitsaskese» – auch dies eine geradezu wissenschaftsprotestantische Formel –, setzte den Beginn also auf den Herbst 1978 an, als er in Princeton mit dem ersten Band begann, und dankte darin der Frau und den Kindern.

Ende Oktober, kurz vor seinem 64. Geburtstag, gingen die Überlegungen über die drei Bände der Deutschen Geschichte hinaus. Sie richteten sich nicht mehr auf irgendein neues Projekt von Thomas Nipperdey, sondern auf Formen der Proliferation des Opus magnum. Im Gespräch mit Ernst-Peter Wieckenberg und vermutlich auch seinen engsten Mitarbeitern war der Gedanke entstanden, von den beiden Bänden zum Kaiserreich mit ihren mehr als 1800 Druckseiten, oder etwa fünfeinhalb Millionen Anschlägen, eine Kurzfassung herzustellen, eine Art *Reader's Digest* von Nipperdey.[64] Dafür war Wilfried Rudloff vorgesehen, derjenige Mitarbeiter, dessen Stil seinem am nächsten kam oder der es verstand, diesen Stil besonders authentisch zu emulieren. In einem Memo an seinen Cheflektor bei C.H.Beck skizzierte Thomas Nipperdey diesen Plan.[65]

Herr Nipperdey und Herr Rudloff verfassen gemeinsam ein Buch Deutsche Geschichte 1866–1918, und zwar auf der Grundlage der zweibändigen Geschichte von Nipperdey. Dennoch ist das Buch ein neu geschriebenes Buch. Der Umfang soll nicht mehr als 400 Seiten betragen. Das Buch läuft dann unter der Firma Nipperdey – Rudloff. Für den Fall, dass Herr Nipperdey nicht mehr in der Lage ist, an dem gemeinsamen Projekt weiterzuarbeiten, wird Herr Rudloff die ganze Arbeit übernehmen.

Als Erscheinungstermin war 1996 angestrebt, Manuskriptabgabe also ein Jahr früher. Das Honorar sollte hälftig zwischen beiden Autoren geteilt werden. Wichtig war Thomas Nipperdey eine «hohe Startauflage». Er sorgte sich offenbar darum, dass seine Bände zwar viele bildungsbürgerliche Bücherregale zieren, aber nicht in die Hände, oder jedenfalls den Besitz, von Studierenden kommen würden. Deshalb schlug er eine Paperbackausstattung vor; «Adressaten sollten auch und gerade Studierende sein». Um anzudeuten, welche Größenordnung ihm vorschwebte, setzte er noch handschriftlich hinzu: «20 000?»

Aber damit nicht genug. Auch an den Erfolg der «Single-Auskopplung» des Religionskapitels aus dem ersten Teilband als selbstständiges Taschenbuch wollte er anknüpfen – dazu hatte es ja früher schon Überlegungen gegeben. Er dachte an das etwa gleich lange Kapitel über die Schönen Künste, das man um das entsprechende Kapitel aus dem ersten Buch, über die Zeit bis 1866, ergänzen könne.[66] Alternativ könne der Kunst des Kaiserreichs die Wissenschaft derselben Zeit hinzugefügt werden.

Auch das gäbe etwa 1,5 des Religionsumfanges, vermutlich etwas mehr. – Ich bin entschieden für Alternative 1. Das ganze ist eine Frage der Werbung bei entsprechenden Interessenten.

Der Verlag verfolgte das nach Thomas Nipperdeys Tod nicht weiter, aber der Vorschlag unterstreicht, an welchen Teilen der Geschichte des 19. Jahrhunderts – der Vergangenheit, aber auch seiner eigenen Darstellung – der Autor am meisten hing: an den kulturellen Manifestationen, den Deutungen, den Schönen Künsten.

Zu diesem Zeitpunkt war eine Fernsehproduktion bereits aufgezeichnet, die Thomas Nipperdey am Ende seines Lebens noch einmal populäre Medienprominenz verschaffte. Er hatte die wissenschaftliche Beratung der 13-teiligen ARD-Dokumentation «Wir Deutschen – Eine Reise zu den Schauplätzen der Vergangenheit» übernommen, die zwischen November 1991 und Februar 1992 wöchentlich ausgestrahlt wurde: unübersehbar ein medienkultureller Reflex der Wiedervereinigung.[67] Zum Auftakt der Serie gab es eine Woche zuvor, zur besten Sendezeit am Sonntagabend, eine von Thomas Nipperdey moderierte Diskussionsrunde, an der auch Helmut Schmidt, Alexandra Gräfin Lambsdorff und – nach Aussage Nipperdeys «auf Anregung seiner Kinder» – Thomas Gottschalk teilnahmen. «Die plaudern nach Vorgabe von Herrn Nipperdey über die Hexenverbrennung in Augsburg, die Teilung Deutschlands nach der Potsdamer Konferenz – eben über Geschichte.»[68]

Der *Isar-Loisachbote*, die für seinen Heimatort Icking zuständige Lokalzeitung, machte daraus eine *Homestory*, für die der Professor seinen Zugang zum breiten Publikum, auch im Schreiben seiner Geschichtswerke, biographisch erklärte: Auf seiner ersten Professur an der Technischen Hochschule in Karlsruhe sei er ein «Bildungsonkel für Techniker» gewesen, und diese Arbeit «mit den sogenannten Laien habe ihn, den Buchautor, gelehrt, verständliche Texte zu schreiben». So sei er von dem zuständigen Drehbuchautor Dieter Meichsner angesprochen worden. «Für ihn bin ich ‹der Grzimek der deutschen Geschichte›, sagte der Historiker aus Icking gestern unserer

«Grzimek der deutschen Geschichte»: Icking, Herbst 1991

Zeitung.»[69] Von einer weit fortgeschrittenen, lebensbedrohlichen Krankheit erfuhr das Publikum nichts.

Doch es ging, immer wieder unter kaum erträglichen Schmerzen, körperlich weiter bergab. Die verbleibende Lebenszeit verbrachte Thomas Nipperdey teils im Krankenhaus, teils zuhause, während in der Schwabinger Wilhelmstraße und bei den mit Satz und Druck beauftragten Unternehmen die Produktion des dritten Bandes auf Hochtouren lief. Am 21. Februar 1992 besuchte ihn Eva von Freeden, die Pressechefin des Verlags, in der Klinik in Feldafing am Starnberger See und konnte ihm bereits Entwürfe des Schutzumschlags mitbringen: «Die Version in Weiß mit blauer Schrift gefällt ihm.»[70] Nipperdey stimmte der Herstellung einer Leseprobe zu Werbezwecken, mit einem Abschnitt über den Ersten Weltkrieg, zu und freute sich «sichtlich» über die Nachricht, der Verlag plane eine Startauflage von 20 000 Exemplaren. Mitte März würde man ihm einen Blindband vorlegen können, also ein äußerlich ganz «echt» aussehendes Buch mit leeren Seiten, voraussichtlich Ende April oder Anfang Mai ein Bindemuster, ein erstes Kontrollexemplar des fertigen Buches, das er auf diese Weise, obwohl er den Erscheinungstermin nicht mehr erlebte, noch in den Händen hielt und an wenige enge Freunde wie die Knauers weitergab.[71] Man sprach über mögliche Rezensenten.

Dann ging es um «Zukünftiges», in Anknüpfung an seinen Austausch mit Ernst-Peter Wieckenberg über Formen der weiteren Verbreitung seines Werkes einige Wochen zuvor. Für eine Kurzfassung der Kaiserreichbände empfahl Thomas Nipperdey «wieder Herrn Rudloff als denjenigen, der seinem Stil am nächsten käme». Aber ihm war wohl klar, dass dies ganz ohne seine Mitarbeit ein schwieriges und inzwischen unwahrscheinliches Unterfangen war. Es geriet denn, nach seinem Tod, auch sofort in Vergessenheit.[72] Wichtiger schien ihm, das Werk als Ganzes, als eine Einheit, einschließlich des ersten Buches über die Zeit bis 1866 zur Geltung kommen zu lassen: «An einer Kassette aller 3 Bände ‹Nipperdey im 19. Jahrhundert› ist ihm sehr gelegen.» Die Kassette gab es später,[73] aber nie die ebenfalls erörterte Taschenbuchausgabe, für die das gesamte Werk auf «mindestens 6 Bände» hätte aufgeteilt werden müssen. Eventuell könne seine Deutsche Geschichte auch in die «Historische Bibliothek» des Verlages aufgenommen werden, in der bewährte Titel neu aufgelegt werden, um ihnen ein weiteres Leben zu ermöglichen. Für eine besondere Taschenbuchausgabe nach dem Muster des Religionsbändchens war jetzt das Wissenschaftskapitel des mittleren Bandes vorgesehen.[74]

Vermutlich am Ende des Gesprächs, jedenfalls am Schluss ihrer Notiz darüber hielt Eva von Freeden, die hier nicht nur für die von ihr geleitete Presseabteilung, sondern für den gesamten Verlag sprechen konnte, fest: «Ich habe Herrn Nipperdey versichert, daß sein Werk stets unserer besonderen Aufmerksamkeit sicher sein kann.»[75] Das Werk und sein Autor gingen ab jetzt getrennte Wege.

XII. Von Rezensionen und Preisen: Die Konstruktion von Reputation

Wissenschaftliche Arbeit ist Einsamkeit, zumal in den Geisteswissenschaften. Sie ist zugleich ein soziales Unternehmen: mehr oder weniger stark in der gemeinschaftlichen Produktion von Wissen und Text, für die sich historisch, aber auch nach individueller Präferenz unterschiedliche Muster etabliert haben. Der für sich arbeitende Gelehrte der klassischen bürgerlichen Bildungswelt mit ihrem Höhepunkt im späten 19. und frühen 20. Jahrhundert war fast immer auf Helfer angewiesen, und im privaten Kontext des Lebens, Arbeitens und Schreibens in der eigenen Wohnung sowie im Sonderbezirk des häuslichen Arbeitszimmers als Übergangsraum zwischen privater und öffentlicher Sphäre[1] auf Helferinnen: die eigene Ehefrau, Töchter und Geliebte.[2] Im universitären Büro unterstützten Mitarbeiter des Lehrstuhls, wissenschaftliche Assistenten und studentische Hilfskräfte, und gingen dem schreibenden Gelehrten als Amanuenses helfend zur Hand, vorbereitend mit Material und nachbereitend in der Arbeit am Text und an seinem wissenschaftlichen Apparat. Im Verlauf des 20. Jahrhunderts schoben sich andere Formen der sozialen Koproduktion in den Geisteswissenschaften weiter nach vorn. Gegen den bürgerlichen Individualismus des Einzelforschers und Einzelautors setzte der Marxismus-Leninismus sowjetischen Typs das Autorenkollektiv.[3] Im Übergang zum 21. Jahrhundert strahlte das Vorbild der Naturwissenschaften und der szientifischen Sozialwissenschaften teilweise auf die *Humanities* aus. In der projektförmigen Organisation wissenschaftlicher Arbeit macht der Sammelband der Individualmonographie Konkurrenz; Aufsätze werden zu *Papers* unter gemeinsamer Autorschaft; in der Koproduktion neuer Genres wie des wissenschaftlichen Projektantrags etwa für einen Sonderforschungsbereich tritt die Autorschaft in den Hintergrund und wird bisweilen gar nicht mehr namhaft.

Erst recht vollzieht sich Wissenschaft, vollzieht sich das Leben großer Bücher in einem sozialen Flechtwerk, wenn man über die Entstehung und Drucklegung des Textes hinausblickt. Das gilt auch für dasjenige Werk, das im überhaupt möglichen Sinne in Einzelleistung geforscht und geschrieben wurde, was bei Thomas Nipperdey und seiner Deutschen Geschichte trotz der dominierenden Leistung des Autors gar nicht der Fall war. Man schreibt, wenn nicht gerade ungünstige politische Verhältnisse vorübergehend dazu zwingen, nicht «für die Schublade». Das Werk zielt auf Wirkung, auf ein Publikum, auf Leserschaft, in der es sich epistemisch und sozial neu konstituiert,[4] aber auch auf andere Formen der Rezeption. Die Wirkung des Werkes, Leserschaft und Rezeption, lösen sich jedoch nicht vom Autor ab, wenn dieser sein Buch «abgenabelt» hat; sie verweisen auf den Autor zurück. Bücher werden nicht nur zur Vermehrung des Wissens geschrieben, sondern in der Erwartung von Belohnungen für den Schreibenden. Der materielle Ertrag spielt in der Wissenschaft eine vergleichsweise untergeordnete Rolle; umso wichtiger sind kulturelle und symbolische Erträge: die Gewinnung von Anerkennung, von akademischer und öffentlicher Reputation.

Auch diese kulturellen Erträge ergeben sich nur in sozialer Verflechtung, als Zuschreibung von Ehre, in Kommunikation und Interaktion. Das klassische Echo des wissenschaftlichen Werkes ist seine Besprechung, die Rezension durch die Kolleginnen und Kollegen, zunächst innerhalb der disziplinären *Community* im Rezensionsteil der Fachzeitschrift. Ein Echo in der breiteren Öffentlichkeit, eine Besprechung im Radio oder in der überregionalen Tages- und Wochenpresse verschafft zusätzliche Reputation, die in der Geschichtswissenschaft besonders begehrt ist, aber auch leichter zugänglich als in den Naturwissenschaften, der Mikroökonomie oder der Linguistik. Der Boom der öffentlichen Geschichte, der allgemeinen Identitätsversicherung in der Vergangenheit, in den hinein Thomas Nipperdey seine Deutsche Geschichte schrieb, erweiterte den Resonanzraum seiner Wissenschaft in eine breitere Öffentlichkeit noch einmal erheblich.

Die Besprechung eines akademischen Buches – auch einer Spezialmonographie, erst recht eines großen Überblicks, einer Gesamtdarstellung – verlagerte sich in den 1980er Jahren in der Bundesrepublik zunehmend in die Seiten der *Frankfurter Allgemeinen Zeitung*, der *Süddeutschen Zeitung* und der *Zeit*, die wesentlich schneller reagieren konnten als die alle zwei oder drei Monate, wenn nicht noch seltener erscheinenden Fachzeitschriften. Während man dort auf die Auslieferung des Buches wartete, um es an den Rezensenten zu verschicken, hatte dieser seine Besprechung für die FAZ oder die *Zeit* längst abgeliefert, weil die Redaktionen ihm, in enger Kooperation mit dem Verlag, bereits die Druckfahnen oder ein Vorausexemplar zur Verfügung gestellt hatten. Damit holte der deutschsprachige Raum nach, was zumal in der angelsächsischen Welt schon länger etabliert war: mit kulturpolitisch akzentuierten Rezensionszeitungen wie dem *Times Literary Supplement* oder der *London Review of Books* in Großbritannien und der *New York Review of Books* in den USA. Erst das Internet hat, mit speziellen Rezensionsforen oder -zeitschriften, etwa zwanzig Jahre später dieses zeitliche Manko wieder zugunsten der Fachkommunikation ausgeglichen. Den Vorsprung einer über die *Professional Community* hinausreichenden sozialen Reichweite aber, der für die Reputationszumessung in der Geschichtswissenschaft von erheblicher Bedeutung ist, haben die (gedruckten) Tages- und Wochenzeitungen nicht verloren.

Während die Rezension dem Buch gilt – je mehr es sich um eine fachwissenschaftliche Besprechung handelt: seinem epistemischen Kern – und auf die Person des Verfassers nur indirekt ausstrahlt, zielen Auszeichnungen, Preise und Ehrungen unmittelbar auf den Autor; teilweise auch, in einer höchst charakteristischen Schwebelage, auf die Symbiose von Autor und Werk. Die neue Konjunktur der Geschichte in Öffentlichkeit und Politik führte in der Bundesrepublik um 1980 zu einer kleinen Welle neuer Historikerpreise, mit denen, in variabler Akzentuierung, Autor und Buch gemeinsam ausgezeichnet werden konnten. Ein noch jüngerer Preis, der seit 2005 jährlich vergebene Preis der Leipziger Buchmesse, zeigt diese Ambivalenz und Überlappung besonders deutlich: Nach seinem Selbstverständnis ehrt er «herausragende deutschsprachige Neuerscheinungen und Übersetzungen», auch in der für Historiker einschlägigen Kategorie Sachbuch und Essayistik – also Bücher. Fast im selben Atemzug werden aber die Autorinnen und Autoren als Preisträger vorgestellt: Barbara Stollberg-Rilinger gewinnt 2017 diesen Preis für ihre Biographie über Maria Theresia.[5] Thomas Nipperdey erhielt 1984 den Historikerpreis der Stadt Münster und 1992 den Preis des Historischen Kollegs – für die Bände seiner Deutschen Geschichte im 19. Jahrhundert, die damit zugleich als Gesamtwerk hervorgehoben wurde.

Ganz ähnlich wie Rezensionen zielen Preise und Ehrungen auf eine Übergangszone zwischen fachwissenschaftlicher und öffentlicher Reputation. Beides war Thomas Nipperdey wichtig: gegründet auf die Anerkennung seiner disziplinären *Community* zusätzlich breitere gesellschaftliche und vielleicht auch politische Würdigung zu erfahren. Das ist eine komplizierte Balance, denn verselbständigter öffentlicher Ruhm, der die disziplinäre Verwurzelung verliert, bedeutet ein Risiko – Missachtung im Fach kann in Verachtung gegenüber jemandem, der bloß noch die Öffentlichkeit, die Medien oder die Politik bedient, umschlagen. Eine klassische akademische Ehrung, bei der die Person mehr als das Werk im Vordergrund steht, ist die Ehrenpromotion, die Verleihung eines «Dr. h. c.». Einen solchen Ehrendoktor erhielt Nipperdey jedoch nicht, gewiss auch wegen seines frühen Todes. Unter zahlreichen anderen akademischen Ehrungen hat er die Ende 1985 erfolgte Aufnahme in die *American Academy of Arts and Sciences*, wegen seiner emotionalen Bindung an die Vereinigten Staaten als Gegenwelt und Schreibparadies, vermutlich besonders geschätzt.[6]

Am anderen Ende der Skala stehen staatliche Ehrungen, die in Ländern wie Frankreich und Deutschland mit ihrer etatistischen Bildungstradition, aber auch in Monarchien wie Großbritannien bis heute eine wichtige Rolle spielen; weniger dagegen in den Vereinigten Staaten. Unverkennbar ist das ein kulturelles Spiel auf Gegenseitigkeit: Mit der Verleihung eines Staatspreises wie des Bayerischen Verdienstordens, den Thomas Nipperdey im Juni 1992, wenige Tage vor seinem Tod, zugesprochen bekam,[7] versichert sich auch der demokratische Staat seiner intellektuellen, wissenschaftlichen und künstlerischen Eliten. Den 1986 gestifteten Staatspreis des Landes Nordrhein-Westfalen erhielten unter anderem Helga Grebing und Hans-Ulrich Wehler, Jürgen Habermas und Wolf Lepenies.

Die wohl bekannteste Erklärung der Mechanismen für die Zuweisung akademischer Reputation stammt von Robert K. Merton, einem amerikanischen Wissenschaftssoziologen. Danach folgt die Vergabe von Ruhm, ebenso wie von materiellem Kapital dem auf das Neue Testament verweisenden «Matthäus-Effekt»: «Wer hat, dem wird gegeben.»[8] Wer einen Preis gewonnen hat, der steht auch auf der Kandidatenliste für andere Preise; wer in ein hochrangiges Gremium berufen wurde, folgt wahrscheinlich in andere Gremien nach; wer einen Drittmittelantrag durchgebracht hat, ist auch beim zweiten Mal erfolgreich. Anerkennung hat, mit anderen Worten, einen Effekt der sozialen Selbstverstärkung. Am Ende müsste man möglicherweise gar nicht mehr viel leisten, sondern könnte von dem ursprünglichen Auslöser der Anerkennung, etwa dem ersten wichtigen Buch, zehren; alles Weitere ist Resonanz und Resonanz der Resonanz. Gilt das auch für Thomas Nipperdey? Gewiss hat er, zum Ende seines Lebens und seines Hauptwerkes hin, mehr Auszeichnungen erhalten als bis in die frühen 1980er Jahre, vor dem Erscheinen von «Bürgerwelt und starker Staat». Ein zum Selbstläufer werdender Kumulationseffekt lässt sich aber kaum feststellen, zumal er eine vielleicht mögliche Erntephase des Ruhms bei schon nachgelassener Produktivität nicht mehr erlebte. Und die Rezensenten seines Werkes ließen sich bei den Bänden zur Geschichte des Kaiserreichs, als der Autor schon zu denjenigen gehörte, die im Sinne des Matthäus-Evangeliums «hatten», keineswegs beeindrucken, zu Ehrfurcht oder Vorschusslorbeeren hinreißen.

Ohnehin fiel die Reputation nicht in den Schoß, auch dann nicht, wenn das Manuskript abgeschlossen war. Auf die Arbeit am Text folgte die Arbeit an Proliferation und Reputation. Mitte Juli 1983, kurz vor der Auslieferung des ersten Bandes und zugleich vor der Abreise in den Urlaub, schickte Thomas Nipperdey dem Verlag eine Liste für die Versendung seines Buches, mit dem nicht nur «meine Helfer hier aus dem Institut», das Netzwerk der Amanuenses, bedacht werden sollten, sondern auch Fachkollegen und Journalisten, «von denen ich meine, daß es günstig wäre, wenn der Verlag ihnen das Buch zustellte».[9] Im November übermittelte er eine weitere, ergänzende Liste mit neun Namen, darunter vor allem die von Kollegen und Mitstreitern wie Hermann Heimpel, Hermann Lübbe, M. Rainer Lepsius und Arno J. Mayer – aber auch dem des bayerischen Ministerpräsidenten Franz Josef Strauß.[10] Für die öffentliche Wahrnehmung des Buches in den Medien und bei einem breiteren Publikum spielte die Frankfurter Buchmesse eine wichtige Rolle. Mehrfach lud der C.H.Beck Verlag seinen Autor dorthin ein, was für diesen mit der Last eines zusätzlichen Vortrags verbunden war,[11] sich aber für beide Seiten lohnen sollte. «Was uns angeht», dankte im Oktober 1986 Cheflektor Wieckenberg mit unverhohlenem Stolz, «so war ihre und Gordon Craigs Anwesenheit eine kleine ‹Demonstration›. Dergleichen bleibt nicht ohne Wirkung auf Presse und Publikum.»[12]

Überhaupt war der Autor, der sich bis dahin nur in den akademischen Gepflogenheiten der Reputationsarbeit auskannte, mit mancherlei neuen Herausforderungen konfrontiert. Buchhandlungen fragten an, ob Thomas Nipperdey bereit wäre, eine Lesung zu machen.[13] Aber konnte man als Wissenschaftler, wie ein belletristischer Schriftsteller, auf eine Schreibphase eine Phase der Vermarktung und des Leserkontakts, eine längere Lesereise folgen lassen? «Dieses ganze Buchhandelsgeschäft kann ich nur machen, wenn man einige solche Dinge zusammenlegen kann.» Und er fragte zurück, was denn «der übliche Satz bei einer Lesung in einer Buchhandlung» sei, notierte zuerst fragend fünfhundert Mark, die er im letzten Moment handschriftlich noch auf sechshundert erhöhte.[14] Die unsicher ertasteten materiellen Früchte des Erfolgs bereiteten neue Sorgen: Wie geht man steuerlich am besten mit den Honoraren um? Plötzlich geht es nicht mehr bloß um die Einkommensteuer. «Im vorigen Jahr war ich noch nicht umsatzsteuerpflichtig, aber in diesem Jahr bin ich es. Das ist das eine Problem.»[15]

Der Erfolg des Buches zeigte sich aber nicht nur in den Honoraren, sondern spiegelte sich in Ranglisten, die Fachmagazine wie *Buchreport* führten, die aber auch in die breitere Öffentlichkeit einen kulturellen Code der Reputation kommunizierten wie die bis heute weit beachtete Bestsellerliste des Magazins *Der Spiegel*. Zu einem vorderen Platz auf der Liste – wöchentlich abgedruckt wurden damals für Belletristik und Sachbuch jeweils die ersten zehn Plätze – reichte es aber nicht; dafür war Nipperdeys Buch dann doch zu akademisch. Laut Buchreport erreichte es Anfang Dezember 1983 immerhin Platz 18; in ähnlichen Regionen bewegten sich später die Bände zum Kaiserreich: Platz 22 für den ersten Teilband im Oktober 1990.[16] Auf einer Bestsellerliste der *Welt am Sonntag* erreichte der abschließende Band Anfang Oktober 1992 Platz 10.[17] Und der erste Band erwies sich als ein Longseller, der sich auch anderthalb Jahre nach Erscheinen noch auf der *Buchreport*-Bestsellerliste hielt.[18]

Aber nicht nur der Verkauf, sondern auch die Anzahl der Rezensionen in den besonders auffälligen und prestigereichen Literaturbeilagen zur Frankfurter Buchmesse war ein Reputationsfaktor. Hier landete Thomas Nipperdeys zweiter Kaiserreichband im Oktober 1992 mit fünf Besprechungen auf Platz zwei aller Neuerscheinungen des Herbstes, nur übertroffen von dem Roman «Der dritte Zustand» des israelischen Schriftstellers Amos Oz, der zugleich den Friedenspreis des deutschen Buchhandels erhielt.[19] Außerdem punktete Nipperdey in den Ranglisten und Buchempfehlungen, die Redaktionen und Prominente etwa für das Weihnachtsfest abgaben. «Geschichte – Platz eins auf dem Gabentisch», titelte die *Welt am Sonntag* im Dezember 1984 und brachte damit das neue Interesse an bürgerlich-repräsentativer Geschichte in Gestalt des dicken Buches auf den Punkt. Hier erhielt Thomas Nipperdeys Werk allerhöchste politische Weihen. Bundespräsident Richard von Weizsäcker setzte es in seiner Geschenkliste auf den ersten Platz, vor Konrad Adenauers «Teegespräche», und ließ sich dabei zitieren:

Es wurde mir von Freunden empfohlen. Insbesondere interessieren mich die Preußischen Reformen und das letzte Kapitel über Bismarck und die Frage der deutschen Einheit.[20]

Ein gutes Jahr früher, noch bevor das Buch in den Handel kam, war die Rezensionsmaschine angelaufen. Bereits die ersten, informellen Signale waren für Verlag und Autor äußerst verheißungsvoll. Cheflektor Wieckenberg schrieb Thomas Nipperdey an dessen Urlaubsort Loipl im Berchtesgadener Land,

daß ich Herrn Stürmer, der einen Umbruch zur Rezension angefordert hat, ausgehorcht habe. Er gebrauchte das Wort «exzellent». Hagen Schulze, der das Manuskript zu kennen behauptet, möchte Ihr Buch gleichfalls rezensieren und äußert sich ähnlich positiv.[21]

Bereits vor dem Erscheinen kursierten das Manuskript, die Fahnen oder der Umbruch in einer Art halböffentlichen Kommunikation der Historikerzunft, in die der Verlag einbezogen war, weil er ja die Verfügungsmacht über die Korrekturabzüge besaß und Buch führte, wer diese vorab erhalten hatte. Hagen Schulze wiederum kannte das Nipperdey-Manuskript oder Teile davon sehr wahrscheinlich über Wolf Jobst Siedler, für dessen Reihe er den Band über die Weimarer Republik geschrieben hatte, dem Nipperdeys Buch hatte zur Seite gestellt werden sollen.[22] Für die Hamburger *Zeit* hatte Hans-Ulrich Wehler die Rezension übernommen, ebenfalls Abzüge vom Verlag bekommen und seine Besprechung zwar nicht mehr pünktlich zum Erscheinen, aber rechtzeitig zur Frankfurter Buchmesse fertiggestellt. Statt Verlag und Autor auf deren Veröffentlichung warten zu lassen, schickte Wehler sein Manuskript prompt und «selbstverständlich» an Ernst-Peter Wieckenberg: «Es ist schlechterdings ein Meisterwerk, auch wenn ich mir einige kritische Punkte herausgesucht habe.»[23] Dieser bedankte sich nach der Rückkehr aus seinem Urlaub hocherfreut, «nicht zuletzt deshalb, weil ich nun wiederum finde, daß die Rezension für sich ein Meisterstück ist. Hoffen wir nun, daß das, was Sie über das Werk zu sagen haben, bei den Lesern ‹ankommt›.»[24] Tatsächlich verfehlte Wehlers euphorische Besprechung ihre Wirkung nicht. Wiederum zwei Wochen später konnte Wieckenberg Thomas Nipperdey berichten: «Die Rezension Ihres Buches durch Herrn Wehler hat noch während der Messe zu einem deutlichen Anstieg der Verkaufszahlen geführt.»[25]

Während der Buchmesse, in der Ausgabe vom 14. Oktober 1983, erschien die ausführliche Besprechung in der *Zeit* unter der nüchternen Überschrift «Deutschland von Napoleon bis Bismarck», doch der Untertitel feierte bereits «ein Meisterwerk historischer Synthese».[26] Auch wenn Wehler in der zweiten Hälfte die von ihm angekündigten «kritischen Punkte» ausführlich ausbreitete – eine bessere Rezension kann sich kein Autor wünschen, und auch kein Verlag, denn ausdrücklich und als ob ihm sein eigenes Werk bereits in ähnlicher Ausstattung vor Augen stand, lobte er, dass C.H.Beck den beträchtlichen Umfang «handlich gehalten» und das Buch «typographisch ausgezeichnet eingerichtet» habe. Gleich mit den ersten Sätzen platzierte er Nipperdeys Buch als nahende Vollendung der ehrwürdigen historiographischen Aufgabe einer Deutschen Geschichte im 19. Jahrhundert: Heinrich von Treitschke – trotz 3640 Seiten «nur bis ins Vorfeld der Revolution von 1848» gelangt; Franz Schnabel, Münchner Vorgänger und Vorbild Nipperdeys – blieb «nach 2125 Seiten noch früher stecken». Nun aber liege die «moderne Synthese, die sich auf der Höhe der internationalen Forschung und Diskussion sicher bewegt», immerhin für einen großen Teil des Zeitraums – eine Fortsetzung gab es zu diesem Zeitpunkt ja nicht einmal der Absicht nach – «endlich vor».

Angesichts der parallelen, aber doch etwas hinterherhinkenden Arbeit an seiner eigenen «Deutschen Gesellschaftsgeschichte» war die große Lobrede auf Nipperdey eine noble Geste, aber gewiss auch ein kluger Schachzug. Wer ein Buch auf dem Weg nach oben noch weiter anschiebt und dafür süffige Formulierungen findet, der weiß, dass sein eigener Name sich mit dem des Primärautors eng verbindet – ganz praktisch, wie das in der Bewerbung und Wirkungsgeschichte von Nipperdey über Jahrzehnte der Fall war, mit Zitaten, die das Leben des Buches als Werbetexte, als Umschlagtexte, als *Blurbs* begleiten. In der Kritik spiegelten sich, für viele damals nur zu erahnen, bereits sehr deutlich die ersten beiden Bände der Gesellschaftsgeschichte: Statt sogleich *in medias res* zu springen, müsse eine Einleitung erst Begriffe und Erkenntnisziele erläutern; die Sozial- und Wirtschaftsgeschichte komme zu kurz, ebenso die Bedeutung von Recht und Bürokratie; und überhaupt hätte die Orientierung an den Begriffen Max Webers weitergeführt. Aber Wehler lobte auch unumwunden das, was ihm selber kaum gleich gut gelingen konnte, zumal das Kapitel über die Kulturgeschichte: «Diese mit Sachkenntnis und einem vehementen Engagement geschriebenen 190 Seiten macht ihm keiner nach!»

Sogar auf die theoretischen und methodischen, ja die politischen Prämissen Thomas Nipperdeys, über die beide in den vergangenen zehn Jahren so häufig die Klinge gekreuzt hatten, ließ der Bielefelder Konkurrent sich erstaunlich weit ein. Er lobte die rationale, asketische Grundhaltung, die «im Gegensatz zu einem modischen antiaufklärerischen Kulturpessimismus» stehe, und gestand zu, dass Nipperdey dem von ihm verfochtenen Ideal der «Objektivität», gegen das die «kritischen» Historiker mit Habermas die Subjektivität von «Erkenntnis und Interesse» setzten, in hohem Maße selber gerecht geworden sei. Und er beschrieb den sprachlichen Duktus, den Stil Nipperdeys ebenso treffend wie wohlwollend: als «klar, kraftvoll, geschmeidig, hier zustoßend, dort präzisierend, oft eher eine um Verständnis werbende Rede in lebhaftem Vortragsstil als eine langatmige wissenschaftliche Schreibe». Und nachdem er seine Einwände abgehandelt hatte, setzte Wehler im Schlussabsatz, wie im klassischen griechischen Theater, zur Apotheose an.

All das ändert jedoch nichts an dem Urteil, daß es sich bei dieser «Deutschen Geschichte 1800–1866» um das historische Buch nicht nur dieses Jahres handelt. Jeder, der sich fortab mit dieser Zeit beschäftigt, hat sich mit «dem Nipperdey» – wie man bald sagen wird – auseinanderzusetzen. Es ist ein bedeutendes Werk von einem intellektuellen Rang, den allenfalls ein halbes Dutzend Bücher, die der deutschen Geschichtswissenschaft nach 1945 zugewachsen sind, für sich in Anspruch nehmen kann.

Das war – Wieckenberg hatte sofort richtig gelesen – genial. Es ist aber auch ein Lehrbeispiel für die autoritative Zuschreibung von Reputation, das man nicht besser erfinden könnte. Die *Auctoritas* des Rezensenten verschmilzt mit derjenigen des Autors. Zugleich verschmilzt der Autor mit seinem Werk: Das Buch über sechsundsechzig Jahre deutscher Geschichte ist «der Nipperdey», und Wehler der Prophet – «wie man bald sagen wird»! – dieser auratischen Verwandlung.

Drei Wochen später folgte, ebenfalls auf dem Wege der Rezension, eine Ernüchterung. An nicht ganz so prominentem, aber immerhin auffälligem Ort, nämlich in der *Süddeutschen Zeitung*, besprach Volker Ullrich das Buch ausführlich, differenziert, aber am Ende doch sehr kritisch.[27] Vor allem stellte er das wissenschaftliche Werk in einen dezidiert politischen Kontext – eine Verschiebung, die Autor und Verlag in ihren Ansprüchen auf Objektivität und auf das autoritative Gewicht der rein akademischen Kompetenz gar nicht gefallen konnte. Der Erscheinungsort schmerzte zusätzlich; das war für Thomas Nipperdey und C.H.Beck wie eine Heimniederlage vor den gut gefüllten Rängen des Münchner und süddeutschen Bildungsbürgertums. Volker Ullrich, seit 1990 einflussreicher Ressortleiter des Politischen Buchs bei der *Zeit*, war damals nach Assistentenzeit und Promotion bei Egmont Zechlin noch als Studienrat im Hamburger Schuldienst tätig, verschaffte sich aber bereits, nicht zuletzt mit seinen Rezensionen, eine eigene öffentliche Stimme, die aus ihrer linksliberal-sozialdemokratischen Akzentuierung keinen Hehl machte.

Das verband ihn mit Wehler und der kritischen Sozialgeschichte der Bielefelder Schule, und es ist gut vorstellbar, dass ihn deshalb die Wehlersche Eloge auf Nipperdey umso mehr zu einer pointierten Kritik reizte, damit der hochgelobte Autor nicht sogleich zum Denkmal erstarrte. Auch Rezensionen, zumal im öffentlichen Raum außerhalb der engeren Fachwelt, unterliegen nicht rein epistemischen Standards, sondern sind Teil eines komplexen sozialen und kulturellen Gesprächs.

In der Sache folgte Ullrich manchen Einwänden Wehlers: Es gäbe keine Einleitung, die Urteilskriterien des Verfassers offenlege; es fehlten die Belege, so dass unklar bleibe, «wo auf bereits Vorgedachtes zurückgegriffen, wo neue Gedanken formuliert werden». Doch damit gab sich der zweifellos sprachmächtige Hamburger Historiker nicht zufrieden. Der Autor gefalle sich «in der Pose des weisen Olympiers».

Provozierende Thesen, pointiert zugespitzte Urteile, überraschende Einfälle wird man in diesem Buch selten finden, dafür aber umso mehr den gravitätischen Gestus überlegener Gelehrsamkeit. Der Stil ist betont sachlich, fast unterkühlt gehalten, ohne große erzählerische Brillanz.

Das war eine ordentliche Klatsche, die umso mehr saß, als die Meinungen über Thomas Nipperdeys Schreib- und Erzählstil tatsächlich weit auseinandergingen. Die Forderung nach mehr pointierten Urteilen und «neuen Gedanken» verwies aber auch auf ein Dilemma des Genres: Die große Gesamtdarstellung, die wissenschaftliche Synthese musste ihre Autorität ja nicht zuletzt in der Fähigkeit zur Integration, zur fairen Repräsentation des schon bekannten Einzelwissens unter Beweis stellen. Zu viel Idiosynkrasie konnte da schädlich sein. Ein von der Forschung abgelöstes Buch mit viel eigenem Thesenschwung konnte man auch von einem Journalisten erwarten. Andererseits kann das wissenschaftliche Opus magnum nicht von dem Anspruch auf Kreativität, eigene geistige Schöpferkraft absehen – sonst wird die Synthese zur Fleißarbeit, die auch einem mittelmäßigen Institutsmitarbeiter gelingen könnte.

Aber die beißende Kritik am gravitätischen Erzähl-Olympier Nipperdey trat noch hinter der politisch gewendeten Ideologiekritik des Rezensenten Volker Ullrich zurück. Das «monumentale Werk» hinterließ bei ihm «einen zwiespältigen Eindruck», zum Beispiel mit einer «geheime(n) Vorliebe für Preußen, genauer: für bestimmte Seiten eines preußisch deklarierten Tugendkanons». Ullrich hieb damit, über Nipperdeys Buch hinaus, in die Kerbe der Kritik an der Preußen-Renaissance, die sich seit Beginn der 1980er Jahre in Deutschland artikulierte; nicht nur in der Bundesrepublik und in West-Berlin – etwa mit der Preußen-Ausstellung im Martin-Gropius-Bau 1981 –, sondern auch in der DDR.[28] Das war zweifellos Teil breiterer kulturpolitischer Strömungen der Zeit; Teil des neuen Interesses an Geschichte, an nationaler Identitätsbildung. War das auch, in einem engeren politischen Sinne, Teil einer konservativen «Tendenzwende» seit den 1970er Jahren, die ihren praktischen Vollzug ein Jahr zuvor mit der «Wende», der Ablösung der sozialliberalen Koalition durch die christlich-liberale Regierung unter Führung Helmut Kohls, erlebt hatte? Passten sich auch Historiker wie Thomas Nipperdey, über ihr wissenschaftliches Mandat hinaus, dieser politischen Bewegung in ihren akademischen Schriften an? Volker Ullrich bejahte diese Fragen.

Zugleich verrät das Buch aber auch die Neigung, sich angesichts zunehmender politischer Verunsicherung wieder auf das vertraute Gelände konservativer Wertmuster und Interpretationen zurückzubewegen bzw. diese wieder deutlicher zu akzentuieren. Insofern ist es auch Ausdruck einer «Wende» in der Geschichtswissenschaft.

Das war ein arg reduktionistisches Argument, auch vor dem Hintergrund einer mittlerweile gerade nicht mehr staatskonformen, sondern politisch pluralistischen Zunft. Dass Thomas Nipperdey hier andere Positionen bezog als Wehler oder als Volker Ullrich, war ja unabhängig von Regierungswechseln, und unter etwas anderen Bedingungen hätte auch der erste Band von Wehlers Gesellschaftsgeschichte «pünktlich» zur konservativen Wende 1982/83 erscheinen können. Gleichwohl traf der Rezensent einen wunden Punkt, indem er die klassische ideologiekritische Frage nach dem Zusammenhang von objektivem Wissen und subjektiver Weltanschauung stellte – grundsätzlich und gerade diesem Autor. Denn Nipperdey war als Anwalt der wissenschaftlichen Objektivität bekannt, aber eben auch politisch kein unbeschriebenes Blatt. Der Autoritäts- und Reputationsanspruch des großen wissenschaftlichen Werkes beruht jedoch auf einer gewissen Überparteilichkeit; es darf nicht zuerst als das Werk eines Linken oder Rechten, Sozialisten oder Konservativen oder Liberalen rubriziert werden.

In der Münchner Wilhelmstraße ärgerte man sich deshalb gewaltig über diese Grenzüberschreitung, diesen Verstoß gegen den Komment. Ernst-Peter

Wieckenberg wandte sich am folgenden Tag an seinen Autor: «Was die Rezension so unangenehm macht, ist die Mischung von Wahrheiten, Halbwahrheiten und kleinen Tücken. Der Schlußsatz ist für meine Begriffe ganz einfach eine Unanständigkeit.»[29] Er hatte sich sogar mit der Pressechefin beraten, aber man war gemeinsam der Meinung, nichts dagegen unternehmen zu sollen. Schaden werde die Rezension nicht anrichten – diese Prognose erwies sich jedenfalls als richtig. Und handschriftlich, vielleicht um Thomas Nipperdey zu trösten, fügte er sogar hinzu: «Die Mehrzahl der Kollegen glaubt sogar an eine positive Wirkung.» Der Verlag wolle sich jedenfalls – war es nötig, das zu betonen? – durch eine solche Rezension «nicht von seiner Überzeugung abbringen lassen, daß er mit Ihrem Buch ein ganz wichtiges Werk gewonnen hat».

Tatsächlich entwickelte sich Thomas Nipperdeys Buch bald zu einer Art Goldstandard der historischen Gesamtdarstellung, gegen den andere Werke gewogen wurden – und es nicht leicht hatten, insbesondere wenn sie sich ebenfalls der deutschen Geschichte desselben Zeitraums widmeten. Zwei Jahre nach Nipperdey erschien in der Siedler-Reihe «Die Deutschen und ihre Nation» der Parallelband des Wiener Historikers Heinrich Lutz, den Wolf Jobst Siedler angeworben hatte, nachdem ihm Nipperdey abgesprungen war.[30] Wer sich nach Nipperdey etwas Ähnliches vornahm, den umwehte – auch unabhängig von der Qualität des Werkes – ein leichter Hauch des Epigonalen. Rezensenten wie Lothar Gall in seiner durchaus wohlwollenden Besprechung in der FAZ bezogen das Lutzsche Buch auf das Primärwerk: «Heinrich Lutz, der knapp zwei Jahre nach Thomas Nipperdeys schon genannter umfassender Darstellung ...» – bedeutete das, im Lichte des anderen mitzuglänzen oder doch eher, in seinem Schatten zu stehen?[31] Als Heinrich Lutz ein knappes Jahr später im Alter von 63 Jahren verstarb, würdigte Karl Otmar von Aretin insbesondere dessen synthetische Werke; neben dem Siedler-Band hatte Lutz auch für die Propyläen-Reihe über das 16. und 17. Jahrhundert geschrieben.[32] Beide Bücher zeichneten sich nicht nur dadurch aus, dass sie «die Forschung auf dem neuesten Stand zusammenfassen», sondern auch «jedesmal eine ganz neue Deutung der behandelten Epoche geben».[33] Hier brachte Aretin also die zwei Pole der epistemischen Ellipse auf den Punkt, die das synthetische Opus magnum konstituieren. Das gelte zumal, mit dem stärkeren Akzent auf Österreich gegenüber einer Preußen-Zentrierung, für Lutzens Buch über das 19. Jahrhundert, «das zu Unrecht etwas im Schatten des genialen Buches von Thomas Nipperdey steht». Man muss kein

Schelm sein, um zwischen den Zeilen zu lesen: ganz zu Unrecht eben doch nicht; das ist die Tragik in der Nachfolge eines «genialen» Buches.

Ärgerlicher als Kritik oder Verriss konnte es sein, wenn eine erhoffte Rezension gar nicht erschien oder sich über Gebühr verzögerte. Dann scheute Thomas Nipperdey sich nicht, bei den Redaktionen nachzuhaken. Als der Aufsatzband «Nachdenken über die deutsche Geschichte» ein gutes Vierteljahr nach Erscheinen noch nicht in der FAZ besprochen war, wandte der Autor sich wiederholt an den ihm gut bekannten Redakteur (und Historiker) Günther Gillessen und verwies auf die zahlreichen Freiexemplare, mit denen das Blatt bedacht worden war: zwei Rezensionsexemplare und persönliche Freistücke für «die meisten der mir persönlich besser bekannten Redakteure».[34] Dabei berief er sich selber ausdrücklich, was bei dem Aufsatzband freilich auch näher lag als bei der Deutschen Geschichte, auf gemeinsame weltanschauliche Grundhaltungen.

Ich will nicht verhehlen, daß ich etwas unglücklich darüber bin, daß ein Buch, das sowohl ideenpolitisch wie auch im Verhältnis von Wissenschaft und Publikum so eng mit dem Kurs Ihrer Zeitung verbunden ist, eine Reihe von Aufsätzen sind auch bei Ihnen früher in verkürzter Form abgedruckt worden, offenbar in den technischen Schwierigkeiten der Redaktion gänzlich aufläuft und seit 4 Monaten auf eine Besprechung wartet. Das bringt nicht einmal die mir abgeneigtere ZEIT fertig.

Einige Jahre später ärgerte sich Thomas Nipperdey, trotz der weniger glücklichen Erfahrung mit dem Rezensenten Volker Ullrich, über die fehlende Besprechung des ersten Kaiserreichbandes in der *Süddeutschen Zeitung*, musste sich aber um Geduld bitten lassen, weil der Rezensent «wegen Umzugs und neuer beruflicher Aufgaben zeitlich nicht in der Lage» war, seinen Text zu liefern.[35]

Die Einstellung zu Rezensionen geht in der Wissenschaft vermutlich ebenso wie in der Schönen Literatur weit auseinander. Gegenüber fachlicher, aber auch politischer Kritik brachte Thomas Nipperdey ein großes Maß an Gelassenheit mit, aber zu denen, die Besprechungen der eigenen Bücher ignorieren, gehörte er nicht. Als die beiden Bände über das Kaiserreich erschienen, war seine fachliche und öffentliche Reputation bereits so bekräftigt, dass kritische Rezensionen ihn nicht ängstigen mussten. Tatsächlich war die Resonanz auf die 1990 und 1992 erschienenen Bücher verhaltener – aus einer

Reihe von Gründen, die sich nicht vollständig entschlüsseln lassen. Der Effekt des Epigonalen stellt sich nicht nur für Konkurrenten ein, sondern betrifft auch die Serialität des eigenen Werkes: Zwangsläufig wiederholt sich da etwas, das nun nicht mehr, wie es Wehler 1983 mit dem ersten Nipperdey-Buch getan hatte, uneingeschränkt in seiner Originalität gefeiert werden kann. Die Bandteilung bzw. die Aufteilung des Stoffes stellte sich gegen den politisch-kulturellen Kontext: Im Sommer und Herbst 1990, auf dem Höhepunkt der Debatten über Nation und Wiedervereinigung, hätte der Teilband zur politischen Geschichte vermutlich mehr den Nerv der Öffentlichkeit getroffen als derjenige zur Sozial- und Kulturgeschichte. Die Fertigstellung des Werkes im Wettlauf gegen die bedrohte und verkürzte Lebenszeit des Autors nötigte Respekt ab, doch zu auffälliger Pietät, zu Zurückhaltung im Urteil führte diese Konstellation ganz überwiegend nicht.

Oder man hat einfach Pech mit den Rezensenten. Den ersten Kaiserreichband vergab die *Zeit* nicht an einen kompetenten, renommierten und wortgewaltigen Fachkollegen wie Hans-Ulrich Wehler, sondern an die Schriftstellerin Christa Dericum, die sich mit einem wissenschaftlichen Urteil schwertun musste – man kann auch sagen: mit dieser Aufgabe unglücklich überfordert war.[36] Der letzte Satz der Wehlerschen und der Ullrichschen Besprechungen waren auf unterschiedliche Weise rhetorisch brillant; bei Dericum lautete das Fazit lau und enigmatisch, das Werk insgesamt sei «eine beachtliche Arbeit im Zeitalter des Computers, das ja mit der leichteren Verfügbarkeit der Materialien die Deutung eher erschwert» – schwer zu sagen, was sie damit vor der Ära des Internets, als der Computer in der Geisteswissenschaft nur eine rudimentäre Textverarbeitungsmaschine war, meinte. In jedem Fall überzeugte sie die Trennung der Bände nicht, denn die Politik dränge sich allenthalben auf und fehle doch in der Analyse der deutschen Gesellschaft und Kultur des Kaiserreichs.

Die Rezensionen wurden respektloser. Nicht nur die Teilung, auch der gewachsene Umfang stießen immer wieder auf Kritik. Der Bildungshistoriker Christoph Führ hielt Nipperdey keck «das weise Wort des alten Liebermann» entgegen: «Kunst besteht im Weglassen».[37] Das Kapitel zur Bevölkerung hätte für ihn sogar «leicht halbiert werden können»; die Fülle von Zahlen und Statistiken «stört den Leseduktus und hätte rigoros beschränkt gehört». Auch viele Künstler, Literaten und Wissenschaftler in der zweiten Hälfte des Buches hielt er für entbehrlich. Und er kritisierte die allzu starke Fixierung auf das kleindeutsche Kaiserreich, bei der ein Wiener wie Arnold Schönberg von

Nipperdey nur mit Mühe in die deutsche Geschichte einbezogen werden könne. Zu lang fand auch der protestantische Kirchenhistoriker Martin Greschat die Darstellung – man könne sie «kaum mehr als episch oder ausladend bezeichnen, sondern sie ist breit, oft sehr breit, bisweilen sogar zerfließend».[38] Über der beschriebenen Epoche sah er den «Hauch einer Verklärung», gestand aber zu, dass sich in dem Buch «auch tiefschürfende – um nicht zu sagen: weise» Beobachtungen fänden. Diese drei Eindrücke konvergierten für Greschat in dem Befund: «Dies ist das Werk eines alten Mannes.» Aus der Feder eines nur sieben Jahre jüngeren Kollegen auf einen gerade mal 62-Jährigen gemünzt, überrascht dieses Urteil etwas. Aber der Gießener Theologe meinte wohl kaum das biologische Alter des Autors, sondern empfand den Gestus des Werkes so. Das große Werk wird zum «Alterswerk» in seiner Haltung und Darstellungsform, noch bevor der Autor die Lebensphase des Alters recht eigentlich erreicht.

Was 1983 vielfach gelobt worden war: die nüchterne Präzision in der Darstellung von Fakten, das kühle und analytische Räsonnement, schlug zu Beginn der 1990er Jahre immer häufiger zu Lasten von Thomas Nipperdey aus. Für den *Rheinischen Merkur* fertigte Brigitte Seebacher-Brandt den ersten Kaiserreichband ziemlich kurzerhand ab. Man erfahre «alles oder fast alles», aber keine Zusammenhänge; in den sozialgeschichtlichen Teilen wimmele es von Zahlen, «die jedem Statistiker das Herz höher schlagen lassen und jedem Historiker die Leselust vergällen».[39] Nipperdeys Kaiserreich zog bei ihr jene Kritik auf sich, mit der Nipperdey knapp zwei Jahrzehnte zuvor Wehler überzogen hatte: Er gebe ein statisches Bild und verpasse die Dynamik des «ruhelosen Reiches», das Michael Stürmer in seinem Siedler-Band treffender gezeichnet habe.[40] Nicht zufällig rückten Nipperdey und Wehler in dieser Perspektive und während dieser Zeit enger aneinander. Die Sozialgeschichte war in der Zwischenzeit aus der Mode gekommen – und so trat nun klarer als in den Debatten der 1970er Jahre hervor, wie sehr sich Thomas Nipperdey auf seine Weise als Sozialhistoriker verstand, was manchen missfiel.

Und ebenso hatte sich ein Wandel der Darstellungsformen von Geschichte vollzogen. Die Vorliebe für begriffliche Analyse und historische Problemerörterung machte einer Präferenz für erzählte Geschichte Platz, dem schon 1979 von Lawrence Stone postulierten «Revival of Narrative».[41] Damit ging eine stärkere Hinwendung zur Subjektivität der zeitgenössischen Erfahrung einher. Thomas Nipperdey hatte sein «neohistoristisches» Objektivitätsideal vor allem gegen die Parteilichkeit und Standortbezogenheit gegenwartskritischer Geschichte profiliert, gegen die von ihm befehdeten «Relevantiner», die alles in der Geschichte auf ihre Relevanz für die Gegenwart bezogen.[42] Nun wurde sein Streben nach nüchterner Objektivität, obwohl es doch den von ihm viel apostrophierten Großvätern Gerechtigkeit widerfahren lassen wollte, in Spannung zu einer stärker erfahrungsgesättigten, subjektiven Geschichte gesehen. So saß er – was ihn vermutlich gar nicht störte – auch politisch endgültig zwischen allen Stühlen, wenn ihm Brigitte Seebacher-Brandt, in mancher Hinsicht ja eine enttäuschte Sozialdemokratin wie Nipperdey selber, nun die Geschichtsschreibung Michael Stürmers entgegenhielt – und zugleich das einklagte, was eine «linke» Alltagsgeschichte gegen die kühlen Totalanalysen einforderte. In ihren Augen war Nipperdeys Buch eine in «Buchhalterart» erstellte, bloße Fleißarbeit, «weniger zum Lesen denn zum Nachschlagen».[43]

Die Forderung nach der «Rückkehr der Erzählung» schwappte aus der englischsprachigen Wissenschaft nach Deutschland, wo ein flüssiger, lebendiger, packender erzählerischer Stil der Geschichtsschreibung kulturell tiefer verankert war. Der «teutonische» Stil der Wissenschaft und ihrer literarischen Präsentation war, folgt man der berühmten Analyse von Johan Galtung, nicht erst seit dem Siegeszug der Sozialwissenschaften in den 1960er Jahren steifer und theorielastiger als der «sachsonische» Großbritanniens und der Vereinigten Staaten.[44] Das machte die Besprechung von Richard Evans, einem führenden britischen Deutschlandhistoriker, im *Times Literary Supplement* deutlich. In dem ersten Halbband zum Kaiserreich sah er einen «basically descriptive account», der es versäume, Verbindungen zwischen der Vielfalt der aufgeführten Fakten und Details zu präsentieren.[45] Was aus anderer Perspektive der Gipfel der Syntheseleistung war, nämlich eine ihrerseits auf den Quellen beruhende, ausufernde Spezialforschung zusammenzufassen und zu deuten, stellte sich nun als ein Defizit dar: Die Bibliographie des Werkes enthielt fast nur Sekundärliteratur, woraus Evans schloss: «Nipperdey is not judging the past at all, but his fellow historians.» Die Vergangenheit werde bei ihm nicht «lebendig»; das Mühen um historische Gerechtigkeit änderte daran nichts.

There is not one single quotation from a contemporary in the whole book. Not one individual biography, not one case-study to point up the generalized judgments, not one description of a town, a village, or an estate, not one anecdote, not one story. The people who lived in the period never get a word in edgeways.

All we hear is the voice of Nipperdey, weighing up, balancing out, judging them.

Am schlimmsten aber war, aus der angelsächsischen Perspektive von Evans, die völlige Humorlosigkeit der Darstellung: 834 Seiten Text, so klagte er, ohne einen einzigen Witz, ja ohne den kleinsten Gedankenblitz.[46] Da muss ihm freilich einiges entgangen sein – oder das Verständnis von gelehrtem Witz war ein anderes, von der Ironie, die sich mit dem Wirklichkeits- und Geschichtsbild Thomas Nipperdeys ebenso wie mit seiner Geschichtsschreibung unauflöslich verbindet. Insofern also auch: ein interkulturelles Missverständnis, das auf die Probleme der Übersetzung solcher «teutonischen» Gelehrsamkeit verweist.[47]

Die Serialität des großen Werkes, gewissermaßen das Gesetz des abnehmenden Grenznutzens seiner Originalität mit jedem weiteren Band, schlug auch auf die Rezensenten zurück: Die Besprechungen zum abschließenden dritten Band fügten dem bis dahin schon Gesagten nur noch wenig hinzu. Volker Ullrich, mittlerweile Ressortchef im Politischen Buch der *Zeit*, war bei der Besprechung der politischen Geschichte des Kaiserreichs und der Vorgeschichte des Ersten Weltkriegs mit Kompetenz ebenso wie mit Leidenschaft ganz in seinem Element.[48] In der Bewertung der Julikrise 1914 und damit der Frage deutscher Kriegsschuld verteidigte er Fritz Fischers Position und verwarf Nipperdeys Kritik am Verhalten Russlands. Das sind Fragen, die immer noch wissenschaftlich höchst umstritten sind, auch wenn die Argumentation von Thomas Nipperdey zuletzt durch Bücher wie Christopher Clarks «Schlafwandler» Unterstützung erhalten hat.[49] Ullrich aber zielte, wie schon 1983, wieder auf Ideologiekritik, auf eine politische Kontextualisierung des Buches und warf Nipperdey in der Kriegsschuldfrage «platte Apologie» vor. Wenn der erste Band seiner Deutschen Geschichte Begleitmusik zur geistig-moralischen Wende Helmut Kohls war, so verlieh der letzte Band dem von Linksliberalen wie Volker Ullrich gefürchteten neuen Nationalismus der Wiedervereinigung Ausdruck. Gewiss mit Recht betonte er, dass der inzwischen verstorbene Thomas Nipperdey ein «eminent politischer Historiker war, der sich mit seinen Beiträgen ganz unmittelbar in die aktuellen politischen Auseinandersetzungen einmischen wollte», und wies auf die Datierung des Vorworts des dritten Bandes auf den Tag der deutschen Einheit hin.[50] Ja, Nipperdey wagte es, so mokierte sich Ullrich, seiner Freude über die Wiedervereinigung Deutschlands öffentlich Ausdruck zu verleihen! So reduzierte er auch dieses

Buch am Ende von Geschichtsschreibung auf den gescheiterten Versuch eines historischen Gegenwartskommentars.

Seine Geschichte des Kaiserreichs ist in der Tat maßgeschneidert für den Gefühlshaushalt der wiedervereinigten Nation, die sich krampfhaft um Normalität bemüht, um Aussöhnung mit ihrer unglücklichen Vergangenheit – und gerade daran wieder zu scheitern droht.

Fünf Jahre später legte Volker Ullrich selber eine Geschichte des deutschen Kaiserreichs vor, mit der er sich in die Debatte über diese Schlüsselzeit deutscher Geschichte einschrieb.[51]

In eine ähnliche Richtung gingen auch Reaktionen amerikanischer Historiker, die sich nun beide Kaiserreichbände im Überblick zur Diskussion vornahmen. Versuche der Würdigung des Gesamtwerkes, also einschließlich des Buches zur deutschen Geschichte von 1800 bis 1866, blieben jedoch fast vollständig aus – vielleicht auch dies ein Indiz der intellektuellen Erschöpfung in der Auseinandersetzung mit einem Werk, dem Bedeutung nicht abgesprochen werden konnte, dessen Größe inzwischen aber irgendwie fremd geworden war. Außerdem war da das Unbehagen in der Wiedervereinigung, das politisch eher links positionierte Historiker, nicht nur Ullrich, zu kurzschlüssigen Verdikten verführte. Auch Geoff Eley rieb sich an der Datierung des Nachworts – ein instruktives Beispiel dafür, wie ein Paratext geradezu Übermacht über die Deutung des Textes gewinnen kann. Der in Ann Arbor lehrende marxistische Deutschlandhistoriker kritisierte wie Evans «die Position eines allwissenden richtenden Erzählers», die Nipperdey einnahm, und konnte wie Ullrich nicht der Versuchung widerstehen, Methodologie und Politik aufeinander zu reduzieren, statt nach den vielschichtigen Zusammenhängen zwischen beiden zu fragen. So war ihm das Streben des Autors nach historischer Gerechtigkeit «apologetisch» im Blick auf die Gegenwart des wiedervereinigten Deutschlands.[52]

Auf differenziertere Weise diskutierte Roger Chickering die Nahtstellen zwischen wissenschaftlicher Deutung und politischem Kontext, zwischen Forschungsleistung und Zeitkommentar im Werk Thomas Nipperdeys.[53] Chickering gehörte auch zu den wenigen Rezensenten, die Schwächen des Buches – «das flache Kapitel über den Ersten Weltkrieg etwa oder das Schlußkapitel» – auf den Zeitdruck des mit dem Tode ringenden Historikers zurückführten. Die Ambivalenz, die er gegenüber den Büchern zum Kaiserreich verspürte, war vielleicht nicht so untypisch: Daran, dass es sich um ein ungewöhnliches, ein großes, ein bedeutendes Werk handelte, und bei seinem Autor um einen herausragenden Wissenschaftler, bestand kein Zweifel. Chickering gestand, dass «er sich trotzdem noch zu den Bewunderern Nipperdeys zählt».[54] Trotzdem – trotz einer zugleich vehementen Kritik an Prämissen, Ergebnissen und Darstellungsformen. Die Größe des Werkes zeigte sich nicht mehr darin, dass man es, wie Wehler das noch beim ersten Band getan hatte, feierte und ihm, «dem Nipperdey», kanonische Geltung für die Zukunft zumaß. Kanonisierung und Normalisierung bildeten keinen Gegensatz mehr. Im Moment seines Abschlusses begann nicht das eigentliche Leben des großen Werkes, sondern bereits seine Historisierung.

Andere Formen der Zuweisung von Reputation sind weniger ambivalent – nicht nur in der Wissenschaft, sondern auch in der Schönen Literatur, überhaupt in der künstlerischen Produktion. Eine Preisverleihung bedeutet unzweideutige Anerkennung nicht nur für das Werk, sondern zugleich für die Person, und die Begründung einer Jury oder die Laudatio unterliegen nicht den Maßstäben einer kritischen, jedenfalls diskursiv reflektierten Besprechung des Werks, sondern arbeiten, im Genre der Eulogie, modellhaft dessen Vorzüge heraus. Man kann dann höchstens Neider haben, die einem den Preis nicht gönnen oder ihn lieber selbst erhalten hätten.

Nach welchen Preisen kann man in den Geisteswissenschaften, und spezieller: als Historiker oder Historikerin in Deutschland, streben? Der am Ende des 19. Jahrhunderts gestiftete Nobelpreis konzentriert sich auf Medizin und Naturwissenschaften, und nur die Wirtschaftswissenschaftler haben sich mit dem Nobel-Gedächtnispreis ihres Faches seit 1968 Zugang zu dieser besonderen Aura verschafft. Insofern bleibt Geisteswissenschaftlern nur der Nobelpreis für Literatur, was einen wichtigen Aspekt ihrer Tätigkeit betont: die Einheit des Forschens und des Schreibens, der Suche nach Erkenntnis und ihrer literarischen Repräsentation, die sich zudem bis heute – insbesondere in der Geschichtswissenschaft – an ästhetischen Kriterien zu messen hat. In der deutschen Historikerzunft ist immer noch leicht abrufbar, dass einer der ihren, Theodor Mommsen, für sein Opus magnum der Römischen Geschichte im Jahre 1902 den Nobelpreis für Literatur erhielt, als zweiter Preisträger überhaupt: verliehen «dem gegenwärtig größten lebenden Meister der historischen Darstellungskunst, mit besonderer Berücksichtigung seines monumentalen Werkes ‹Römische Geschichte›».[55] Bis in das zweite Drittel des 20. Jahrhunderts setzte sich diese Tradition, vor allem an Philosophen wie

Henri Bergson (1927) und Bertrand Russell (1950) fort. Jean-Paul Sartre erhielt den Preis 1964 als letzter nicht-belletristischer Autor, als letzter Geistes- und Sozialwissenschaftler zugesprochen, nahm ihn aber nicht an. Schließlich ist da noch Winston Churchill, der britische Premierminister, der den Nobelpreis für Literatur im Jahre 1953 als Geschichtsschreiber erhielt, «für seine Meisterschaft in der historischen und biographischen Darstellung».

In der globalen Welt der Ehrungen ist der Balzan-Preis, seit 1961 von der gleichnamigen italienisch-schweizerischen Stiftung verliehen, auch wegen seiner hohen Dotierung am ehesten mit einem Nobelpreis vergleichbar. Hier kommen neben den Naturwissenschaften auch die Geisteswissenschaften zum Zuge. Zu Lebzeiten Thomas Nipperdeys erhielt der in Zürich lehrende Altertumswissenschaftler Walter Burkert den Balzan-Preis; mit Lothar Gall ging er 1993 an einen deutschen Neuzeithistoriker in der Kategorie, in die auch Nipperdey gefallen wäre: «Geschichte: Gesellschaften des 19. und 20. Jahrhunderts». Erst seit 2004 wird der ebenfalls sehr hochdotierte Holberg-Preis von der Universität Bergen in Norwegen verliehen: Er ist ausdrücklich den Geisteswissenschaften gewidmet und ging unter anderem 2005 an Jürgen Habermas und 2011 an den Sozialhistoriker Jürgen Kocka.

Dazu kommen Geisteswissenschaftler – Historiker und Philosophen, Sozial- und Literaturwissenschaftler – für bedeutende Kulturpreise in Frage. Dann wird aber, wie beim Friedenspreis des deutschen Buchhandels, nicht das wissenschaftliche Werk ausgezeichnet, sondern eine im weiteren Sinne gesellschaftliche und politische Wirkung von Person und Werk. Den jährlich anlässlich der Frankfurter Buchmesse in der Paulskirche verliehenen Preis erhielten mehrfach Historiker wie Carl Jacob Burckhardt – ein historiographisches Vorbild Thomas Nipperdeys – im Jahre 1954, oder in jüngerer Zeit Fritz Stern (1999) und Saul Friedländer (2007). Gerade diese beiden Namen machen deutlich, dass die Geschichte tatsächlich eine besondere Dimension des Friedenspreises ist: als Zeichen von Erinnerung, Schuld und Versöhnung angesichts des Nationalsozialismus. Hier ist der Karlspreis der Stadt Aachen zu nennen, mit dem überwiegend Politiker für ihre Verdienste um die europäische Einigung geehrt werden, unter denen sich aber auch Historiker und Geschichtsschreiber finden wie erneut Churchill oder der Preisträger von 1998, der polnische Mediävist Bronislaw Geremek. 2017 erhielt der Oxforder Historiker und Publizist Timothy Garton Ash den Karlspreis.

Die Chancen für Wissenschaftler(innen) überhaupt, gerade auch solche in den Geisteswissenschaften, und wiederum speziell für Historiker, für besondere Leistungen und namentlich für ein größeres, buchförmiges Werk geehrt zu werden, sind zum Ende des 20. Jahrhunderts also trotz des fehlenden «eigentlichen» Nobelpreises eher gestiegen als gesunken. Das hat unterschiedliche Gründe, in der Expansion von Stiftungen ebenso wie in einer medialen Kultur, die das «Event» der Preisverleihung publikumswirksam inszeniert. In der Bundesrepublik markierten die 1980er Jahre eine Zäsur für die Proliferation von Wissenschaftspreisen. Seit 1986 verleiht die Deutsche Forschungsgemeinschaft den Gottfried-Wilhelm-Leibniz-Preis, verbunden nicht mit einem persönlichen Preisgeld, sondern mit Mitteln zur Durchführung größerer Forschungsvorhaben. Das war ein frühes Indiz für ein spezifisches Wettbewerbssystem mit korporativen, gouvernementalen und neoliberalen Zügen, das sich im neuen Jahrtausend, etwa mit der «Exzellenzinitiative», aber auch mit den Forschungsprogrammen der Europäischen Union, noch stärker durchgesetzt hat. Als Neuzeithistoriker erhielten 1987 Knut Borchardt, Kollege Nipperdeys in München, sowie 1988 Lothar Gall und 1992 Jürgen Kocka den Leibniz-Preis. Zu fragen, warum ihn jemand nicht erhielt, ist in den meisten Fällen müßig. Vielleicht galt Thomas Nipperdey zu sehr als ein Einzelforscher und einsamer Buchschreiber, als dass man ihn sich, in der Folge des Preises, als großen Projektadministrator vorgestellt hätte. Seit dem Herbst 1990 war zudem mehr oder weniger klar, dass er den Preis wegen seiner schweren Krankheit nicht mehr in die notwendige lange Projektlaufzeit investieren konnte.

Ein weiterer Grund ist der schon mehrfach erwähnte Geschichtsboom, die Hinwendung zu Vergangenheit und Erinnerungspflege seit den späten 1970er Jahren – nicht nur ein deutscher, sondern weithin ein allgemeiner kultureller Trend der westlichen Gesellschaften. Der neu prosperierende Markt für historische Gesamtdarstellungen, zumal der deutschen Nationalgeschichte, gehört ebenso dazu wie die Konjunktur historischer Museen und Ausstellungen und die massenmediale Aufbereitung von Geschichte, für die 1979 die deutsche Fernsehausstrahlung der amerikanischen Miniserie «Holocaust» ein Signal setzte. In dieses Tableau gehört auch die Stiftung von Historikerpreisen zu Beginn der 1980er Jahre, insbesondere des Historikerpreises der Stadt Münster und des Preises des Historischen Kollegs, die 1981 und 1983 zum ersten Mal vergeben wurden.

Die Stadt Münster stiftete ihren Preis 1978 aus Anlass der 330-Jahrfeier des Westfälischen Friedens; er sollte Lebenswerken oder herausragenden Werken der Geschichtswissenschaft gelten. Ähnlich wie beim Aachener Karlspreis

Verleihung des Historikerpreises der Stadt Münster, 2.12.1984

ging es unverkennbar um Zwecke des Stadtmarketings, um die öffentlichkeitswirksame Verbindung von lokaler, nationaler und globaler Kultur. In Münster orientierte man sich, besonders in der ersten Zeit des Preises, an den «großen Büchern», die kurz zuvor auf dem deutschen Markt und in der deutschen Presse Aufmerksamkeit erregt hatten.[56] 1981 erhielt der Stanforder Historiker Gordon A. Craig den Preis für seine Gesamtdarstellungen zur europäischen und zur deutschen Geschichte, besonders die im Vorjahr bei C.H.Beck erschienene «Deutsche Geschichte 1866–1945».[57] Für den Münchner Verlag und die Bemühungen seines Cheflektors Ernst-Peter Wieckenberg, zur führenden Adresse für die wissenschaftlich-öffentliche Schnittmenge gedruckter Geschichte in Deutschland zu werden, verdoppelte sich drei Jahre später das Glück. Am 5. September telegraphierte er Thomas Nipperdey, der gerade zu seinem Forschungsaufenthalt nach Princeton aufgebrochen war: «Historikerpreis der Stadt Münster ging an Sie. Wir gratulieren herzlich. Münster fragt, ob Sie Mitte oder Ende November in Deutschland seien.»[58] Die «Deutsche Geschichte 1800–1866» war damit als ein herausragendes Werk ausgezeichnet worden – ein Jahr nach Erscheinen ein sehr auffälliger Ehrenertrag.

Der Geehrte fand, «das ist ja eine ganz erfreuliche Nachricht, für mich und für Sie (+ hoffentlich für die Verlagswerbung)» und brachte damit das soziale Geflecht der Preisverleihung, aber auch deren möglichen materiellen Nebeneffekt, auf den Punkt.[59] Er hatte bereits einen Termin in Deutschland am

4. Dezember, mit dafür gebuchtem Flug, und bot an, Münster damit zu verbinden. Im Verlag nahm Eva von Freeden die organisatorischen Fäden in die Hand. Die Preisverleihung sollte am Vormittag des 2. Dezember, einem Sonntag, stattfinden. Am Rande hatte der Verlag Gelegenheit, Großzügigkeit ebenso wie Präsenz zu zeigen, mit der Einladung zu einem Abendessen für alle Beteiligten einschließlich der Jury-Mitglieder und der «Stadtobersten» am Vorabend.[60] Außerdem stand die Frankfurter Buchmesse bevor, bei der C.H.Beck den Preis für das Buch und den Autor auffällig herauszustreichen plante.

Obwohl Sie ja leider diesmal dort nicht körperlich anwesend sein werden, werden Ihre Bücher in reichlicher Zahl und offenkundig zu sehen sein. Außerdem ein großes Foto von Ihnen mit dem Hinweis auf den Historikerpreis. Und außerdem wird es natürlich Anzeigen wie in der Zeit und Börsenblatt geben, um auf die Preisverleihung hinzuweisen.

Wie das öfter üblich ist, übernahm der frühere Preisträger die Laudatio. Die Teilnahme und öffentliche Präsenz von Gordon Craig war für den Verlag ein zusätzlicher Glücksfall, weil sie die Verbindung der beiden Bücher, die von C.H.Beck auch äußerlich, vor allem im Umschlag hergestellte Einheit einer zweibändigen Deutschen Geschichte 1800–1945, unterstrich.[61] Thomas Nipperdey hielt seinen Preisträgervortrag zum Thema «Im Zwielicht der Geschichte. Vom Nutzen und Nachteil der Geschichte für das Leben». Hier präsentierte er, schon im Untertitel an Friedrich Nietzsches zweite «unzeitgemäße Betrachtung» anschließend, auf das bürgerliche Stadt- und Honoratiorenpublikum Münsters zugeschnittene allgemeine Überlegungen zum Wert der Geschichte für die Gegenwart – und gegen ihre kurzschlüssige Instrumentalisierung.[62] Die übliche Publikation des Vortrags im Feuilleton einer überregionalen Zeitung scheiterte, weil das Presseamt der Stadt Münster, wie Thomas Nipperdey später klagte, den Text verzögert und ohne Absprache mit Autor oder Verlag gleichzeitig an die *Frankfurter Allgemeine* und die *Zeit* gegeben hatte – «daraus ist dann offenbar nichts geworden».[63]

Fast gleichzeitig mit der Münsteraner Initiative hatte die Trägerstiftung des Historischen Kollegs in München ihren Historikerpreis, den «Preis des Historischen Kollegs», ins Leben gerufen, als eine zweite Säule ihrer Aktivitäten zur Förderung und Auszeichnung der Geschichtswissenschaften. Die erste Säule bildete die Berufung von Stipendiaten, viel später internationalem

Sprachgebrauch folgend als «Fellows» bezeichnet, an das Kolleg, das seit 1988 in der dafür hergerichteten Kaulbach-Villa zwischen Universität und Englischem Garten residiert: ein kleines *Institute for Advanced Study* also, an das in der Regel jährlich drei etablierte Historiker sowie ein Habilitand oder Privatdozent als Förderstipendiat berufen wurden. Anders als beim Berliner Wissenschaftskolleg, das die Einladung von Professorinnen und Professoren der Berliner Universitäten von Anfang an ausdrücklich ausschloss,[64] konnten auch Angehörige der Ludwig-Maximilians-Universität sich für ein Jahr aus ihren Lehrverpflichtungen an das Kolleg, das zunächst in einer herrschaftlichen Wohnung in der Nähe des Karlsplatzes untergebracht war, beurlauben lassen. Das taten zwei Münchner Neuzeitkollegen Thomas Nipperdeys schon in den ersten Jahren: Eberhard Weis 1981/82 und Gerhard A. Ritter 1987/88.[65]

Praktisch gleichzeitig mit der viel größeren West-Berliner Institution gegründet, verstärkte das Historische Kolleg einen Trend in der besonderen Förderung der Geistes- und Sozialwissenschaften in der Bundesrepublik, von dem insbesondere der oder die Einzelgelehrte profitieren sollte, im möglichst ungestörten Arbeiten an einem größeren Forschungsprojekt, und wiederum speziell: dem Schreiben eines großen Buches. Während in Berlin jedoch, mitbedingt durch die Jahrgangsgröße von dreißig Fellows und mehr, der produktive soziale Austausch der Wissenschaft in verschiedenster Hinsicht eine wichtige Nebenrolle spielte – und bald einen besonderen Ruf des «Camelot im Grunewald» begründete[66] –, wollte das Münchner Kolleg «angesehenen Gelehrten aus dem Bereich der Geschichtswissenschaft im weiteren Sinne die Möglichkeit geben, in der ungestörten Umgebung des Kollegs eine größere Arbeit (‹opus magnum›) abzuschließen».[67] An das Wissenschaftskolleg konnte man mit einem Buchplan gehen – und hinterher fröhlich berichten, daraus sei nichts geworden, weil die Mitfellows ganz andere Ideen und Kreativitätsströme in Bewegung gesetzt hätten.[68] In München war das tunlichst zu vermeiden. Die Berliner Gründung ging maßgeblich auf den damaligen SPD-Wissenschaftssenator Peter Glotz zurück; in München engagierte sich die Deutsche Bank neben dem Freistaat Bayern. Das Wissenschaftskolleg umwehte, jedenfalls im so polarisierten westdeutschen Klima der 1980er Jahre, ein linker Hauch, das Historische Kolleg ein solcher des gediegenen Konservatismus.

Opus magnum: Programmatik, Praxis und Aura des Historischen Kollegs trugen seitdem dazu bei, diesen Begriff und das dahinterstehende kulturelle Ideal der Geisteswissenschaften lebendig zu halten in einer Zeit, in der sich zugleich, aus den Naturwissenschaften herüberschwappend, die projekt- und großbetriebsförmige Forschung ausweitete. Opus magnum: Das passte, wie das gesamte Ambiente des Kollegs, ganz zweifellos zu dem Vorhaben Thomas Nipperdeys einer Deutschen Geschichte im 19. Jahrhundert in zwei, nach der Teilungsentscheidung drei umfangreichen Bänden. Gewiss hätte eine Bewerbung ans Historische Kolleg in der zweiten Hälfte der 1980er Jahre, für die Arbeit am Kaiserreich, beste Erfolgschancen gehabt. Aber das wollte er nicht, weil es ja Princeton und Stanford gab, wie seine Witwe später erklärte.

Immer dann, wenn ein Freisemester näherrückte, strebte er nach Amerika mit der Begründung, «zwischen mir und meinem Institut muß mindestens ein Ozean liegen». Und als Ozean kann man ja nun die Ludwigstraße nicht unbedingt bezeichnen.[69]

Aber der Preis des Kollegs war durchaus erstrebenswert, auch in der Sicht von Thomas Nipperdey.[70] Durch seine Verbindung mit den Spitzen von Wissenschaft, Politik und Wirtschaft der Bundesrepublik, die Verleihung des Preises in Anwesenheit des Bundespräsidenten und durch das beachtliche Preisgeld von 50 000 DM etablierte er sich mit seiner ersten Verleihung 1983, an den Althistoriker Alfred Heuß, sehr schnell an der Spitze der Reputationsskalen. Alle drei Jahre vergeben, galt er als eine Art Nationalpreis für Historiker, in dem sich fachliche und öffentliche Anerkennung geradezu potenzierten. 1986 ging die Auszeichnung an den Konstanzer Mediävisten Arno Borst, drei Jahre später konnte man, nach den nicht unwichtigen epochalen Proporzregeln des Faches, mit der Ehrung eines Neuzeithistorikers rechnen. Also Thomas Nipperdey?

Der Vorsitzende des Kuratoriums der Stiftung Historisches Kolleg, das zugleich als Preisjury diente, der Mediävist und damalige Präsident der Bayerischen Akademie der Wissenschaften Horst Fuhrmann berichtete, dass Nipperdey 1989 zum engsten Kandidatenkreis gehörte, «und nur der Vorbehalt, daß es angemessener wäre, die Auszeichnung dem abgeschlossenen Mammutwerk einer deutschen Geschichte von 1800 bis 1918 zukommen zu lassen, hat einen Aufschub bewirkt».[71] Der Preis ging an den Bielefelder Neuzeithistoriker Reinhart Koselleck, Geschichtstheoretiker und «Erfinder» der Begriffsgeschichte. Doch angesichts des dreijährigen Turnus und der schweren Erkrankung Nipperdeys lief nun die Zeit davon, nicht nur für die Fertigstellung des Werks, sondern auch für die Ehrung des Autors.

Thomas Nipperdey wollte den Preis gerne haben; er war für ihn «die in dieser Form zum Ausdruck gebrachte Anerkennung und die Würdigung durch seine Zunftgenossen», wie seine Frau wusste. «Die Zunft stand für ihn hinter diesem Historikerpreis und unterschied ihn deshalb von vielen anderen öffentlichen Würdigungen.»[72] Das kam auch darin zum Ausdruck, dass eine größere Anzahl von Fachkolleginnen und -kollegen im In- und Ausland im Vorfeld gebeten wurde, Vorschläge einzureichen und zu begründen, mit denen sich das Kuratorium dann näher beschäftigte. Als die Zeit dafür im Herbst 1991, im Blick auf die Preisvergabe im folgenden Jahr, gekommen war und der Kuratoriumsvorsitzende Horst Fuhrmann Ende September brieflich um entsprechende Vorschläge gebeten hatte, wandte sich Thomas Nipperdey deshalb in vertraulicher Korrespondenz, «mit einer sehr diffizilen Bitte», an ihm geneigte Kollegen und bat sie, ihn für den Preis vorzuschlagen.

Sie würden mir einen großen Gefallen tun, wenn Sie auf die Anfrage von Herrn Fuhrmann mich für den Preis des Historischen Kollegs nominieren würden. Ich kann auch ohne den Preis leben, aber die Vorgeschichte gibt mir Anlaß zu dieser ungewöhnlichen Bitte. Ich brauche wohl nicht zu betonen, daß diese Angelegenheit natürlich strikt vertraulich sein und bleiben muß.[73]

Was er mit der «Vorgeschichte» meinte, ist nicht ganz klar – möglicherweise die Tatsache, daß sein Name, wie er gewiss wusste, schon beim letzten Mal diskutiert worden war, dann aber ein Kollege derselben Teilepoche den Preis erhalten hatte – diesmal also eher wieder ein Althistoriker, oder ein Vertreter der Frühen Neuzeit, «dran» sein würde.[74]

Dieser besonderen Initiative hätte es nicht bedurft, denn Fuhrmann erwähnte später, dass unter mehr als hundert Preisvorschlägen mehr als drei Viertel den Namen Thomas Nipperdeys genannt hätten.[75] Einer davon kam aus Bielefeld, vom langjährigen Konkurrenten und Antipoden, aber auch Rezensenten des Jahres 1983, von Hans-Ulrich Wehler, und enthielt eine ausführliche Laudatio.

Meinen Vorschlag kann ich ohne weitere Umschweife aussprechen: Ich halte Thomas Nipperdey für den mit deutlichem Abstand zur Zeit am besten geeigneten Kandidaten. Wie ich vom Verlag Beck in München weiß, ist der dritte Band seiner deutschen Geschichte inzwischen abgeschlossen. … Da sich die Interessen von Thomas Nipperdey mit meinen eigenen Interessen häufig berühren, …, bin ich der Meinung, daß es sich mit diesen Bänden um eine ganz außergewöhnliche Syntheseleistung handelt.[76]

Wehler verwies sogar ausdrücklich auf das Lob in seiner Rezension des ersten Bandes – und auf seine eigene Arbeit «an einer ähnlichen Synthese», die den Respekt vor solcher Leistung erst recht wachsen lasse. Der «mögliche Gegeneinwand», der letzte Preis sei ja bereits an einen Neuzeithistoriker vergeben worden, ziehe nicht, denn Koselleck sei, «wie wir zu sagen pflegen, eine ‹universalgeschichtliche Mehrzweckwaffe›», Nipperdey dagegen mehr der Experte für die deutsche Geschichte zwischen 1750 und 1918. Und er schloss:

Ich hielte jedenfalls die Auszeichnung von Thomas Nipperdey, insbesondere zu diesem Zeitpunkt, für eine zweifellos längst verdiente Ehrung. Alle Unterschiede, die zwischen uns beiden im Hinblick auf die eine oder andere Interpretation oder ein politisches Urteil bestehen, treten hinter der Anerkennung seines Gesamtwerkes zurück.[77]

Mit der Hervorhebung spielte er nicht nur auf den Abschluss des Werkes und dessen zeitnahe Ehrung an, sondern offensichtlich auch auf die schwere Krankheit und die Ahnung, dass Thomas Nipperdey eine Auszeichnung drei Jahre später nicht mehr erleben würde. Dieses Votum teilte er, einschließlich Briefkopie, dem gemeinsamen Lektor Ernst-Peter Wieckenberg mit, um der vermeintlich brodelnden «Gerüchteküche» entgegenzutreten. «Angeblich versuchte ich, Bracher oder sogar Hans-Peter Schwarz durchzusetzen, damit Nipperdey nicht zum Zuge komme. Das Ganze ist natürlich Unfug.» Er habe «genauso dezidiert für Nipperdey votiert wie schon beim letzten Mal», also offenbar bereits 1988.[78] Weil das Verhältnis zwischen Wehler und Fuhrmann zumal nach dem Historikerstreit und Wehlers «Entsorgungs»-Buch völlig zerrüttet war, zeigte sich der Bielefelder Historiker über die Antwort Fuhrmanns erstaunt, der seinerseits «außerhalb des Protokolls» dankte «für die souveräne Art Ihres Vorschlags und nicht minder für die Einzelheiten der Begründung».[79]

Wegen des rapide sich verschlechternden Zustandes von Thomas Nipperdey wich die Auswahlkommission von ihren Regularien ab und machte die Vergabe an ihn bereits Mitte März 1992 statt erst im Juli öffentlich. «Zu diesem Zeitpunkt», berichtete Vigdis Nipperdey bei der Preisverleihung am 19. November 1992, «hat mein Mann das nicht nur erfahren, sondern er hat es voll erfassen können, und er hat sich darüber gefreut».[80] Unmittelbar nach der Bekanntgabe durch das Historische Kolleg würdigte die Presse den Autor und das Werk in den höchsten Tönen, auch wenn Michael Birnbaum in der *Süddeutschen Zeitung* bemerkte, Nipperdey sei eher ein «spätberufener Buchautor» und an den langen lebens- und karrieregeschichtlichen Anlauf zum großen Werk erinnerte.[81] Die Rede war, in charakteristischen Wendungen, vom «großen Wurf», vom Vorhaben, das «inzwischen längst als Standardwerk» apostrophiert werde. Birnbaum trieb auf diese Weise das rhetorische Spiel mit den Kanonisierungsformeln und der Verschmelzung von Autor und Werk zur Marke weiter. «Den sozialgeschichtlichen Band zum Kaiserreich ‹Arbeitswelt und Bürgergeist› kündigte nach diesem Erfolg der Verlag kurzerhand so an: ‹Der neue Nipperdey ist da.›»

In der FAZ würdigte einen Tag später Gustav Seibt den Preis, indem er Autor und Werk einmal mehr in die Kontinuität früherer, aber unvollendeter Synthesen dieser Epoche rückte, von Heinrich von Treitschke und Franz Schnabel.[82] Aber auch die Entstehung des Werkes in Konkurrenz zu der «nicht weniger anspruchsvollen» Gesellschaftsgeschichte Wehlers erwähnte er – erst in diesen diachronen und synchronen Bezügen und Vergleichsmessungen, und gerade nicht in ihrer absoluten Singularität, trat die Größe des Werkes plastisch hervor. Seibt lobte besonders die Darstellungsform Nipperdeys: «ein persönlich gefärbter, die Ich-Form nicht verschmähender, gleichsam kolloquialer Erzählstil, in dem sich Ranke und Fontane zu verbinden schienen». Die dichte und präzise Kolumne Seibts gipfelte in einer kaum mehr überbietbaren Erhöhung von Autor und Werk – und der Anstrengungsleistung, die beide miteinander verknüpfte.

Nipperdeys «Deutsche Geschichte», die in den letzten Jahren einem schweren Leiden abgerungen wurde, ist das Resultat einer protestantischen Arbeitsaskese, das sich neben den titanischen Leistungen der Wissenschaft des neunzehnten Jahrhunderts nicht verbergen muß.

Darauf antwortete Vigdis Nipperdey, als sie den Preis ein gutes halbes Jahr später für ihren verstorbenen Mann in Empfang nahm, die Rede von der protestantischen Arbeitsaskese sei ja richtig und treffe durchaus die Sache,

aber es klingt mir auch zu sauertöpfisch. Man muß ja sehen, daß mein Mann das, was er getan hat, gerne tat und daß es ihm bei aller Mühe Spaß machte. Er führte ein Leben in Übereinstimmung mit sich selbst. Und so fühlen meine Kinder und ich uns nun auch keineswegs als die Opfer eines entsagungsvollen Gelehrtenlebens.[83]

In der nichtöffentlichen Kommunikation schlossen sich befreundete Kollegen der Gratulation zu dem Preis und der Würdigung, ja der Kanonisierung des Werks und seines Verfassers an. Gerhard A. Ritter erhöhte das Werk, indem er es auf subtile Weise relativierte: Nipperdey habe der deutschen Geschichtswissenschaft so viele entscheidende Anstöße gegeben,

daß auch ohne Ihr großes, die wissenschaftliche Arbeit und Ihr eigenes Nachdenken über viele Jahrzehnte zusammenfassendes Werk über die Deutsche Geschichte des 19. Jahrhunderts Sie wie kaum ein anderer uns die Welt unserer Großväter und Urgroßväter kennen und verstehen gelernt (sic) haben.[84]

Und Ernst Nolte beschied dem Preisträger bündig:

Sie haben sich durch Ihr Werk über die deutsche Geschichte im 19. Jahrhundert unmittelbar neben einige der größten Historiker gestellt; niemand könnte diesen Preis mehr verdient haben als Sie.[85]

Gut zwei Wochen später meldete sich auch Bundeskanzler Helmut Kohl bei Thomas Nipperdey. Allerdings hatte man in dessen Büro wohl die Nachricht über die bedeutende Preisverleihung übersehen, oder der Brief war erst verspätet ausgefertigt worden. Jedenfalls bedankte sich Kohl, selber promovierter Historiker, für die ersten beiden Bände des Werkes, die Nipperdey ihm offenbar hatte zukommen lassen, würdigte dessen Streben nach Gerechtigkeit für die Großväter und sah darin einen Hinweis «auf eine gewisse Untugend unserer Zeit», «das eigene Werturteil über vergangene Epochen allein aus unserer heutigen Perspektive heraus zu fällen und, oft moralisch überhöht, als einzig gültigen Maßstab hinzustellen».[86] Als der abschließende dritte Band der Deutschen Geschichte im August 1992 erschien, versah der Verlag ihn mit einer sogenannten «Bauchbinde», die zusätzlich unten um den Schutzumschlag herumgelegt war: «Thomas Nipperdey – Preis des Historischen Kollegs 1992 (deutscher Historikerpreis)».[87]

XIII. Übersetzungen: Schwierige Proliferation

Warum eigentlich hat Thomas Nipperdey sein Buch auf Deutsch geschrieben? Diese Frage könnte heute, fast fünfunddreißig Jahre nach dem Erscheinen des ersten Bandes, zumal von Jüngeren leicht gestellt werden. Den Verfasser hätte sie damals wohl in Erstaunen versetzt, und nicht nur ihn, denn die sprachlichen Regeln der Wissenschaft haben sich seitdem rapide gewandelt. In der globalisierten Welt ist Englisch vollends zur *Lingua franca* von Medien, Kommerzialisierung und Alltagsleben geworden, und für die Wissenschaften gilt das nicht minder, erst recht unter den Gesetzen neuer Aufmerksamkeits- und Reputationsstandards, die sich in der möglichst breiten Diffusion von Veröffentlichungen in Zitationen der globalen *Community of Scholars* spiegeln, im *Citation Index* und im *Impact Factor*. Auch diese Begriffe sind fast nur noch als englische vorstellbar. In Zeitschriften und in digitalen Publikationsmodellen hat sich die Ausrichtung am Englischen stärker durchgesetzt als in der Welt der Bücher. Auch deshalb wird in den Naturwissenschaften fast nur noch auf Englisch publiziert. Die Verhaltenswissenschaften wie die Psychologie und die Ökonomie sind dem gefolgt, die Sozialwissenschaften stark auf diesen Trend eingeschwenkt.

Die Geisteswissenschaften, und nicht zuletzt die Geschichte, verhalten sich sperriger; manche würden vielleicht sagen: traditioneller, konservativer, oder gar national borniert. Die besorgte Diskussion über ein mögliches Verschwinden des Deutschen – oder auch des Französischen – als Wissenschaftssprache spiegelt die Tatsache, dass der Sog der neuen *Lingua franca* an den Geisteswissenschaften nicht vorbeigeht ebenso, wie sie die Momente der Widerständigkeit betont.[1] Es spricht viel dafür, dass sich auf absehbare Zeit eine sprachkulturelle Differenz etabliert hat: Die Geisteswissenschaften hinken nicht ein paar Jahre hinter dem Hauptstrom her, sondern verbleiben in einem komplexeren Sprachraum, der die Fortführung der eigen- oder nationalsprachlichen Traditionen einschließt. Man kann sie sich wie eine Ellipse mit zwei Brennpunkten vorstellen, einem szientifischen und einem öffentlichen, woran sich seit der Entstehung moderner Wissenschaft im 18. und 19. Jahrhundert wenig geändert hat. Geisteswissenschaft ist Resonanzraum gesellschaftlicher und kultureller Reflexionen und wirkt in diesen zurück, auch sprachlich und medial.

Für die Geschichtswissenschaft hat sich die Bedeutung dieses Brennpunktes seit den 1980er Jahren keineswegs vermindert, eher im Gegenteil. Je mehr politische und kulturelle Identitäten – nicht nur von Nationen oder von Staaten, sondern auch von kleineren sozialen Gemeinschaften und von Individuen – aus der Vergangenheit schöpfen und sich auf Erinnerung gründen, desto größer ist der Bedarf an öffentlicher und allgemein «lesbarer» Geschichtswissenschaft. Auf absehbare Zeit wird es in Deutschland einen Bedarf an deutschsprachiger historischer Literatur geben, zunächst ganz unabhängig davon, ob ihr Gegenstand die deutsche oder englische oder japanische Geschichte ist. Und diese Texte sollen, darüber besteht weithin Konsens, «aus erster Hand» sein, also von Wissenschaftlern geschrieben, statt aus der englischen Wissenschaftssprache zum Beispiel von Journalisten in einem doppelten Sinne «übersetzt» werden zu müssen: sprachlich und epistemisch. Ob es auch inner-geisteswissenschaftliche, etwa hermeneutische Gründe gibt, andere Sprachen als das Englische zu pflegen, mag umstritten sein: Kann man Hegel besser auf Deutsch verstehen und erklären, und Sartre besser auf Französisch?

Die Leitsprachen der Wissenschaft sind selber historischem Wandel unterworfen, und wer weiß, welche Sprache in einigen hundert Jahren auf das Englische folgt. Der Wissenschaftshistoriker Michael Gordin hat diese Geschichte, vom Niedergang des Lateinischen bis zum Aufstieg des Englischen, in einem Buch beschrieben.[2] Vom späten 19. Jahrhundert bis in die Mitte des 20. Jahrhunderts spielte auch Deutsch eine wichtige Rolle, die in einzelnen Disziplinen wie der Altertumswissenschaft bis heute nachwirkt. Der Erste Weltkrieg markierte eine erste Zäsur; die zweite und tiefere war der Nationalsozialismus, nicht nur als moralischer Schaden am «Land der Dichter und Denker», sondern durch die Vertreibung von Wissenschaftlern in das vor allem englischsprachige Exil, besonders in die USA. Nach 1945 konnte kaum ein deutscher Gelehrter mehr davon ausgehen, dass seine Werke, wie bedeutend sie auch immer waren, in der ganzen Welt in der Originalsprache zur Kenntnis genommen würden – und man notfalls dafür die Sprache lernen musste.

Was sich nach Nationalsozialismus und Zweitem Weltkrieg zunächst jedoch nicht änderte, war die ganz überwiegend nationalkulturelle Verfasstheit der Wissenschaften, ihrer Karrieremechanismen, Publikationsorgane und Reputationsmechanismen. Ein Ruf, ein beruflicher Wechsel ins fremdsprachige Ausland war äußerst ungewöhnlich. Der Ehrgeiz jüngerer Historiker richtete sich darauf, zum ersten Mal in der national führenden Zeitschrift, in Deutschland der *Historischen Zeitschrift*, zu publizieren; ganz klassisch: die Antrittsvorlesung dort unterzubringen. Von raren Ausnahmen abgesehen, vollzog sich die fachliche Kommunikation in deutscher Sprache, und zwar unabhängig vom Gegenstand, von der räumlichen und nationalhistorischen Spezialisierung. Ein deutscher Amerikahistoriker publizierte auf Deutsch über die Geschichte der USA, und wenn er sich bemühte und Glück hatte, gelang einige Jahre später eine englische Übersetzung, so dass die Rezeption sich nicht national verkapselte.[3]

Doch in den 1970er und 1980er Jahren begannen die Grenzen poröser zu werden. Die Generation, der Thomas Nipperdey angehörte, hatte ein anderes Verhältnis zumal zur englischen Sprache, zu Großbritannien und ganz besonders zu den USA als noch ihre Väter und akademischen Lehrer. Es war die Generation der *Fulbright*-Studierenden, die seit Anfang der 1950er Jahre mit einem Stipendium ins «gelobte Land» kamen, und zugleich die Generation derjenigen, die sich des Verlustes durch die nationalsozialistische Vertreibung der deutschen Wissenschaft, der Juden, Linken und Liberalen, schmerzlich bewusst wurde und nach Kontakt und Rehabilitierung suchte. Die emigrierten deutschen Historiker wie Hajo Holborn, Felix Gilbert und Hans Rosenberg, etwas später Fritz Stern und Peter Gay wiederum trugen maßgeblich dazu bei, dass die moderne deutsche Geschichte an den amerikanischen Universitäten einen Aufschwung erfuhr und auf hochklassigem Niveau betrieben wurde.[4] Natürlich lasen diese Kollegen mühelos deutsche Bücher; anders aber sah es schon bei ihren Doktoranden aus, erst recht bei ganz normalen Studierenden. Schließlich gab es ein lebhaftes Interesse an deutscher Geschichte im Schatten des Nationalsozialismus auch über den engeren Kreis von Spezialisten hinaus. Wenn man dazu noch wie Thomas Nipperdey ein persönlich enges, ein emotionales Verhältnis zu den Vereinigten Staaten hatte, lag das Ziel einer Übersetzung der eigenen Werke ins Englische nahe.

Zwischen Autor und Verlag muss die Idee einer englischen Übersetzung von «Bürgerwelt und starker Staat» bereits während der Produktion des Buches, spätestens mit dem Erscheinen im Spätsommer 1983 besprochen worden sein. Vielleicht lag der Gedanke daran durch die Verbindung mit dem Werk Gordon Craigs, das seinerseits aus dem Englischen übersetzt worden war, zusätzlich nahe. Aber die Suche nach einem geeigneten Verlag erwies sich als schwierig. Die Frankfurter Buchmesse war und ist bis heute für das Geschäft mit Auslandslizenzen – das ist der nüchterne, kaufmännisch-verlegerische Begriff dafür – ein wichtiger Ort. Kurz nach seiner Rückkehr von der Messe berichtete Ernst-Peter Wieckenberg seinem Autor, er habe dort Gespräche mit einem Lektor von Oxford University Press geführt und ihn für das Buch «zu erwärmen» versucht.[5] Man versuchte, überzeugt von der Bedeutung des Buches und gewiss auch der Reputation des eigenen Hauses, in der englischen und amerikanischen Verlagswelt ganz nach oben zu greifen. Aber Oxford UP biss nicht an.

Im folgenden Jahr waren Lektorat und Lizenzabteilung von C.H.Beck mit verschiedenen anderen namhaften Verlagen in Kontakt. Geduld war sowieso nötig, weil die Gepflogenheiten gerade in der Entscheidung über akademische Titel sich deutlich unterschieden und das in diesem Punkt bis heute tun. Während sich ein Wolf Jobst Siedler oder Ernst-Peter Wieckenberg auf seine persönlichen Kontakte mit Wissenschaftlern verließ, oder auf deren Empfehlungen, pflegen die angelsächsischen Verlage Gutachten in Auftrag zu geben, um den Entscheidungsprozess möglichst zu objektivieren, den sie damit aber auch ein Stück weit aus der Hand geben. Mitte Juli 1984 trafen sich Patricia Williams, *European Editor* bei Harvard University Press, und Ernst-Peter Wieckenberg in München; im Anschluss sprach Williams auch mit Nipperdey und fand ihn «an extremely interesting and intelligent man».[6] Sie wollte nun herausfinden, ob es für eine Übersetzung der Deutschen Geschichte 1800–1866 «einen substantiellen Markt» in Großbritannien und den USA gebe, und hatte sich dafür von Nipperdey Namen von Kollegen geben lassen «who could report sensibly for the Harvard syndics, and I propose to approach them without further delay».

Auch andere renommierte Verlage zeigten Interesse, etwa Allen & Unwin und Basil Blackwell in London. Jane Harris-Matthews, die zuständige Lektorin bei Allen & Unwin, hatte im Herbst 1984 die üblichen akademischen Außengutachten zu dem Buch einholen können; sie waren «most encouraging».[7] Aber da war ein anderes Problem: die gewaltigen Kosten der Übersetzung des dicken Bandes. Ohne einen finanziellen Zuschuss, so fand sie, würde ihr Verlag das nicht kalkulieren können, und sie empfahl, dass sich C.H.Beck um einen solchen Zuschuss bei *Inter Nationes* bewerben solle. Das war eine Anfang der 1950er Jahre maßgeblich auf Initiative der Bundesregierung gegründete, kulturpolitische Organisation in der Form eines eingetragenen Vereins, die Publikationen über deutsches Kulturgut im Ausland, ursprünglich vor allem in den Vereinigten Staaten, herstellen, vertreiben und fördern sollte – also ein durchaus typisches Produkt der transatlantischen Kulturpolitik nach dem Zweiten Weltkrieg.

Im Februar 1985 erkundigte sich Thomas Nipperdey leicht ungeduldig aus Princeton, was aus den Verhandlungen über eine englische Ausgabe geworden sei.[8] Basil Blackwell und Harvard UP zeigten nun das größte Interesse, aber auch sie wollten nicht ohne den Übersetzungszuschuss von *Inter Nationes* auskommen – «die Mühlen mahlen langsam»,[9] doch man versuche nun in der Wilhelmstraße «sehr nachdrücklich, jetzt bald eine Entscheidung herbeizuführen».[10] Vier Wochen später konnte Wieckenberg tatsächlich erleichtert nach Princeton telegraphieren.

Harvard UP bringt Ihr Buch, freilich mit Internationes-Zuschuss. Herzliche Gratulation. Können Sie evtl. einen Übersetzer empfehlen?[11]

Nipperdey empfahl daraufhin verschiedene mögliche Übersetzer, unter anderem die deutschstämmige Frau des an der Johns Hopkins University lehrenden Historikers Robert Forster.[12] Es dauerte noch bis in den Frühherbst, bis der Vertrag mit Harvard University Press unterschrieben war.[13] Anfang 1986 lag auch der Zuwendungsbescheid von *Inter Nationes* aus Bonn vor: 25 000 DM standen nun für die englische Übersetzung des Buches zur Verfügung.[14] Der Verlag rechnete jetzt mit dem Erscheinen im Herbst 1987.[15]

In der Wahl des Übersetzers hatte sich Harvard UP nicht für einen der Vorschläge des Autors, sondern für Russell Stockman entschieden. Umso wichtiger war es Thomas Nipperdey, die Kontrolle über seinen Text auch in der Anfertigung der englischen Übersetzung nicht zu verlieren. Er pochte darauf, sich ein Revisionsrecht vertraglich zusichern zu lassen, «ja dass am besten Herr Stockman mir in regelmäßigen Abständen seine übersetzten Kapitel schickt, damit ich dazu meine Kommentare machen kann».[16] Er wollte sogar nach Abschluss der Übersetzung, mit der er nach anderthalb Jahren rechnete, mit dem Übersetzer für acht Tage entweder in Amerika oder bei ihm in München in Klausur gehen, um den gesamten Text und die dann noch offenen Fragen konzentriert zu besprechen.[17]

Doch nicht einmal die von Nipperdey erbetenen Kapitel trafen in München ein – auch nicht bei der Lektorin Patricia Williams im englischen Cambridge. Seit dem Spätsommer 1986 forderte sie Stockman in mindestens zwei Briefen und schließlich, Anfang Februar 1987, telegraphisch auf, sich zum

Stand der Übersetzungsarbeiten bei ihr zu melden. Stockman musste schließlich einen Offenbarungseid leisten: Außer gescheiterten Versuchen lag nichts vor; er war mit der Übersetzung nicht zurande gekommen – «there will be no translation from me».[18] Neben persönlichen Schwierigkeiten wie der Ablenkung durch einen neuen Buchladen, den er im April mit einem Freund eröffnet hatte, machte er vor allem die Eigenarten des Textes geltend, der ihm unübersetzbar schien. Er fand Nipperdeys Buch «full of historian's jargon, in the sense that it will require someone far closer to the profession than I to make an English version of it». In seiner zunehmenden Verzweiflung hatte Stockman sogar einen Bekannten, Professor für Europäische Geschichte im Ruhestand, hinzugezogen. Die Vorstellungen beider von dem, was eine «Übersetzung» bedeutete, gingen jedoch auf geradezu exemplarische Weise auseinander. Während Stockman sich bemühte «to translate what was given, yet my version made no sense», versuchte sich sein Mitarbeiter als fachlicher Kommentator und kultureller Übersetzer in den anderen Kontext:

He gave in to the temptation, knowing his history as he does, to add, to insert explanatory phrases, often whole sentences, when he felt that the backhanded allusion in Nipperdey could not be understood.

Aber auch seine eigenen Versuche oszillierten zwischen misslungener Treue zum deutschen Original und einer zu «freien» Übersetzung: «Either the English was unnaturally choppy and clumsy, or I felt I was straying far too far from the original.» Schließlich habe ein anderer Freund, ein Übersetzer aus dem Französischen, ihm versichert, das passiere in diesem Beruf früher oder später: Man begegnet einem Autor, den man nicht übersetzen kann. So musste er sich und der Auftraggeberin bei Harvard University Press deprimiert eingestehen: «I simply cannot cope with Nipperdey.»

Da war nichts zu machen – für den Verlag ging es vor allem darum, den Vorschuss in Höhe von 5200 Dollar möglichst zurückzubekommen. Patricia Williams teilte die «frustrating news» sofort mit den Kollegen in München und versicherte, an dem Projekt der Übersetzung von Nipperdeys Deutscher Geschichte unbedingt festhalten zu wollen. Rasch holte sie Erkundigungen ein und streckte die Fühler zu anderen Übersetzern aus.[19] Aber ein Vierteljahr später gab sie auf und informierte Ernst-Peter Wieckenberg in einem langen Brief darüber.[20] Sie habe unzählige Erkundigungen eingeholt, bei Übersetzern, Herausgebern, Historikern, beim Deutschen Historischen Institut in London. Danach habe sie vier mögliche Kandidaten identifiziert und von ihnen Übersetzungsproben aus dem Buch von Nipperdey erbeten – doch nur eine davon war «anywhere near acceptable». Sie habe zu den Proben wiederum Rat gesucht bei Experten für deutsche Sprache, Literatur und Geschichte.

They all share the view that this book is immensely difficult, if not impossible to translate because of Nipperdey's very personal and distinctive style.

Von einem ihrer Ratgeber, einem Historiker, musste sie sich sagen lassen, dass es sich um eine doppelte Aufgabe handelte: Neben dem Übersetzer bräuchte es einen qualifizierten Historiker, der den Übersetzer nicht nur fachlich und terminologisch beraten würde, sondern das Original zugleich umarbeiten, ja «substantiell kürzen» müsste. So konnte die ökonomische Kalkulation nicht mehr aufgehen. Williams rechnete mit 35 000 Dollar, die an Stockman vermutlich verlorenen 5000 Dollar nicht eingerechnet; der Zuschuss von *Inter Nationes* aber entsprach in der amerikanischen Währung nur etwa 11 000 Dollar. Die hohen Produktionskosten eines Buches mit mehr als achthundert Seiten kamen dann noch hinzu: «we are defeated».

Der Münchner Verlag war bitter enttäuscht; Wieckenberg schimpfte über die «Amateurhaftigkeit» bei Harvard UP, «die man sich in einem Verlagshaus dieses Ranges ganz einfach nicht leisten könnte».[21] Juristisch auf der Erfüllung des Vertrages zu bestehen war sinnlos. Ärgerlich war auch, dass die Lücke am angloamerikanischen Markt sich durch eine Eigenproduktion, die nicht auf Übersetzung angewiesen war, bald zu schließen drohte: Der renommierte Stanforder Deutschlandhistoriker James J. Sheehan schrieb für die *Oxford History of Modern Europe*, also ein sehr prominentes Geschichtswerk, an einer Deutschen Geschichte desselben Zeitraums, deren Erscheinen, wie Ernst-Peter Wieckenberg erkannte, «die Chancen für Ihr Buch eher verringert». Tatsächlich kam Sheehans Buch von ähnlich imponierendem Umfang, das schon um 1770 einsetzte und gleichfalls bis 1866 führte, zwei Jahre später heraus.[22] Umgekehrt füllte die deutsche Übersetzung dieses Werkes in der Propyläen Geschichte Deutschlands ironischerweise genau den Platz, der durch das Ausscheiden Nipperdeys aus dem Projekt frei geworden war.[23]

Es gab neue Anknüpfungspunkte, doch war mittlerweile klar: In der obersten Riege der angelsächsischen Verlagslandschaft würde man Nipperdey nicht platzieren können. Er selber gab Ende 1987 den Hinweis auf den Londoner Verlag Tauris, den ihm sein in York lehrender Kollege Hannsjoachim Koch vermittelte.[24] Doch dieser kleine und junge Verlag konnte die Übersetzung nicht vorfinanzieren – die Zuschüsse von *Inter Nationes* wurden nämlich erst nach der Veröffentlichung überwiesen. Das bestätigte der Verlag wenig später auch dem Autor: «We would only be able to undertake the project once we had actually reveived the subsidy.»[25] Wieckenberg war sogar bereit, die erstrebte Übersetzung daran nicht scheitern zu lassen, also eine Vorfinanzierung durch C.H.Beck zu erwägen.[26] Aber bevor es auf dieser Spur Fortschritte gab, tat sich eine andere Möglichkeit auf. Der in Dublin und London ansässige Verlag Gill & Macmillan hatte sein Interesse bekundet und am 22. Dezember 1987 ein konkretes Vertragsangebot aus München erhalten.[27] Thomas Nipperdey wurde getröstet: «Sie wissen ja, wie schwierig es sein kann, für ein solches opus magnum einen passenden Verlag und dann auch noch den geeigneten Übersetzer zu finden.» Das sollte auch heißen: Nachdem die Sache mit Harvard spektakulär geplatzt war, konnte man nicht mehr wählerisch sein, wie bedeutend auch immer das Buch in seinem ursprünglichen kulturellen und sprachlichen Kontext war. In der eben nicht nur sprachlichen, sondern auch kulturellen *Translatio* ging diese Aura verloren. Nun musste es genügen festzustellen, über den Verlag sei «jedenfalls nichts Nachteiliges bekannt».

Immerhin war Gill & Macmillan, 1968 aus der Fusion des traditionsreichen Dubliner Verlags Gill mit dem sogar noch etwas älteren, bereits 1843 gegründeten Londoner Haus Macmillan hervorgegangen, eine durchaus angesehene Adresse für Schulbücher, akademische Texte und anspruchsvolle Sachbücher für ein breiteres Publikum. Ende April 1988 war der Lizenzvertrag unterschrieben und auch bereits ein Übersetzer in Aussicht genommen.[28] Die Hoffnung, «daß sich das Trauerspiel mit Harvard University Press nicht wiederholt», trog nicht – jedenfalls auf lange Sicht. Doch das Erscheinen der englischen Ausgabe erlebte der Autor nicht mehr. Nach dem Tod Thomas Nipperdeys schleppte sich die Sache bei dem irischen Verlag immer wieder hin. Offenbar machte der Umfang des Werkes Sorgen, was die Verkäuflichkeit anging, so dass man eine Aufteilung in zwei Bände plante.[29] Durch Vermittlung des Deutschen Historischen Instituts in London engagierte sich ein junger amerikanischer Historiker, um die fachliche Angemessenheit der Übersetzung erneut zu überprüfen.[30] Im Spätsommer 1995 gelang ein Durchbruch, als Princeton University Press, praktisch in letzter Minute vor dem Erscheinen, die amerikanischen Rechte erwarb.[31]

So erschien Nipperdeys «Germany from Napoleon to Bismarck», in der Übersetzung von David Nolan, erst im Jahr 1996 in Dublin und Princeton.[32] «In the beginning was Napoleon», hieß es nun auch für ein englischsprachiges Publikum. Für die zu diesem Zeitpunkt längst erschienenen Bände über das Kaiserreich wurde nicht einmal ein ernsthafter Versuch zu einer englischen Übersetzung unternommen. Die Hindernisse schienen zu groß, wie Detlef Felken der darauf drängenden Vigdis Nipperdey zu erläutern versuchte: C.H.Beck rechnete mit Übersetzungskosten von 100 000 DM, die bei einer vermutlich sehr kleinen Auflage nicht wieder eingespielt werden könnten.[33] Bei aller Würdigung der Zufälle, Missgeschicke und kontingenten Umstände: Damit waren dem «großen Werk» auch prinzipielle Grenzen seiner Wirksamkeit, seines Ausbruchs aus dem nationalen Rahmen seines Gegenstandes, mehr aber noch seiner kulturellen Chiffrierung aufgezeigt.

Mehr Erfolg hätte Thomas Nipperdey gewiss mit einem sowohl knapperen als auch in knackigerem, didaktischem Duktus verfassten *Textbook* gehabt, das seinen Weg in die Syllabi amerikanischer Universitätskurse und ihrer *Reading Assignments* gefunden hätte. Ganz ähnlich ging es Nipperdeys Konkurrenten und Mitschreiber Hans-Ulrich Wehler: Dessen Taschenbuch über das Deutsche Kaiserreich kam 1985, also auch erst mit zwölfjährigem Abstand, in einer englischen Übersetzung bei Berg heraus und erlebte mehrere Nachdrucke.[34] Die Gesellschaftsgeschichte jedoch blieb unübersetzt und damit für die globale Wissenschaft weithin unzugänglich. Erst Jürgen Osterhammel gelang es, eine Generation später und mit einem nicht mehr nationalgeschichtlichen Gegenstand, diese Grenze zu durchbrechen. Sein Opus magnum über «Die Verwandlung der Welt» im 19. Jahrhundert mit mehr als 1500 Seiten kam nur sechs Jahre nach der deutschen Ausgabe in englischer Übersetzung bei Princeton University Press heraus.[35]

Immerhin nahm dieser Verlag sich knapp zwei Jahrzehnte nach dem Erscheinen der Ausgabe bei Gill & Macmillan noch einmal Nipperdeys Buch an. Als Paperback 2014 und im Hardcover 2016 nahm Princeton «Germany from Napoleon to Bismarck» in sein Programm auf.[36] Fortschritte in der *Print-on-Demand*-Technologie machten es möglich, dank derer sich auch kleinste Auflagen, bis hinunter zu Einzelstücken, kostendeckend produzieren lassen und gleichzeitig, im Unterschied zu dem Copyshop-Charakter des früheren *Print-on-Demand*, die Materialität, Haptik und Optik eines klassischen Buches bewahren. Außerdem präsentierte der Verlag es in seiner *Princeton Legacy Library*: Signal für den Klassikerstatus und die Kanonisierung von

Nipperdeys Buch und zugleich eine subtile Form der Distanzierung. Der von Thomas Nipperdey präsentierte Stoff war kein aktuelles Wissen mehr, sondern gehörte zum kulturellen Erbe des Wissens.

Neben einer englischen Ausgabe hätte Nipperdey gerne eine französische Übersetzung gesehen. Ein Mitarbeiter des Deutschen Historischen Instituts in Paris, Rainer Riemenschneider, berichtete ihm Anfang 1986 von einer Würdigung des Nipperdeyschen Buches, die er im Rahmen einer Veranstaltung über «Les livres de l'année» vorgetragen hatte.[37] Riemenschneider kannte Nipperdey aus dessen Habilitandenzeit in Göttingen vor 1961 und blieb ihm zugetan, ohne dass der Münchner Historiker sich umgekehrt an den damaligen Studenten erinnerte. Aber er nutzte die in französischer Sprache vorliegende Würdigung seines Buches, um bei seinem Lektor Wieckenberg nachzuhaken, «ob sich in Sachen Übersetzung vielleicht da doch noch etwas tun ließe».[38] Die Lizenzabteilung von C.H.Beck wandte sich daraufhin an Riemenschneider,[39] doch eine konkrete Möglichkeit ergab sich weder daraus noch später, so dass die Idee einer französischen Übersetzung im Sande verlief. Dafür erschien 1992 eine französische Ausgabe des Aufsatzbandes «Nachdenken über die deutsche Geschichte» bei Gallimard in Paris, unter dem fast wörtlich übersetzten Titel «Réflexions sur l'histoire allemande».[40] Sechs Jahre nach der Originalausgabe trafen diese Essays nun, nach der Wiedervereinigung, umso mehr einen Nerv des westlichen Nachbarn, der sich über das erstarkte Deutschland sorgte und Vergewisserung in dessen Geschichte suchte.

Umgekehrt scheiterte trotz intensiver Bemühungen am Ende eine englische Übersetzung des Aufsatzbandes von 1986. Für den englischen Verlag Berg Publishers, der gerade Wehlers Kaiserreich herausgebracht hatte, zeigte Marion Berghahn schon frühzeitig Interesse an diesem Projekt.[41] Die Ehefrau des damals in Warwick, seit 1988 an der Brown University in den USA lehrenden Deutschlandhistorikers Volker R. Berghahn spielte überhaupt seit den 1980er Jahren eine zentrale Rolle als *Cultural Broker* zwischen der deutsch- und der englischsprachigen Wissenschaft und als «Übersetzerin» von deutscher Geschichte, Politik und Kultur in die angelsächsische Welt; zunächst als Partnerin bei Berg, nach einem heftigen Zerwürfnis mit neuen Inhabern seit 1994 mit ihrem eigenen Verlag Berghahn Books. Nach einigem Hin und Her – offenbar war ein früherer Brief von Marion Berghahn mit konkreten Vorschlägen verloren gegangen – kamen Verlegerin und Autor im Frühjahr 1988 schließlich in direkten Kontakt. Es ging um die Zusammenstellung der Texte für die englische Fassung, denn auch hier betraf die Übersetzung nicht nur die sprachliche Übertragung, sondern einen kulturellen und sozialen Transfer.[42] Berghahn erneuerte ihre Bitte, «einige Aufsätze rauszunehmen, die für den angelsächsischen Markt weniger von Interesse sind», weil das Publikum für ein solches Buch in Großbritannien und den USA ganz anders sei als in der Bundesrepublik.

Während es dort einen breiten Leserkreis gibt, der allgemein an den von Ihnen angeschnittenen Fragen interessiert ist, käme Ihr Band hier in erster Linie für Spezialisten in Frage, d. h. für Studenten der deutschen Geschichte, für die wiederum die Themen nicht zu speziell sein sollten.[43]

Das klang fast paradox: Einerseits fehlte dem Buch das deutsche bildungsbürgerliche Publikum, der von Wolf Jobst Siedler apostrophierte «Dentist in Flensburg und Amtsrichter in Dingolfing»;[44] es sollte also akademischer sein – aber andererseits die Studierenden nicht überfordern.

Mittelalter und Religion passten gar nicht ins Konzept: Die Texte über die Aktualität des Mittelalters, über Luther, Christentum und den Kölner Dom sollten entfallen, aber auch – vor 1989/90! – der Aufsatz über das Problem der deutschen Einheit. Dafür erbat sie Vorschläge für andere, eventuell neuere Beiträge, um die der Band ergänzt werden könne, so dass er am Ende auf 256 Druckseiten käme.

Freilich war die soziale Adressierung des Werks kein Spezialproblem englischer Übersetzung oder nichtdeutscher Leserschaft. «Übersetzt» wurden die Deutsche Geschichte und vergleichbare gelehrte Werke auch durch die Produktion unterschiedlicher Ausgaben. Buchclubausgaben vergrößerten die soziale Reichweite nach unten, in die nicht- oder halbakademischen Schichten hinein; sie öffneten die bildungsbürgerliche *Highbrow*-Kultur in eine *Middlebrow Culture*.[45] Eine Ausgabe in der «Büchergilde Gutenberg» strahlte sogar in die Reste des sozialdemokratischen Milieus bildungsbeflissener Arbeiteraristokratie hinein.[46] Eine Paperback-, erst recht eine Taschenbuchausgabe wiederum adressierte in besonderer Weise Studierende, auch wenn die Neigung zum Bücherkauf bei diesen seit der Durchsetzung des Xerox-Kopierverfahrens in den 1980er Jahren immer weniger von der Verfügbarkeit «wohlfeiler» Ausgaben der Studienliteratur abhängig war.[47]

Thomas Nipperdey jedenfalls wollte nicht alles sogleich konzedieren, und so entwickelte sich ein zähes Feilschen um die Zusammensetzung des Bandes. Manches tat ihm «etwas weh. Vor allem beim Mittelalter und bei Luther».[48]

Marion Berghahn wollte sich «gegen Ihren Luther-Aufsatz nicht sträuben»,[49] legte aber Wert auf einen Schwerpunkt in der neuesten deutschen Geschichte und den politisch wie fachlich strittigen Fragen über Modernisierung, über Kontinuitäten und Brüche, über die Bedeutung von «1933». Um den diskursiven Charakter, wie man heute sagen würde, zu verstärken, regte sie an, Nipperdeys Besprechung der Wehlerschen Gesellschaftsgeschichte hinzuzufügen, von der sie über ihren Mann erfahren hatte. Nun war nur noch von 170 Seiten die Rede, mit klarem Fokus auf die universitären *Reading Lists*, also einem Band, «der in England und Amerika gewiss für Kurse zur deutschen Geschichte empfohlen und auf breiteres Interesse stoßen würde».

Thomas Nipperdey wollte sich nicht verkämpfen – «Also gut, lassen wir den Luther weg».[50] Er unterbreitete neue Vorschläge; neben der Wehler-Rezension war der ebenfalls kurz vor dem Erscheinen stehende Aufsatz über Religion um 1900 nun sein Favorit; dazu der Vortrag über Bürgertum und moderne Kunst vor dem Ersten Weltkrieg. Anfang August, kurz vor dem Aufbruch der Familie Nipperdey nach Stanford, war der Vertrag geschlossen.[51] Aber auch hier stand die Realisierung des Kulturtransfers unter einer harten materiellen Bedingung: wiederum der Bewilligung eines Zuschusses von *Inter Nationes* zu den Übersetzungskosten.[52] Möglicherweise wurde der Antrag abgelehnt, zumal *Inter Nationes* ja eben noch die Übersetzung des großen Buches bezuschusst hatte. An dieser Stelle verliert sich zumindest die Spur des Projekts. Und bei allem Interesse an den Übersetzungen, bei aller zeitweisen Aufmerksamkeit des Autors dafür auch im Detail lagen die Prioritäten eindeutig woanders. In Stanford sollte das große Buch Fortschritte machen, und nicht die Proliferation der Hügellandschaft.

XIV. Der Tod des Autors und das Weiterleben des Werkes

Am 14. Juni 1992 erlag Thomas Nipperdey in München seiner schweren Krankheit. Am folgenden Tag brachte der Verlag C.H.Beck eine von Eva von Freeden, der Leiterin der Presse- und Lizenzabteilung, formulierte Pressemeldung heraus, die den Verstorbenen «zu den führenden deutschen Historikern» zählte, dessen Publikationen auch außerhalb der Fachwissenschaft «in der interessierten Öffentlichkeit große Beachtung gefunden» hätten.[1] Im Mittelpunkt der knappen und nüchternen Würdigung, die prominente internationale *Fellowships* und die wichtigsten Preise und Ehrungen nannte, stand das eben noch vollendete Werk, «seine große Geschichte Deutschlands», mit dem Hinweis auf das Erscheinen des abschließenden dritten Bandes im August. «Damit gibt es nach Franz Schnabels unvollendetem Werk zum ersten Mal eine umfassende und moderne Geschichte des 19. und beginnenden 20. Jahrhunderts.» Seiner Todesanzeige stellte der Verlag die Auskunft Nipperdeys aus dem FAZ-Fragebogen über das vollkommene irdische Glück, «ein Buch geschrieben zu haben», voran.[2] In der Todesanzeige der Familie, die in der *Frankfurter Allgemeinen* und der *Süddeutschen Zeitung* geschaltet wurde, war von dem Werk nicht die Rede – hier war Thomas Nipperdey ganz der private Mensch, um den seine engsten Angehörigen trauerten.[3] Doch neben dem Verlag würdigten auch wissenschaftliche Institutionen, denen er verbunden war, den Münchner Historiker mit Anzeigen in Zeitungen: das Institut für Zeitgeschichte, die Fritz Thyssen Stiftung und die Gerda Henkel Stiftung sowie, als Erinnerung an die politischen Kampfzeiten, der Bund Freiheit der Wissenschaft.[4]

Dass der Abschluss des Werkes und der Tod des Autors zusammenfallen, ist eine ungewöhnliche Konstellation. Zwei andere Situationen sind häufiger. Der Autor stirbt, bevor er sein großes wissenschaftliches Vorhaben abschließen und zur Publikation bringen kann: Das Werk bleibt unvollendet, so wie es Theodor Mommsen mit seiner Römischen Geschichte oder Heinrich von Treitschke und Franz Schnabel mit ihren Deutschen Geschichten des 19. Jahrhunderts ergangen war.[5] Wenn ein substantielles Manuskript vorliegt, kann es von Schülern oder Kollegen aus dem Nachlass herausgegeben werden, in zeitlicher Nähe oder auch erst viel später; auch für eine solche Situation hatte

Thomas Nipperdey ja Vorsorge getroffen.[6] Dann ist häufig von dem Werk die Rede, dass ein «Torso» geblieben sei.[7] Über die Edition aus dem Nachlass können heftige Konflikte entstehen, die bisweilen selber Wissenschaftsgeschichte schreiben wie im Falle von Max Weber und dessen posthum veröffentlichtem «Hauptwerk» Wirtschaft und Gesellschaft, das durch die Edition der Witwe Marianne Weber zu einem geschlossenen Buch stilisiert wurde, als solches die Rezeption Max Webers über viele Jahrzehnte maßgeblich prägte und erst auf dem Weg einer historisch-kritischen Ausgabe wieder in seine verschiedenen Bestandteile und Textschichten zerlegt wurde.[8]

Oder das Werk wird abgeschlossen und publiziert, und der Autor lebt weiter. Er oder sie erlebt den Nachruhm, erntet die Früchte der harten und entsagungsvollen Arbeit, erhält Ehrungen, liest die Rezensionen, hat sich darin aber auch mit Kritik auseinanderzusetzen. Aber was folgt darauf? Man kann sich nun ausruhen bei leichteren, kleineren Arbeiten, also von der Gipfelbezwingung übergehen zu den Tageswanderungen in der sanften Hügellandschaft, so wie es Jürgen Habermas nach dem Abschluss seiner «Theorie des kommunikativen Handelns» ankündigte.[9] Man kann sich darauf freuen, nach der Strenge und Ernsthaftigkeit etwas Leichteres und «Schlankeres» in Angriff zu nehmen, vielleicht einen «herrlich, geradezu erotisch verführerischen schlanken Band», der Hans-Ulrich Wehler für die Zeit nach der «Gesellschaftsgeschichte» vorschwebte.[10] Vielleicht nicht nur ihm erschien das Opus magnum im männlichen kulturellen Genus, die kleinere Arbeit als leichte, schlanke, verführerische Weiblichkeit. Wenn man jung genug ist und außerdem Motivation und Ehrgeiz dahin drängen, kann man nach mehr oder weniger langer Karenzzeit neuerlich ein großes Werk in Angriff nehmen, so wie Leopold von Ranke es zeitlebens tat oder in unseren Tagen der Historiker Heinrich August Winkler.[11] In die Verlegenheit, eine Entscheidung über die weitere Lebensplanung als Werkplanung treffen zu müssen, kam Thomas Nipperdey nicht. Stattdessen standen die Nachlebenden vor der Aufgabe, den Tod des Autors und den Abschluss des Werkes, das nun erst eigentlich ins Leben trat, in ein Verhältnis zueinander zu setzen.

Fünf Tage nach seinem Tod, am 19. Juni 1992, fand der Trauergottesdienst in der Ickinger Auferstehungskirche statt, und Thomas Nipperdey wurde auf dem Waldfriedhof seiner Heimatgemeinde beigesetzt. Die Predigt hielt ein Kollege der Münchner Universität: Trutz Rendtorff (1931–2016), Professor an der Evangelisch-Theologischen Fakultät, einer der profilierten Vertreter liberaler Theologie in seiner Generation und zugleich Freund und Vertrauter des

Grabmal Thomas Nipperdey, Icking (Hubertus von Pilgrim)

Verstorbenen.[12] Rendtorff stellte dessen Leben und Werk in einen transzendentalen Zusammenhang und interpretierte es zugleich in der kulturprotestantischen Tradition als «Leben aus der Kraft des Geistes, die dem Professor der Geschichte die Kräfte zu einem weit ausgreifenden Werk verliehen hat»: ein Doppelspiel mit dem Geiste, das zugleich nahelegte, der Heilige Geist verwirkliche sich in der geistigen Leistung des Menschen. An die Prägung im rheinischen Elternhaus «durch den Geist protestantischen Christentums» erinnernd, zog Rendtorff eine Linie zu Thomas Nipperdeys «Anschluß an die Tradition einer Geschichtsschreibung, die im einem weiten Sinne dem wissenschaftlichen Geist des Protestantismus verpflichtet ist».

Tatsächlich spielten die konfessionellen Prägungen in der bundesdeutschen Historikerzunft, aber auch darüber hinaus in den Geisteswissenschaften, mindestens bis in die Zeit der Wiedervereinigung noch eine wichtige Rolle: teils durch die Weitergabe bildungsbürgerlicher Familientradition, teils – vor allem für die katholische Minderheit der damaligen deutschen Gelehrtenwelt – abgesichert durch organisatorische Netzwerke wie die Görres-Gesellschaft, teils aber eben auch durch die implizite Tradierung einer Tiefengrammatik der Welt- und Geschichtsdeutung.[13] Das präparierte Rendtorff für Thomas Nipperdey ebenso luzide heraus wie 22 Jahre später sein akademischer Schüler Friedrich Wilhelm Graf in seiner Bielefelder Trauerpredigt für Nipperdeys Antipoden und heimlichen Bruder im Geiste Hans-Ulrich Wehler.[14] Rendtorff erkannte drei Motive in diesem Überlappungsbereich von epistemischer und religiöser Grundhaltung Nipperdeys: den Geist der Skepsis, der Dankbarkeit und den der Hoffnung, für den er an das Vorwort zum ersten Band der Deutschen Geschichte erinnerte: Die dort artikulierte Hoffnung auf «etwas Objektives», auf eine «Wahrheit, der wir uns nähern und die uns von unserer Subjektivität entlastet»[15] brachte «in der verschlüsselten Sprache der Intellektualität»[16] mehr als eine epistemologische oder geschichtstheoretische Überzeugung zum Ausdruck.

Bei der Feier im Anschluss an die Beisetzung würdigte Nipperdeys enger Münchner Kollege, der zwei Jahre jüngere Neuzeithistoriker Gerhard A. Ritter, den Verstorbenen.[17] Ritter sprach von der Fähigkeit Nipperdeys, «der Geschichtswissenschaft ganz neue Bereiche zu erschließen und die Grenzen des Faches zu sprengen», von seiner «Originalität», dem «Abweichen von ausgetretenen Pfaden». Er versuchte, Lebenserfahrung und wissenschaftliches Werk in einen gemeinsamen Deutungshorizont zu stellen, der die Person des Verstorbenen wiederum in ihre historische Lebenszeit stellte, also seine Erfahrungen und damit auch seine Arbeit historisierte.

Thomas Nipperdey war ein Mensch, der – wie wohl jeder große Historiker – seine eigene Zeit sehr bewusst erlebte und bei dem eigene Lebenserfahrungen in das Nachdenken über Geschichte eingegangen sind. Er wußte so, daß Utopien, Entwürfe einer besseren als der bestehenden Ordnung für eine lebendige Gesellschaft unverzichtbar sind, er wußte aber auch nach den Erfahrungen mit dem NS-Regime und der Realität der DDR, daß der Versuch, Utopien zu verwirklichen, sehr leicht auf den Weg zur Diktatur, Unterdrückung und Barbarei führen kann und daß die Menschen wie Seiltänzer ohne Netz über Abgründe gehen und sich keinen Fehltritt erlauben dürfen.

Das große Werk erwähnte Ritter mit einer gewissen melancholischen Ironie als etwas, das einer engeren persönlichen Begegnung im Weg gestanden habe.

Ich werfe mir vor, daß ich seine ungeheure Arbeitsdisziplin, ohne die die drei Bände seiner Deutschen Geschichte des 19. Jahrhunderts nie hätten geschrieben werden können, vielleicht zu sehr geachtet habe und nicht intensiver das Gespräch – nicht nur über Themen der Geschichte – mit ihm gesucht habe.

Aber das meinte doch nicht wirklich, ihn in der Konzentration darauf häufiger gestört haben zu sollen. So blieb das Vermächtnis, die Fortsetzung oder die ersatzweise Aufnahme des Gesprächs mit dem verstorbenen Menschen durch das von ihm schriftlich Hinterlassene, das sein Weiterleben ermöglichte: eine Überwindung des Todes nicht im christlichen, sondern im epistemischen und literarischen – und gleichwohl paratheologischem – Sinne.[18]

Thomas Nipperdey hat uns für Jahrzehnte Stoff zum Nachdenken gegeben. Er hat so selbst dafür gesorgt, daß er uns lebendig bleiben wird – in seinen Werken in unserer Erinnerung. Wir danken ihm nicht nur für das, was er uns schon bisher gegeben hat, sondern auch für das, was er uns immer neu auch in Zukunft geben wird.

Der Tod des produktiven und streitbaren Münchner Historikers war aber auch ein öffentliches, ein mediales Ereignis. Sogar der *Spiegel* nahm einen kurzen Nachruf auf Thomas Nipperdey in seine Rubrik «Register» auf und hob im typischen Schnodderton hervor, dass er sein «Lebenswerk» einer Deutschen Geschichte im 19. Jahrhundert, «mit der so berühmte Vorläufer wie Heinrich von Treitschke und Franz Schnabel nie ganz zu Rande kamen», eben noch abschließen konnte.[19] In den führenden überregionalen Tageszeitungen Deutschlands riefen ihm Kollegen nach und versuchten dabei ebenfalls, das Ende des Lebens und das Bleiben des Werks zu verknüpfen. Wissenschaftliche Gegner und Konkurrenten kamen ihm jetzt entgegen, konzedierten zumindest rhetorisch eigene Versäumnisse und machten die Position des Verstorbenen, auch wenn diese zu Lebzeiten Gegenstand heftiger Kontroversen gewesen war, möglichst stark – *de mortuis nihil nisi bene.* Wolfgang J. Mommsen, der für die Propyläen-Reihe noch an seinen eigenen Bänden zur Geschichte des Kaiserreichs schrieb und sich eher dem kritischen, antihistoristischen und politisch linksliberalen Gegenlager zurechnete, räumte in der *Frankfurter Rundschau* ein, dass dieses «gelegentlich des Guten etwas zu viel getan» habe, wenn es darum ging, «die jüngere deutsche Geschichte aus demokratischer Sicht neu zu schreiben».[20] Ein relativ früher

Tod rückte auch ein Werk, das im Alter von fünfzig Jahren begonnen und im aktiven Berufsalter abgeschlossen war, in ein anderes Licht: Die Deutsche Geschichte war für Mommsen ein «großes Alterswerk».

Ebenfalls für eine Leserschaft, die Thomas Nipperdey von der politischen Grundhaltung eher kritisch gegenüberstehen musste, schrieb Jürgen Kocka in der links-alternativen *taz.*[21] Der Berliner Sozialhistoriker benutzte ähnliche Formeln für die Würdigung des großen Werkes, das der Autor «trotz schwerer Krankheit» vollendet habe und das «die Summe aus einem produktiven Wissenschaftlerleben» ziehe. Aber er profilierte den älteren Kollegen, mit dem er ebenso zusammengearbeitet wie heftig die Klinge gekreuzt hatte, zugleich sehr scharf als einen politischen Zeitgenossen und Historiker, angefangen von seinem Widerstand gegen die Studentenproteste an der Freien Universität und dem Kampf gegen die Hessischen Rahmenrichtlinien für Gesellschaftslehre wenig später. Er vermutete «traumatische Erfahrungen» und mancherlei Prägungen für die Zukunft aus den «harten, oft intoleranten und maßlosen, bisweilen auch tätliche(n) Angriffe(n) der Berliner Studenten». Vor diesem Hintergrund sah Kocka nicht primär das große Werk, das ebenmäßig und gleichsam naturgesetzlich aus Herkunft und Leben des Autors floss, sondern akzentuierte die inneren Widersprüche einer Grundhaltung des Widerspruchs.

Thomas Nipperdey war historistisch und kämpferisch, skeptisch und entschieden, nachdenklich und polemisch zugleich. Vieles, was er schrieb, lebte aus dem verteidigenden Widerspruch gegen Tendenzen, die er – in der Wissenschaft, in der Politik, im geistigen Leben – als bedrohlich oder doch unangemessen wahrnahm.

Wie Jürgen Kocka betonte auch Christian Meier, seit 1981 althistorischer Kollege an der Münchner Universität, in der *Neuen Zürcher Zeitung* die Nähe, die es trotz allen Widerspruchs, trotz der oft demonstrativen Distanz zur kritischen Sozialgeschichte Bielefelder Provenienz bei Nipperdey gab.[22] Meier diagnostizierte eine Spannung zwischen Programm und Ausführung, zwischen konservativer Haltung und innovatorischer Praxis: «er wollte fortsetzen, was er vorfand, auch wenn er zumeist Neues erarbeitete und übernahm».[23] Dennoch richtete er an die Deutsche Geschichte die etwas dunkel raunende Frage, ob sie aus dem Bruch, den das literarische Genre der Historiographie in Deutschland erfahren habe – gemeint war offenbar: durch den Nationalsozialismus –, «schon alle Konsequenzen gezogen hat».[24] Aber insgesamt erschien auch dem publizistisch wie fachpolitisch einflussreichen Althistoriker die Deutsche Geschichte Thomas Nipperdeys als «eine der bedeutendsten Leistungen deutscher Geschichtswissenschaft nach dem Kriege», nicht zuletzt durch die «genau auf die Sache bezogene Sprache, in der der Autor zugleich so machtvoll präsent ist». So hatte der Autor sein eigenes Leben durch seinen auktorialen Erzählstil in das Werk eingeschrieben.

Auf besonders pointierte Weise brachte Patrick Bahners die Verflechtung von Leben und Werk, von Person und Buch zum Ausdruck. Die drei Bände der Deutschen Geschichte waren ihm «kommentiertes Leben», ein ausgedehnter Kommentar zu jener bürgerlichen «Lebensform in seinem professoralen Elternhaus, die ihn Wissenschaft als Beruf wählen ließ».[25] Bahners rief ein deutsches Dreigestirn von Ranke, Hegel und Luther auf, um Nipperdeys Werk und die Lebenshaltung, aus der es entstanden war, zu charakterisieren: die Ironie eines alles relativierenden statt bloß politisch konservativen Historismus; den «sittlichen Ernst» einer protestantischen Tradition, die Hegel, dem Nipperdeys Doktorarbeit galt, auf den Begriff gebracht habe, und die Haltung des «Hier stehe ich» des Reformators, der Thomas Nipperdey laut Selbstauskunft im FAZ-Fragebogen gerne sein wollte.[26] Das auf diese Weise zugleich historisierte und ins Übermenschliche gesteigerte «Riesenwerk atmet selbst bürgerlichen Geist, auch der Disziplin wegen, in der Nipperdey es zuletzt einer tödlichen Krankheit abgerungen hat».

Der Topos des Lebenskampfes um die Vollendung des Werkes begegnete in fast jedem Nachruf, auch in dem ausführlichen Text Lothar Galls, den die FAZ einen Tag nach Bahners' knapper Einordnung brachte.[27]

Mitten in der Arbeit an seiner dem 19. Jahrhundert gewidmeten «Deutschen Geschichte», die er mehr und mehr als seine zentrale Lebensaufgabe empfand, überfiel ihn die am Ende tödliche Krankheit. Die Vollendung des Werkes … hat er ihr in vollem Bewußtsein seiner Lage abgerungen.

Doch wies Gall darauf hin, dass Nipperdey eine ähnliche Wendung im Nachwort des abschließenden Bandes, das er aus einem vorab versandten Fahnen- oder Rezensionsexemplar offenbar kannte, selber gebraucht hatte. Wieder war es nicht nur die Vollendung des eigenen Werkes «in einer staunenswerten Energie- und Arbeitsleistung», sondern ein historiographisches Vermächtnis, das der Verstorbene erfüllt hatte: Franz Schnabel war es nicht gelungen; Thomas Nipperdey hatte den Fluch des Unvollendeten in der Geschichte des 19. Jahrhunderts besiegen können. Lebenshaltung und Lebensführung prägten, ja ermöglichten die Wissenschaft und die besonders herausragenden Leistungen in ihr. Aber umgekehrt wirkte die Praxis der Wissenschaft auf die Lebensführung des Wissenschaftlers zurück. Thomas Nipperdey hatte gezeigt, was Wissenschaft «zugleich sein kann: die Schule eines großen Charakters».

So war der Tod Anlass zur Erhöhung des Menschen und für die fachlich hoch renommierten Kollegen, die die Nachrufe schrieben, Anlass zur autoritativen Erhöhung des Werkes. Seine Bedeutung, seine Gültigkeit aber maß sich auch aus der professionellen Perspektive der Disziplin nur teilweise an der Forschungs- und Erkenntnisleistung selber, an epistemischen Kriterien der Geschichtswissenschaft (diese wurde freilich vorausgesetzt). Vielmehr war es die unauflösliche und wechselseitige Verflechtung von Werk und Leben, welche die Autorität des Werkes beglaubigte. Insofern war der Unterschied zur Würdigung und Reputationszumessung außerhalb der Wissenschaft, zumal durch Vertreter der Politik und Repräsentanten des Staates, gar nicht so groß, wie man vielleicht meinen könnte. Diese versuchten nämlich wiederum, ein Urteil über die wissenschaftliche Bedeutung Thomas Nipperdeys und seiner Deutschen Geschichte zu formulieren. Auch wenn die von Politikern an die Witwe Vigdis Nipperdey gerichteten Kondolenzschreiben den Kommunikationsraum des Privaten kaum verließen, wohnte ihnen doch, als Aussagen staatlicher Organe und ihrer Vertreter, ein offizieller und halböffentlicher Charakter inne. Wenn auch dahingestellt bleiben muss, wie hoch der Anteil eines Referenten an einem solchen Schreiben ist, bleibt die Aneignung durch den jeweiligen Amtsträger unbestreitbar.

Zumal im Freistaat Bayern und in dessen Hauptstadt München, als öffentlichkeitswirksamer Professor für Neuere Geschichte an der mit Abstand wichtigsten Universität des Landes, war Thomas Nipperdey für die Politik kein unbeschriebenes Blatt. Die von der CSU geführte Bayerische Staatsregierung wusste sehr genau um die geistig-politische Grundhaltung des langjährigen SPD-Mitglieds, um seinen skeptischen Konservatismus, der mit dem Philosophen Odo Marquard darauf verwiesen hätte, dass der Veränderer die Beweislast trägt, wenn der Drang zur Neuerung nicht in die gefährliche Realisierung von Utopien führen soll.[28] Für Ministerpräsident Max Streibl galt Nipperdey «schon heute als einer der großen deutschen Historiker, als ein Klassiker der Geschichtswissenschaft»:[29] Schon dieser Satz zeigte erneut die Kontamination von Person und Werk, dem doch allein – nicht der Person – das Prädikat des Klassikers zukommen konnte.

Natürlich war es zugleich eine Genugtuung, schreiben zu können, dass der

Verstorbene «in den stürmischen Berliner Jahren» dem Zeitgeist getrotzt und die Freie Universität verlassen hatte und «bei uns in München die Atmosphäre fand, in der er lehren und forschen konnte». Der Ministerpräsident bedauerte, den Nipperdey zugedachten Bayerischen Verdienstorden nicht mehr ihm selber überreichen zu können. Seine Witwe nahm die Insignien des Ordens einen Monat später, am 15. Juli 1992, entgegen, und der Präsident des Bayerischen Landtags erinnerte aus diesem Anlass nicht nur an das große Werk, sondern an dessen besondere Verflechtung mit dem Leben des Geehrten.

Mit seiner großen, dem 19. Jahrhundert gewidmeten Gesamtschau, «Deutsche Geschichte», die er – sterbenskrank – mit exemplarischer Konzentration seiner Kräfte und im vollen Bewußtsein nah begrenzter Lebensspanne zu Ende geschrieben hat, übergab er der Nachwelt ein wertvolles Vermächtnis.[30]

Näher an Wissenschaft und Universität und offiziell fachzuständig war Hans Zehetmair als damaliger Staatsminister für Unterricht, Kultus, Wissenschaft und Kunst. So würdigte sein Schreiben beinahe im Stil eines akademischen Nachrufs die fachlichen Interessen Thomas Nipperdeys in ihrem Bogen von der Reformationsgeschichte bis zur «Geschichte politischer Ideen und der Auseinandersetzung mit Grundfragen der Geschichtswissenschaft».[31] Etwas schief hob er aus den Veröffentlichungen die Deutsche Geschichte 1800–1866 «sowie seine Trilogie über die deutsche Geschichte, deren dritten Band er noch vollenden konnte», hervor.

Aber Thomas Nipperdey verfügte nicht bloß über bayerische Prominenz, und sein Anspruch galt der Deutung der Geschichte einer Nation. So kondolierte auch der Bundeskanzler, nur gut drei Monate nachdem er sich für das persönliche Geschenk der Deutschen Geschichte bei dem Historiker bedankt hatte, seiner Witwe.[32] Für Helmut Kohl war Thomas Nipperdey «einer der herausragenden Gelehrten unserer Zeit», der in seinen Werken – das Opus magnum der Deutschen Geschichte nannte Kohl als einer der Wenigen nicht ausdrücklich – «höchstes wissenschaftliches Niveau mit ebenso hohem literarischen Anspruch und sprachlicher Eleganz» verbunden habe. In den Mittelpunkt rückte der Bundeskanzler Nipperdeys «Engagement für die Verankerung unserer freiheitlichen Gesellschaftsordnung und für eine vernünftige Reform unserer Hochschulen». Dafür äußerte sich Wolfgang Schäuble als damaliger Vorsitzender der CDU/CSU-Bundestagsfraktion fast wie ein professioneller Kollege: «Seine Bücher über die deutsche Geschichte des 19. und

20. Jahrhunderts sind bereits wenige Jahre nach ihrem Erscheinen Standardwerke geworden.»[33] Er gab sich aber auch als deren Leser zu erkennen, der – so Schäuble in gar nicht formelhaften Worten – «die Verbindung von Analyse und griffiger Darstellung sehr geschätzt» habe.

Es ist müßig zu spekulieren, welche Kondolenzbriefe zum Tode Thomas Nipperdeys geschrieben worden wären und wie sie gelautet hätten, wenn die Politiker zu dem Verstorbenen eine größere politische Distanz verspürt hätten. Nipperdey kämpfte seine politischen Kämpfe in der Ära der sozialliberalen Koalition und in einer Phase des «linken» Zeitgeistes, der ihm als SPD-Mitglied dennoch in vielem nicht behagte. Sein wissenschaftliches Hauptwerk schrieb und veröffentlichte er, als seine eigene Partei in Bonn auf die Oppositionsbänke musste und er politische Anerkennung eher im konservativen Lager fand. Auch den Bundespräsidenten stellte in dieser Zeit die CDU. Richard von Weizsäcker wandte sich zu Weihnachten 1992 und zugleich anknüpfend an die Begegnung bei der Verleihung des Preises des Historischen Kollegs am 19. November noch einmal an die Witwe und bedankte sich für das Gespräch. Er lese gerade Thomas Nipperdeys Aufsatz über Religion und Gesellschaft und kennzeichnete davon ausgehend den Historiker Thomas Nipperdey: «Klare und wesentliche Aussagen mit der Fähigkeit zur Differenzierung zu verbinden, das zeichnet die Arbeiten Ihres Mannes immer wieder aus.»[34] Zwei Wochen vor Nipperdey war Karl Carstens, der Vorgänger Weizsäckers im Amt des Bundespräsidenten, verstorben. Nun berichtete dessen Witwe Veronica Carstens der Witwe des Historikers, wie sehr ihr Mann den «Wissenschaftler Nipperdey, den er als den bedeutendsten Historiker unserer Zeit ansah», geschätzt habe.[35]

Er kaufte seine Bücher und las sie auch. Er wartete voller Spannung jedes Mal auf den nächsten Band, wenn er wußte, daß ihr Mann mit einem besonderen Thema sich befaßte. Aber auch den Menschen Thomas Nipperdey schätzte mein Mann sehr hoch und suchte, wenn er die Gelegenheit dazu hatte, das Gespräch mit ihm. Beschwingt berichtete er anschließend darüber.

Wie auch immer es um politische Neigungen bestellt sein mochte: Eine solche Resonanz hätte es beim Tod eines bedeutenden Naturwissenschaftlers kaum geben können, nicht jedenfalls in so engem Bezug auf sein wissenschaftliches Werk. Vielleicht hätten dann eher Funktionen im Wissenschaftsmanagement im Vordergrund gestanden oder aber das gesellschaftspolitische

Engagement eines naturwissenschaftlichen *Public Intellectual*, wie ihn etwa Carl Friedrich von Weizsäcker, der ältere Bruder des Bundespräsidenten, verkörperte. Es ist ein Privileg der Geistes- und der Sozialwissenschaften, und zumal der Geschichte, auch in Zeiten höchster Spezialisierung und «Szientifizierung» des wissenschaftlichen Betriebes solche Resonanzen nicht nur mit der Person, sondern auch unmittelbar mit Wissen und Werk erzeugen zu können.

Der Tod des Autors eines berühmten Werkes, eines renommierten Wissenschaftlers, überhaupt jeder öffentlichen Person ist für manche zugleich der Tod eines Freundes, eines geschätzten und geliebten Menschen ganz unabhängig von wissenschaftlichen Leistungen und öffentlicher Anerkennung. Aber weil das Leben des Autors sich in so enger und in diesem Falle am Ende dramatischer Weise an das Werk gebunden hatte, spielte die Reflexion darauf auch in der eher privat-kollegialen und freundschaftlichen Trauer eine wichtige Rolle. Privatheit und Öffentlichkeit ließen sich hier manchmal gar nicht trennen. Ob diese Verbindung, ob die Verschmelzung von Kollegialität und Freundschaft im sozialen Feld der Wissenschaft enger oder typischer ist als in anderen Berufsfeldern, sei dahingestellt. Jedenfalls prägt sie das Leben von Wissenschaftlerinnen und Wissenschaftlern besonders in Lebenssituationen, in denen Arbeit und Privatsphäre sich so intensiv, manchmal konstitutiv überlappen wie in der Gemeinschaft eines Fellowjahrgangs in den Wissenschaftsklöstern vom Type Princetons. In anderer, aber wiederum ganz besonderer Weise gilt das für das Verhältnis der akademischen Schüler zu ihrem Lehrer, zumal wenn es auch in der Arbeit am Buch so eng war wie im Falle Thomas Nipperdeys, und unter dem Diktat der Krankheit noch einmal enger und intensiver wurde.[36]

Auffällig viele Kondolenzschreiben knüpften an die gemeinsamen Erfahrungen während der Aufenthalte Thomas Nipperdeys in Oxford,[37] Stanford und Princeton an und blickten zurück in die 1970er und 1980er Jahre. Der Historiker Melvin Richter hatte 1978/79 zur selben Fellowklasse in Princeton gehört und – wie vermutlich viele nichtdeutsche Kollegen im Ausland, wegen der besonderen internationalen Verbreitung dieses Mediums – aus dem kurzen Nachruf im *Spiegel* vom Tod Nipperdeys erfahren.[38] Während die schwere Krankheit in der deutschen Zunft spätestens seit dem Vortrag im Rollstuhl auf dem Bochumer Historikertag 1990 allgemein bekannt war, zeigten sich viele amerikanische Kollegen überrascht über die für sie ganz unerwartete Nachricht.[39] «German History has suffered a grievous loss, but we feel even more poignantly about Thomas as an individual and a human being», stellten die Richters fest, öffentliche und private Wertschätzung unterscheidend und doch auch wieder verbindend.[40]

Zu den engsten persönlichen Freunden der Nipperdeys zählten der Altphilologe Georg Nicolaus Knauer (geb. 1926) und seine Frau Elfriede Regina, genannt Kezia, eine Altertumswissenschaftlerin und Archäologin (1926–2010). Nico und Kezia Knauer gehörten zu denjenigen «Freunden früher und später Jahre», denen Thomas Nipperdey den abschließenden Band seines Werkes widmete.[41] Die Männer waren sich als Professoren an der Freien Universität nähergekommen, wo sie der gemeinsame Widerstand gegen die radikalen Tendenzen in der Studentenbewegung und ihre ordinären Sprach- und Verhaltensformen zusammenführte, auch organisatorisch im Bund Freiheit der Wissenschaft und in der Notgemeinschaft für eine Freie Universität.[42] Während Thomas Nipperdey aus der ihn äußerlich und innerlich bedrängenden Situation nach München auswich, entschied Knauer sich aus ganz ähnlichen Motiven für einen Wechsel in die USA; Anfang 1975 übernahm er eine Professur an der zur exklusiven Ivy League gehörenden privaten University of Pennsylvania.[43] 1976 traf Thomas Nipperdey seinen Freund in Philadelphia und sprach mit ihm über einen Kooperationsvertrag zwischen den beiden Universitäten; während des Aufenthalts im nahen Princeton 1978/79 besuchten sich die Familien mehrfach gegenseitig.[44] Noch in dem sehr persönlichen Rückblick und Abschied Kezia Knauers war Thomas Nipperdeys Buch präsent und stiftete eine zusätzliche Verbindung: «Nico liest nächtens den 2. Band – ich hinke etwas hinterher, wir sprechen oft über die Lektüre – und was für eine!»[45]

Auch jenseits der engsten persönlichen Kontakte spielte der Blick aus den Vereinigten Staaten eine wichtige Rolle in der Reflexion nicht nur auf die Person, sondern auch auf das Werk Thomas Nipperdeys zur deutschen Geschichte. Aus Stanford meldete sich der Erziehungswissenschaftler und Politologe Hans N. Weiler (geb. 1934), der 1988/89 am dortigen *Center for Advanced Study* zum selben Fellowjahrgang gehört hatte. Weiler, der ein Jahr nach Nipperdeys Tod als erster Rektor der Europa-Universität Viadrina in Frankfurt an der Oder nach Deutschland zurückkehrte, war nicht nur «so manches Mittags- und Abendgespräch … in guter Erinnerung geblieben, auch und gerade wenn es ein Streitgespräch wurde». Die persönlichen Gespräche endeten nun – im hinterlassenen Werk ließen sie sich weitertragen.[46]

Umso dankbarer bin ich für das, was er uns in seiner Arbeit hinterlassen hat; es wird eine wichtige Hilfe bleiben in dem unablässigen Versuch, Deutschland – dieses so schwierige Land – besser zu verstehen.

Das Spannungsfeld von Protest, Emigration in die USA und schwieriger Bindung an Deutschland im Lichte seiner Geschichte und eigener biographischer Erfahrungen erinnert erneut an die Unterscheidung von Albert O. Hirschman über «Exit, Voice, and Loyalty».[47] Aus Anlass des Todes von Thomas Nipperdey, dem er bei dessen Aufenthalt in Princeton 1978/79 nähergekommen war, reflektierte Hirschman auf sein eigenes Verhältnis zu Deutschland, das der 1915 in Berlin geborene Jude verlassen hatte. In Princeton hatten die beiden, auf Hirschmans Initiative, gemeinsam ein Seminar zur deutschen Geschichte angeboten.

Er hatte das nach meiner Anregung so fest in die Hand genommen und alles fabelhaft organisiert. Für mich war es ein wichtiges Erlebnis, denn es legte mir zum ersten Mal nahe, daß ich mich wieder in Deutschland und unter Deutschen wohlfühlen könnte.[48]

Den Abschluss des großen Werkes hatte auch Hirschman im Blick: «Ich höre, daß er das Buch noch vollendet hat und das muß ein Trost gewesen sein.»

Die deutschen Kollegen und Freunde, die sich nach dem Tod Thomas Nipperdeys an die Witwe wandten, stellten ebenfalls den Abschluss des Werkes in den Vordergrund: «Wenn man das alte Bild der Ernte verwendet, so hat er sie in großen Teilen in die Scheuer gefahren.»[49] Hans Mommsen erfüllte mit tiefem Respekt, dass der Verstorbene «trotz der immer schwereren Erkrankung die Willenskraft und Energie aufgebracht hat, seine Geschichte des 19. Jahrhunderts weitgehend abzuschließen».[50] Ähnlich anerkennend äußerte sich Wolf Jobst Siedler, der gleich zwei Chancen verpasst hatte, zum Verleger des Hauptwerkes von Thomas Nipperdey zu werden, «wie er die Form über alle Misere wahrte und daß er seinem Leiden auch den zweiten und dritten Band des großen Werkes abgerungen hat, das seinen Namen über sein Leben hinaus bewahren wird».[51]

Andere, ihm wiederum persönlich Näherstehende legten wie Michael Stürmer Wert darauf, zu den Freunden des verstorbenen Historikers gezählt zu werden, der zugleich «der bedeutendste Historiker seiner Generation in Deutschland» gewesen sei.[52] Der Philosoph Günter Rohrmoser beklagte, dass die Nachrufe in den Zeitungen die «zentrale Bedeutung» nicht erwähnt hätten, die «der reformatorische, ja der luthersche Glaube nicht nur für sein Leben, sondern auch für seine Sicht als Historiker gehabt hat». Das habe sie beide verbunden, bei durchaus unterschiedlichem Temperament: «Ihr Mann neigte zur Skepsis, während ich, wie Sie wissen, mich an das Wort Luthers gehalten habe: spiritus sanctus non skepticus est.»[53] Im Bekenntnis Hermann Lübbes, eines der engsten intellektuell-politischen Weggefährten seit den frühen 1970er Jahren, schienen die untergehenden Formen bildungsbürgerlich-männlicher Stilisierung geistiger Freundschaft noch einmal auf.

Ich habe Ihren Mann wie einen Freund geliebt. Es gab hier in der Zuwendung zu Wirklichkeiten, die uns beide beschäftigten, tiefreichende Übereinstimmungen im praktischen Urteil, die einen in eigenen Bemühungen sich sicherer fühlen liessen.[54]

Auf besonders eindringliche, beinahe poetische Weise näherte sich ein anderer Freund und langjähriger Mitstreiter, der Freiburger Politikwissenschaftler Wilhelm Hennis, der Person Thomas Nipperdeys und dem von ihm geschaffenen Werk.

Als ich Thomas Nipperdey in den fünfziger Jahren in Göttingen zum ersten Male begegnete, wirkte er auf mich wie ein junger verwunschener Prinz – aus dem einmal ein wirklicher Fürst werden müsse. Er ist es geworden und hat viele verzaubert: wie freue ich mich auf den dritten Band! Wer schreibt schon Bücher, auf die man so gespannt ist.[55]

Ein halbes Jahr später, kurz vor Weihnachten 1992, ordnete Hennis seinen verstorbenen Freund auf subtile, wenngleich nicht uneitle Weise in die generationellen Lagerungen männlicher Wissenschaftler und Intellektuellen im deutschen 20. Jahrhundert ein. Die Fünfundvierziger, wie wir heute sagen würden, seien noch einmal in eine ältere und eine jüngere Formation zu unterscheiden.[56] Obwohl er selbst, geboren 1923, zu den Jahrgängen der Kriegsteilnehmer gehörte, aber auch zu denen, die noch erwachsen und bewusst die Entscheidung für einen Parteieintritt oder andere aktive Unterstützung des NS-Regimes treffen konnten, zog er die Trennlinie zu den Jüngeren knapp hinter Thomas Nipperdey, der – bei Kriegsende siebzehn Jahre alte – doch eher im klassischen Sinne der «Flakhelfer-Generation» angehörte. Aber Hennis' Pointe war: nicht obwohl, sondern weil: Die Älteren waren durch die ernstere Prüfung gegangen, und viele hatten sich dabei auch schuldig gemacht. Es sei ihm nun aufgegangen,

warum Ihr Thomas so viel klüger war als seine Jahrgangsgenossen. Genau wie Otmar v. Aretin und ich auch mußte er nach 1945 nicht erst lange lernen, in welche Verstrickung die NS-Zeit geführt hatte. Die meisten der Jgg. 1928–30 wußten ja nichts und mußten umerzogen werden. Darum soviel Krampf. Ich bin Jg. 23 und fand mich immer viel weiser.[57]

Weil Thomas Nipperdey nach schwerer Krankheit starb und sein nahender Tod spätestens im Frühjahr 1992 nicht nur ihm selber, der Familie und engsten Mitarbeitern bekannt war, erreichten ihn noch zu Lebzeiten Abschiedsbriefe von Kollegen. Sie stellten sich der schwierigen Aufgabe, dem Sterbenden gegenüber eine Bilanz zu ziehen und dabei den Tod des Menschen und das Weiterleben des Werkes in Beziehung zu setzen. Noch Ende März erhielt Nipperdey Post aus den USA, die in fröhlich-unbeschwerter Unkenntnis der Situation von Karriere- und Urlaubsplänen berichtete,[58] während andere wie der Berliner Historiker Reinhard Rürup gleichzeitig schon «Mißverständnisse ausräumen» wollten, «die offensichtlich für eine so lange Zeit das Verhältnis zwischen Ihrem Mann und mir belastet haben», wie Rürup gegenüber Vigdis Nipperdey bekannte, die er um Weiterleitung eines separaten Schreibens an ihren Mann bat.[59] Darin wiederholte er den Hinweis auf die Missverständnisse – Rürup gehörte wissenschaftspolitisch dem anderen, dem «Bielefelder» Lager einer kritischen Sozialgeschichte an – angesichts der «Schwere und Bedrohlichkeit Ihrer Erkrankung», von der er nun erfahren hatte. Er gratulierte zur gerade publik gewordenen Verleihung des Preises des Historischen Kollegs und teilte mit, ihn auch selber für den Preis vorgeschlagen zu haben.

Im vollen Bewusstsein des Abschiednehmens schrieb der in Chicago lehrende amerikanische Soziologe Edward Shils: «I do not know whether we will meet again.»[60] Mit Thomas Nipperdey teilte er die Skepsis gegenüber einer radikalen Universitätsreform und hatte 1980 auf dessen Einladung auf dem Berliner Kongress des Bundes Freiheit der Wissenschaft gesprochen.[61] «You are one of the best men I know in the academic world. Often, when I think that universities are in decline, I think of you and my spirits are raised.» Das Werk Nipperdeys erklärte Shils bereits jetzt zu einem Denkmal, damit der Autor es noch selber auf dem Sockel sehen konnte.

You and your family and friends can look back with pride on your accomplishment and above all your wonderful achievement in your great Deutsche Geschichte. You once wrote on historical monuments. Deutsche Geschichte will become another such monument.

Nach einem Telefonat mit Vigdis Nipperdey wusste auch Ernst Nolte Ende Mai 1992, wie es um deren Mann stand. Er versuchte in einem Brief an ihn, das Verhältnis über viele Jahrzehnte zu bilanzieren und auch zu «erzählen, was man einander nicht sagt oder erzählt, solange man in beiderseitiger Gesundheit ‹normal› dahinlebt».[62] Beide, Nolte wie Nipperdey, waren als Philosophen zur Geschichte gekommen und blieben philosophische Historiker, «aber Sie sind doch von der ‹Zunft› ohne Vorbehalt akzeptiert und integriert worden». Er selber sei dagegen «weit mehr von aussen gekommen und habe mich schon nach verhältnismässig kurzer Zeit wieder entfernt – nicht nur aufgrund meiner etwas abseitigen Fragestellungen». Daraus mochte auch ein gewisser Neid sprechen und ein Leiden an seiner eigenen Marginalisierung, die er keineswegs nur seinen Gegnern im Historikerstreit vorwarf.[63] Umso mehr drückte er seine große Bewunderung für Thomas Nipperdey aus, der unter den gleichaltrigen Kollegen der Einzige gewesen sei, dessen Bücher und Aufsätze er immer gleich mit Zustimmung gelesen habe. «Und wir erinnern uns gewiss beide mit gleicher Zufriedenheit des harten Kampfes, den wir gemeinsam in der ersten Zeit des ‹Bundes Freiheit der Wissenschaft› geführt haben.» Den Abschluss von Nipperdeys Buch stellte Ernst Nolte – das war allerdings ungewöhnlich – in eine Parallele zu seiner eigenen Produktivität.

Ich höre mit Freude, dass der dritte Band Ihres grossen Werkes bereits fertig gebunden auf Ihrem Nachttisch liegt; in absehbarer Zeit werden Sie ein Exemplar meines Heidegger-Buches erhalten, und damit können wir beide nun wohl auf ein wohlgerundetes Lebenswerk zurückblicken.[64]

Schließlich Reinhart Koselleck: Der Bielefelder Historiker und Geschichtstheoretiker erfuhr am 27. Mai von dem amerikanischen Kollegen Gerald Feldman, der Nipperdey noch in der Münchner Klinik besucht hatte, wie ernst der Zustand war. An die guten Wünsche zur Gesundheit, von denen er wusste, dass sie nicht mehr auf Heilung zielen konnten, schloss er seine Würdigung des Menschen, des Wissenschaftlers und des Werkes an, die feinsinnig und doch erstaunlich offen über den nahen Tod hinausblickte.

Ihre intellektuelle Kraft und Ihre erfahrungsgesättigte Neugierde, Ihre Spontaneität und Ihre Reflexion auf allen Ebenen – der Politik, der Geschichte, der Anthropologie und der Religion – haben uns so wichtige Bücher beschert, daß wir auf Ihnen aufbauen können, belehrt und stimuliert zugleich.[65]

Die lebendigen intellektuellen Eindrücke führten, nicht nur bei Koselleck,[66] auf den von Werner Conze begründeten «Arbeitskreis für moderne Sozialgeschichte» zurück, dem beide über viele Jahre angehört hatten. Die dort, wie Koselleck wohl implizierte, auch von seinem Bielefelder Kollegen und Nipperdeys Antipoden Hans-Ulrich Wehler gepflegte Lust an einer von Wirklichkeit und Erfahrung abgehobenen Theorie habe der Münchner Historiker immer wieder entzaubert wie im Märchen von des Kaisers neuen Kleidern, «deren Fehlen Sie nüchtern registrierten, wenn große Theorien gewälzt wurden».

Es gibt eine Wahrheit im Wirklichen und Unvermittelbaren, die Sie immer im Blick behalten – und gehütet haben. Früher hätte man gesagt: existenziell-antiideologisch. So kenne ich Sie aus unseren Gesprächen in Göttingen und Heidelberg (auf dem Schloßberg über anthropologische Historie – erinnern Sie sich?), die mir unvergesslich bleiben.

Kosellecks Abschiedsbrief erreichte, in guter Dramaturgie, am Schluss seinen Höhepunkt in der Würdigung des Opus magnum von Thomas Nipperdey, das ihm als Verschriftlichung eines lebendigen persönlichen Gesprächs erschien und deshalb über den Tod des Autors hinausweisen konnte.

Daß Erzählung und Fragen sich einander bedingen und gegenseitig steigern, das haben Sie uns in Ihren Bänden zur Deutschen Geschichte unübertroffen vorgeführt. Immer wieder lese ich in den Bänden und weiß mich jedesmal angeregt und bereichert: das dank Ihrem Stil, der Gesprochenes und Geschriebenes im Ohr konvergieren lässt – eben unser Nipperdey.
Bleiben Sie uns erhalten.

Das war nichts anderes als die Versicherung, dass dies im Übergang vom sterbenden Menschen auf das weiterlebende Werk geschehen werde.

XV. Nach dem großen Werk: Zwischen Kanon und Vergessen

Wer liest heute noch Nipperdey? Vor achtzig Jahren begann der amerikanische Soziologe Talcott Parsons (1902–1979) sein großes zweibändiges Werk über die Struktur des sozialen Handelns mit berühmt gewordenen Zeilen des Abschieds von einem Klassiker des 19. Jahrhunderts, dem Philosophen und Evolutionstheoretiker Herbert Spencer. «Who now reads Spencer?», zitierte er den Historiker Crane Brinton und stellte nüchtern fest: «Spencer is dead. But who killed him and how? This is the problem.»[1] Herbert Spencer (1820–1903), genauer gesagt: das Werk von Herbert Spencer, sei ein Opfer seiner eigenen Theorie geworden, «ein Opfer der Rache des eifersüchtigen Gottes der Entwicklung, in diesem Fall der Weiterentwicklung wissenschaftlicher Theorie». Aber wer liest heute noch Parsons? Oder die Deutsche Geschichte von Franz Schnabel, von den Werken Rankes ganz zu schweigen? Bleibt am Ende nur das Interesse der Wissenschaftsgeschichte?

Über die aktive Lebenszeit bedeutender wissenschaftlicher Werke, über das, was diese Lebenszeit gestaltet, verlängert oder verkürzt, wissen wir erstaunlich wenig. Manchmal kann es so scheinen, als ob dem wissenschaftlichen Groß-, Meister- und Lebenswerk die eigentliche Lebenszeit fehlt: Wenn es einmal abgeschlossen ist, steht es nur kurz in voller Blüte; es verwelkt und tritt unmittelbar in seine eigene Wirkungsgeschichte ein, in die Phase der Ablagerung, der Sedimentierung. Insofern ist die Entstehungszeit eines mehrbändigen Werkes seine eigentliche Lebenszeit: Das Konzept kann diskutiert werden, und für das lesende, urteilende, kritisierende Publikum stellt sich eine Spannung auf den Fortgang ein. Ist das Werk einmal abgeschlossen, fällt die Spannungskurve ab, und das Interesse wendet sich anderen Themen und Projekten zu.

Erst recht ist das so, wenn der Abschluss des Werks, wie im Falle von Thomas Nipperdey, mit dem Tod des Autors eng zusammenfällt. Er kann das Interesse daran nicht mehr durch seine Präsenz im Fach und in der Öffentlichkeit wachhalten: durch sein Auftreten auf Konferenzen, durch Zeitungsartikel oder durch einen kleineren Essayband, der die Themen des Hauptwerkes noch einmal variiert oder fortspinnt. Nach dem Abschluss seiner vierbändigen «Geschichte des Westens» hat der Historiker Heinrich August Winkler nicht nur einen ergänzenden Aufsatzband vorgelegt, sondern auch das Narrativ der Ereignisse in der gegenwärtigen Krise des Westens fortgeschrieben.[2] Diese Form der Fortsetzung, der Selbstkommentierung und des Erinnerns an das große Werk blieb Thomas Nipperdey versagt. Das Werk stand im Sommer 1992 verwaist da und zugleich endgültig abgeschlossen; nur andere konnten sich darum bemühen, es am Leben zu erhalten.

Ist denn so ein Werk nicht für viele Jahrzehnte ein Standardwerk: Pflichtlektüre in universitären Seminaren und zur Vorbereitung von Lehramtsprüfungen; Referenz für Journalisten, die sich in der deutschen Geschichte profund orientieren wollen; Ausgangspunkt für weitere Spezialforschung und Sprungbrett für zahllose Dissertationen? Nipperdey selber hatte schon 1988 geseufzt: «Gesamtdarstellungen werden von der späteren Forschung oft, zu oft, ignoriert.»[3] In den Naturwissenschaften wäre das dort akkumulierte Wissen so lange aktuell, bis es überholt oder, nach positivistischem Wissenschaftsverständnis, falsifiziert wurde. Das allerdings ist im raschen Fortgang naturwissenschaftlicher Erkenntnis oft nur eine Frage weniger Jahre.

Aber auch die «Halbwertszeit» des geisteswissenschaftlichen Wissens hat sich in den letzten Jahrzehnten rapide verkürzt. Dessen Schicksal ist sogar noch härter. Denn um eine Weiterentwicklung und Widerlegung, die immerhin die Bezugnahme auf das Vorwissen voraussetzt, geht es in den epistemischen und sozialen Prozessen der Geisteswissenschaften nur begrenzt. Wissen über Geschichte veraltet nicht in erster Linie deshalb, weil man es inzwischen besser oder genauer weiß, weil neue Quellen aufgetaucht sind, die eine präzisere oder ganz andere Darstellung desselben Sachverhalts ermöglichen. (Auch das gibt es natürlich, besonders in der politischen Zeitgeschichte.) Es veraltet vor allem deshalb, weil Interessen und Perspektiven wechseln. Wissen wir inzwischen mehr über politische Parteibildung im Vormärz, über die deutschen Spannungslinien von «Bürgerwelt und starkem Staat» im 19. Jahrhundert, über die Geschichte der Hochkultur im Kaiserreich?

Kaum – jedenfalls bei weitem nicht so viel mehr, dass die Lektüre der entsprechenden Kapitel Thomas Nipperdeys entwertet wäre wie ein Lehrbuch zur Genetik oder zur Halbleitertechnologie aus den 1980er Jahren. Aber wer interessiert sich noch dafür, wer stellt noch diese Fragen? Wer muss sich in der mündlichen Prüfung noch auf den preußischen Verfassungskonflikt der 1860er Jahre vorbereiten und die Frage beantworten, was das für die langfristige Prägung des Liberalismus in Deutschland bedeutete? Gewiss, ein erfolgreiches Werk, dem so machtvoll Reputation zugesprochen wurde wie demjenigen Nipperdeys, erhält und bewahrt einen kanonischen Rang, es bleibt ein Klassiker. Aber der Status der «Klassizität» bedeutet ja bereits eine Entrückung aus den aktuellen wissenschaftlichen Diskursen und Streitkulturen, und der Grat zwischen Kanonisierung und Vergessen ist schmal.[4] Von der Klassizität wiederum ist es nur ein kleiner Schritt zur Historisierung, die ja nichts anderes bedeutet als eine distanzierte Verfremdung des ehemals «authentischen» Wissens. Dann heißt es nicht mehr: Bei Nipperdey lesen wir, wie es war. Sondern: Nipperdey stellt es so dar, weil man damals, in den 1980er Jahren, typischerweise so fragte. Insofern ist die Historisierung der Feind eines naiven Historismus des «wie es eigentlich gewesen ist».

Mit dem Abschluss des dreibändigen Werkes und dem Tod Thomas Nipperdeys im Sommer 1992 setzte zunächst ein Bemühen ein, den Autor und sein Werk zu würdigen, seine Verdienste zu verzeichnen und zu konsolidieren und so eine Schneise für fortlebendes Erinnern zu schlagen. Die zum 65. Geburtstag geplante Festschrift, an deren Vorüberlegungen sich der Geehrte noch selber beteiligt hatte, wurde zu einer Gedenkschrift, deren Erscheinen sich bis in den März 1993 verzögerte.[5] Die neue Situation beförderte offenbar nicht überall die Bereitschaft, pünktlich einen Text abzuliefern. Nipperdeys Antipode Hans-Ulrich Wehler, um dessen Beteiligung es zuvor grundsätzlichen Streit gegeben hatte, lieferte «trotz vieler Mahnungen nichts»; ein anderer bedeutender Kollege gab vor, das Vortragsmanuskript, das er ausarbeiten wollte, sei ihm verloren gegangen, und zu Neuem hätte er keine Zeit.[6] Ziemlich zuverlässig engagierten sich die amerikanischen Freunde und Emigranten: Fritz Stern und Peter Gay, George Mosse und Carl Schorske, James Sheehan und der Soziologe Edward Shils, Mitstreiter in den universitätspolitischen Kämpfen. Etwa vier Wochen vor dem Erscheinen räsonnierte Ernst-Peter Wieckenberg gegenüber der Witwe, «wie man mit diesem Buch am besten umgeht, damit es noch einmal die Aufmerksamkeit auf das Werk ihres Mannes lenkt»,[7] aber da war guter Rat teuer. Man hätte das Erscheinen um ein weiteres Vierteljahr verzögern können, um das Buch zur Gedenkfeier in der Universität am ersten Todestag zu präsentieren, aber die schlechteren Aussichten einer Juni-Auslieferung im Buchhandel sprachen dagegen.[8]

Die Akademische Gedenkfeier richtete Nipperdeys Fakultät, die Philosophische Fakultät für Geschichts- und Kunstwissenschaften, am Nachmittag des 14. Juni 1993 in der Aula der Ludwig-Maximilians-Universität aus. Der zeithistorische Kollege Hans Günter Hockerts engagierte sich als Dekan für die Durchführung und stimmte sich über Details des Ablaufs, über die Reden und das musikalische Rahmenprogramm des Universitätschors eng mit Vigdis Nipperdey ab.[9] Die Vorbereitung war auch Anlass, eine umfangreiche «Adressenliste von ehemaligen Doktoranden und Mitarbeitern von Prof. Dr. Thomas Nipperdey» zusammenzustellen, die zur Einladung, aber auch Vergegenwärtigung und Konsolidierung des Schülerkreises nützlich war.[10] Zwei Schüler beleuchteten das wissenschaftliche Werk: Wolfgang Hardtwig übernahm die Hauptwürdigung unter dem Titel «Forschung und Synthese – das Werk des Historikers», während der Schriftsteller Sten Nadolny auf originelle Weise die Sprache und Erzählweise Thomas Nipperdeys in seiner Deutschen Geschichte analysierte. Der Freund und politische Mitstreiter Hermann Lübbe blickte auf Nipperdeys politisches Engagement besonders in der Bildungs- und Hochschulpolitik zurück.

Die *Frankfurter Allgemeine Zeitung* brachte sogar einen Artikel zu der Gedenkfeier, und Nipperdeys Verlag veröffentlichte die Reden im folgenden Jahr in einer eigenen Broschüre.[11] Dekan Hockerts schloss seine Ansprache mit einer charakteristischen Beteuerungsformel: «Denn sein Lebenswerk wirkt weiter.»[12] Im Nachgang zu der ihn offenbar beeindruckenden Feier beneidete der Berliner Historiker Ernst Nolte den Verstorbenen geradezu, in den Vorzug einer solchen Ehrung gekommen zu sein, die ihm die Freie Universität nie werde bieten können.

Man wird der tiefen Ungerechtigkeit der Welt inne, wenn man selbst ohne jeden rationalen Grund weit länger lebt als ein anderer und Gleichgearteter. Aber gerade deshalb hatte ich das starke Empfinden: Wie glücklich ist Thomas Nipperdey im Tode! Mir wird eine solche akademische Feier nie zuteil werden, denn ich bin bloss Mitglied eines «Gebildes», einer Universität ohne Universitätscharakter. So gibt es doch einen kleinen Ausgleich für die grosse Ungerechtigkeit![13]

Neben der Gedenkschrift und der Gedenkfeier diente ein drittes, parallel dazu betriebenes Projekt dazu, das wissenschaftliche Werk Thomas Nipperdeys zu erinnern, sichtbar zu machen und verfügbar zu halten. Hermann Holzbauer, Direktor der Eichstätter Universitätsbibliothek, begann im Herbst 1992 an einem Gesamtverzeichnis der Schriften des Verstorbenen zu arbeiten, einschließlich der kleineren und Gelegenheitsarbeiten sowie der Rezensionen. Vigdis Nipperdey stellte dafür Sonderdrucke zur Verfügung, und der Mitarbeiter Stefan Fisch fertigte provisorische Listen, auf deren Grundlage

Holzbauer und sein Eichstätter Team weiter recherchierten: «Wir werden nichts unversucht lassen, um alle Publikationen Ihres Herrn Gemahls aufzuspüren und festzuhalten.»[14] Im Februar 1993 bot Ernst-Peter Wieckenberg an, die Bibliographie bei C.H.Beck zu veröffentlichen, in der Form einer kleinen Broschüre, der «ein grundsätzlicher Aufsatz» Thomas Nipperdeys, möglichst ein unveröffentlichter Text, vorangestellt werden sollte.[15] Doch solche nicht publizierten Manuskripte, gar von einigem Umfang und Gewicht, hatte der Verstorbene nicht in der berühmten «Schublade» hinterlassen: Alles, was er noch fertigstellte, war für einen bestimmten Publikationsort vorgesehen und dort längst gedruckt, zumal im letzten Jahr ohnehin das Buch alles andere wegdrückte.

So erschien die Bibliographie im Sommer 1993 mit der Rede Lothar Galls zur Verleihung des Preises des Historischen Kollegs vom 19. November 1992.[16] Einschließlich der Rezensionen verzeichnete sie, angefangen mit der unpublizierten Dissertation, 302 Werke Thomas Nipperdeys in genau vierzig Jahren, zwischen 1953 und 1992 – im Durchschnitt siebeneinhalb pro wissenschaftlichem Lebensjahr. In einem einzigen Prozent der Einträge jedoch verdichtete sich das Lebenswerk: Die Ziffern 107, 175, 191 verzeichneten die drei Bände der Deutschen Geschichte. Doch welche Resonanz kann eine solche Bibliographie erzielen?[17] Sie blieb weithin ein Hilfsmittel für Spezialisten und eine Geschenkgabe für die Freunde, Schüler und Weggefährten Thomas Nipperdeys – und eine Geste des Verlags, das Werk seines Autors weiterhin pflegen zu wollen.

Der Tod des Gelehrten führt aber nicht nur zu einer Fokussierung der Erinnerung, sondern auch zu einer Auflösung des räumlichen und materialen Umfelds seiner Existenz und der Grundlagen seines Wissens. Die Sammlung von Büchern, die eben noch der Produktion eines neuen Buches diente, wird zum bloßen materiellen Artefakt und verliert ihren Bezugspunkt auf das koordinierende Wissen des Sammlers und Nutzers. Die unsichtbaren Fäden der Sinnstiftung und Referenz lösen sich schlagartig auf. Zwei Jahre nach dem Tod Thomas Nipperdeys gab die Familie einen Teil seiner Bibliothek, knapp 2200 Bände, an den Forschungsschwerpunkt Zeithistorische Studien in Potsdam ab, ein im Gefolge der Wiedervereinigung neu entstehendes Institut. Seit Oktober 1994 wurde der Neuzugang aus München in Potsdam akribisch in Bestandsbüchern verzeichnet und ist dort bis heute separat aufgestellt.[18]

Bereits Mitte Juli 1992, nur vier Wochen nach dem Tod, meldete das Koblenzer Bundesarchiv Interesse an dem Gelehrtennachlass an. Sein Präsident

Friedrich Kahlenberg wandte sich an Vigdis Nipperdey und bat um die Überlassung der Unterlagen ihres Mannes.[19] Dabei wies er nicht nur auf die Nachlässe bedeutender Historiker wie Gerhard Ritter, Hans Rothfels, Reinhard Wittram und nicht zuletzt von Theodor Schieder hin, die das Bundesarchiv aufbewahre. Er erinnerte auch daran, dass Thomas Nipperdey selber fünfzehn Jahre zuvor für die Erbengemeinschaft von Hans Carl Nipperdey dessen Nachlass im Bundesarchiv hinterlegt hatte, warb also indirekt mit der Kontinuität der Traditionspflege innerhalb der Gelehrtenfamilie. So holte der lange Schatten des Vaters den Sohn noch einmal ein, auch wenn das Werben Kahlenbergs ergebnislos blieb und Vigdis Nipperdey den Nachlass ihres Mannes in eigener Obhut behielt.

Aber wie erging es dem Werk, den drei Bänden der Deutschen Geschichte des 19. Jahrhunderts, dessen letzter erst einige Wochen nach dem Tod seines Autors druckfrisch in den Buchhandel gekommen war? An der weiteren Verbreitung entschied sich nicht nur ein Teil der Fortwirkung in Wissenschaft und Öffentlichkeit; für den Verlag war das, neben persönlichen und symbolischen Aspekten der Förderung des verstorbenen Autors, auch ein ökonomisches Kalkül. Ob das dramatische Zusammenfallen des Todes mit dem Abschluss des Werkes und die mediale Resonanz dieses Umstands das Interesse an Nipperdeys Büchern zeitweise sogar gesteigert haben, ist unmöglich zu sagen. Der Absatz lief sehr zufriedenstellend weiter, und im Windschatten des dritten Bandes bestätigte auch der 1983 erschienene erste Band seinen Ruf als Longseller; Ende 1992 kam erneut eine Neuauflage mit beachtlichen 9000 Exemplaren heraus.[20]

Den fünften Todestag im Juni 1997 nahm Ernst-Peter Wieckenberg zum Anlass, Vigdis Nipperdey den Plan einer Sonderausgabe des Werkes vorzustellen. Das Interesse des Publikums sollte aufgefrischt, der Absatz noch einmal angekurbelt werden. Der Cheflektor von C.H.Beck erinnerte an den Verstorbenen, der ihm, wie ihm das nur mit wenigen Menschen geschehe, «bis in Tonfall und Gestik hinein gegenwärtig» sei, und schlug ein persönliches Gespräch vor.[21] Aber die Grundidee war schon klar: Zum ersten Mal sollten die drei bisher nur in einer Leinenausgabe verfügbaren Bände in einer broschierten Ausgabe erscheinen, und zwar zusammen in einer Kassette zum Preis von 98 DM, während die Leinenbände im Einzelverkauf je 78 DM kosteten. Die Integrität der Bände wurde aber – auch später – nicht angetastet, im Sinne einer möglichen Aufteilung in schlankere Taschenbücher von je 300–400 Seiten. Bei einem Treffen in Icking Anfang August 1997 einigte man sich über das Projekt einschließlich seiner Kalkulation und Honorierung. Der günstige Ladenpreis sollte durch eine hohe Auflage von 20 000 Exemplaren möglich werden. Der Kassette würde eine eigens dafür hergestellte Broschüre beigegeben, die den autobiographischen Text des Historikers über seine «bürgerliche Jugend» und Sten Nadolnys Vortrag über den Erzähler Thomas Nipperdey enthalten sollte. Im Verlagsprogramm mit seinen Flaggschiff-Gesamtdarstellungen zur jüngeren deutschen Geschichte konnte die Kassette eine gewisse Lücke füllen: Der bis dahin letzte Band von Wehlers Gesellschaftsgeschichte war im Herbst 1995 erschienen, und die Publikation von Heinrich August Winklers zwei Bänden des «Langen Wegs nach Westen» lag noch in der Zukunft. So sah Ernst-Peter Wieckenberg werbend voraus: «Wahrscheinlich wäre die Kassette das Buchereignis nicht nur im Programm des Beck Verlages, sondern auf dem Sachbuchmarkt überhaupt.»[22] Und ein Jahr später, bei ihrem Erscheinen, beschwor er den Erfolg der Ausgabe, «denn das Werk ist jetzt auch für Studenten erschwinglich, und die werden es brauchen. Aber auch mancher andere Leser, der angesichts der bisherigen Ladenpreise gezögert hat, wird hoffentlich zugreifen.»[23] Mit den 20 000 Exemplaren der broschierten Kassette erreichte die Gesamtauflage des ersten Bandes bei C.H.Beck – also ohne Lizenz- und Buchclubausgaben – das 71. Tausend, die der Kaiserreichbände das 56. und das 50. Tausend. Ob Studenten das Werk «brauchten» und falls ja, dann auch kaufen würden, statt es auszuleihen oder einschlägige Seiten zu fotokopieren, stand aber auf einem ganz anderen Blatt.

Fünfzehn Jahre später feierte der 1763 gegründete Verlag seinen 250. Geburtstag, und Thomas Nipperdeys Deutsche Geschichte war immer noch wichtig genug, um ins Jubiläumsprogramm des Jahres 2013 aufgenommen zu werden. Die Kassette von 1998 war weithin abverkauft, und zugleich spürte man bei C.H.Beck, dass der Autor und sein Werk zumal bei Jüngeren nicht mehr als selbstverständliche Währung gelten konnten, sondern der Einordnung bedurften; einer Historisierung, die zugleich neues Interesse wecken sollte. Deshalb bat der Verlag den Berliner Historiker Paul Nolte um einen solchen Text, der am Ende des dritten Bandes der aufgefrischten Paperbackkassette abgedruckt wurde. Noch einmal ergänzten die Hügel kleinerer Arbeiten die monumentalen Gipfel des Hauptwerks, mit einem ebenfalls 2013 publizierten, neu zusammengestellten Band wichtiger Aufsätze von Thomas Nipperdey unter dem Titel «Kann Geschichte objektiv sein?»

Die Absatzerwartungen hatten sich inzwischen reduziert: Jeweils 5000 Exemplare der drei dicken Bände wurden gedruckt, die in der Kassette ebenso wie einzeln erhältlich waren, und 3000 des neuen Essaybuches.[24] In seiner Werbung sprach der Verlag von einem «Meisterwerk der Geschichtsschreibung», aber auch von einem «Klassiker». Ist das ein Status für alle Zeiten? Irgendwann wird Thomas Nipperdeys Deutsche Geschichte nicht mehr neu aufgelegt werden; sogar nicht mehr im klassischen Sinne aus der bevorrateten Druckausgabe im Sortimentsbuchhandel «lieferbar» sein. Aber spielt das noch eine Rolle angesichts des technologischen Wandels? Im *Print-on-Demand*-Verfahren könnte man es inzwischen leicht digital bevorraten und auf Bestellung in einzelnen Exemplaren ausdrucken, so wie das schon jetzt für die englische Übersetzung des ersten Bandes «Germany from Napoleon to Bismarck» gilt: Auch hier ist die Überführung in den Klassikerstatus, jenseits der aktuellen Forschungsliteratur, vollzogen, mit der Aufnahme in die *Legacy Library* von Princeton University Press. Wer am Kulturerbe Nipperdey teilhaben will, kann es sich jederzeit liefern lassen.[25]

Ist das eine besondere oder eine typische Geschichte? Vermutlich eher das zweite, auch wenn es sehr wohl zu differenzieren gilt. Die im gleichen Verlag wesentlich später, erst 2008 mit dem fünften Band abgeschlossene «Deutsche Gesellschaftsgeschichte» Hans-Ulrich Wehlers erschien noch im selben Jahr ebenfalls in einer Paperbackkassette und sieht einem ähnlichen Nachlebenszyklus entgegen. Ähnliches könnte einmal für die Deutsche Geschichte Heinrich August Winklers und für seine «Geschichte des Westens» gelten. Das sind Werke, die noch kulturell «warm» sind, die einstweilen einen sozusagen aktiven Klassikerstatus für sich beanspruchen können. Andere, auch mit diesen konkurrierende Werke sind bereits erkaltet, wenn sie überhaupt je heiß geboren wurden. Welchen Anteil daran die wissenschaftliche oder die literarische Qualität dieser Bücher hat und welchen die unglücklichere Verlagsplatzierung, ist eine schwer zu entscheidende Frage. Die Bände der Propyläen Geschichte Deutschlands sind jedenfalls längst erstarrte Sedimente der historischen Wissensproduktion; etwas weniger vielleicht die Bände der Siedler-Reihe «Die Deutschen und ihre Nation»: zwei einstmals stolze und mit Aplomb betriebene Wissenschafts- und Kulturprojekte, in die auch Thomas Nipperdeys erstes Buchmanuskript beinahe seinen Weg gefunden hätte.[26]

Wieder anderen Werken und Autoren derselben Generation ist Fortleben und Klassikerstatus gewiss. Für die beiden Groß-Sozialwissenschaftler Jürgen Habermas und Niklas Luhmann lässt sich eine irgendwann beginnende, vielleicht – wie im Falle Max Webers – nie abgeschlossene kritisch edierte Gesamtausgabe unschwer prognostizieren. Und nicht zu vergessen: Viele vielleicht mögliche große Werke sind erst gar nicht geschrieben worden, auch von Gelehrten in der Generation und im intellektuellen Umfeld Thomas Nipperdeys: erinnert sei an Ralf Dahrendorf, M. Rainer Lepsius oder Hermann Lübbe. Ob sie das Fehlen des eigenen großen Buches im späteren Lebensalter subjektiv als Defizit oder gar als Scheitern verstanden haben, steht auf einem anderen Blatt. Oder Reinhart Koselleck: trotz langer Planung, trotz Absicht und Vorbereitung keine umfassende Historik, die den Entwurf Droysens auf neue Füße stellt; kein breit angelegtes Werk über die Kriegerdenkmäler. Dennoch ist Reinhart Koselleck der gegenwärtig wohl international meistdiskutierte deutsche Historiker des 20. Jahrhunderts und einer der weltweit einflussreichsten Geisteswissenschaftler seiner Zeit. Dafür braucht es offenbar kein dreibändiges Werk, keine dreitausend Seiten.

An zwei bekannten Stellen seines Werkes hat Max Weber schon vor hundert Jahren über den Fortschritt in der Wissenschaft reflektiert. In der für ihn charakteristischen Mischung aus Melancholie und nüchternem Fatalismus erinnerte er daran, wie vergänglich auch die großartigste und innovativste Erkenntnis sei, setzte den Akzent dabei aber unterschiedlich. In dem 1919 vor Münchner Studenten gehaltenen Vortrag «Wissenschaft als Beruf» unterschied er die Wissenschaft von der Kunst, in der es keinen Fortschritt im eigentlichen Sinne gebe wie in der akademischen Arbeit, deren Sinn gerade darin bestehe, von Besserem überboten zu werden.[27]

Jeder von uns dagegen in der Wissenschaft weiß, daß das, was er gearbeitet hat, in 10, 20, 50 Jahren veraltet ist. Das ist das Schicksal, ja: das ist der Sinn der Arbeit der Wissenschaft ... Damit hat sich jeder abzufinden, der der Wissenschaft dienen will. Wissenschaftliche Arbeiten können gewiß dauernd, als «Genußmittel», ihrer künstlerischen Qualität wegen, oder als Mittel der Schulung zur Arbeit, wichtig bleiben. Wissenschaftlich aber überholt zu werden, ist – es sei wiederholt – nicht nur unser aller Schicksal, sondern unser aller Zweck. Wir können nicht arbeiten, ohne zu hoffen, daß andere weiter kommen als wir.

Damit verwandt ist die alte Metapher von den «Zwergen auf den Schultern von Riesen», die aus der Sicht der Überholten, die sich damit als die Giganten von einst stilisieren können, etwas tröstlicher ist: Das große Fundament bleibt bestehen; die nächste Generation – vielleicht die eigenen Schülerinnen und Schüler – mag weniger bedeutende Geistesleistungen erbringen, doch reicht sie zugleich, auf den Schultern ihrer Vorgänger stehend, ein Stück höher und blickt weiter.[28]

Trutz Rendtorff hatte in seiner Trauerpredigt vom «Erbe für die Schüler und Leser» gesprochen.[29] Aber was ist, wenn die Nachfolger, seien sie nun kleiner geraten als ihre Lehrer und Meister oder nicht, gar nicht mehr daran denken, sich auf deren Schultern zu stellen? Wenn die Riesen als Denkmäler im Schatten der Vergangenheit stehen bleiben, das wissenschaftliche Leben sich aber auf sonnigen Plätzen anderswo tummelt? Diese Konstellation hat Max Weber erstaunlicherweise bereits früher, am Ende seines berühmten Aufsatzes über die «Objektivität» sozialwissenschaftlicher und sozialpolitischer Erkenntnis von 1904, ins Auge gefasst. Es ist diejenige Perspektive, die zu einem Zeitalter jenseits der klassischen Fortschrittsidee besser passt – und damit auch zu den Geisteswissenschaften, die der Idee der stetigen evolutionären Verbesserung, sei es von Gesellschaften und Kulturen, sei es des Wissens selber, skeptisch gegenüberstehen.

Aber irgendwann wechselt die Farbe. Die Bedeutung der unreflektiert verwerteten Gesichtspunkte wird unsicher, der Weg verliert sich in der Dämmerung. Das Licht der großen Kulturprobleme ist weiter gezogen. Dann rüstet sich auch die Wissenschaft, ihren Standort und ihren Begriffsapparat zu wechseln und aus der Höhe des Gedankens auf den Strom des Geschehens zu blicken.[30]

Dahinter steht die neukantianische Erkenntnistheorie Webers, die gerade in postmodernen Zeiten der Fragmentierung des Wissens und der Skepsis gegenüber dem evolutionären Fortschritt ihre Bedeutung nicht verloren hat: Wir sehen immer nur Teile der Wirklichkeit. Was ist unter dieser Maßgabe überhaupt eine «Gesamtdarstellung»? Thomas Nipperdey strebte mit seiner Deutschen Geschichte, die deutsche historistische Tradition mit dem Vorbild der französischen Annales-Schule verbindend, nach Objektivität im Abbild der Wirklichkeit, deren möglichst umfassende Geschichte, eine *histoire totale*, er schreiben wollte. Dabei war er, der Skeptiker progressivistischer Ideologien, der Postmoderne *avant la lettre*, sich der Unmöglichkeit dieses Unterfangens, der Paradoxie seiner eigenen Intention, wohl bewusst.

Die Gesamtdarstellung, die große Synthese des Wissens als oft beschworene Krone der geisteswissenschaftlichen Forschung und Darstellung führt, das ist eine andere Paradoxie, in besonderer Weise in eine epistemische Sackgasse. Sie dient als Kompendium, als Nachschlagewerk, als Lesebuch, aber kaum als Ausgangspunkt, als Sprungbrett, konkret gesprochen: als Zitationsreferenz für weitere Spezialforschung. Auch insofern steht sie vor dem Dilemma: Kanonisierung oder Vergessen? Dazwischen gibt es oft wenig, erst recht, wenn die jüngeren Forscherinnen und Forscher in andere Richtungen der Wirklichkeit schauen, das Scheinwerferlicht dorthin richten – und sich außerdem noch eine andere Brille aufsetzen: Das Interesse für bestimmte Sachprobleme und Themenfelder verschiebt sich ebenso wie Methodik und fundamentales Erkenntnisinteresse.

Das Licht der Kulturprobleme ist weitergezogen: Ist damit, im Übergang vom 20. ins 21. Jahrhundert, überhaupt das Ende des großen Werkes in den Geisteswissenschaften gekommen? Gehört das Opus magnum der Geschichte an? Ist es ein unzeitgemäßer, ein auktorialer, gar autoritärer wissenschaftlicher Gestus geworden?

So einfach ist es nicht – bei genauerem Hinsehen stößt man auf eine Vielzahl unterschiedlicher und durchaus widersprüchlicher Tendenzen. Was das Fach Geschichte und besonders die Neuere Geschichte angeht, haben sich Interessen, Themenfelder und Perspektiven verschoben und erweitert. Die (deutsche) Nationalgeschichte ist nicht mehr der primäre Kristallisationspunkt von Forschung und Darstellung; im Innern der Wissenschaft noch weniger als in einer breiteren Öffentlichkeit. Aber die Sehnsucht nach der Synthese, nach der großen und umfassenden Gesamtschau hat deshalb kaum nachgelassen. An die Stelle von Nipperdeys (oder Wehlers) 19. Jahrhundert ist das 19. Jahrhundert des Konstanzer Historikers Jürgen Osterhammel (geb. 1952) getreten: eine fulminante Gesamtschau globaler «Verwandlung der Welt» in derselben Epoche; in seiner Methodik und Darstellungsform ein wenig «postmoderner» als die strenger systematischen Bücher der Vorgängergeneration, aber doch zuerst in derselben Tradition deutscher Geisteswissenschaft und Bildungswelt: umfassend und umfangreich, mit synthetischem Anspruch, kulturell und verlegerisch (bei C.H.Beck!) im selben Übergangsraum von Fachwissenschaft und breiterer Öffentlichkeit platziert, den auch Thomas Nipperdey besetzte.[31] Dick wie zwei Nipperdeys und darin geradezu ein performativer Widerspruch: ein Fortschreiben, eine Bekräftigung nationaler deutscher Wissenschaftskultur noch in der radikalen Sprengung der epistemischen Grenzen des Nationalen. Gerade die «neue» Globalgeschichte drängt überraschend früh zur synthetischen Bekräftigung ihres Wissens und ihres machtvollen Geltungsanspruchs.[32] Nein, gar nicht überraschend – sie wiederholt, was die Nationalgeschichte im Zeitalter der Nationalstaaten tat, im Zeitalter der Globalisierung.

Aber auch die deutsche Geschichte hat ihr wissenschaftliches Spielfeld und ihren öffentlichen Geltungsraum nicht verloren. Hier haben wir es, gemessen an Thomas Nipperdey, nicht mit einer räumlichen, sondern einer zeitlichen Verschiebung zu tun. Das 20. Jahrhundert hat das 19. als Referenzraum, als Ankerpunkt der Deutung deutscher Geschichte abgelöst. Die Gründe liegen auf der Hand: Die Zeit schreitet fort, und wenn die «Großväter» Nipperdeys, deren Welt er rekonstruieren wollte, im Kaiserreich lebten, sind die Großeltern heutiger Historiker Zeitgenossen des 20. Jahrhunderts und mit einiger Wahrscheinlichkeit auf die eine oder andere Weise, als Täter, Opfer oder Zuschauer, in die Geschichte des Nationalsozialismus verstrickt. Das ist der zweite Grund für diese Verschiebung. Die Generation von Thomas Nipperdey fragte nach den tieferen Ursachen des Nationalsozialismus, nach der «langen» gesellschaftlichen und kulturellen Antwort auf die Frage, wie 1933 möglich war. Die folgende Generation fragt vom Holocaust aus, und mit dem Blick auf die Nachwirkungen von Diktatur und Völkermord seit 1945. So gesehen, ist Ulrich Herbert (geb. 1951) mit seiner jüngsten Geschichte Deutschlands im 20. Jahrhundert an die Stelle Thomas Nipperdeys getreten.[33]

Auch hier haben sich die Grundmuster von (national-) wissenschaftlicher Traditionsbildung und breiterem kulturellem Geltungsanspruch des Opus magnum kaum verändert, einschließlich der materialen und symbolischen Präsenz des gebundenen Buches in Zeiten der Digitalisierung. Die Motivation, den inneren Drang, gewiss auch die Fähigkeit zum großen Werk hat nicht jeder, aber es spricht wenig dafür, diese Form bestimmten historischen Generationen zuzurechnen. Auch die Generation Nipperdeys hat sich mit dem Sprung zur machtvollen Synthese nicht leicht getan. Bisher haben sich immer noch Nachrückende gefunden, die sich in ähnlichem Lebensalter wie seinerzeit Thomas Nipperdey für ihr Opus magnum an den Schreibtisch zurückgezogen haben.

Doch wer kauft und liest diese immer noch dicker statt schlanker werdenden Bücher? Die Erwartung, dass Studenten das täten, hat möglicherweise schon bei der Paperbackausgabe «des Nipperdey» im Jahre 1998 getrogen. Das soziale und Bildungsprofil der Studierenden in den Geisteswissenschaften hat sich verändert, und die Lesegewohnheiten und Lesefähigkeiten auch unabhängig davon. Auf dem Markt der Studienliteratur, der Texte zu Einführung, Überblick und Prüfungsvorbereitung hat sich in den letzten zwei Jahrzehnten ein wesentlich knapperes Genre durchgesetzt, Taschenbücher oder Paperbacks von zweihundert Seiten, wie es die Reihen der Darmstädter

«Wissenschaftlichen Buchgesellschaft» repräsentieren, in Sprache und didaktischer Aufbereitung dem amerikanischen *Textbook* ähnlicher als der klassischen deutschen Gesamtdarstellung.[34] Die Differenzierung und Fragmentierung des synthetischen Wissens löst auch ältere Hierarchien und Machtstrukturen auf. Früher waren es die angesehensten Wissenschaftler, die sich eine Synthese zutrauten und denen sie in subtiler fachlicher Machtcodierung zugemessen wurde. Heute schreiben auch Postdoktoranden einen Überblicksband, weil der Kampf um die knappen Köpfe in einem vergrößerten Markt härter geworden ist, und zugleich die Zunft der Geschichtswissenschaft in Deutschland egalitärer als noch vor zwanzig Jahren.

Vielleicht ist gegenüber solchen Verschiebungen, in denen Kontinuitäten oft deutlich sichtbar sind, der prinzipielle Bruch mit der Tradition des großen Werkes gar nicht so entscheidend? Gleichwohl: Im Zeitalter von Postmoderne und Postkolonialismus, von Dekonstruktion und Fortschrittsskepsis ist der grundsätzliche Zweifel an der Berechtigung des Zugriffs auf das Ganze des Wissens und das Ganze der Deutung unüberhörbar. Schon in der Generation Nipperdeys und Wehlers, schon vor dreißig Jahren brach der Konflikt hervor. Einer der Haupteinwände Hans-Ulrich Wehlers gegen die damals neue «Alltagsgeschichte» und überhaupt gegen die «postmodernen» Formen der Geschichtsschreibung war der fehlender «Synthesefähigkeit».[35] Etwas ähnliches meinte wohl der deutsch-amerikanische Historiker George L. Mosse (1918–1999), als er sich im Sommer 1990 bei Thomas Nipperdey für dessen gerade erschienenen zweiten Band bedankte.

Aber vor allem haben Sie die Geschichte zurück gerufen zu ihrer eigentlichen Aufgabe Werke gelehrter Synthese zu schaffen die den Leser in das Geschehen einführen ohne all das gesumms was in den letzten Jahren in Mode war.[36]

Das Gesumms freilich ist nicht verstummt; die Debatte über den Abschied von der Meistererzählung hat an Vehemenz und an Überzeugungskraft gewonnen. Lässt sich deutsche Geschichte überhaupt noch so erzählen, wie Thomas Nipperdey es tat, oder blicken wir in einen «zerbrochenen Spiegel» der Vergangenheit, dessen Fragmente sich auch durch eine narrative Konstruktion nicht mehr glaubwürdig zusammenfügen lassen? So gesehen ist Konrad Jarauschs und Michael Geyers postmoderner Versuch über die deutschen «Shattered Pasts» an die Stelle von Nipperdey getreten.[37]

Das Opus magnum drückt einen Anspruch auf Macht aus, den Anspruch auf Herrschaftswissen, auf Kodifizierung und Kanon. Ist dieser Anspruch seit dem 19. Jahrhundert (und im weiteren Sinne viel früher) nur zufällig von Europa und Nordamerika aus, von weißen, bürgerlichen Männern vertreten worden, oder ist er in den Tiefenstrukturen solcher Praxis und Repräsentation von Geisteswissenschaft verankert? Auch wenn die Wissenschaften kein Reservat der Männlichkeit mehr sind, fällt auf, dass sich Wissenschaftlerinnen viel seltener zu dem Genre des großen Werkes und kaum zu dem Typus der umfangreichen synthetischen Gesamtdarstellung hingezogen fühlen. Historisch gesehen hat das Opus magnum, gerade in Deutschland, seinen sozialen Ort nicht nur in einer männlichen Kultur der Wissenschaft – oder des Literaturbetriebes, wenn man auf literarische Großwerke blickt. Es wurzelt in einem viel umfassenderen Sinne in patriarchalischen Sozialstrukturen, nicht zuletzt in der Hierarchie und Geschlechterdifferenz der bürgerlichen Familie, welche die Produktion des Werkes in seiner Zeit- und Lebensökonomie, in der Einheit von (wissenschaftlicher, literarischer) Produktion und (physiologischer, emotionaler) Reproduktion in vieler Hinsicht überhaupt erst ermöglichte. Ein großes Buch zu schreiben: Das ist eine intellektuelle Potenzgeste im epistemischen ebenso wie im sozialen Sinne. Aber kann diese Einsicht den wissenschaftlichen und kulturellen Wert der umfassenden und hervorragenden Repräsentation von Wissen grundsätzlich delegitimieren? Große Bücher können auch von Frauen geschrieben werden und im sozialen Kontext egalitärer Paarbeziehungen und Familienstrukturen entstehen. Allenfalls kann man also sagen, dass die Geisteswissenschaften am Ende des 20. Jahrhunderts in ihre postheroische Phase eingetreten sind.

Diese Transformation verknüpft sich nicht nur mit den ganz großen sozialkulturellen Verschiebungen der letzten Jahrzehnte – der Krise des Fortschritts, der Krise des Westens, der Krise der Männlichkeit –, sondern auch mit institutionellen Verschiebungen im Wissenschaftssystem, die vom großen Werk als Produktions- und Repräsentationsform des Wissens wegführen, wenn nicht überhaupt vom Buch. In Deutschland, aber auch in vielen anderen europäischen Ländern – verblüffenderweise viel weniger im vermeintlichen Vorbild der USA – sind die Geisteswissenschaften seit den 1980er Jahren einem szientifischen Modell gefolgt, also dem Maßstab der Naturwissenschaften, dem sich die Sozial- und Verhaltenswissenschaften, von der Ökonomie und Psychologie bis zur Politikwissenschaft, noch früher und bereitwilliger angepasst haben. Zugleich wurde die Steuerung des Wissenschaftssystems auf neue Weise an ökonomischen und wettbewerblichen Kriterien ausgerichtet.

Wettbewerb um Reputation, um Rangpositionen, um symbolische und auch um materielle Belohnung gab es, wie das Beispiel Thomas Nipperdeys zeigt, auch in der klassischen, weithin aus dem 19. Jahrhundert überlieferten Ordnung: Reputationsgewinn durch auswärtige Rufe, durch das Schreiben gewichtiger Bücher, die nach ihrer Veröffentlichung begeisterte Rezensionen und Ehrungen generierten; materiellen Gewinn durch Verlagskontrakte und Markterfolg. All das besteht fort, doch ein konkurrierendes Ordnungsmodell hat gewaltig an Bedeutung gewonnen. In ihm sind etablierte Wissenschaftler *Principal Investigators* oder *PIs* in größeren, betriebsförmig organisierten Netzwerken der Verbundforschung. Dort besteht ihre Hauptaufgabe nicht im Schreiben von Büchern, sondern in Forschungsmanagement und Supervision. Belohnt, materiell wie symbolisch, wird nicht das Ergebnis von Forschung in Form der schriftlichen Darstellung, sondern die in klug formulierten «Anträgen» dargelegte Absicht, Forschung selber betreiben zu wollen oder von anderen, vor allem Jüngeren, betreiben lassen zu wollen, in Exzellenzclustern, Sonderforschungsbereichen oder Graduiertenkollegs.[38]

Damit geht eine erhebliche soziale Reorganisation von Wissenschaft einher, die auch einen Rückzug des bürgerlichen Individualismus widerspiegelt. Die Bedeutung von Netzwerken wächst gegenüber der individualisierten Forschung; Kommunikation über Forschung wird vorgelagert; sie findet im Forschungsprozess statt oder schon in dessen Vorbereitung, nicht mehr primär als Ergebnis «fertiger» und darstellerisch repräsentierter Forschung: Ein Workshop zum Projektauftakt ist wichtiger als die Rezension eines Buches, wenn es denn überhaupt geschrieben wird. So ist die soziale zugleich eine gravierende epistemische Reorganisation. Geisteswissenschaftliches Wissen wird anders erzeugt als im klassischen Modell und nimmt andere Aggregatzustände an.

Dazu kommt die Veränderung von Publikationsstrukturen und Karrierewegen. Gegenüber der deutschen Tradition, in der auch noch Thomas Nipperdey stand, sind die Promotion und das aus ihr resultierende Buch weiter aufgewertet worden; mit zweihundert unveröffentlicht bleibenden Seiten über Hegels Frühschriften wäre ein historischer Lehrstuhl heute kaum erreichbar. In stärker szientifischen Fächern wie der Ökonomie wird die monographische, also im Prinzip buchförmige Dissertation durch eine kumulative Promotion ersetzt, für die eine Reihe von Aufsätzen oder *Papers* eingereicht werden, die sich im Wettbewerb des *Peer Review*-Verfahrens bereits durchgesetzt haben. Die Bedeutung der Habilitation und mit ihr die Notwendigkeit, ein «zweites Buch» zu schreiben, ist zugunsten der praktischen Qualifikation in der Juniorprofessur zurückgetreten.

In den Geisteswissenschaften, vor allem in der Geschichtswissenschaft, mag sich dieses Modell jedoch nicht so recht durchsetzen. Zunächst erzwingt die scharfe Konkurrenz um wenige privilegierte Stellen die zusätzliche klassische Qualifizierung mit einer zweiten, thematisch von der Promotion möglichst klar unterschiedenen Monographie. Aber es spricht einiges dafür, dass diese Beharrungskraft auch andere Gründe hat, die mit der Qualität des in einem Buch erfolgten wissenschaftlichen Leistungsnachweises zusammenhängen – und mit zwei eben doch nicht szientifisch einzuebnenden Eigenarten der Geisteswissenschaften: Forschung als Prozess und die Darstellung der Ergebnisse lassen sich nicht voneinander trennen. Auch die Brücke zwischen interner Fachkommunikation und dem Anspruch auf Kommunikation in eine breitere Öffentlichkeit lässt sich nicht ohne weiteres abbrechen.

So sind sogar Gegenbewegungen zu verzeichnen, die das große, in relativer Abgeschiedenheit erzeugte Werk des einzelnen Autors oder der Autorin wieder aufwerten. Förderinstitutionen erkennen an, dass freie Zeit die wichtigste Ressource der Geisteswissenschaften ist, und gewähren Freistellungen und Stipendien zum Schreiben von Büchern. Sogar der vermeintlich antiquierte Begriff des Opus magnum ist dabei wiederbelebt worden. Das Historische Kolleg in München vergibt seine Stipendien mit dem ausdrücklichen Zweck und Auftrag, ein Opus magnum voranzutreiben und wenn möglich abzuschließen.[39] Die Volkswagenstiftung hat ein «Opus magnum»-Programm aufgelegt, das «Professor(inn)en, die ein größeres wissenschaftliches Werk verfassen wollen», durch eine Lehrstuhlvertretung bis zu drei Semester von der Lehre und anderen Dienstaufgaben freistellt.[40] In Großbritannien ermöglichen die Stipendien des *Leverhulme Trust* Geisteswissenschaftlern eine ähnliche langfristige Konzentration auf das Forschen und Schreiben eines Buches.[41]

Nach dem großen Werk? Oder sogar: «The end of bookishness», wie George Steiner schon vor drei Jahrzehnten fragte?[42] Die Digitalisierung scheint der Repräsentationsform des Buches, auch des auf Papier gedruckten Buches, einstweilen weniger anhaben zu können als manche der zuvor diskutierten Veränderungen in der Organisation des Wissenschaftsbetriebs. Vermutlich wird in Zukunft nicht mehr jede Dissertation in den Geisteswissenschaften als Buch im Sinne eines materiellen Artefakts greifbar sein, sondern stattdessen, in unterschiedlichen Modellen der kommerziellen Verwertung oder des

Open Access, digital auf einem Server abgelegt sein. Aber es gibt keinerlei Anzeichen dafür, dass diese Veränderung das Buch dort gefährdet, wo sein wissenschaftlicher und kultureller Anspruch über eine ganz enge *Community of Scholars* hinausgeht.

Nach dem großen Werk? Es gibt keinen Grund, einer goldenen Ära des Opus magnum wehmütig nachzutrauern, die es nie gegeben hat. Theodor Mommsen, Heinrich von Treitschke und Franz Schnabel sind mit ihren großen Projekten zwar nicht gescheitert, aber doch steckengeblieben. Auch früher war der Großteil der geisteswissenschaftlichen Arbeit kleinteilige Normalwissenschaft, die Lehre und Forschung, Briefkommunikation und Verwaltung, das Schreiben von Aufsätzen und Rezensionen unter einen Hut zu bekommen versuchte. Thomas Nipperdeys am Ende des 20. Jahrhunderts entstandene Deutsche Geschichte des 19. Jahrhunderts steht in ihrer Zeit und für ihre Zeit und weist doch darüber hinaus: in ihrer Besonderheit ebenso wie in ihren allgemeinen Zügen.

Nachwort und Dank

Dieses Buch hat eine lange und eine kürzere Geschichte. Seit zwanzig Jahren beschäftige ich mich mit den Historikern und Sozialwissenschaftlern der Generation von Thomas Nipperdey: mit dem wissenschaftlichen Werk und dem öffentlichen Wirken der Fünfundvierziger in der Bundesrepublik seit den 1960er Jahren, mit den Schnittlinien von fachlicher Innovation und intellektuellem Engagement im Schatten des Nationalsozialismus und im Sog der westlichen liberalen Demokratie. Das war immer auch eine Auseinandersetzung mit den eigenen akademischen Lehrern und Vorbildern. Sie zu historisieren bedeutet, Distanz zu gewinnen – aber auch, sie in ihrer historischen Rolle zu würdigen. Vorbilder werden heute überwiegend anderswo gesucht; gut so. Aber die tiefe Zäsur, welche die liberale Neuorientierung der um 1930 Geborenen für die deutsche Wissenschafts-, Kultur- und Mentalitätsgeschichte bedeutet, kann gar nicht überschätzt werden und wird inzwischen leicht für allzu selbstverständlich gehalten. Gleichwohl – mit zunehmendem Abstand treten die Kontinuitätslinien deutlicher hervor. Die Revolutionäre von einst erscheinen mehr als Übergangsfiguren, egal ob sie sich eher als Revolutionäre stilisierten wie Hans-Ulrich Wehler oder ob sie vor dem Vergessen der Tradition warnten wie Thomas Nipperdey.

Bei der Arbeit an diesem Projekt, das vor etwa fünf Jahren seinen Anfang nahm, bin ich oft gefragt worden, warum ich nicht die fünfbändige *Deutsche Gesellschaftsgeschichte* Wehlers zum Gegenstand einer exemplarischen Analyse des historischen und geisteswissenschaftlichen Opus magnum gemacht habe. Die langjährige persönliche Beziehung hätte dem vermutlich nicht genutzt. Thomas Nipperdey dagegen bin ich persönlich nie begegnet. Während eines Forschungsjahres am Historischen Kolleg in München ergab sich die Bitte des Verlages C.H.Beck und von Vigdis Nipperdey, zu einer Neuausgabe der drei Bände der *Deutschen Geschichte im 19. Jahrhundert* ein ausführliches Nachwort zu verfassen und einen Band mit Aufsätzen von Thomas Nipperdey herauszugeben. So kam ich in Kontakt mit dem noch im Haus der Familie in Icking lagernden Nachlass des Münchner Historikers. Die Faszination der Quellen hat das Vorhaben, ein kleines Buch über die Geschichte des großen Buches zu schreiben, schnell befeuert.

Die Forschungsstipendien des Historischen Kollegs sind mit dem Auftrag und der Bürde versehen, während des Jahres in der Kaulbach-Villa am Englischen Garten ein Opus magnum zu schreiben. Das fiel mir nicht leicht, und ich begann mich zu fragen, was denn ein solches Opus magnum eigentlich sei und was seine nicht bloß forschungsimmanenten, epistemischen Kriterien wären, sondern die sozialen und kulturellen Bedingungsfaktoren der Produktion eines «großen Werkes». Nimmt man sich das vor? Wird es das in den Augen anderer? Wie war das bei jemand, der nach allgemeinem Urteil so etwas geschaffen hat wie Thomas Nipperdey mit seiner Deutschen Geschichte?

Also ist vielfach zu danken: dem Historischen Kolleg für die Einladung nach München 2012/13, für den Stachel der Herausforderung des Opus magnum und die Gelegenheit, von meinen ursprünglichen Plänen ein Stück abzuweichen. Die Fritz Thyssen Stiftung hat das Stipendium finanziert. Ein großer persönlicher Dank gilt dem Vorsitzenden des Stiftungskuratoriums Andreas Wirsching. Zurück aus München, habe ich die Idee dieses Buches in verschiedenen Colloquien vorgestellt, dort Thesen ausprobieren können und neue Anregungen erhalten: in Bielefeld, an der Humboldt-Universität und an der Freien Universität Berlin.

Die Ruhe zum Schreiben fand ich, neben engagierten Debatten über den Brexit und den neuen Populismus, während eines weiteren Forschungsjahres am St Antony's College in Oxford 2016/17. Auch hier sei ausdrücklich den Geldgebern des Stipendiums gedankt: der VolkswagenStiftung, der Robert Bosch Stiftung und erneut der Fritz Thyssen Stiftung. Stellvertretend für das wunderbare Umfeld am European Studies Centre nenne ich dessen Direktor Paul Betts. Die Gerda Henkel Stiftung hat den zügigen Abschluss des Buches unkompliziert gefördert; vielen Dank an Angela Kühnen. Die Erstellung des satzfertigen Manuskripts unterstützte Florian Balbiani. Für das sorgfältige Lektorat des Textes und viel andere Unterstützung bei diesem Projekt danke ich erneut Kathrin Kliss.

Von Anfang an konnte ich mich auf das Vertrauen des Verlages von Thomas Nipperdey, von C.H.Beck in München, verlassen, vor allem und wieder einmal auf die Zusammenarbeit mit Detlef Felken. Aufmunterung zum Schreiben kam zum richtigen Zeitpunkt von Ute Frevert und von Nora Hilgert. Weggefährten und ehemalige Mitarbeiterinnen und Mitarbeiter von Thomas Nipperdey haben bereitwillig Auskunft erteilt, besonders Wolfgang Hardtwig, Wilfried Rudloff und Dirk Schumann.

Der größte und tief empfundene Dank gilt Vigdis Nipperdey, ohne deren

Großzügigkeit und Vertrauen das ganze Projekt überhaupt nicht denkbar gewesen wäre. Sie gewährte nicht nur immer wieder Gastfreundschaft in Icking, sondern bereitwillig Zugang zum Nachlass ihres verstorbenen Mannes und stellte auch persönliche Unterlagen zur Verfügung. Sie verstand, dass ich keine Biographie Thomas Nipperdeys schreiben, sondern ihn und sein Hauptwerk «nur» als Fall für eine exemplarische Analyse wissenschaftlich-literarischen Schaffens betrachten wollte. Sie sah und sieht manches anders und kam doch nie auf die Idee, Bedingungen zu stellen oder in den Text zu intervenieren. Das hat mich sehr beeindruckt.

Berlin, im September 2017 Paul Nolte

Abkürzungsverzeichnis

BFW	Bund Freiheit der Wissenschaft
DG	Deutsche Geschichte
EPW	Ernst-Peter Wieckenberg
FAZ	Frankfurter Allgemeine Zeitung
FMI	Friedrich-Meinecke-Institut
FU	Freie Universität Berlin
GG	Geschichte und Gesellschaft
GWU	Geschichte in Wissenschaft und Unterricht
HT	History and Theory
HUW	Hans-Ulrich Wehler
HZ	Historische Zeitschrift
NDB	Neue Deutsche Biographie
NL TN	Nachlass Thomas Nipperdey, Icking
NPL	Neue Politische Literatur
NZZ	Neue Zürcher Zeitung
PB VN	Privatbesitz Vigdis Nipperdey, Icking
PGD	Propyläen Geschichte Deutschlands
SZ	Süddeutsche Zeitung
TN	Thomas Nipperdey
VA CHB	Verlagsarchiv C.H.Beck, München
VfZ	Vierteljahrshefte für Zeitgeschichte
VN	Vigdis Nipperdey
VSWG	Vierteljahrschrift für Sozial- und Wirtschaftsgeschichte
UAG	Universitätsarchiv Göttingen
WJS	Wolf Jobst Siedler
ZF	Zeithistorische Forschungen
ZfG	Zeitschrift für Geschichtswissenschaft
ZIG	Zeitschrift für Ideengeschichte
ZZF	Zentrum für Zeithistorische Forschung Potsdam

Anmerkungen

I. Prolog: Drei dicke Bände – wo kommt das her?

1 Vgl. Galtung, Strukur; Münch, Kultur, S. 721.
2 Weber, Wissenschaft als Beruf, S. 589.
3 Vgl. Darnton, Case for Books.
4 Vgl. jetzt auch: Gleixner, Biographien des Buches.
5 Le Burt, Schreibrituale, S. 50.
6 Eine ganz knappe Skizze bereits bei: Nolte, Historikerwelt.

II. Die Fabrikation von Erkenntnis: Wissen und Werk in den Geisteswissenschaften

1 Vgl. z. B. Szöllösi-Janze, Wissensgesellschaft.
2 Vgl. Raphael, Verwissenschaftlichung des Sozialen; ders., Ordnungsdenken.
3 Vgl. grundlegend Foucault, Archäologie des Wissens.
4 Knorr-Cetina, Fabrikation von Erkenntnis, S. 245; vgl. Latour u. Woolgar, Laboratory Life. Vgl. weiter: Latour, Science in Action; Knorr-Cetina, Wissenskulturen.
5 Knorr-Cetina, Fabrikation von Erkenntnis, S. 246.
6 Vgl. hier nur: Daston, Geschichte der Rationalität; Rheinberger, Historische Epistemologie.
7 Charakteristisch dafür z. B. Hagner, Ansichten.
8 Vgl. klassisch Snow, Zwei Kulturen; Lepenies, Drei Kulturen.
9 Vgl. Berger u. Luckmann, Konstruktion der Wirklichkeit.
10 So auch am Max-Planck-Institut für Wissenschaftsgeschichte in Berlin, einem der international bedeutendsten Orte für die Innovation des Faches, dessen englischer Name nicht zufällig «for the History of Science» lautet.
11 Vgl. z. B. Etzemüller, Sozialgeschichte; Dunkhase, Werner Conze.
12 Vgl. zu dieser Debatte Scholtz, Wissenschaftsanspruch.
13 Mialet, Hawking Incorporated, S. 2.
14 Vgl. ebd., S. 25.
15 Ebd., S. 5.
16 Ebd., S. 6.
17 Habermas, Dialektik der Rationalisierung, S. 207.
18 Siehe unten, Kap. IX, XI.
19 Vgl. zu diesem in der Forschung zuletzt stark betonten Aspekt: Bock von Wülfingen u. Frietsch, Epistemologie und Differenz; Cancik-Kirschbaum u. Traninger, Wissen in Bewegung; auch Rheinberger, Iterationen. – Zu den Modi des Aufschreibens, Fortschreibens und Umschreibens von Geschichte vgl. Koselleck, Erfahrungswandel.
20 Karla, Revolution als Zeitgeschichte, z. B. S. 115: «Beglaubigungsstrategien und Wissensquellen».
21 Vgl. Wimmer, Archivkörper; te Heesen, Zeitungsausschnitt; Gitelman, Paper Knowledge; Müller, Weiße Magie; Gfrereis u. Strittmatter, Zettelkästen.
22 Vgl. Benne, Erfindung des Manuskripts.

23 Vgl. McLuhan, Gutenberg Galaxy.
24 Vgl. z. B. Mulsow, Prekäres Wissen; Grafton u. Most, Canonical Texts. Vgl. auch das Forschungsprogramm bzw. den epochalen Zuschnitt (vom Altertum bis in die Frühe Neuzeit) des SFB 980 «Episteme in Bewegung» an der FU.
25 Darnton, Business of Enlightenment.
26 Hinweise bei Blaschke, Verleger, z. B. S. 446–450. – Für das frühe 20. Jahrhundert: Lenger, Werner Sombart, z. B. S. 58–65 u. S. 271–278.
27 Franck, Ökonomie der Aufmerksamkeit; das folgende Zitat: S. 38.
28 Luhmann, Biographie, Attitüden, Zettelkästen, S. 149.
29 Engelsing, Arbeit, Zeit und Werk. Vgl. Schelsky, Berufsbild. – Zum «akademischen Feld» und überhaupt als anregender Hintergrund für viele Aspekte dieses Buches: Bourdieu, Homo academicus.
30 Luhmann, Knappheit der Zeit.
31 Vgl. allg. Hausen u. Nowotny, Wie männlich ist die Wissenschaft?; und jetzt besonders: Schnicke, Männliche Disziplin; auch: Epple, Empfindsame Geschichtsschreibung.
32 So etwa Jürgen Habermas im Rückblick auf seine «Theorie des kommunikativen Handelns»: Habermas, Dialektik der Rationalisierung, S. 178.
33 Das ist überhaupt eine Frage der Perspektive: Die letzte «große» Generation scheint immer gerade abgetreten zu sein, was dann elegisch beklagt wird. Vgl. Gumbrecht, Romanisten.

III. Das Leben davor: Bürgerliche Jugend, Karriere, Politik

1 Bourdieu, Biographische Illusion; zur Rezeption und mit Fallstudien zur deutschen (und polnischen) Intellektuellengeschichte: Sellmer, Biographische Illusion.
2 Vgl. Wehler, Kaiserreich, S. 280; Luhmann, Gesellschaft der Gesellschaft, Bd. 1, S. 11.
3 Vgl. etwa Habermas, Vorstudien.
4 Vgl. z. B. Böhme, Prolegomena.
5 Vgl. Pehnt, Bibliothek (jedoch ohne Augenmerk auf ungeschriebene *wissenschaftliche* Bücher).
6 Dies und das Folgende zu Kindheit und Jugend Nipperdeys überwiegend nach: Nipperdey, Bürgerliche Jugend, S. 19. Vgl. außerdem: Baumeister, Nipperdey. – Eine (wissenschaftliche) Biographie Nipperdeys gibt es (noch) nicht, und dieses Buch soll sie auch nicht ersetzen.
7 Angaben nach dem (selbstverfassten) Lebenslauf in der Habilitationsakte, Dezember 1959; UAG, Phil. PA Nipperdey; vgl. auch den Lebenslauf in: UAG, Kur. 10972; sowie Auskunft VN, 25.8.2017.
8 Vgl. Moses, Die 45er; Nolte, Historiker der Bundesrepublik. Im Moment beginnt die biographische Erschließung dieser Generation. Vgl. Müller-Doohm, Habermas; Meifort, Dahrendorf; Nolte, Wehler.
9 TN an Wilhelm Hennis, 21.11.1985; NL TN.
10 Vgl. Mannheim, Problem der Generationen.
11 Für eine exemplarische bildungsbürgerliche (Historiker-) Familiengeschichte vgl. Köpf, Die Mommsens.
12 Vgl. Rückert, Hans Carl Nipperdey.
13 Nipperdey, Bürgerliche Jugend, S. 20.
14 Vgl. Hettling u. Hoffmann, Bürgerlicher Wertehimmel.
15 Nipperdey, Bürgerliche Jugend, S. 13.

16 Vgl. Wind, Dorothee Sölle.
17 Nipperdey, Bürgerliche Jugend, S. 13.
18 Vgl. Nonn, Schieder, S. 141 f.
19 Nipperdey, Bürgerliche Jugend, S. 16.
20 Ebd., S. 24.
21 Ebd., S. 17 f.; vgl. Snow, Zwei Kulturen.
22 Nipperdey, Vorschlag zur Einleitung: Im Zwielicht der Geschichte, 1985/86; NL TN; dort auch das folgende Zitat. Vgl. die Druckfassung der Münsteraner Preisrede 1984: Nipperdey, Im Zwielicht.
23 Nipperdey, Hegels Jugendschriften.
24 Vgl. Habermas, Schellings Denken.
25 Nipperdey, Vorschlag zur Einleitung: Im Zwielicht der Geschichte; NL TN.
26 Vgl. Nonn, Schieder, hier bes. S. 55–115 (Schieder im Nationalsozialismus), S. 262–277 («Der Meister und seine Schule»); zur Wirkung Schieders vgl. auch Wehler, Nachruf auf Schieder.
27 Vgl. Nolte, Wehler, S. 15–35; siehe unten, Kap. X.
28 Vgl. Bleek, Politikwissenschaft.
29 Vgl. Schumacher, Gründung (jedoch ohne Behandlung der ersten Forschungsprojekte).
30 Vgl. Henning u. Kazemi, Institutsgeschichte, S. 559–574 (KWI/MPI für Geschichte), bes. S. 559 f. u. S. 564 ff.
31 Nipperdey, Reformation. Die Überarbeitung und Zusammenstellung der Texte erfolgte offenbar im Herbst 1974, im ersten Teil seines Aufenthalts am St Antony's College in Oxford.
32 Ebd., S. 8 (Vorwort). Vermutlich hatte Nipperdey während seiner Göttinger Studiensemester bereits bei Heimpel gehört.
33 Zu Hermann Heimpel vgl. Nagel, Mittelalterforschung. Eine Biographie Heimpels fehlt noch, v. a. wegen des bis 2018 gesperrten Nachlasses.
34 Heimpel, Entwurf, S. 168 f.
35 Nipperdey, Bürgerliche Parteien. Siehe unten, Kap. VIII, S. 140.
36 Laut Vorwort des Buches: Nipperdey, Deutsche Parteien, S. 8. – Antrag auf Zulassung zum Habilitationsverfahren, 4.12.1959: UAG, Phil. PA Nipperdey.
37 Nach den Unterlagen in der Habilitationsakte: UAG, Phil. PA Nipperdey.
38 Zu Konflikten um die Drucklegung, bei denen sich Schieder für Nipperdey einsetzte, vgl. Nonn, Schieder, S. 206. Das war möglicherweise auch der Grund für die verzögerte Eröffnung des Habilitationsverfahrens.
39 Vgl. Etzemüller, Sozialgeschichte; Dunkhase, Werner Conze.
40 Nipperdey, Deutsche Parteien, S. 6.
41 Ebd., S. 144. Zu Sprache und Erzählstil siehe unten, Kap. IX, S. 170–174.
42 Gutachten Richard Nürnberger, 23.10.1960; UAG, Phil. PA Nipperdey; auch das folgende Zitat.
43 Gutachten Hermann Heimpel, 6.11.1960; ebd. – Weitere, kürzere Gutachten von: Percy Ernst Schramm, Reinhard Wittram, Helmuth Plessner, Erich Weniger.
44 Siehe unten, Kap. XII, S. 252–254.
45 Vgl. Nägele, Colloquium in Göttingen. – Das folgende Zitat: Rainer Riemenschneider an TN, 7.2.1986 (Autorenkorrespondenz Nipperdey; als Anlage zu: TN an EPW, 17.2.1986); VA CHB.
46 Schriftliche Auskunft von Heinz-Gerhard Haupt, 25.5.2017.
47 Schnabel, Deutsche Geschichte.
48 Nipperdey, Grundzüge der Parteigeschichte.

49 Vgl. die genauen Angaben bei Holzbauer, Bibliographie, S. 18 f. u. S. 49 ff.
50 Vgl. Wehrs, Protest der Professoren, S. 107.
51 Auskunft VN, 25.8.2017.
52 Vgl. zu ihm: Ladwig-Winters, Ernst Fraenkel.
53 Vgl. Ritter, Hans Rosenberg, S. 296 f.
54 TN an Kreisbüro SPD Zehlendorf, 18.4.1968; NL TN.
55 Wehrs, Protest der Professoren, S. 104.
56 Sten Nadolny an TN, 23.10.1987; NL TN.
57 TN an Hermann Aubin, 2.2.1968; NL TN.
58 Er erschien im zweiten Quartalsheft: Nipperdey, Kulturgeschichte.
59 TN an Richard Nürnberger, 10.6.1968; NL TN; auch die folgenden Zitate.
60 TN an Wilhelm Hennis, 19.12.1968; NL TN. Darin heißt es auch: «Ich finde es sehr schade, daß ich nicht am gleichen Ort mit Ihnen wirke. Es wäre in der gegenwärtigen Situation doch sehr wichtig, sich mit einer so klaren Vernunft wie der Ihren verbünden zu können.»
61 TN an Gordon A. Craig, 20.12.1968; NL TN. Zu der späteren Verbindung zwischen Craig und Nipperdey im Verlagsmarketing von Nipperdeys erstem Band der DG siehe unten, Kap. VI, S. 99 f., 104, 107.
62 Vorlesungsskript «Christentum 1», undatiert (vermutlich WS 1968/69), masch.; NL TN; auch das folgende Zitat.
63 Vgl. TN an Karl Dietrich Erdmann, 9.12.1968; TN an Friedrich von Bergmann, Kurator der FU, 23.12.1969; NL TN.
64 Vgl. Hirschman, Exit, Voice, and Loyalty.
65 Vgl. dazu, im Kontext des Konflikts über das neue West-Berliner Hochschulgesetz, den persönlichen Brief: TN an Regierenden Bürgermeister (zugleich «lieber Genosse Schütz»), 3 S., 5.5.1969; NL TN.
66 Vgl. TN an Theodor Schieder, 11.8.1969; NL TN.
67 Vgl. z. B. TN an Redaktion des Tagesspiegel, 3.2.1969; NL TN.
68 Nipperdey, Zur Lage an der Freien Universität, Typoskript, 13 S., NL TN.
69 Vgl. Abendroth, Linke antwortet Habermas.
70 Nipperdey, Zur Lage an der Freien Universität, S. 1 f.; NL TN.
71 Ebd., S. 6.
72 Ebd., S. 3.
73 Vgl. dazu und zum Folgenden die Übersicht: Das Sommersemester 1969 am Friedrich-Meinecke-Institut, zusammengestellt von Friedrich Zipfel, 4 S., masch.; NL TN. – Das Dienstzimmer Nipperdeys befand sich in einem Nebengebäude, Altensteinstraße 44 a.
74 FU-Spiegel, April 1969; NL TN.
75 23.5.1969; NL TN.
76 Dazu u. a. Schreiben TN an den Dekan der Philosophischen Fakultät, 13.5.1969; NL TN.
77 Flugblatt: Die schleimige Sumpfkröte, gezeichnet «G. v. Innen», 13.5.1969, 2 S., masch.; NL TN.
78 Vigdis Henze («stellvertretend für Herrn Prof. Nipperdey») an den Kurator der FU, 16.6.1969; NL TN.
79 Nach: Zipfel, Das Sommersemester 1969 am FMI, S. 4; NL TN.
80 Studentischer Führer durch das FMI, vermutlich Sommersemester 1969, masch.; Auszüge in: NL TN.
81 Ebd.
82 Vgl. dazu ausführlich (mit Auswertung des Nachlasses Nipperdeys): Wehrs, Protest der Professoren, S. 152 f. u. S. 176. Siehe jetzt außerdem: Koischwitz, Bund Freiheit der Wissenschaft.

83 Baumeister, Nipperdey, S. 318.
84 Vgl. Koenen, Rotes Jahrzehnt.
85 Vgl. TN an Hermann Heimpel, 8.7.1969, mit der Übersendung des Manuskripts; NL TN.
86 Vgl. TN an Theodor Schieffer, 4.6.1969 (der Kölner Mediävist Theodor Schieffer betreute den Rezensionsteil der HZ); NL TN.
87 Vgl. TN an Reinhart Koselleck, 17.7.1969; NL TN.
88 Nipperdey u. Schmugge, Forschungsförderung.
89 TN an Arnold Paucker (als Absage, einen Beitrag für einen von Paucker geplanten Band zu schreiben), 12.12.1968; NL TN.
90 Gerhard A. Ritter an TN, 29.10.1968; NL TN.
91 TN an Gerhard A. Ritter, 19.3.1969; NL TN. Tatsächlich realisierte Nipperdey diese langfristige Planung trotz des Wechsels nach München (wo Ritter 1974 sein enger Kollege wurde).
92 Vgl. Ritter, Meinecke-Schüler.
93 TN an Felix Gilbert, 13.12.1968; NL TN.
94 Auskunft VN, 25.8.2017.
95 Hansjörg Graf, Verlagsleitung Paul List, an TN, 28.10.1968; NL TN. Vgl. Nipperdey, Nationalidee.
96 TN an Hansjörg Graf, 12.12.1968; NL TN.
97 Hansjörg Graf an TN, 13.12.1968; NL TN. Offenbar blieb dieser Brief ohne Antwort.
98 Nipperdey, Decline and Fall of the Free University of Berlin, Typoskript, 18 S., undatiert; NL TN; auch die folgenden Zitate. Vgl. Holzbauer, Bibliographie, Nr. 27 (dort der Hinweis auf Stanford, April 1971).
99 Vgl. TN an den Berliner Wissenschaftssenator Werner Stein, 31.12.1971, 4 S.; NL TN; auch die folgenden Zitate.
100 Presseerklärung Senator Stein, 9.11.1971, Landespressedienst, Nr. 271; NL TN.
101 Protokolle des Abgeordnetenhauses von Berlin, 6. Wahlperiode, 17. Sitzung vom 11.11.1971, S. 403–405; NL TN.
102 Lange, Professor, der sich abkehrt; NL TN.
103 Nipperdey, Leistungsverfall; NL TN; auch das folgende Zitat. – Im folgenden Heft erhielt der FU-Präsident Rolf Kreibich Gelegenheit zu einer Art Gegendarstellung in einem umfangreichen Leserbrief (Der Spiegel, 22.11.1971). – Nipperdey beipflichtender Leserbrief von Wolfram Fischer, einem Kollegen an der FU, 22.11.1971; NL TN.
104 Nipperdey, Bürgerliche Jugend, S. 7.
105 Der Lehrstuhl Schnabels war nach dessen Emeritierung aufgeteilt worden; unmittelbare Nachfolger wurden Fritz Wagner (für die Frühe Neuzeit) und Walter Bußmann (für das 19. und 20. Jahrhundert). Nipperdey folgte Bußmann, als dieser 1970 nach Karlsruhe wechselte.
106 Zitiert bei Böckenförde, Franz Schnabel, S. 20.
107 TN an Pressereferat der Universität München, 3.12.1971, 2 S.; NL TN. – Zur Berufung nach München vgl. auch Hockerts, Ansprache des Dekans.
108 Vgl. Wehrs, Protest der Professoren, S. 198 f. u. passim; dazu ausführliches Material im NL TN.
109 Wehrs, Protest der Professoren, S. 389.
110 Vgl. ausführlicher ebd., S. 374–381. – Zu Lübbe v. a. Hacke, Philosophie der Bürgerlichkeit.
111 Nipperdey, Konflikt. – Vgl. später noch: Nipperdey, Hochschulen.
112 TN an Ludwig von Friedeburg, 31.10.1973; NL TN.
113 TN an Ralf Dahrendorf, 12.11.1973; NL TN (zu einem Artikel Dahrendorfs in der FAZ vom 1.11.1973).

114 Wehler, Kaiserreich.
115 Vgl. dazu ausführlicher Nolte, Wehler, S. 87.
116 TN an Theodor Schieder, 11.8.1969; NL TN (Bezug auf das von Schieder herausgegebene «Handbuch der europäischen Geschichte» und auf die Buchfassung von Wehlers Habilitationsschrift: Wehler, Bismarck).
117 Nipperdey, Wehlers «Kaiserreich».
118 Anon., Professoren über Professoren, S. 52.
119 TN, Leserbrief, handschriftlicher Entwurf, Anfang Januar 1975; NL TN.
120 TN an Bernd Rüthers, 2.11.1976; NL TN.
121 Nipperdey, Gesellschaft, Kultur, Theorie.

IV. Der Entschluss zum Werk und der Raub eines Halbbandes

1 Nipperdey, Gesellschaft, Kultur, Theorie.
2 Ders., Reformation.
3 Mündliche Überlieferung: Klaus Schreiner in Anerkennung der Leistung (und eigener «Defizite») zu Hans-Ulrich Wehler anlässlich des Erscheinens von dessen ersten beiden Bänden der «Deutschen Gesellschaftsgeschichte», Universität Bielefeld, Herbst 1987.
4 Vgl. Habermas, Schellings Denken; ders., Strukturwandel der Öffentlichkeit.
5 Nolte, Selbstentfremdung; ders., Faschismus.
6 So, gegen Ernst Nolte gewendet, bei Wehler, Entsorgung, S. 14.
7 Vgl. Engelsing, Arbeit, Zeit und Werk, S. 102–142.
8 Vgl. das Nachwort in: Hildebrand, Von Erhard zur Großen Koalition, S. 465.
9 Gespräch mit Wolfgang Hardtwig, 23.8.2017; zur Tätigkeit in Beiräten, auch später, vgl. Hockerts, Erbe.
10 Winfried Hellmann an TN, 10.3.1976; vgl. zuvor schon: Winfried Hellmann an TN, 24.4.1975; NL TN.
11 TN an Winfried Hellmann, 7.4.1976; NL TN.
12 Stern u. Winkler, Wendepunkte.
13 Mann, Deutsche Geschichte; vgl. Bitterli, Golo Mann, S. 168–200.
14 Beides: Lehrveranstaltungsankündigungen, Universität München, Sommersemester 1976; NL TN.
15 Lothar Gall an TN, 20.10.1976; NL TN.
16 TN an Lothar Gall, 25.10.1976; NL TN.
17 Vgl. Stelzel, Second Generation; Nolte, Wehler, S. 24 f., 50 f.
18 Dies und das Folgende nach: TN an Peter Gay, 22.12.1976; NL TN.
19 Nipperdey, Nationalismus.
20 TN an Peter Gay, 22.12.1976; NL TN.
21 Siehe unten: TN an Wolfgang Schieder, 23.6.1977; NL TN.
22 Wolfgang Schieder an TN, 30.3.1977, 3 S., mit Anlage: Empfehlungen zur Neuen Deutschen Geschichte (Moraw, Press, Schieder, Februar 1977): siebenseitiges Exposé der Reihe; NL TN.
23 Moraw, Press, Schieder, Empfehlungen zur Neuen Deutschen Geschichte, S. 1; NL TN.
24 Ebd., S. 7.
25 TN an Wolfgang Schieder, 29.4.1977; NL TN.
26 Wolfgang Schieder an TN, 10.5.1977; NL TN.
27 2017 sind sieben der zehn Bände erschienen, angekündigt ist: Siegfried Weichlein, Machtstaat und Industriegesellschaft. Deutschland 1866–1918.

28 TN an Wolfgang Schieder, 23.6.1977; NL TN. Der Brief ist, ungewöhnlich für die Korrespondenz Nipperdeys, v. a. grammatisch sehr fehlerhaft, voller abgebrochener Sätze, und wirkt fast wie ein «stream of consciousness»-Bekenntnis. Deshalb ist er im folgenden Zitat originalgetreu wiedergegeben. Gleichwohl können auch andere, äußere Gründe für diese Form des Briefes verantwortlich sein; das ist nicht mehr zu ermitteln.
29 Propyläen Geschichte Europas, 6 Bde., Frankfurt 1975–1978.
30 TN an WJS, 13.12.1977; NL TN.
31 WJS an TN, 16.1.1978; NL TN.
32 In der Erinnerung von Wolfgang Hardtwig hatte man damals in der Zunft den Eindruck, «da kommt nichts mehr»; ein Buch sei von Nipperdey nicht mehr zu erwarten. Gespräch am 23.8.2017.
33 TN an WJS, 31.1.1978; NL TN.
34 TN an WJS, 2.5.1978; NL TN.
35 WJS an TN, 16.1.1978; NL TN.
36 TN an WJS, 31.1.1978; NL TN.
37 Ebd., auch die folgenden Zitate.
38 WJS an TN, 2.2.1978; NL TN.
39 TN an Wolfgang J. Mommsen, 16.2.1978; NL TN.
40 WJS an TN, 21.4.1978; NL TN.
41 WJS an TN, 17.5.1978; NL TN.
42 TN an WJS, 2.5.1978; NL TN.
43 Ebd.
44 Vgl. Mommsen, Ringen um den Staat.
45 TN an WJS, 17.5.1978; NL TN.
46 WJS an TN, 17.5.1978; NL TN (dieser Brief und der vorher zitierte Nipperdeys vom selben Tag überkreuzten sich).
47 TN an WJS, 6.6.1978; NL TN.
48 TN an WJS, 5.7.1978; NL TN.
49 TN an WJS, 23.5.1978; NL TN.

V. Immer wieder Siedler: Wie der Text nicht zum Buch findet

1 Vgl. Reinhard Stumpf, Kohlhammer-Verlag, an TN, 16.10.1978, mit der handschriftlichen Formulierung der Antwort; Durchschlag des in München ausgefertigten Antwortschreibens, 23.11.1978; NL TN.
2 Vgl. dazu ausführlicher Kap. IX, bes. S. 161–165.
3 TN an Theodor Schieder, 9.12.1981; NL TN.
4 Ebd. Als weitere Referenzen habe er Felix Gilbert, Otto Pflanze, James J. Sheehan und Wolfram Fischer genannt: ein erneuter Beleg für die Bedeutung der nicht zuletzt über Emigranten vermittelten Netzwerke (Pflanze war, wie Peter Gay, ein Schüler von Hajo Holborn).
5 Ebd.
6 Reinhard Stumpf an TN, 16.10.1978; TN an Reinhard Stumpf, 23.11.1978; Reinhard Stumpf an TN, 21.5.1979; NL TN. – Viel später erschien in der Reihe dann: Brandt, Deutsche Geschichte; zum Kaiserreich: Hertz-Eichenrode, 1871–1890; ders. 1890–1918.
7 TN an Kurt Birrenbach, 28.2.1980. – Vgl. ähnlich: TN an Werner K. Blessing, 15.1.1982: «Da ich gerade an einem großen Buch zur deutschen Geschichte zwischen 1800 und 1870 arbeite, …»; NL TN.

8 WJS, Quadriga Verlag, an TN, 7.1.1980; NL TN. Ob es zu dem Treffen kam, ist unklar; konkrete Verabredungen resultierten daraus jedenfalls nicht.
9 WJS, Verlag Severin und Siedler, an TN, 15.4.1981; NL TN.
10 Dazu grundsätzlich und mit historischen Fallstudien (aber nicht zur Bundesrepublik): Zwahr, Verleger und Wissenschaftler.
11 WJS an TN, 10.9.1981; NL TN.
12 Nach: Hammelehle, Wehmütiger Konservativer. – Vgl. dazu und zum Folgenden auch den Nachruf: Rudolph, Der Unzeitgemäße; zum 80. Geburtstag: Fuhr, Später Bürger. Vgl. auch Siedler, Erinnerungen.
13 WJS an TN, 13.5.1982; NL TN.
14 WJS an TN, 12.5.1981; NL TN.
15 Vgl. noch: TN an WJS, 18.5.1981; TN an WJS, 8.7.1981; NL TN; Sommerurlaub: Eintrag VN im «Loipl-Buch» (Gästebuch des Ferienhauses der Familie) für 21.8.–13.9.1981, S. 81; PB VN.
16 Auskunft VN, 24.8.2017.
17 WJS an TN, 10.9.1981; NL TN; auch das folgende Zitat.
18 Ebd. Moraws Band erschien 1989 (Moraw, Reich im Mittelalter). Über Vierhaus dagegen war Siedler wohl falsch informiert: Vierhaus, Staaten und Stände.
19 Zunächst 1978 auf einer Lehrstuhlvertretung, seit 1979 auf einer C3-Professur. Nach fünf Jahren an der Universität der Bundeswehr in München (1989–1994) kehrte Schulze an das FMI zurück, diesmal auf einen Lehrstuhl für Neuere Geschichte.
20 Schulze, Freikorps; ders., Otto Braun. Die Braun-Biographie war bei Propyläen erschienen; von dort kannten Schulze und Siedler sich.
21 Vgl. dazu, auch zum Folgenden: WJS an TN, 26.11.1981; NL TN. Der damit angerissene verlegerische, ideenpolitische und fachwissenschaftliche Kontext von Siedlers Projekt «Die Deutschen und ihre Nation» verdient eine eigene, ausführlichere Behandlung.
22 Schulze, Weimar (bei Severin und Siedler).
23 WJS an TN, 26.11.1981; NL TN.
24 Ebd. – Die Bände von Jäckel und Baring für die Reihe realisierten sich nicht; stattdessen schrieb Hans-Ulrich Thamer die Geschichte des Dritten Reiches und Adolf Birke über Deutschland 1945–1961. Nach der Wiedervereinigung erschien ein zusätzlicher, zeitlich überlappender Band von Peter Graf Kielmansegg (1945–1990).
25 Das Reich und die Deutschen, 6 Bde., Berlin 1986–1991.
26 TN an WJS, 10.12.1981; NL TN.
27 TN an Winfried Hellmann, Vandenhoeck & Ruprecht, 7.1.1982; gleichlautend: TN an Klaus Piper, Piper Verlag, 7.1.1982; NL TN.
28 Zur Planung dieses Treffens: TN an WJS, 10.12.1981; NL TN.
29 TN an WJS, 7.1.1982; NL TN.
30 WJS an TN, 12.1.1982; NL TN.
31 TN an WJS, 11.1.1982; NL TN.
32 Ebd.
33 Ebd.
34 Siehe unten, Kap. VII, S. 120–122.
35 WJS an TN, 13.1.1982; NL TN.
36 Ebd.; auch das folgende Zitat.
37 Ebd.
38 Ebd.
39 WJS an TN, 26.2.1982; NL TN; auch die folgenden Zitate.
40 Ebd.

41 Ebd.
42 TN an Viktor Niemann, Propyläen Verlag, 26.2.1982; NL TN.
43 Ebd.
44 Ausführlicher dazu Kap. X; Nolte, Wehler, S. 87–104; siehe auch Rebenich, C.H.Beck, S. 616–621.
45 TN an Viktor Niemann, 26.2.1982; NL TN.
46 Viktor Niemann, Geschäftsleitung Ullstein GmbH, an TN, 18.3.1982; NL TN.
47 TN an Viktor Niemann, 22.3.1982; NL TN.
48 TN an Viktor Niemann, 15.4.1982; NL TN.
49 Vgl. anon., Viktor Niemann. Durch die von Herbert Fleissner betriebene rechtsextreme Orientierung des Verlags gerieten auch die PGD in schweres Fahrwasser, insbesondere mit der durch den Cheflektor (seit 1992) Rainer Zitelmann beauftragten Geschichte des Nationalsozialismus (Weißmann, Weg in den Abgrund), die nach heftigen Protesten im Fach und in der Öffentlichkeit zurückgezogen werden musste.
50 Viktor Niemann an TN, 22.4.1982; NL TN.
51 Vgl. Lutz, Ringen um Einheit.
52 Vgl. Winkler, Revolution zur Stabilisierung; ders., Schein der Normalität; ders., Weg in die Katastrophe.
53 TN an Viktor Niemann, 6.5.1982; NL TN.
54 Viktor Niemann an TN, 11.5.1982; NL TN.
55 TN an WJS, 14.5.1982; NL TN.
56 WJS an TN, 24.3.1982; NL TN; auch das folgende Zitat.
57 Nipperdey hatte seine Vierwochenfrist gegenüber Niemann einige Tage früher gesetzt (siehe oben), aber der Druck Siedlers auf ihn verstärkte sein Insistieren auf einer schnellen Klärung bei Propyläen.
58 WJS an TN, 24.3.1982; NL TN. – Vgl. Siedler, Weder Maas noch Memel. Siehe auch die Besprechung von Krüger, Abschiede.
59 TN an WJS, 29.3.1982; NL TN.
60 Ebd.
61 WJS an TN, 15.4.1982; NL TN; auch das folgende Zitat.
62 WJS an TN, 28.4.1982; NL TN; auch das folgende Zitat.
63 TN an WJS, 6.5.1982; NL TN.
64 WJS an TN, 15.4.1982; NL TN.
65 TN an WJS, 6.5.1982; NL TN.
66 TN an EPW, 6.5.1982; VA CHB; siehe unten, Kap. VI, S. 95.
67 WJS an TN, 13.5.1982; NL TN.
68 Ebd.; auch das folgende Zitat.
69 WJS an TN, 13.5.1982; NL TN; auch das folgende Zitat.
70 WJS an TN, 17.5.1982; NL TN.
71 Ebd.
72 WJS an TN, 2.6.1982; NL TN.
73 TN an WJS, 1.6.1982; vgl. WJS an TN, 26.5.1982, mit der Ankündigung des Besuches in München; TN an WJS, 15.6.1982 (Terminverschiebung auf den 21.6., 13 Uhr zum Mittagessen); NL TN.
74 WJS an TN, 28.6.1982; NL TN.
75 Ebd.
76 WJS an TN, 1.7.1982; NL TN.
77 Ebd.
78 Ebd. – Außerdem sollte das Erscheinen beider Bände jetzt wieder, dem ursprünglichen

Plan Siedlers folgend, auf ein halbes Jahr Abstand gespreizt werden; das Manuskript für den ersten Band sollte Nipperdey bis zum 1.3.1983, dasjenige für den zweiten Band bis zum 1.9.1983 vorlegen (für ein Erscheinen im Herbst 1983 und im Frühjahr 1984).

79 TN an WJS, 2.7.1982; NL TN. – Nipperdey berichtete darin auch von einem persönlichen Gespräch mit Heinrich Lutz, über dessen Inhalt nichts bekannt ist. Lutz musste es ja merkwürdig vorkommen, als Verfügungsmasse behandelt zu werden.

80 Ebd.; auch das folgende Zitat.

81 Ebd.

82 WJS an TN, 5.7.1982; NL TN; auch die folgenden Zitate.

83 TN an WJS, 7.7.1982; NL TN.

84 EPW an TN, 6.7.1982; VA CHB.

85 TN an WJS, 14.7.1982; NL TN. Das Telegramm erwähnt Siedler in seiner Antwort: WJS an TN, 21.7.1982; NL TN.

86 TN an WJS, 14.7.1982; NL TN; auch das folgende Zitat.

87 WJS an TN, 21.7.1982; NL TN.

88 WJS an TN, 30.7.1982; NL TN.

89 Ebd. Vgl. Gall, Bismarck.

90 Vgl. Holzbauer, Bibliographie, S. 32 u. S. 42.

91 Möller, Fürstenstaat oder Bürgernation?; Lutz, Habsburg und Preußen.

92 Siedler Deutsche Geschichte, 12 Bde., Berlin 1994; Taschenbuchsonderausgabe, München 1998.

VI. München leuchtet, schwarz wie Craig: Bürgerwelt und starker Staat

1 Mündliche Auskunft VN, 25.8.2017.

2 TN an EPW, 6.5.1982; VA CHB, Autorenkorrespondenz Nipperdey (dort ist dieser Brief das früheste Stück).

3 DG 1800–1866, Gliederung Anfang Mai 1982, teilweise mit Seitenzahlen, 2 S.; VA CHB u. NL TN (Durchschlag).

4 Das geht auch aus einer undatierten, offenbar älteren Übersicht der geschriebenen Teile hervor, die ohne Bezifferung nur die Unterkapitel dieser beiden Kapitel nennt und Seitenzahlen dazu angibt; erst danach entstand das Kapitel I (1 S., ohne Titel; NL TN).

5 TN an EPW, 6.5.1982; VA CHB.

6 Bleistiftnotiz EPW auf Brief TN an EPW, 6.5.1982; VA CHB.

7 EPW, undatierter Vermerk, zugleich an Verleger und Herstellungsleiter («Herrn Beck, Herrn Fischer z. K.»), ca. 27.5.1982; VA CHB.

8 Eigene Überschlagsrechnung des Verfassers.

9 EPW, internes Memo, ca. 27.5.1982; VA CHB; auch zum Folgenden.

10 Ebd.

11 EPW an TN, 21.6.1982; VA CHB.

12 TN an EPW, 29.6.1982; VA CHB.

13 TN an EPW, 5.7.1982 (a); VA CHB.

14 TN an EPW, undatiert (Anfang Juli 1982), handschriftlich auf A5 quer; VA CHB.

15 TN an EPW, 5.7.1982 (b); VA CHB.

16 EPW an TN, 6.7.1982, «Du. Herrn Beck z. K.»; VA CHB; auch die folgenden Zitate.

17 Ebd.

18 Craig, Europe since 1815; bei C.H.Beck: Geschichte Europas, Bd. 1 (1815–1914) u. Bd. 2 (1914–1975).

19 Craig, Germany 1866–1945; bei C.H.Beck: Deutsche Geschichte 1866–1945.
20 Craig, Germans; bei C.H.Beck: Über die Deutschen.
21 Craig, Geschichte Europas 1815–1980.
22 Vgl. Wesel, C.H.Beck.
23 Ernst-Peter Wieckenberg (geb. 1935) war seit 1966 bei C.H.Beck tätig; Wolfgang Beck (geb. 1941) trat im April 1973, nach dem Tod seines Vaters, in die verlegerische Verantwortung. Vgl. Rebenich, C.H.Beck, S. 575.
24 Ebd. S. 591–607; anon., Riesencorpus, VA CHB.
25 EPW an TN, 6.7.1982; VA CHB.
26 TN an EPW, 9.7.1982; VA CHB; auch das folgende Zitat.
27 Vermutlich am 14.7.1982, an dem Tag, an dem Nipperdey auch Siedler absagte.
28 TN an EPW, 16.7.1982; EPW an TN, 16.7.1982 (mit der erbetenen Bestätigung); VA CHB.
29 Vgl. TN an EPW, 4.10.1982; EPW an TN, 21.10.1982; VA CHB.
30 Sheehan, German History; dt.: Ausklang des Reiches (mit einer Anpassung der Eckdaten); Wolfgang J. Mommsen hatte inzwischen seinen Beginn auf 1850 vorverlegt und sich so zumindest ein Stück des ursprünglich an Nipperdey abgetretenen 19. Jahrhunderts zurückgeholt. – Ob Sheehan bereits 1982 der Ersatzautor war oder den Band erst später übernahm, ist unklar.
31 EPW an TN, 17.8.1982; VA CHB; auch das folgende Zitat.
32 Siehe unten, Kap. IX, S. 176–182, 188–191; Kap. XI, S. 230–233.
33 TN an EPW, 4.10.1982; VA CHB.
34 EPW an TN, 21.10.1982; VA CHB.
35 Vermutlich, weil dieses Exemplar offenbar nicht erhalten ist, wohl aber von Wieckenberg lektorierte Manuskriptteile der späteren Kaiserreichbände.
36 TN an EPW, 20.12.1982; VA CHB.
37 Ebd.
38 Ebd.
39 Vgl. Schünemann, Schreibwerkstatt.
40 TN an EPW, 20.12.1982; VA CHB.
41 EPW an TN, 18.11.1982; VA CHB.
42 TN an EPW, 22.11.1982; VA CHB; auch das folgende Zitat.
43 TN an EPW, 20.12.1982; VA CHB.
44 Zum Folgenden: Autorenfragebogen («Blaue Blätter») zu DG 1800–1866, 5 S., masch. ausgefüllt; undatiert (ca. Februar 1983); VA CHB.
45 Nipperdey, Entwurf Kurztext für DG 1800–1866, 1 S., masch., undatiert (ca. Februar 1983); VA CHB.
46 Ebd.
47 EPW an Stadtarchiv Frankfurt am Main, Bildstelle, 27.10.1982; VA CHB.
48 EPW, interner Vermerk an Herrn Fischer, 3.12.1982; VA CHB.
49 Zum Wechsel auf einen weißen Schutzumschlag mit den Folgebänden siehe unten, Kap. VII, S. 133.
50 EPW an TN, 13.1.1983; VA CHB.
51 Karl-Joseph Hummel, geb. 1950, Promotion 1983 bei Nipperdey; später Direktor der Forschungsstelle der Kommission für Zeitgeschichte e. V. in Bonn.
52 TN «an die Damen und Herren Fisch, Hummel, Ksoll, Letsch, Paul, Seitz, Wiebe», 4.2.1983; NL TN; auch die folgenden Zitate. – Ina Ulrike Paul, damals studentische Mitarbeiterin, bestätigt dieses Verfahren, das damals freilich weithin üblich gewesen sei: Schriftliche Auskunft vom 31.3.2017.
53 Ebd.

54 TN an EPW, 22.11.1982; VA CHB.

55 Vgl. DG 1800–1866, S. 805; masch. Ms. des Nachworts, 2 S., identisch mit der gedruckten Fassung, einschließlich der Datierung «Ostern 1983»; NL TN. – Ostersonntag: 3.4.1983.

56 EPW an TN, 8.8.1983; VA CHB; auch das folgende Zitat.

57 «Loipl-Buch», Eintrag VN für 27.7.–29.8.1983, S. 113 f.; PB VN.

VII. Weiterschreiben: Die Bände zum Kaiserreich

1 Als Metapher für die Globalgeschichte; vgl. Osterhammel, Flughöhe der Adler.

2 Vgl. v. a. Winkler, Der lange Weg; ders., Geschichte des Westens.

3 So erging es dem amerikanischen Historiker David Hackett Fischer, der eine mindestens fünfbändige Kulturgeschichte der USA in deren erstem Band ankündigte, auf den weitere aber nicht folgten; er schrieb stattdessen zahlreiche andere, vom Genre her «leichtere» Bücher. Vgl. Fischer, Albion's Seed, S. vii; danach u. a. ders., Paul Revere's Ride.

4 Vgl. seinen Entwurf zu einem Werbetext für die DG 1800–1866; VA CHB; siehe oben, Kap. V, S. 106.

5 EPW, interne Notiz in der Autorenkorrespondenz Nipperdey, 10.8.1982; VA CHB. Hockerts hatte sich jedoch in Bonn habilitiert und ging 1982, nach kurzem Zwischenspiel auf einer Professur in München, nach Frankfurt. Über das Kaiserreich hatte Hockerts freilich kaum gearbeitet.

6 EPW, interne Notiz an Wolfgang Beck, 7.2.1983; VA CHB.

7 Nipperdey, Nationalidee; ders., Kölner Dom.

8 Wolfgang Beck, handschriftliche Notiz, an EPW, 8.2.1983; VA CHB.

9 EPW an TN, 10.2.1983; VA CHB.

10 EPW an Wolfgang Beck, 14.4.1983; VA CHB.

11 EPW an TN, 8.8.1983; VA CHB; auch das folgende Zitat.

12 Ebd.; auch die folgenden Zitate.

13 EPW an TN, 24.8.1983, handschriftlich; VA CHB.

14 EPW an TN, 19.10.1983; VA CHB.

15 TN an Theodor Schieder, 9.12.1981; NL TN.

16 TN an Albert O. Hirschman, 18.1.1983; NL TN; auch zum Folgenden.

17 Vgl. z. B. die knappe Darstellung in: Institute for Advanced Study, Bulletin 1940, S. 1–4; Brown, Institute.

18 Vgl. zur Biographie Albert O. Hirschmans v. a. Adelman, Worldly Philosopher; Sum, Widerspruch als Prinzip.

19 Vgl. z. B. Grimm, Wissenschaftskolleg.

20 TN an Albert O. Hirschman, 18.1.1983; NL TN. Eine Antwort Hirschmans ist im Nachlass Nipperdey nicht überliefert.

21 EPW an TN, 10.4.1984; VA CHB.

22 EPW an TN, 18.5.1984; VA CHB.

23 Stefan Fisch, geb. 1952, 1977 Lehramts-Staatsprüfung, 1986 Promotion bei Nipperdey, 1994 Habilitation. – Zur Rolle des Mitarbeiterteams siehe bes. Kap. IX, S. 186–191; Kap. XI, S. 230–232.

24 TN an EPW, 14.8.1984; VA CHB; auch die folgenden Zitate.

25 Ebd.

26 EPW an TN, 6.5.1985; VA CHB.

27 EPW an TN, 9.12.1985; VA CHB. Vgl. auch Rebenich, C.H.Beck, S. 614 f.

28 EPW an TN, 3.11.1987; VA CHB.

29 TN an Wilhelm Hennis, 21.11.1985; NL TN. Vermutlich handelte es sich um: Hennis, Spuren Nietzsches (zuerst als Vortrag in Göttingen, November 1985). – Vgl. zu Hennis: Schlak, Hennis.

30 TN an Richard van Dülmen, 25.3.1985; zuvor: Richard van Dülmen an TN, 18.2.1985; NL TN. Vgl. van Dülmen, Fischer-Lexikon Geschichte; den Neuzeit-Artikel schrieb Dieter Langewiesche.

31 TN an Otto Dann u. Klaus Pabst, 21.11.1986; zuvor Otto Dann u. Klaus Pabst an TN, 12.11.1986; NL TN. Das Buch kam nicht zustande; vgl. später: Schieder, Nationalismus und Nationalstaat.

32 TN an Heiner Geißler, 12.9.1986; NL TN. Nipperdey war 1985 aus der SPD ausgetreten.

33 Nämlich zwischen dem ersten und zweiten Teilband und einer Phase gesundheitlicher Stabilität; siehe unten.

34 TN an Siegfried Quandt, 12.3.1990; NL TN.

35 Wolfgang Beck u. EPW an TN, 20.8.1987, NL TN; auch das folgende Zitat.

36 Vgl. u. a. TN an EPW, 29.10.1987; NL TN u. VA CHB; dort mit handschriftlicher Notiz Wolfgang Beck: «Stattdessen Sonderdruck spendieren?»; EPW an TN, 10.11.1987; VA CHB. – Veröffentlichung: Aquädukt, S. 126–143.

37 Siehe Kap. III, S. 49.

38 Exemplar der Einladung TN an EPW, 26.8.1987; VA CHB. – Als öffentliche Würdigung: Gall, Historiker wird sechzig.

39 Ebd. – Der Pianist Gottfried Herbst (3.4.1928–24.7.2006) lebte seit 1972 in Icking und war mit den Nipperdeys eng verbunden. «Gottfried Herbst war ein ‹besonders reizender Mensch›, sagt Vigdis Nipperdey»: anon., Nachruf Gottfried Herbst.

40 Dankschreiben TN, datiert «Jahreswechsel 1987/88», hier Exemplar EPW (Eingangsstempel 7.1.1988); VA CHB; auch das folgende Zitat.

41 M. Rainer Lepsius an TN, 25.10.1987; NL TN.

42 Hans Günter Zmarzlik an TN, 23.10.1987; NL TN; auch das folgende Zitat.

43 Martin Broszat an TN, 26.10.1987; NL TN.

44 Winfried Schulze an TN, 22.10.1987; NL TN. – Dort noch zahlreiche weitere Briefe, u. a. Hermann Heimpel an TN, 27.10.1992: «Grosser Historiker»; Helmut Kohl an TN, 26.10.1992; Karl Carstens an TN, 3.11.1987.

45 Vgl. EPW an TN, 17.3.1988: «bei unserem Zusammentreffen um den 31. Januar/1. Februar»; VA CHB.

46 EPW, internes Memo «Betrifft: Fortsetzung des Werks von Thomas Nipperdey», 2.2.1988; VA CHB.

47 DG 1866–1918/I, S. 812–834, hier S. 834.

48 EPW, Vermerk 2.2.1988; VA CHB.

49 Dazu siehe ausführlich Kap. X, S. 205–208, 215 f.

50 EPW, Vermerk 2.2.1988; VA CHB; auch das folgende Zitat.

51 Vgl. Wolfgang Beck, handschriftliche Notiz an EPW, 7.3.1988; VA CHB.

52 EPW an TN, 17.3.1988; VA CHB.

53 Ebd.; erneut am 6.4.1988; VA CHB.

54 TN an EPW, 28.3.1988; NL TN.

55 EPW an TN, 8.8.1988; VA CHB; Rücksendung des unterschriebenen Vertrags: TN an EPW, 18.8.1988; NL TN. – Vertrag: Datierung im Verlag auf 3.8.1988; 2. S.; von ihm nicht unterschriebenes Exemplar im NL TN.

56 Im Vertrag steht irrtümlich «31. Juni 1989»; Nipperdey teilte Wieckenberg mit, er habe das auf den 31.7.1989 geändert, «da es den 31.6. nicht gibt» (TN an EPW, 18.8.1988). – Wie-

ckenberg teilte brieflich mit, den Ablieferungstermin für den zweiten Band habe er offengelassen; Nipperdey möge einen Termin einsetzen oder die Lücke so belassen (EPW an TN, 8.8.1988); der Vertrag widerspricht dem eindeutig («Ende 1991» in der Schrift des Verlages; keine spätere Einsetzung Nipperdeys); VA CHB.

57 Ebd.

58 Und zwar weiterhin des Brutto-Ladenpreises; diese bevorzugte Kondition konnte Thomas Nipperdey auch für die Folgebände in Anspruch nehmen, während sich das Autorenhonorar ansonsten zunehmend am Netto-Ladenpreis bemaß, abzüglich der Mehrwertsteuer.

59 EPW an TN, 8.8.1988; VA CHB.

60 TN an EPW, 5.8.1988; NL TN.

61 Ebd.; auch das folgende Zitat.

62 TN an EPW, 18.8.1988; NL TN.

63 Ebd.; vgl. im Buch: Kap. XI, Die Klassengesellschaft, S. 414–427.

64 TN an EPW, 18.8.1988; NL TN; auch das folgende Zitat.

65 Ebd.; Stefan Fisch an EPW, 26.8.1988; VA CHB.

66 TN an EPW, 18.8.1988; NL TN.

67 TN an EPW, 12.9.1989; EPW an TN, 29.9.1989; NL TN.

68 Rundbrief VN an Freunde und Verwandte aus Los Altos Hills, 28.11.1988; VA CHB, Autorenkorrespondenz Nipperdey; auch als Quelle zum Folgenden.

69 Ebd.

70 Ebd.

71 EPW an TN, handschriftlich, 12.11.1988; VA CHB.

72 TN an EPW, handschriftlich, undatiert (ca. Mitte/Ende November 1988); VA CHB; auch die folgenden Zitate.

73 TN an EPW, 3.3.1989; VA CHB.

74 EPW an TN, 29.3.1989; VA CHB.

75 «Loipl-Buch», S. 195, Eintrag TN für Sommerferien 26.7.–18.8.1989; PB VN.

76 Satzauftrag und Satzanweisung für DG 1866–1918/I; Herstellung C.H.Beck an Fotosatz Otto Gutfreund, Darmstadt, 27.10.1989; VA CHB.

77 In Winklers Geschichte des Westens kommen 38 Zeilen auf eine Seite, die etwa 20 Prozent weniger Zeichen umfasst als in Nipperdeys Deutscher Geschichte.

78 Fotosatz Otto Gutfreund an C.H.Beck, Auftragsbestätigung, 30.10.1989; VA CHB.

79 Angebot für Druck und Bindung von DG 1866–1918/I, May & Co., Darmstadt, an C.H.Beck, 7.11.1989; VA CHB.

80 Ebd.; netto (ohne MwSt); Preis für die Bindung bei einer Bindequote von zunächst 4000 Exemplaren, was die zurückhaltende Schätzung des Verkaufserfolgs zu diesem Zeitpunkt unterstreicht.

81 Kalkulation von DG 1866–1918/I, Herstellung C.H.Beck (Schmidt), 9.11.1989, mit späteren Ergänzungen und Kommentaren; VA CHB.

82 Fotosatz Otto Gutfreund, Rechnung für Satz und Korrektur von DG 1866–1918/I, 17.5.1990; VA CHB.

83 Jürgen Fischer, Herstellung C.H.Beck, an Ernst Leonhard, Geschäftsleitung May & Co., 25.4.1990; VA CHB.

84 Ernst Leonhard, Geschäftsleitung May & Co., an Jürgen Fischer, 3.5.1990; VA CHB; auch das folgende Zitat. – Eigentlich «Book-o-Matic», eine Offset-Rollen-Rotationsdruckmaschine, die – damals noch relativ neuartig – vollständige Bücher in einem Druckgang herstellte.

85 May & Co., Angebot für Druck und Bindung von Nipperdey, 11.5.1990; C.H.Beck,

Schmidt: Druckauftrag und (separater) Bindeauftrag für Nipperdey an May & Co., 14.5.1990; VA CHB.

86 Zu Auflagenentwicklung und Paperbackausgaben nach dem Tod Thomas Nipperdeys siehe unten, Kap. XV, S. 301–303.

87 Rechnungen (zu verschiedenen Teilpositionen) May & Co. an C.H.Beck, 25.7.1990; VA CHB.

88 DG 1866–1918/I, Nachwort, S. 837–839; dort alle folgenden Zitate.

89 Zweiter Halbband als «Verfassung und Imperium» in Werbemitteln zum ersten Halbband, z. B. in der «Leseprobe» dazu; NL TN. Weitere Quellen zur Findung der Untertitel für die Kaiserreichbände liegen nicht vor.

90 EPW an TN, 8.8.1983; VA CHB; siehe oben.

91 TN, Bemerkungen zum Werbetext für das Buch, masch., 1 S., handschriftliche Notiz: «An Dr. Wieckenberg», 2.3.1990; NL TN; auch die folgenden Zitate.

92 EPW an TN, 17.4.1990; NL TN.

93 Broschüre «Leseprobe» aus DG 1866–1918/I; NL TN.

94 TN an Eva von Freeden, 23.7.1990; NL TN; auch die folgenden Zitate.

95 Harald Weinrich an TN, 20.9.1990; NL TN.

96 TN an EPW, 26.7.1990; vgl. Wolfgang Beck an TN, 8.10.1990; NL TN. Der Vortrag blieb unveröffentlicht.

97 FAZ-Magazin, 10.8.1990, S. 32.

VIII. Gipfel und Hügel, Opus und Opuscula

1 Vgl. Osterhammel, Vorwort, S. 7 (Beschreibung des «Wehlermassivs»).

2 Habermas, Dialektik der Rationalisierung, S. 208.

3 Vgl. u. a. Hempfer u. Antony, Geisteswissenschaften.

4 Vgl. u. a. Hardtwig, Geschichtsreligion.

5 Vgl. Bericht Trier 1958, S. 59.

6 Gerhard A. Ritter, Trauerrede auf Thomas Nipperdey, Icking, 19.6.1992, Typoskript; PB VN.

7 Nipperdey, Bürgerliche Parteien.

8 Auf der Grundlage von: Holzbauer, Bibliographie.

9 Vgl. zum Folgenden ebd.

10 Vgl. Engelsing, Arbeit, Zeit und Werk, S. 116.

11 Vgl. u. a. TN, Warum ich die FU verlasse (offener Abschiedsbrief an Senator Stein); «Die Welt», 9.11.1971; NL TN; siehe ausführlicher Kap. III, S. 48 f.

12 Nipperdey, Einheit und Vielfalt. Zu Nipperdeys Auftritt auf dem Bochumer Historikertag, siehe unten, Kap. XI, S. 222 f.

13 Dazu siehe oben, Kap. III, S. 50–52.

14 Vgl. dazu ausführlicher: Nolte, Intellektuelle Zeitgeschichte.

15 Vgl. Nipperdey, Kann Geschichte objektiv sein?

16 Nipperdey, Konflikt.

17 Kongress «Aufklärung heute – Bedingungen unserer Freiheit», 15./16.1.1980 in München, als Folgeveranstaltung der Kongresse «Tendenzwende» (1974) und «Mut zur Erziehung» (1978). Vgl. das Vorwort in Zöller, Aufklärung heute, S. 7. – Vgl. dazu Hoeres, Tendenzwende.

18 Nipperdey, Geschichte als Aufklärung. Zum Streit mit Kocka und Wehler darüber siehe unten, Kap. X, S. 202–205.

19 Zöller, Aufklärung heute; darin: Nipperdey, Geschichte als Aufklärung; Dahrendorf, Gesinnungsfronten.
20 In veröffentlichter Form nur: Nipperdey, Herrschaft des Verdachts. – Siehe unten, Kap. X, S. 208–214.
21 Vgl. z. B. Nipperdey, Deutsche Einheit.
22 Vgl. Zwiener, Wartburgtreffen, S. 48–58.
23 Nipperdey, Nachdenken.
24 Vgl. dazu explizit Wirsching, Abschied vom Provisorium, S. 11 f.
25 Reinhard Lebe, DVA, an TN, 28.6.1985; NL TN.
26 Ebd.
27 Siehe oben, Kap. VII, S. 116 f., 122.
28 TN an EPW, 2.7.1985; VA CHB.
29 Vgl. Reinhard Lebe an TN, 31.7.1985; NL TN.
30 TN an EPW, 8.7.1985; VA CHB. Eine Übersicht der Texte oder das Konvolut selber fehlen dort ebenso wie in der Korrespondenz mit Reinhard Lebe im Nachlass. – Der Aufsatz Nipperdey, Kölner Dom, zuerst veröffentlicht in der HZ, mit Widmung zum 80. Geburtstag seines Göttinger Lehrers Hermann Heimpel, wurde später doch aufgenommen (Nachdenken, S. 156–171).
31 TN an Reinhard Lebe, 6.7.1985; NL TN.
32 Reinhard Lebe an TN, 31.7.1985; NL TN; auch das folgende Zitat. – Vgl. Jäckel, Hitlers Weltanschauung.
33 EPW an TN, 25.7.1985; VA CHB.
34 EPW an TN, 5.8.1985; VA CHB.
35 TN an EPW, 23.8.1985; VA CHB.
36 EPW an TN, 4.9.1985; VA CHB.
37 Vgl. EPW an TN, 2.10.1985 (Dank für die Rücksendung des Vertrags); VA CHB.
38 TN an Reinhard Lebe, 3.9.1985; NL TN.
39 Ulrich Frank-Planitz an TN, 27.9.1985; NL TN; auch zum Folgenden.
40 TN an EPW, 3.10.1985; VA CHB.
41 EPW an TN, 7.10.1985; VA CHB.
42 Ebd.; vgl. Craig, Über die Deutschen; siehe oben, Kap. VI, S. 100.
43 Wehler, Aus der Geschichte lernen? Ähnliche Strategien verfolgten Verlag und Autor in anderen Fällen, z. B. mit Heinrich August Winkler.
44 Ulrich Frank-Planitz an TN, 15.1.1986; NL TN.
45 TN an Ulrich Frank-Planitz, 15.1.1986; NL TN; auch das folgende Zitat.
46 Ulrich Frank-Planitz an TN, 3.3.1986; NL TN.
47 Vgl. TN an EPW, 3.12.1985; VA CHB.
48 EPW, verlagsinterne Notiz/Umlauf, 19.12.1985, mit Typoskript Titelvorschläge; VA CHB.
49 TN an EPW, 2.1.1986; VA CHB u. NL TN; auch zum Folgenden.
50 Nipperdey, Kann Geschichte objektiv sein? Schließlich stand der Text nicht an erster, sondern an letzter Stelle des Bandes (Nachdenken, S. 218–234) und diente später als Titel des Aufsatzbandes von 2013.
51 Zu dieser Preisverleihung siehe unten, Kap. XII, S. 258–260. – Vgl. Nipperdey, Zwielicht; Baumeister, Nipperdey, S. 314.
52 EPW an TN, 16.7.1986; VA CHB; auch das folgende Zitat.
53 EPW an TN, 27.8.1986; VA CHB.
54 TN an EPW, 14.11.1986; NL TN. – Zur weiteren Verbreitung und zum Bemühen um die englische Übersetzung siehe unten, Kap. XIII.

55 Vgl. Siedler, Pfaueninsel; von Weizsäcker, Reden (u. a. mit der berühmten Rede zum 8. Mai 1945, S. 11–35).
56 Hillgruber, Untergang.
57 WJS an TN, 14.8.1986; NL TN. Siedler hatte Klaus Scholder (1930–1985) mit seinem Hauptwerk «Die Kirchen und das Dritte Reich» zu Ullstein geholt; in seinem eigenen Verlag erschien: Scholder, Mittwochs-Gesellschaft.
58 WJS an TN, 14.8.1986; NL TN.
59 TN an WJS, 29.8.1986; NL TN; auch das folgende Zitat.
60 Nipperdey, Wie das Bürgertum die Moderne fand (CORSO bei Siedler). – Später Ausgabe bei Reclam (Stuttgart 2007).
61 Vgl. z. B. Nipperdey, Bürgertum und schöne Künste; ders., Rise of the Arts.
62 EPW an TN, 5.11.1985; VA CHB.
63 Dazu siehe unten, Kap. IX, S. 167.
64 EPW an TN, 13.10.1987; VA CHB.
65 TN an EPW, 22.10.1987; NL TN u. VA CHB; auch das folgende Zitat.
66 EPW an TN, 3.11.1987; NL TN.
67 Vgl. Nolte, Wehler, S. 112 f.; siehe unten, Kap. X, S. 210.
68 EPW an TN, 20.12.1987; VA CHB.
69 TN an EPW, 5.1.1988; NL TN; auch das folgende Zitat. Der Brief enthält eine detaillierte Beschreibung der Stufen des Korrektur- und Revisionsprozesses am Manuskript; dazu siehe unten, Kap. IX, S. 187–191.
70 Ebd.
71 Verlagsvertrag «Religion im Umbruch», von Wolfgang Beck mit Datum 21.12.1987 unterzeichnet; NL TN. Die Honorarkonditionen waren so festgelegt wie von Wieckenberg ursprünglich angeboten.
72 EPW an TN, handschriftlich, undatiert, ca. März 1988; NL TN.
73 TN an Eva von Freeden, 5.8.1988; NL TN.
74 Nämlich die Generation der Fünfundvierziger, wobei die politischen Konsequenzen aus ähnlichen (Kriegs- und Nachkriegs-) Erfahrungen unterschiedlich sein konnten – der sozialdemokratisch-linksliberale Teil derselben Generation fehlte hier.
75 EPW an TN, 12.11.1988; VA CHB.
76 TN an EPW, 28.3.1990; NL TN.
77 EPW an TN, 17.4.1990; NL TN.
78 TN an EPW, 14.5.1990; NL TN (ohne die Liste selber, die sich auch in der Autorenkorrespondenz im VA CHB nicht findet).

IX. Handschrift und Helfer: Vom Schreiben und Umschreiben

1 Luhmann, Soziale Systeme, S. 14. – Zum Problem der Autorschaft klassisch: Foucault, Autor.
2 Lepsius, Blicke zurück, S. 48 f.
3 Dazu siehe oben, Kap. II.
4 Vgl. v. a. Nadolny, Geschichts-Erzähler; Nolte, Darstellungsweisen.
5 Vgl. Algazi, Study.
6 So wie sein Antipode Hans-Ulrich Wehler; vgl. Nolte, Wehler, S. 99.
7 Zu dieser selten behandelten Frage vgl. Etzemüller, Historische Erkenntnis. – Vgl. auch Henrich, Werke im Werden.
8 Vgl. Grafton, Fußnote; Wimmer, Archivkörper; und hier bes. ders., Rankes Quellen.

9 Vgl. Koselleck, Kritik und Krise; ders., Preußen. Auch Jürgen Habermas musste während derselben Zeit, in der wissenschaftskulturell besonders stark auf Empirie und Fakten abgehoben wurde, am Institut für Sozialforschung nachweisen, dass er empirische Sozialforschung «konnte».

10 Baumeister, Nipperdey, S. 315.

11 Vgl. Bock von Wülfingen u. Frietsch, Epistemologie und Differenz; Cancik-Kirschbaum u. Traninger, Wissen in Bewegung.

12 Zur Kritik Nipperdeys an der Totalität der Aufklärung in der Kontroverse mit Wehler und Kocka siehe unten, Kap. X, S. 203 f.

13 Vgl. z. B. Wehler, Gesellschaftsgeschichte, Bd. 1, S. 7.

14 Vgl. den sehr guten Artikel «Commonplace Book» in der englischen Wikipedia: https://en.wikipedia.org/wiki/Commonplace_Book (zuletzt 14.10.2017), mit weiteren Belegen und Literatur.

15 Auskunft VN, 25.8.2017.

16 Wehler legte für seine Gesellschaftsgeschichte Wert auf Anmerkungen und Literaturnachweise; sie machen dort 10–15 Prozent des Seitenumfangs aus. Wegen der Zusammenfassung von Belegen über längere Abschnitte, der extrem verkürzten Zitierweise und des Verzichts auf eine Bibliographie ist dieser Apparat jedoch, wie häufig bemerkt wurde, schwer benutzbar.

17 Wehler, Gesellschaftsgeschichte, Bd. 1, S. 552.

18 Vgl. Luhmann, Biographie, Attitüden, Zettelkasten; Kaube, Theorieproduktion; Gfrereis u. Strittmatter, Zettelkästen.

19 Das bestätigt auch Wolfgang Hardtwig; Gespräch am 23.8.2017.

20 Beim Lesen seiner Bücher machte Nipperdey kaum Anstreichungen; auch andere Lektürespuren finden sich kaum, wie eine Überprüfung der an das ZZF abgegebenen Bestände ergab; dazu siehe unten, Kap. XV, S. 300. – Vgl. auch Assmann, Bücherschrank.

21 Auskunft VN, 25.8.2017.

22 Vgl. Raphael, Fernand Braudel, S. 46 f.; vgl. Braudel, Mittelmeer.

23 Bis auf handschriftliche Notizen zu einigen frühen Vorlesungen, die außerhalb des Kontexts der Deutschen Geschichte stehen, konnten Vorlesungsnotizen bzw. Skripte im Nachlass nicht ermittelt werden.

24 Vgl. Engelsing, Arbeit, Zeit und Werk, bes. S. 102–123.

25 Droysen, Historik, S. V.

26 Foucault, Sécurité, territoire, population; ders., Naissance de la biopolitique; dt. als: Geschichte der Gouvernementalität, Bd. 1 u. 2. – Vgl. auch die schon zu dessen aktiven Zeiten von Schülern edierten «Dahlemer Vorlesungen» des Religionswissenschaftlers und Philosophen Klaus Heinrich (Basel 1981 ff.).

27 Siehe oben, Kap. III, S. 39, mit der Erinnerung Heinz-Gerhard Haupts.

28 Lehrveranstaltungsankündigungen TN; NL TN.

29 Ankündigung Sommersemester 1976; ebd.; auch zum Folgenden.

30 Ankündigung für das WS 1987/88; ebd.

31 Ebd.

32 Vgl. zahlreiche Semesterpläne (Einzeltermine, Themen, Namen der Referenten) aus den späten 1970er und den 1980er Jahren; ebd.

33 Gespräch mit Dirk Schumann, 5.9.2017; Literaturbericht (für TN): «Bevölkerung im Deutschen Kaiserreich 1871–1914», November 1985, 33 S.; Privatbesitz Schumann; Gespräch mit Wilfried Rudloff, 6.9.2017.

34 TN an Wolfgang Kaschuba, 30.12.1985; NL TN.

35 Wolfgang Kaschuba an TN, 7.1.1986; NL TN (falsche Schreibweise «Knauth» offenbar als

Versehen). Andreas Knaut schloss 1992 seine von Nipperdey betreute Dissertation über «Heimatschutz» im wilhelminischen Zeitalter ab; vgl. Holzbauer, Bibliographie, S. 72.
36 Auskunft Wolfgang Hardtwig, 23.8.2017.
37 Vgl. dazu Currey, Daily Rituals (zu Thomas Mann: S. 34–36); Horn u. Wäger, Schreibrituale.
38 Vgl. dazu auch: Rückriem, «Es läuft».
39 TN an Klaus Hildebrand, 18.6.1986; NL TN.
40 Vgl. dazu: Müller, Weiße Magie; Gitelmann, Paper Knowledge.
41 Das Festhalten an der deutschen Schrift verstand er selber als eine kindliche Widerstandshandlung gegen die von den Nationalsozialisten verordnete lateinische Schrift. Auskunft VN, 24.8.2017.
42 Habermas, Dialektik der Rationalisierung, S. 207. Vgl. ders., Theorie des kommunikativen Handelns.
43 Auskunft VN, 25.8.2017.
44 Vgl. Raphael, Fernand Braudel, S. 57.
45 Ausgezählt an verschiedenen Manuskriptseiten der DG im NL TN.
46 Vgl. zu diesem Verhältnis: Rennecke, Poesie und Wissen.
47 Dazu und zum Folgenden, im Kontrast zur Erzählweise Wehlers: Nolte, Darstellungsweisen.
48 Nadolny, Geschichts-Erzähler, S. 31; auch das folgende Zitat.
49 EPW an TN, 17.8.1982; VA CHB.
50 Harald Weinrich an TN, 20.9.1990; NL TN.
51 TN an EPW, 2.4.1986; VA CHB.
52 DG 1866–1918/II, S. 905 (letzter Satz des Bandes und des Gesamtwerks).
53 Vgl. z. B. Lübbe, Verantwortung, S. 39.
54 Vgl. Nolte, Darstellungsweisen. – Vgl. dazu und zum Folgenden auch: Fisch, Erzählweisen.
55 Nadolny, Geschichts-Erzähler, S. 33–36. Zum Verhältnis zu Wehler siehe unten, Kap. X.
56 Vgl. dazu ausführlicher Kap. XII u. XIII.
57 Vgl. Koselleck, Vergangene Zukunft; ders., Diesseits des Nationalstaats, S. 487–490.
58 Vgl. Butterfield, Whig Interpretation.
59 Weichlein, Nationalgeschichten, S. 761; ders., Ursprungsmythen, S. 33; Baring, Adenauer.
60 Nadolny, Geschichts-Erzähler, S. 30.
61 Vom Autor korrigierter und ergänzter Fahnenabzug der ersten Druckseiten DG 1866–1918/I, undatiert (Anfang 1990); NL TN; auch zum Folgenden.
62 Das Folgende nach Manuskripten und Typoskripten zu DG 1866–1918/I, Kap. III; NL TN.
63 Vgl. DG 1866–1918/I, S. 132.
64 Auch diese notizhafte Erweiterung ging, von der Ersetzung des «+» durch das Wort «und» abgesehen, unverändert ins Buch ein: ebd., S. 163.
65 Typoskript/Dateiausdruck «ALLTAG01», April 1989, S. 1 f., mit umfangreichen handschriftlichen Ergänzungen und Korrekturen des Autors; NL TN.
66 Manuskripte und Typoskripte zu DG 1866–1918/II, Kap. I, hier: Fassung vom 30.4.1985, mit umfangreichen handschriftlichen Korrekturen und Erweiterungen; NL TN.
67 Siehe oben, Kap. VII.
68 DG 1866–1918/II, S. 11. Vgl. überhaupt zum Folgenden die Buchfassung, hier S. 11–34.
69 Typoskript/Dateiausdruck «REICH01», 12.9.1989, mit umfangreichen handschriftlichen Korrekturen und Ergänzungen; NL TN; vgl. im Buch S. 12.
70 Dazu siehe ausführlicher das folgende Kap. X.
71 Das folgende Zitat: ebd.; mit minimalen Veränderungen im Buch: S. 11.
72 Typoskript/Dateiausdruck «REICH01.NEU», 30.11.1989, S. 1–3; NL TN.

73 Vgl. dazu und zum Folgenden: Manuskripte und Typoskripte zum Kap. «Antisemitismus»; NL TN; im Buch: DG 1866–1918/II, Kap. II.9, S. 289–311.
74 Typoskript/Dateiausdruck «ANTISEM3», 24.8.1989, S. 44, mit umfangreichen handschriftlichen Korrekturen und Ergänzungen; NL TN.
75 DG 1866–1918/II, S. 311.
76 TN an Rüdiger vom Bruch, 14.4.1987; NL TN.
77 Rüdiger vom Bruch an TN, 13.5.1987; NL TN.
78 Ernst Fraenkel an Ernst Hamburger, 27.12.1970; FU, Universitätsarchiv, Nachlass Fraenkel.
79 Handschriftliche Manuskriptseite Kap. II.4, undatiert, ca. 1988; NL TN.
80 Vgl. allgemein: Spoerhase, Walter Kempowski.
81 TN an EPW, 5.1.1988; NL TN.
82 Ebd.
83 TN an EPW, 18.6.1990; NL TN.
84 Mialet, Hawking Incorporated.
85 Shapin, Invisible Technician. Für Hinweise hierzu danke ich Mario Wimmer, Berkeley.
86 Gespräch mit Wilfried Rudloff, 6.9.2017.
87 Nipperdey habe nie, auch nicht in der Schlussphase der Arbeit am letzten Band, den Auftrag zu einem «Textbaustein» erteilt: Gespräch mit Wilfried Rudloff, 6.9.2017.
88 TN an Stefan Fisch, Karl-Joseph Hummel, Wolfgang Hardtwig, 22.10.1981; NL TN; auch die folgenden Zitate. – Vgl. auch: TN an Mitarbeiter, 4.2.1983; NL TN; siehe oben, Kap. V.
89 Vgl. TN an Stefan Fisch, 2.8.1988, mit der Bitte, «eine Art Oberaufsicht» über die Arbeiten der anderen Mitarbeiter an den Kapiteln des ersten Kaiserreichbandes zu führen; NL TN.
90 Vgl. TN an Stefan Fisch u. Dirk Schumann, 18.8.1988; NL TN.
91 DG 1866–1918/II, Kap. II, Grundstrukturen und Grundkräfte im Reich von 1871, 1. Die Verfassung, S. 85–109; in Verbindung mit den Manuskripten und Typoskripten zu diesem Kapitel; NL TN.
92 Vgl. u. a. Genette, Palimpseste.
93 Typoskript/Dateiausdruck «KONS02», 24.8.1989, mit umfangreichen handschriftlichen Korrekturen und Ergänzungen des Autors; NL TN. Die neu formulierte Passage setzte sich noch fort; in der Buchfassung leicht verändert: S. 108.
94 Typoskript/Dateiausdruck «VERF1.NEU», 12.3.1990; NL TN.
95 Ebd., S. 13; im Buch: S. 94 f. Vgl. Huber, Verfassungsgeschichte, Bd. 3. Zu Huber vgl. Grothe, Angelegenheit.
96 Typoskript/Dateiausdruck «VERF1NEU», auf S. 1 des Ausdrucks vom 12.3.1990; datiert 25.5.1991.
97 Typoskript/Dateiausdruck «VERF1.NEU», 14.5.1991, S. 1, handschriftliche Ergänzung TN, Ende Juni 1991; NL TN; im Buch: S. 85.
98 Typoskript/Dateiausdruck «VERF1.NEU», 14.5.1991, S. 8; NL TN; im Buch: S. 88.
99 Typoskript/Dateiausdruck «VERF1.NEU», 14.5.1991, S. 1; NL TN.
100 Typoskript/Dateiausdruck «VERF1.NEU», 7.6.1991, mit handschriftlichem Vermerk Andreas Daums «Vorlesungs-MS aus SS 91, mit Korrekturen von Th. N. + A. D.»; sowie Typoskript/Dateiausdruck «Z-VERF.NEU», 12.6.1991; NL TN.
101 Memo zur Fertigstellung des dritten Bandes, Juli 1991; NL TN. Dazu ausführlicher unten, Kap. XI.

X. Arbeit am Antipoden: Hans-Ulrich Wehler – Konkurrenz und Intertextualität

1 Vgl. Habermas u. Luhmann, Systemforschung.
2 Vgl. z. B. Edmonds u. Eidinow, Bobby Fischer.
3 FAZ-Magazin, 10.8.1990, S. 32.
4 Mannheim, Konkurrenz, S. 39 u. S. 41.
5 Ebd., S. 42; Hervorhebung im Original.
6 Vgl. zum Folgenden, für Hans-Ulrich Wehler: Nolte, Wehler, bes. S. 15–35; für Thomas Nipperdey siehe oben, Kap. II.
7 Vgl. Nolte, Wehler; Graf, Leichenpredigt.
8 Vgl. Nonn, Schieder, S. 141 f.
9 Wehler, Kaiserreich; siehe dazu ausführlicher: Nolte, Wehler, S. 36–46.
10 Wehler, Kampfsituation, S. 146 f.
11 Siehe oben, Kap. II u. III.
12 Nipperdey, Wehlers «Kaiserreich».
13 Vgl. dessen Erwiderung, auch auf andere Kritik am «Kaiserreich»: Wehler, Kritik und kritische Antikritik.
14 Vgl. Lübbe, Schelsky; Sprenger u. Weingart, Zentrum; grundlegend jetzt: Mälzer, Auf der Suche, bes. S. 255–274.
15 HUW an TN, 23.10.1972; NL TN.
16 Vgl. Nipperdey, Verein als soziale Struktur.
17 TN an HUW, 7.11.1972; NL TN.
18 Vgl. u. a. den Nachruf: Vierhaus, Dietrich Gerhard; zum größeren Zusammenhang: Ritter, Meinecke-Schüler.
19 Vgl. Nipperdey, Über Relevanz.
20 HUW an TN, 23.10.1972; NL TN.
21 Vgl. Eschenburg, Herrschaft der Verbände?; dazu: Weisker, Korporatismus und Lobbyismus.
22 Vgl. Nolte, Ordnung der Gesellschaft, S. 383–386.
23 TN an HUW, 7.11.1972; NL TN. Gemeint ist in erster Linie: Nipperdey, Interessenverbände und Parteien.
24 Gründungsprospekt der «Kritischen Studien zur Geschichtswissenschaft», Göttingen, Vandenhoeck & Ruprecht 1972, S. 5; Privatbesitz des Autors.
25 TN an HUW, 7.11.1972; NL TN.
26 Ebd. – Immerhin gab es in Regensburg zum ersten Mal eine Podiumsdiskussion, und andere «Errungenschaften der nachdrängenden jungen Reformer»: Janßen, Historikertag in Regensburg.
27 HUW an TN, 10.11.1972; NL TN.
28 Nipperdey, Gesellschaft, Kultur, Theorie; siehe oben, Kap. III.
29 Vgl. z. B. Wehler, Politikgeschichte.
30 Vgl. Koenen, Rotes Jahrzehnt; im konzisen Überblick jetzt: Terhoeven, RAF.
31 Vgl. Metzler, Pathos der Ernüchterung.
32 Vgl. Habermas, Stichworte; hier besonders die Einleitung von Habermas in Bd. 1, S. 7–35.
33 Wehler, Geschichtswissenschaft heute.
34 15./16.1.1980. Vgl. die Dokumentation der Tagung: Zöller, Aufklärung heute.
35 Einladungstext, zitiert im Vorwort des Bandes, S. 8.
36 Nipperdey, Geschichte als Aufklärung, mit leichten Kürzungen gegenüber dem voll-

ständigen Text. Ungekürzt in: Zöller, Aufklärung heute, S. 50–62; im Folgenden danach zitiert.

37 Ebd., S. 50.

38 Ebd., S. 54. Diese Passage erschien nicht in der gekürzten Fassung der *Zeit*. Vgl. Wehler, Geschichte als Historische Sozialwissenschaft; sowie den Titel der Zeitschrift «Geschichte und Gesellschaft. Zeitschrift für Historische Sozialwissenschaft», seit 1975.

39 Nipperdey, Geschichte als Aufklärung, S. 55. Diese Passage erschien identisch in der *Zeit*.

40 HUW an TN, 3.3.1980; NL TN; auch die folgenden Zitate.

41 Vgl. u. a., und immer noch sehr lesenswert, die fünfteilige Spiegel-Serie über «Sympathisanten»: anon., «Mord beginnt beim bösen Wort», hier bes. Teil III: Die Hochschulen; sowie Balz, Terroristen.

42 Vgl. Kocka, Legende, Aufklärung und Objektivität. – Wehler brachte seine Kritik in einer längeren Fußnote zu einem gerade fertig werdenden Aufsatzband unter und sprach dort u. a. von «massiver Rücksichtslosigkeit» der Vorwürfe in Nipperdeys *Zeit*-Artikel. Vgl. Wehler, Historische Sozialwissenschaft und Geschichtsschreibung, S. 315–317.

43 Jürgen Kocka an TN, 6.3.1980; NL TN.

44 TN an Jürgen Kocka, 18.3.1980; NL TN; auch die folgenden Zitate.

45 Vgl. Talmon, Totalitäre Demokratie.

46 Vgl. Nipperdey, Herrschaft des Verdachts.

47 HUW an TN, 26.3.1980; NL TN.

48 TN an HUW, 1.4.1980; NL TN.

49 HUW an TN, 26.3.1980; NL TN.

50 Wehler, Deutschland von Napoleon bis Bismarck; siehe unten, Kap. XII, S. 244–246.

51 Vgl. dazu ausführlicher Nolte, Wehler, S. 87–104; auch zum Folgenden.

52 EPW an HUW, 8.8.1985; VA CHB.

53 HUW an EPW, 19.8.1985; VA CHB.

54 HUW an EPW, 2.9.1985; VA CHB.

55 EPW an HUW, 5.10.1985; VA CHB.

56 HUW an EPW, 22.4.1986; VA CHB.

57 EPW an HUW, 28.4.1986, handschriftlich; VA CHB.

58 EPW an HUW, 19.6.1986; VA CHB; auch zum Folgenden.

59 HUW an EPW, 30.6.1986; VA CHB.

60 EPW, verlagsinternes Memo «Zur Vorbereitung der Gespräche mit Herrn Professor Wehler am kommenden Freitag», 24.7.1986; VA CHB.

61 Einschließlich der genannten Konditionen; vgl. EPW an HUW, 22.8.1986; VA CHB.

62 Vgl. HUW an EPW, 28.7.1986; VA CHB.

63 EPW an TN, 19.9.1986; VA CHB.

64 Nolte, Vergangenheit, die nicht vergehen will; Habermas, Schadensabwicklung. Zur Einordnung aus heutiger Sicht vgl. hier nur Herbert, Historikerstreit; Nolte, Wehler, S. 105–117; auch zum Folgenden.

65 Dass dies bisher weniger untersucht ist, hat offensichtliche Quellengründe. Die Konzentration auf die publizierten Texte hat insofern der – gewiss nicht falschen – Deutung des Historikerstreits als politisch-kultureller Streit der Bundesrepublik zusätzlich Vorschub geleistet. Die fachpolitischen und persönlichen Zerwürfnisse werden erst allmählich in der Auswertung von Korrespondenzen und Nachlässen sichtbar werden.

66 Dazu genauer Nolte, Wehler, S. 111 f.

67 Nipperdey, Herrschaft des Verdachts.

68 EPW, verlagsinternes Memo an Wolfgang Beck, «Betr.: Das Buch von Hans-Ulrich Weh-

ler, Entsorgung der deutschen Vergangenheit – Ein polemischer Essay zum Historikerstreit», 25.9.1987; VA CHB; auch das folgende Zitat.

69 Vgl. Wehler, Entsorgung, S. 189–196; Vorabdrucke erschienen im Merkur und in der Frankfurter Rundschau.

70 EPW an TN, 17.11.1987; NL TN u. VA CHB; auch das folgende Zitat.

71 Wehler, Gesellschaftsgeschichte, Bd. 1 u. Bd. 2.

72 Alfred Heuß an TN, 14.8.1986; NL TN.

73 Vgl. EPW an HUW, 23.11.1987; VA CHB; auch das folgende Zitat.

74 HUW an EPW, 30.11.1987; VA CHB.

75 HUW an EPW, 17.12.1987; VA CHB. – Vgl. Nipperdey, Wehlers Gesellschaftsgeschichte.

76 TN an Jürgen Kocka, 5.1.1988 (von Wehler an Wieckenberg übersandte Kopie des Briefes; vgl. HUW an EPW, 12.1.1988; VA CHB); auch das folgende Zitat.

77 Ebd.; auch das folgende Zitat.

78 TN an EPW, 5.1.1988; VA CHB.

79 EPW an TN, 9.1.1988, handschriftlich; NL TN u. VA CHB; auch das folgende Zitat.

80 TN an EPW, 19.1.1988; NL TN u. VA CHB.

81 Vgl. Nolte, Wehler, S. 115.

82 Vgl. die entsprechende Korrespondenz im VA CHB, Ordner Historikerstreit, «Krachablage»; dort auch der «Entwurf eines Antwortschreibens an Autoren, die sich gegen Wehlers Pamphlet wenden», 18.1.1988.

83 EPW an Horst Fuhrmann, 24.8.1988; VA CHB.

84 TN an EPW, 19.1.1988; NL TN; auch das folgende Zitat.

85 TN an HUW, 20.1.1988; VA CHB.

86 HUW an EPW, 28.1.1988; VA CHB. Als Nachfolger Christian Meiers wurde im September 1988 Wolfgang J. Mommsen gewählt.

87 Siehe oben, Kap. VII.

88 TN an EPW, 10.5.1990; NL TN; auch das folgende Zitat.

89 EPW an TN, ca. 15.5.1990 (Antwort auf dem ursprünglichen, an Nipperdey zurückgeschickten Brief); NL TN.

90 Vgl. EPW an HUW, 22.8.1986; VA CHB.

91 Siehe unten, Kap. XI.

92 Bahners, Begegnung im Geschwätz; VA CHB.

93 Mannheim, Konkurrenz, S. 72.

94 Vgl. dazu schon: Nolte, Darstellungsweisen.

95 DG 1800–1866, S. 11; Wehler, Gesellschaftsgeschichte, Bd. 1, S. 35.

96 DG 1866–1918/II, S. 11; auch das folgende Zitat.

97 Vgl. Wehler, Bismarck; ders., Kaiserreich; ders., Gesellschaftsgeschichte, Bd. 3.

98 Seibt, Urteilssprüche; VA CHB.

99 Roth, Rezension Nipperdey u. Wehler, S. 181.

100 Vgl. Evans, Too Quick to Judge; VA CHB; siehe unten, Kap. XII.

101 Roth, Rezension Nipperdey u. Wehler, S. 184.

XI. Wettlauf mit der Lebenszeit: Der Abschluss des dritten Bandes

1 Vgl. Herrndorf, Arbeit und Struktur.

2 Floris Albertus van Jaarsveld, Pretoria. Vgl. den Nachruf: Mouton, van Jaarsveld. – Auskunft VN, 24.8.2017.

3 TN an F. A. van Jaarsveld, 2.1.1990 (geschrieben bzw. diktiert noch 1989); NL TN.

4 DG 1866–1918/II, S. 424.
5 Vgl. ebd., S. 514–576.
6 TN an Sabine Krüger, 24.1.1990; NL TN; auch das folgende Zitat.
7 TN an EPW, 28.3.1990; NL TN; auch die folgenden Zitate.
8 Ebd.; auch das Folgende.
9 EPW an TN, 17.4.1990; NL TN.
10 Siehe oben, Kap. X; TN an EPW, 10.5.1990; NL TN.
11 TN an Wolf Lepenies, 9.5.1990; Wissenschaftskolleg zu Berlin. Laut den dortigen Unterlagen erfolgte die Einladung für den Zeitraum 4.3.–15.4.1991. Für Akteneinsicht und freundliche Auskunft danke ich Daniel Schönpflug.
12 TN an EPW, 18.6.1990; NL TN. Zum Korrektur- und Revisionsprozess, den Nipperdey hier ausführlich darstellt, siehe oben, Kap. IX.
13 Ebd.
14 TN, «c/o Lehrstuhl Prof. Hockerts», 14.9.1990; Exemplar des Briefes an Eva von Freeden mit handschriftlichem Zusatz von VN; VA CHB.
15 Vgl. dazu Cornelißen, Vereinigungs-Historikertag.
16 Der Verfasser hat als Doktorand an der Veranstaltung teilgenommen.
17 Siehe oben, Kap. VII, S. 118: er wolle keine «Beantwortungsmaschine» sein.
18 Pierre Nora, Editions Gallimard, an TN (p. A. C.H.Beck), 19.9.1990; NL TN. – Zur Übersetzung siehe unten, Kap. XIV.
19 TN an Pierre Nora, 19.10.1990; NL TN.
20 Bericht darüber: Wolfgang Beck an TN, 8.10.1990, handschriftlich; NL TN. – Willms hatte 1975 bei Reinhart Koselleck in Heidelberg promoviert; bei C.H.Beck war 1988 erschienen: Willms, Paris.
21 TN an Pierre Nora, 19.10.1990; NL TN.
22 Nipperdey, Abschied von der Utopie; VA CHB. Das Interview erschien mit einem Porträtfoto des Verlags von Isolde Ohlbaum, ohne ein aktuelles Foto aus dem Gespräch.
23 Wolfgang Beck an TN, 8.10.1990; NL TN.
24 Vgl. ebd.; Hildegard Nipperdey, geb. Eißer, 15.6.1903–19.9.1990; vgl. Rückert, Hans Carl Nipperdey; Todesanzeige: PB VN.
25 Versorgungsamt München II, Bescheid vom 11.12.1990; NL TN.
26 TN an EPW, 10.1.1991, 4 S. u. Anlage: Inhaltsverzeichnis Nipperdey Band II, IV–VI; NL TN.
27 Ebd.
28 Ebd.; vgl. Hirsch, Theologie. Das Werk befand sich im Besitz Nipperdeys; vgl. ZZF-Bestandsliste der Bibliothek.
29 TN an EPW, 10.1.1991; NL TN; auch die folgenden Zitate. Vgl. Evans, Too Quick to Judge; zu den Rezensionen siehe unten, Kap. XIII; zu Stil und Sprachformen: Kap. IX.
30 Ebd.
31 Ebd.
32 Vgl. Nipperdey, Doering-Manteuffel u. Thamer, Weltbürgerkrieg. Nach Nipperdeys Tod setzten die beiden Kollegen ihn, gegen das Alphabet, an die erste Stelle der Herausgeber; vgl. dazu Hans-Ulrich Thamer an VN, 5.1.1993; PB VN.
33 TN an Anselm Doering-Manteuffel u. Hans-Ulrich Thamer, 26.6.1991; NL TN; auch die folgenden Zitate.
34 TN an Wolfgang Hardtwig, 26.6.1991; NL TN.
35 Alle Zitate in diesem Absatz: TN an Wolfgang Hardtwig, 26.6.1991; NL TN.
36 Vgl. Hardtwig u. Brandt, Deutschlands Weg.
37 TN, Memo, 1 S., «Stand Juli 1991»; mit eigenem handschriftlichen Vermerk «7x Kopie»; NL TN; auch alle folgenden Zitate.

38 Andreas Daum, Christiane Frische, Wilfried Rudloff.
39 Vgl. DG 1866–1918/II, Nachwort, S. 909; siehe oben, S. 221 u. Anm. 10.
40 Vgl. dazu und zum Folgenden: TN an Detlef Felken, 24.7.1991; NL TN; auch die folgenden Zitate.
41 Vgl. ebd.; im Buch mit ausdrücklichem Verweis auf Burckhardt (aber auch auf die Trias «Herrschaft, Arbeit, Sprache» bei Jürgen Habermas, auf die sich auch Hans-Ulrich Wehler für seine Gesellschaftsgeschichte berief): S. 883.
42 DG 1866–1918/II, S. 880.
43 Vgl. Wehler, Modernisierungstheorie und Geschichte.
44 DG 1866–1918/II, S. 881.
45 Ebd., S. 880.
46 Ebd., S. 881.
47 Vgl. die Überlieferung dazu im Nachlass; siehe auch oben, Kap. IX. – Zum Folgenden: Typoskript/Dateiausdruck «SCHL01», 28.8.1991, mit handschriftlichen Korrekturen von EPW, Andreas Daum, Christiane Frische; NL TN. Ein handschriftliches Manuskript ist nicht überliefert.
48 Ebd.; handschriftlicher Ergänzungsvorschlag von Andreas Daum; vgl. im Buch: S. 877.
49 Vgl. Sternberger, Panorama.
50 Typoskript/Dateiausdruck «SCHL01», 28.8.1991, S. 6; im Buch: S. 879.
51 Typoskript/Dateiausdruck «SCHL01», 28.8.1991, S. 7; im Buch: S. 880.
52 Typoskript/Dateiausdruck «SCHL01», 28.8.1991, S. 1.
53 Andreas Daum u. Wilfried Rudloff, Anmerkungen zum Schlußkapitel, 28.9.1991, Typoskript, 8 S., mit handschriftlichen Zusätzen von TN; NL TN. Darin wird auf die vorausgegangene Besprechung in Icking Bezug genommen.
54 Ebd., S. 7; im Buch: S. 883.
55 Vgl. Genette, Palimpseste.
56 Daum u. Rudloff, Anmerkungen zum Schlußkapitel, S. 8; NL TN.
57 Ebd.
58 DG 1866–1918/II, S. 893.
59 Ebd., S. 905.
60 Vgl. Genette, Paratexte; Kreimeier u. Stanitzek, Paratexte (jedoch ohne Berücksichtigung wissenschaftlicher Literatur); zu den Vorworten der beiden früheren Bände siehe oben, Kap. V u. VII.
61 DG 1866–1918/II, S. 909.
62 Typoskript/Dateiausdruck «8-NACH», 21.10.1991, 2 S.; NL TN.
63 Dazu für den klassischen Historismus am besten, mit weiterer Lit.: Hardtwig, Geschichtsreligion.
64 Vgl. z. B. Schreiner, Reader's Digest; Sharp, Cold War.
65 TN an EPW, 21.10.1991; NL TN; auch die folgenden Zitate.
66 Vgl. DG 1800–1866, Kap. IV.4, S. 533–587; DG 1866–1918/I, Kap. XV, S. 692–796.
67 Vgl. den Artikel «Wir Deutschen» in der deutschsprachigen Wikipedia: https://de.wikipedia.org/wiki/Wir_Deutschen (zuletzt 10.4.2017).
68 Das Zitat und die Informationen nach: anon., Grzimek der Geschichte; VA CHB, Presseausschnittsammlung.
69 Demnach fand das Gespräch noch am 12.11.1991 in Nipperdeys Wohnhaus in Icking statt.
70 Eva von Freeden, Memo/Gesprächsnotiz «Besuch bei Herrn Professor Nipperdey im Krankenhaus in Feldafing am 21. Februar 1992», 28.2.1992, 2 S.; VA CHB, Presseabteilung; auch zum Folgenden.
71 Vgl. Kezia Knauer an TN, 20.5.1992: «Dein Buch ist gestern angekommen. Wir haben die

Widmung mit Freude, Dankbarkeit und Rührung gelesen ...»; NL TN. Ende April überbrachte ihm der Verleger Wolfgang Beck persönlich die beiden ersten Exemplare, zwei weitere schickte Ernst-Peter Wieckenberg einige Tage später: EPW an TN, 27.4.1992; NL TN. – Im Mai erhielt er im Krankenhaus in München auch die letzten Besuche von Mitarbeitern und Schülern: Gespräch mit Wolfgang Hardtwig, 23.8.2017; Gespräch mit Wilfried Rudloff, 6.9.2017.

72 Gespräch mit Wilfried Rudloff, 6.9.2017.

73 1998; siehe unten, Kap. XV, S. 301 f.

74 Diese Idee fände Thomas Nipperdey «nach wie vor gut»; hier mag es sich deshalb um ein Missverständnis handeln, denn sein Favorit für eine solche Ausgabe wären die Schönen Künste gewesen.

75 Eva von Freeden, Memo, 28.2.1992; VA CHB.

XII. Von Rezensionen und Preisen: Die Konstruktion von Reputation

1 Vgl. z. B. Wagner-Hasel, Arbeit des Gelehrten, S. 105 f.

2 Vgl. etwa Mommsen, Mein Vater; Selinger, Kirschbaum und Barth.

3 Soweit ich sehe, fehlen dazu entsprechende Untersuchungen.

4 Dazu klassisch: Iser, Akt des Lesens; Chartier, Lesewelten.

5 Siehe die Website des Preises: www.preis-der-leipziger-buchmesse.de; Stollberg-Rilinger, Maria Theresia.

6 Vgl. die Gratulation des Verlags: EPW an TN, 25.10.1985; VA CHB.

7 Schreiben des Amtschefs der Bayerischen Staatskanzlei, Ministerialdirektor Rudolf W. Schmitt, an TN, 5.6.1992; NL TN.

8 Merton, Matthäus-Effekt.

9 TN an EPW, 19.7.1983, mit Anlage: Versandliste für die Deutsche Geschichte; VA CHB.

10 TN an EPW, 8.11.1983; VA CHB.

11 Vgl. TN an EPW, 29.7.1983; VA CHB.

12 EPW an TN, 4.10.1986; VA CHB.

13 EPW an TN, 5.7.1983; VA CHB.

14 TN an EPW, 19.7.1983; VA CHB.

15 Ebd.

16 Der Spiegel, Bestsellerliste Sachbuch, Plätze 1–50, 12.12.1983 u. 15.10.1990, laut Buchreport; VA CHB.

17 Welt am Sonntag, Bestsellerliste, 4.10.1992; VA CHB.

18 EPW an TN, 14.1.1985; VA CHB.

19 Buchreport, 7.10.1992: Auswertung der Literaturbeilagen zur Frankfurter Buchmesse; VA CHB.

20 Welt am Sonntag, 16.12.1984, Buchmagazin, S. 39; VA CHB.

21 EPW an TN, 2.8.1983; VA CHB.

22 Siehe oben, Kap. V.

23 HUW an EPW, 23.9.1983, mit Kopie des Typoskripts der Rezension, 6 S.; VA CHB.

24 EPW an HUW, 5.10.1983; VA CHB.

25 EPW an TN, 19.10.1983; VA CHB.

26 Wehler, Napoleon bis Bismarck; auch die folgenden Zitate.

27 Ullrich, Vielfalt deutscher Staatenwelt; auch die folgenden Zitate.

28 Vgl. auch Wehler, Obrigkeitsstaat im Goldrähmchen.

29 EPW an TN, 10.11.1983; VA CHB; auch die folgenden Zitate.

30 Lutz, Habsburg und Preußen; siehe oben, Kap. V.
31 Gall, Deutsche Perspektive; VA CHB.
32 Vgl. Lutz, Ringen um Einheit.
33 Aretin, Vertrautheit mit Quellen; VA CHB; auch das folgende Zitat.
34 TN an Günther Gillessen, FAZ, 28.11.1986, mit Hinweis auf eine vorausgegangene Intervention, an die Nipperdey erinnert; NL TN; auch das folgende Zitat.
35 Dr. Peter Diehl-Thiele, Redaktion SZ, an TN, 16.7.1991; NL TN.
36 Dericum, Bismarck; VA CHB.
37 Führ, Arbeitswelt; VA CHB; auch die folgenden Zitate.
38 Greschat, Rezension DG 1866–1918/I; VA CHB; auch die folgenden Zitate.
39 Seebacher-Brandt, Akribie eines Buchhalters; VA CHB; auch die folgenden Zitate.
40 Vgl. Stürmer, Ruheloses Reich; siehe oben, Kap. V.
41 Vgl. Stone, Revival of Narrative.
42 Vgl. v. a. Nipperdey, Über Relevanz.
43 Seebacher-Brandt, Akribie eines Buchhalters; VA CHB.
44 Vgl. Galtung, Struktur.
45 Evans, Too Quick to Judge; VA CHB; auch die folgenden Zitate.
46 Ebd. («In 834 pages of the text, there is not a single joke, not even a faint flash of scholarly wit.»)
47 Zu den Übersetzungen siehe unten, Kap. XIII. Vgl. Lässig, Übersetzungen.
48 Ullrich, Ambivalenzen der Normalität; auch als Radiosendung für das «Büchermagazin» bei Radio Bremen, gesendet am 25.10.1992; VA CHB; auch die folgenden Zitate.
49 Vgl. Clark, Schlafwandler.
50 Dazu siehe oben, Kap. XI.
51 Vgl. Ullrich, Nervöse Großmacht.
52 Eley, Moral und Nominalismus.
53 Chickering, Ambivalente Geschichte; das folgende Zitat: S. 81.
54 Ebd., S. 85.
55 Begründung nach: https://de.wikipedia.org/wiki/Liste_der_Nobelpreisträger_für_Literatur (zuletzt 23.4.2017); auch zu Churchill.
56 Später vergrößerte sich der Abstand der Verleihung; nach Reinhart Koselleck 2003 und Henryk Samsonowicz 2009 wurde der Preis erst wieder 2017 verliehen, an den Chicagoer Historiker David Nirenberg.
57 Dazu und zur besonderen Verbindung dieses Buches mit dem von Nipperdey siehe unten, Kap. V.
58 EPW an TN, Telegrammauftrag, 5.9.1984; VA CHB.
59 TN, Princeton, an EPW, handschriftlich, 11.9.1984; VA CHB.
60 Eva von Freeden an TN, 19.9.1984; VA CHB; auch das folgende Zitat.
61 Siehe oben, Kap. V; vgl. Tillmann (Hg.), Historikerpreis.
62 Vortragstitel nach dem offiziellen Programm der Veranstaltung; VA CHB; dort auch eine Kopie des in Princeton entstandenen, handschriftlichen Vortragsmanuskripts. – Viel spätere Veröffentlichung: Nipperdey, Zwielicht.
63 TN, Princeton, an EPW, handschriftlich, undatiert, Eingangsstempel 8.2.1985; VA CHB.
64 Mit der Ausnahme der «Permanent Fellows», die eher den Status von Konrektoren haben.
65 Dies und das Folgende v. a. nach: Stiftung Historisches Kolleg, Vierte Verleihung.
66 Vgl. Pörksen, Camelot im Grunewald; Sombart, Journal intime.
67 Stiftung Historisches Kolleg, Vierte Verleihung, S. 49 (Merkblatt für Bewerbungen um Stipendien).

68 Siehe dazu die jährlich in Buchform veröffentlichten Jahresberichte der Fellows, deren systematische Auswertung unter solchen und anderen wissenskulturellen und wissenschaftssoziologischen Aspekten höchst lohnend wäre.
69 Vigdis Nipperdey, Dankwort, S. 36.
70 Vgl. ebd., S. 35.
71 Fuhrmann, Begrüßungsrede, S. 11.
72 Vigdis Nipperdey, Dankwort, S. 35.
73 TN an Adolf M. Birke, 7.10.1991; NL TN.
74 Die weitgehende Beschränkung auf die männliche Form in diesen Abschnitten begründet sich auch damit, dass der Preis des Historischen Kollegs damals und vergleichsweise lange in eine weithin männliche soziale Welt eingebunden war, nicht nur was die Preisträger angeht. – Die erste Preisträgerin war 2013 Barbara Stollberg-Rilinger.
75 Fuhrmann, Begrüßungsrede, S. 12.
76 HUW an Horst Fuhrmann, 5.11.1991; VA CHB; auch die folgenden Zitate.
77 Ebd.; handschriftliche Unterstreichung «diesem».
78 HUW an EPW, 15.11.1991; VA CHB.
79 Horst Fuhrmann an HUW, 11.11.1991; VA CHB (Briefkopie HUW an EPW zur Dokumentation der Korrespondenz).
80 Vigdis Nipperdey, Dankwort, S. 36.
81 Birnbaum, Nipperdey; VA CHB; auch die folgenden Zitate.
82 Seibt, Preis; VA CHB; auch die folgenden Zitate.
83 Vigdis Nipperdey, Dankwort, S. 36 f.
84 Gerhard A. Ritter an TN, 22.3.1992, handschriftlich, 2 S.; NL TN.
85 Ernst Nolte an TN, 23.3.1992; NL TN (Kiste Kondolenzpost). – Siehe außerdem, als Gratulation eines engen Schülers und Mitarbeiters an dem Unternehmen DG: Stefan Fisch an TN, 23.3.1992; NL TN.
86 Bundeskanzler Helmut Kohl an TN, 8.4.1992; NL TN.
87 VA CHB und eigenes Exemplar des Verfassers.

XIII. Übersetzungen: Schwierige Proliferation

1 Vgl. z. B. Trabant, Globalesisch; ders., Sprachdenken. – Allg. vgl. Lässig, Übersetzungen; Douglas, Predicament.
2 Gordin, Scientific Babel; zur Bedeutung des Deutschen als Wissenschaftssprache v. a. S. 159–212.
3 Vgl. z. B. die einflussreiche Dissertation von Adams, Verfassung; englisch: Constitutions.
4 Vgl. Nolte, Wehler; Stelzel, Second Generation.
5 EPW an TN, 19.10.1983; VA CHB.
6 Patricia Williams, Harvard UP, an EPW, 16.7.1984; VA CHB; auch die folgenden Zitate.
7 Jane Harris-Matthews, George Allen & Unwin, an Diane Doucet-Rosenstein, C.H.Beck, Auslandslizenzen; VA CHB.
8 TN an EPW, handschriftlich, undatiert, Eingang Verlag 8.2.1985; VA CHB.
9 Diane Doucet-Rosenstein an EPW (interner Vermerk), 14.2.1985; VA CHB.
10 EPW an TN, 15.2.1985; VA CHB.
11 EPW an TN, 15.3.1985; VA CHB.
12 TN an EPW, handschriftlich, undatiert, Eingang Verlag 19.4.1985; VA CHB.
13 Vgl. EPW an TN, 2.10.1985; VA CHB.
14 Kopie des Zuwendungsbescheides von Inter Nationes; VA CHB.

15 Diane Doucet-Rosenstein an Rainer Riemenschneider, DHI Paris, 26.2.1986; VA CHB.
16 TN an EPW, 23.8.1985; VA CHB.
17 Ebd.
18 Russell M. Stockman an Patricia Williams, 3.2.1987; VA CHB; auch die folgenden Zitate.
19 Patricia Williams an Christine Zeile, Lektorat C.H.Beck, 12.2.1987 (mit Kopie des Briefes von Stockman); VA CHB.
20 Patricia Williams an EPW, 29.5.1987; VA CHB; auch die folgenden Zitate.
21 EPW an TN, 10.6.1987; VA CHB; auch zum Folgenden.
22 Vgl. Sheehan, German History.
23 Vgl. ders., Ausklang des Reiches. Die zeitlichen Grenzen wurden dabei angepasst, wegen des Anschlusses an die Bände von Vierhaus (bis 1763) und Wolfgang J. Mommsen (ab 1850).
24 TN an Michael Hofmann, C.H.Beck, Auslandslizenzen, 22.12.1987; NL TN.
25 Iradj Bagherzade, Tauris Verlag, an TN, 29.12.1987; NL TN.
26 EPW an TN, 9.1.1988; NL TN.
27 Michael Hofmann an TN, 12.1.1988; NL TN; auch die folgenden Zitate.
28 Michael Hofmann an TN, 26.4.1988; NL TN; auch das folgende Zitat.
29 Vgl. EPW an VN, 21.2.1994; PB VN.
30 Vgl. EPW an VN, 10.11.1992; Steven Lindberg an Wilfried Rudloff, 13.12.1992; Wilfried Rudloff an VN, 20.12.1992; Steven Lindberg an Wilfried Rudloff, 17.1.1994; alle: PB VN.
31 Fergal Tobin (Gill and Macmillan) an Susanne Simor (C.H.Beck), 13.9.1995; PB VN.
32 Nipperdey, From Napoleon to Bismarck.
33 Detlef Felken an VN, 9.10.2000, mit handschr. Notiz VN nach weiterem Telefonat mit dem Lektor, 13.11.2000; PB VN.
34 Wehler, German Empire.
35 Osterhammel, Verwandlung der Welt; ders., Transformation; inzwischen liegt auch eine spanische Übersetzung vor. – Übersetzt wurde auch Heinrich August Winklers zweibändige Deutsche Geschichte: Winkler, Weg nach Westen; englisch: Long Road West, 2 Bde.; außerdem franz.: Histoire de l'Allemagne ... Le Long Chemin vers l'Occident.
36 Vgl., auch zum Folgenden («print-on-demand», «Princeton Legacy Library»), die Darstellung auf der Website des Verlags: http://www.press.princeton.edu/titles/5826.html (zuletzt 27.4.2017).
37 Rainer Riemenschneider an TN, 7.2.1986; VA CHB.
38 TN an EPW, 17.2.1986; VA CHB.
39 Diane Doucet-Rosenstein an Rainer Riemenschneider, 26.2.1986; VA CHB.
40 Nipperdey, Réflexions; zu dem Aufsatzband von 1986 siehe oben, Kap. VIII. Es handelte sich um eine vollständige Übersetzung, mit allen 13 Texten der deutschen Originalausgabe in identischer Anordnung.
41 Vgl. z. B. Michael Hofmann an TN, 16.12.1987; VA CHB («Frau Berghahn hat mir wiederholt wegen einer englischen Ausgabe Ihres Bandes Nachdenken über die deutsche Geschichte geschrieben.»).
42 Vgl. TN an Marion Berghahn, 16.5.1988; Marion Berghahn an TN, 2.6.1988 (mit Hinweis auf einen früheren, offenbar verlorenen Brief vom 18.9.1987 an Nipperdey); NL TN.
43 Marion Berghahn an TN, 2.6.1988; NL TN; auch zum Folgenden (Streichungsvorschlag).
44 Siehe oben, Kap. IV.
45 Vgl. dazu am Beispiel amerikanischer Buchclubs in der Zwischenkriegszeit: Rubin, Middlebrow Culture; in historischer Perspektive: Nissen, Populäre Geschichtsschreibung. – Lizenzvertrag mit der Europäischen Bildungsgemeinschaft über die DG 1800–1866; VA CHB.

46 Vgl. dazu Müller, Bücher, Bilder und Ideen.
47 Eine weitere Form der Proliferation, die hier nicht verfolgt wird, ist die Übernahme in Publikationen der Bundeszentrale für politische Bildung (und der Landeszentralen); vgl. dazu z. B. Eva von Freeden an TN, 21.1.1987; VA CHB (zum Interesse der Hessischen Landeszentrale für politische Bildung an zwei Texten aus «Nachdenken»); ebenso der Abdruck von kleineren Textausschnitten in Schulbüchern, der dem wissenschaftlichen Autor über die VG Wort kommuniziert und vergütet wird.
48 TN an Marion Berghahn, 20.6.1988; NL TN.
49 Marion Berghahn an TN, 15.7.1988; NL TN; auch das folgende Zitat.
50 TN an Marion Berghahn, 26.7.1988; NL TN.
51 Vgl. Michael Hofmann an TN, 8.8.1988; NL TN.
52 Vgl. Marion Berghahn an TN, 23.9.1988; NL TN.

XIV. Der Tod des Autors und das Weiterleben des Werkes

1 Pressemeldung Verlag C.H.Beck, Eva von Freeden, 15.6.1992; VA CHB; auch die folgenden Zitate; dort auch ein offenbar aus diesem Anlass neu redigierter, zweiseitiger tabellarischer Lebenslauf Nipperdeys.
2 Todesanzeige des Verlags C.H.Beck; VA CHB.
3 Todesanzeige der Familie als Privatdruck und als Anzeige in FAZ und SZ; VA CHB u. PB VN.
4 Presseausschnittsammlung; VA CHB.
5 Aber nicht immer, zumal im Falle Schnabels, scheiterte die Vollendung des Werkes primär am vorzeitigen Tod des Autors.
6 Siehe oben, Kap. XI, S. 228.
7 Vgl. z. B. Kämmerlings, Verseschmied am Gefahrenherd.
8 Vgl. Weber, Wirtschaft und Gesellschaft; als Initialzündung der Debatte: Tenbruck, Abschied.
9 Siehe oben, Kap. VIII, S. 137.
10 Wehler, Rückblick, S. 167.
11 Siehe oben, Kap. VII, S. 110 f. – Dagegen hat Rhys Isaac beschrieben, wie schwer es ihm fiel, nach dem Erfolg seines fulminanten Erstlings «The Transformation of Virginia, 1740–1790» ein neues Thema zu finden und ein Folgebuch zu schreiben; das gelang ihm erst nach mehr als zwei Jahrzehnten: Isaac, Ethnographic History; vgl. ders., Transformation of Virginia.
12 Trutz Rendtorff, Predigt bei der Trauerfeier für Prof. Thomas Nipperdey am 19.6.1992 in der Auferstehungskirche zu Icking, Typoskript; PB VN; auch die folgenden Zitate. Vgl. auch das Programm- und Liedblatt; ebd.
13 Dazu stehen Untersuchungen noch aus.
14 Vgl. Graf, Leichenpredigt.
15 DG 1800–1866, S. 805 (mit der Datierung auf «Ostern 1983»).
16 Rendtorff, Predigt; PB VN. Vgl. Hardtwig, Geschichtsreligion.
17 Gerhard A. Ritter, Trauerrede auf Thomas Nipperdey, Icking, 19.6.1992, Typoskript, 3 S.; übermittelt mit Brief Ritters an VN, 30.11.1992; PB VN; auch die folgenden Zitate. In dem Brief gibt Ritter an, von dem Manuskript «unter dem Eindruck der Feier und der vorangegangenen Reden abgewichen» zu sein.
18 Vgl. auch Graf, Leichenpredigt.
19 Der Spiegel, 22.6.1992, S. 240.

20 Mommsen, Friede den Vätern; VA CHB.

21 Kocka, Historismus, Kritik und Synthese; VA CHB; auch die folgenden Zitate.

22 Meier, Grosser deutscher Historiker; VA CHB; auch die folgenden Zitate.

23 Das wiederum kann man als charakteristisch für die intellektuelle Grundhaltung Christian Meiers in seinen Arbeiten insbesondere zur Römischen Geschichte und zu Cäsar sehen: die Person, die trotz ihrer Stärke keine «Macht über die Verhältnisse» gewinnt und von den Zeitumständen geformt wird. Vgl. Meier, Ohnmacht.

24 Dieser Vorwurf ist tatsächlich schwer nachvollziehbar: erstens weil der Nationalsozialismus nicht zu einem Bruch in der Historiographie geführt hat, zweitens weil Nipperdey gar nicht in der Tradition des Historismus (bzw. der Staatengeschichte des Neohistorismus im frühen und mittleren 20. Jahrhundert) weiterschrieb.

25 Bahners, Kommentiertes Leben; VA CHB.

26 FAZ-Magazin, 10.8.1990, S. 32; siehe oben, Kap. VII.

27 Gall, Inmitten der Geschichte; VA CHB; auch die folgenden Zitate.

28 Vgl. Lübbe, Heitere Hiobsbotschaften.

29 Schreiben des Bayerischen Ministerpräsidenten, Max Streibl, an VN, 17.6.1992; PB VN; auch die folgenden Zitate.

30 Schreiben des Präsidenten des Bayerischen Landtags, Dr. Wilhelm Vorndran, an VN, 15.7.1992; PB VN.

31 Scheiben des Bayerischen Staatsministers für Unterricht, Kultus, Wissenschaft und Kunst, Hans Zehetmair, an VN, 29.6.1992; PB VN; auch die folgenden Zitate. Vgl. auch: Zehetmair an Eva von Freeden, 23.12.1992; PB VN.

32 Schreiben des Bundeskanzlers der Bundesrepublik Deutschland, Dr. Helmut Kohl, an VN, Juni 1992; PB VN; auch die folgenden Zitate.

33 Schreiben des Vorsitzenden der CDU/CSU-Fraktion des Deutschen Bundestags, Dr. Wolfgang Schäuble, an VN, 17.6.1992; PB VN; auch das folgende Zitat.

34 Schreiben des Bundespräsidenten, Dr. Richard von Weizsäcker, an VN, 18.12.1992; PB VN.

35 Veronica Carstens an VN, 21.6.1992; PB VN; auch das folgende Zitat.

36 Vgl. dazu: Wilfried Rudloff an VN, 2.6.1992 (nach einem letzten Besuch von Wilfried Rudloff und Martin Baumeister bei Nipperdey in der Münchner Klinik); Andreas Daum, Boston, an VN, 19.10.1992; PB VN.

37 Vgl. Gisela Lange an VN, 16.6.1992; PB VN.

38 Melvin u. Michaela Richter, New York, an VN, 23.6.1992; PB VN; vgl. Der Spiegel, 22.6.1992, S. 240.

39 Melvin Richter: «surprise»; vgl. auch Christopher Lasch, Rochester, an VN, 29.6.1992; PB VN («because the news was so completely unexpected»); Lasch war 1988/89 mit Nipperdey am CASBS in Stanford; vgl. CASBS, Class of 1988–89, https://casbs.stanford.edu/past-fellows-research-affiliates-and-visiting-scholars (zuletzt 11.9.2017).

40 Melvin u. Michaela Richter an VN, 23.6.1992; PB VN.

41 Vgl. DG 1866–1918/II, S. 5: «Den Freunden früher und später Jahre. Hans Eggers, Nico und Kezia Knauer, Gottfried Herbst».

42 Siehe oben, Kap. II; vgl. auch Wehrs, Protest der Professoren, bes. S. 148–154.

43 Vgl. Koch, Vergil, Homer und die Kamele; sowie die Nachrufe auf Kezia Knauer, die diese biographische Situation z. T. reflektieren: Mertens, Elfriede Knauer; Ridgway, Elfriede Knauer; White, Elfriede Knauer.

44 Nach der Darstellung Kezia Knauers: Kezia Knauer, Philadelphia, an VN, 15.6.1992; PB VN.

45 Ebd. Gemeint ist der zweite Kaiserreichband, siehe oben, Kap. XI, S. 236.

46 Hans N. Weiler an VN, 29.6.1992; PB VN; auch das folgende Zitat.

47 Vgl. Hirschman, Exit, Voice, and Loyalty; ders., Unbehagen an der Industrialisierung. – Zu Hirschmans und Nipperdeys Kontakt siehe oben, Kap. VII, S. 114 f.
48 Albert O. Hirschman, Wissenschaftskolleg Berlin, an VN, 21.6.1992; PB VN; auch das folgende Zitat.
49 Nörr, München, an VN, 23.6.1992; PB VN.
50 Hans Mommsen, Bochum, an VN, 22.6.1992; PB VN.
51 WJS an VN, 22.6.1992; PB VN.
52 Michael Stürmer, Ebenhausen, an VN, 16.6.1992; PB VN.
53 Günter Rohrmoser, Stuttgart, an VN, 29.6.1992; PB VN.
54 Hermann Lübbe, Havixbeck, an VN, undatiert (wahrscheinlich Ende Juni 1992); PB VN.
55 Wilhelm Hennis, Freiburg, an VN, handschriftlich, 16.6.1992; PB VN. – Vgl. auch: Schlak, Wilhelm Hennis.
56 Siehe oben, Kap. III, S. 30 f. Auch in der Forschung ist die Grenzziehung der Fünfundvierziger umstritten; manche rechnen die Kriegsteilnehmer-Jahrgänge ab etwa 1922/23 dazu, andere (auch ich selber) bevorzugen das engere Verständnis (im Sinne der Jahrgänge von etwa 1927/28 bis 1932/33).
57 Wilhelm Hennis an VN, handschriftlich, 20.12.1992; PB VN. – Karl Otmar von Aretin, Historiker, geb. 1923; genauso gut hätte Hennis hier auch Reinhart Koselleck, ebenfalls geb. 1923, nennen können. – Vgl. zu dieser Generationskonstruktion («1923 gegen 1929») auch Schlak, Wilhelm Hennis, S. 22 ff.; kritisch dagegen: Wehrs, Protest der Professoren, S. 146.
58 Vgl. Mary Lee Townsend, Tulsa, OK, an TN, 18.3.1992; NL TN.
59 Reinhard Rürup an VN, handschriftlich, 20.3.1992; Reinhard Rürup an TN, 20.3.1992; NL TN; dort das folgende Zitat.
60 Edward Shils, Chicago, an TN, 24.5.1992; NL TN; auch die folgenden Zitate.
61 Vgl. Shils, Gesellschaft.
62 Ernst Nolte an TN, 31.5.1992; auch die folgenden Zitate; vgl. auch: Ernst Nolte an VN, 24.5.1992; NL TN.
63 Vielmehr beklagt er in dem Brief einen nie wieder verheilten Bruch mit dem 1989 verstorbenen Andreas Hillgruber über die Kölner Berufung in der Nachfolge Theodor Schieders.
64 Vgl. Nolte, Heidegger.
65 Reinhart Koselleck an TN, handschriftlich, 28.5.1992; NL TN; auch die folgenden Zitate.
66 Vgl. auch: Wolfgang Schieder an VN, handschriftlich, 26.10.1992; NL TN.

XV. Nach dem großen Werk: Zwischen Kanon und Vergessen

1 Parsons, Structure of Social Action, S. 3; auch das folgende Zitat.
2 Winkler, Zerbricht der Westen?; vgl. ders., Zerreißproben; ders., Geschichte des Westens.
3 Nipperdey, Wehlers Gesellschaftsgeschichte, S. 406.
4 Vgl. auch Hölscher, Geschichte und Vergessen.
5 Zur Vorgeschichte siehe oben, Kap. XI. – Hardtwig u. Brandt, Deutschlands Weg.
6 Harm-Hinrich Brandt an VN, 28.10.1992; PB VN; im gleichen Sinne: mündliche und schriftliche Auskunft von Wolfgang Hardtwig, 23.8. u. 30.8.2017.
7 EPW an VN, 18.2.1993; PB VN.
8 Vgl. Harm-Hinrich Brandt an VN, 28.10.1992, unter Bezugnahme auf ein Gespräch darüber mit Detlef Felken; PB VN.
9 Hans Günter Hockerts an VN, 22.2.1993; Programmblatt der Gedenkfeier; PB VN.

10 «Stand: April 1993»; PB VN. Die Liste verzeichnet 46 Namen.
11 Gillessen, Gedenkfeier für Nipperdey; In memoriam Thomas Nipperdey.
12 Ebd., S. 14.
13 Ernst Nolte an VN, 19.6.1993; PB VN.
14 Hermann Holzbauer an VN, 7.12.1992; PB VN.
15 EPW an VN, 18.2.1993; erneute Nachfrage: EPW an VN, 25.3.1993; PB VN.
16 Holzbauer, Bibliographie.
17 Vgl. dazu: anon., Lebenswerk eines Gelehrten; NL TN; Hürten, Rezension Holzbauer.
18 Bestand Thomas Nipperdey in der Bibliothek des ZZF, Potsdam, verzeichnet in zwei Bestandsbüchern. Für Hinweise und Unterstützung bei der Auswertung danke ich Hanno Hochmuth.
19 Friedrich P. Kahlenberg, Präsident des Bundesarchivs Koblenz, an VN, 13.7.1992; PB VN.
20 EPW an VN, 1.12.1992; siehe auch die Angaben zum Absatz der drei Bände in der Honorarabrechnung vom 5.10.1992; PB VN.
21 EPW an VN, 18.6.1997; PB VN.
22 EPW an VN, 4.8.1997; PB VN.
23 EPW an VN, 18.8.1998; PB VN.
24 Detlef Felken an VN, 28.8.2013; PB VN. – Nolte, Nipperdeys DG; Nipperdey, Kann Geschichte objektiv sein?
25 Vgl. die Website: http://www.press.princeton.edu/titles/5826.html (zuletzt 3.9.2017).
26 Siehe oben, Kap. IV (PGD) u. Kap. V (Siedler-Reihe).
27 Weber, Wissenschaft als Beruf, S. 592; auch das folgende Zitat.
28 Vgl. dazu u. a. Merton, Schultern von Riesen; sowie ders., Forschungsinteressen.
29 Rendtorff, Predigt bei der Trauerfeier am 19.6.1992; PB VN.
30 Weber, Objektivität, S. 214.
31 Osterhammel, Verwandlung der Welt (1568 Seiten).
32 Vgl. bes. noch: Iriye u. Osterhammel, Geschichte der Welt.
33 Herbert, Geschichte Deutschlands (C.H.Beck, 1451 Seiten). – Kurz vor dem Abschluss steht eine ebenso umfangreiche Gesamtdarstellung deutscher Geschichte im 20. Jahrhundert von Anselm Doering-Manteuffel.
34 Vor allem in den Reihen «Geschichte kompakt» und «Kontroversen um die Geschichte»; ähnliches gilt für verschiedene Reihen bei UTB.
35 Wehler, Alltagsgeschichte; vgl. Nolte, Wehler, S. 138, 157.
36 George L. Mosse an TN, 15.8.1990; NL TN.
37 Vgl. Jarausch u. Geyer, Shattered Past; dt.: Zerbrochener Spiegel.
38 Vgl. Münch, Elite.
39 Vgl. die Website: http://www.historischeskolleg.de/stipendien.html (zuletzt 5.9.2017).
40 Vgl. die Website: https://www.volkswagenstiftung.de/unser-foerderangebot-im-ueberblick/opusmagnum.html (zuletzt 5.9.2017).
41 Vgl. die Website: https://www.leverhulme.ac.uk/funding/grant-schemes/research-fellowships (zuletzt 5.9.2017). – In den USA ist der Übergang zur «betriebsförmigen» Forschung in den Geisteswissenschaften ohnehin viel begrenzter geblieben, und das sorgfältig erforschte, geschriebene und edierte Buch mehr ein «Goldstandard» der wissenschaftlichen Praxis ebenso wie des Reputationsgewinns geblieben.
42 Vgl. Steiner, The end of bookishness.

Quellen- und Literaturverzeichnis

I. Ungedruckte Quellen

Nachlass Thomas Nipperdey, Icking
Privatbesitz Vigdis Nipperdey, Icking
Verlagsarchiv C.H.Beck, München
Universitätsarchiv Göttingen
Freie Universität Berlin, Universitätsarchiv
Gespräche mit: Vigdis Nipperdey, Icking; Wolfgang Hardtwig, München; Wilfried Rudloff, Kassel; Dirk Schumann, Göttingen

II. Schriften von Thomas Nipperdey

Holzbauer, Hermann (Hg.), Thomas Nipperdey. Bibliographie seiner Veröffentlichungen 1953–1992, München 1993.

Positivität und Christentum in Hegels Jugendschriften, Diss. phil. Köln 1953.
Die Organisation der bürgerlichen Parteien in Deutschland vor 1918, in: HZ 185. 1958, S. 550–602.
Die Organisation der deutschen Parteien vor 1918, Düsseldorf 1961.
Interessenverbände und Parteien in Deutschland vor dem Ersten Weltkrieg, in: Politische Vierteljahresschrift 2. 1961, S. 262–280.
Über einige Grundzüge der deutschen Parteigeschichte, in: Rolf Dietz u. a. (Hg.), Festschrift für Hans Carl Nipperdey, Bd. 2, München 1965, S. 815–841.
Kulturgeschichte, Sozialgeschichte, historische Anthropologie, in: VSWG 55. 1968, S. 145–164.
Nationalidee und Nationaldenkmal im 19. Jahrhundert, in: HZ 206. 1968, S. 529–585; wieder in: ders., Kann Geschichte objektiv sein?, München 2013, S. 105–160.
50 Jahre Forschungsförderung in Deutschland. Ein Abriß der Geschichte der Deutschen Forschungsgemeinschaft 1920–1970 (mit Ludwig Schmugge), Bonn 1970.
«Links ist mir ein liebes Wort». Professor Thomas Nipperdey über den Leistungsverfall an der Freien Universität Berlin, in: Der Spiegel, 15.11.1971, S. 81 f.
Über Relevanz, in: GWU 23. 1972, S. 577–596; wieder in: Dietrich Kurze (Hg.), Aus Theorie und Praxis der Geschichtswissenschaft. Festschrift für Hans Herzfeld, Berlin 1972, S. 1–26; wieder in: Nipperdey, Thomas, Gesellschaft, Kultur, Theorie, Göttingen 1976, S. 12–32.
Verein als soziale Struktur in Deutschland im späten 18. und frühen 19. Jahrhundert, in: Hartmut Boockmann u. a. (Hg.), Geschichtswissenschaft und Vereinswesen im 19. Jahrhundert, Göttingen 1972, S. 1–44; wieder in: Nipperdey, Thomas, Gesellschaft, Kultur, Theorie, Göttingen 1976, S. 174–205.
Konflikt – Einzige Wahrheit der Gesellschaft? Zur Kritik der hessischen Rahmenrichtlinien, Osnabrück 1974.
Reformation, Revolution, Utopie. Studien zum 16. Jahrhundert, Göttingen 1975.
Wehlers «Kaiserreich». Eine kritische Auseinandersetzung, in: GG 1. 1975, S. 539–560; wieder in: ders., Gesellschaft, Kultur, Theorie, Göttingen 1976, S. 360–389.
Gesellschaft, Kultur, Theorie. Gesammelte Aufsätze zur neueren Geschichte, Göttingen 1976,

Nationalismus im 20. Jahrhundert. Über einige Formen des Zionismus, in: Helmut Berding u. a. (Hg.), Vom Staat des Ancien Régime zum modernen Parteienstaat. Festschrift für Theodor Schieder, München 1978, S. 385–404.
Kann Geschichte objektiv sein?, in: GWU 30. 1979, S. 329–342; wieder in: ders., Nachdenken über die deutsche Geschichte, München 1986, S. 218–234.
Geschichte als Aufklärung. Der Historiker muß uns nicht nur von der Übermacht der Traditionen freihalten, sondern auch von der Macht der Ideologien, in: Die Zeit, 22.2.1980, S. 16; wieder in: Michael Zöller (Hg.), Aufklärung heute. Bedingungen unserer Freiheit, Zürich 1980, S. 50–62.
Der Kölner Dom als Nationaldenkmal, in: HZ 233. 1981, S. 595–613.
Hochschulen zwischen Politik und Wahrheit. Sind die Reformen zu verkraften?, Zürich 1981.
Deutsche Geschichte 1800–1866. Bürgerwelt und starker Staat, München 1983 [DG 1800–1866].
Im Zwielicht der Geschichte. Vom Nutzen und Nachteil der Geschichte für das Leben (1984), in: Berthold Tillmann (Hg.), Historikerpreis der Stadt Münster. Die Preisträger und Laudatoren von 1981 bis 2003, Münster 2005, S. 39–57.
Die deutsche Einheit in historischer Perspektive, in: ders., Nachdenken über die deutsche Geschichte, München 1986, S. 206–217.
Nachdenken über die deutsche Geschichte. Essays, München 1986.
Unter der Herrschaft des Verdachts, in: Die Zeit, 17.10.1986, S. 12; wieder in: Historikerstreit. Die Dokumentation der Kontroverse um die Einzigartigkeit der nationalsozialistischen Judenvernichtung, München 1987, S. 215–219.
Wehlers Gesellschaftsgeschichte, in: GG 14. 1988, S. 403–415.
Bürgertum und schöne Künste. Erinnerung an das 19. Jahrhundert, in: Jahrbuch der Bayerischen Akademie der Schönen Künste 2, München 1988, S. 55–66; wieder in: ders., Kann Geschichte objektiv sein?, München 2013, S. 195–207.
Eine bürgerliche Jugend (1927–1945), in: Der Aquädukt 1763–1988. Ein Almanach aus dem Verlag C.H.Beck im 225. Jahr seines Bestehens, München 1988, S. 126–143; wieder in: ders., Kann Geschichte objektiv sein?, München 2013, S. 7–24.
Wie das Bürgertum die Moderne fand, Berlin 1988.
«Der Abschied von der Utopie wird unsere Zeit bestimmen», in: Die Welt, 3.12.1990, S. 9; wieder in: Universitas 46. 1991, S. 184–193.
Deutsche Geschichte 1866–1918. Arbeitswelt und Bürgergeist, München 1990 [DG 1866–1918/I].
The Rise of the Arts in Modern Society. Annual Lecture des Deutschen Historischen Instituts London 1989, London 1990.
Einheit und Vielfalt in der neueren Geschichte, in: HZ 253. 1991, S. 1–20.
Deutsche Geschichte 1866–1918. Machtstaat vor der Demokratie, München 1992 [DG 1866–1918/II].
Réflexions sur l'histoire allemande, Paris 1992.
Anselm Doering-Manteuffel u. Hans-Ulrich Thamer (Hg.), Weltbürgerkrieg der Ideologien. Antworten an Ernst Nolte, Berlin 1993.
Germany from Napoleon to Bismarck, 1800–1866, Dublin 1996.
Kann Geschichte objektiv sein? Historische Essays, hg. v. Paul Nolte, München 2013.

III. Literatur

Abendroth, Wolfgang u. a., Die Linke antwortet Jürgen Habermas, Frankfurt 1968.
Adams, Willi Paul, Republikanische Verfassung und bürgerliche Freiheit. Die Verfassungen und politischen Ideen der amerikanischen Revolution, Darmstadt 1973; englisch: The First

American Constitutions. Republican Ideology and the Making of the State Constitutions in the Revolutionary Era, Chapel Hill 1980.
Adelman, Jeremy, Worldly Philosopher. The Odyssey of Albert O. Hirschman, Princeton 2013.
Algazi, Gadi, At the Study. Notes on the Production of the Scholarly Self, in: David W. Sabean u. Malina Stefanovska (Hg.), Space and Self in Early Modern European Cultures, Toronto 2012, S. 17–50.
Anon., Professoren über Professoren. Wieder Elite, in: Der Spiegel, 6.1.1975, S. 46–52.
Anon., «Mord beginnt beim bösen Wort», Teil III: Die Hochschulen, in: Der Spiegel, 17.10.1977, S. 213–226.
Anon., Das Ideal ist ein Riesencorpus der Geschichte. Ernst-Peter Wieckenberg über das Geschichtsprogramm bei Beck, in: Buchreport, 11.11.1983, S. 70–78.
Anon., Grzimek der deutschen Geschichte. Der Ickinger Historiker Professor Thomas Nipperdey erarbeitete Konzept für Fernsehsendung, in: Isar-Loisachbote (Münchner Merkur), 13.11.1991.
Anon., Das Lebenswerk eines großen Gelehrten ediert. Bibliotheksdirektor Hermann Holzbauer gab Nipperdey-Bibliographie heraus, in: Eichstätter/Donau-Kurier, 13.8.1993, S. 18.
Anon., Gottfried Herbst. Nachruf, in: Münchner Merkur, undatiert, https://trauer.merkur.de/Traueranzeige/Gottfried-Herbst (Zugriff 8.9.2017).
Anon., Viktor Niemann (70), in: Buchmarkt, 22.8.2010, http://www.buchmarkt.de/menschen/runde-geburtstage/n-a-579/ (Zugriff 8.9.2017).
Der Aquädukt 1763–1988. Ein Almanach aus dem Verlag C.H.Beck im 225. Jahr seines Bestehens, München 1988.
von Aretin, Karl Otmar, Vertrautheit mit den Quellen. Zum Tode des Historikers Heinrich Lutz, in: SZ, 23.5.1986, S. 35.
Assmann, Aleida, Der väterliche Bücherschrank. Über Vergangenheit und Zukunft der Bildung, in: Zeitschrift für Pädagogik 50. 2004, S. 5–20.
Bahners, Patrick, Deutschland, ja was denn nun? Begegnung im Geschwätz: «Wir Deutschen» (NDR), in: FAZ, 19.11.1991, S. 34.
Bahners, Patrick, Kommentiertes Leben. Der Historiker Thomas Nipperdey ist gestorben, in: FAZ, 16.6.1992, S. 33.
Balz, Hanno, Von Terroristen, Sympathisanten und dem starken Staat. Die öffentliche Debatte über die RAF in den 70er Jahren, Frankfurt 2008.
Baring, Arnulf, Im Anfang war Adenauer. Die Entstehung der Kanzlerdemokratie, München 1982.
Baumeister, Martin, Thomas Nipperdey (1927–1992), in: Katharina Weigand (Hg.), Münchner Historiker zwischen Politik und Wissenschaft, München 2010, S. 309–328.
Benne, Christian, Die Erfindung des Manuskripts. Zur Theorie und Geschichte literarischer Gegenständlichkeit, Berlin 2015.
Berger, Peter L. u. Thomas Luckmann, Die gesellschaftliche Konstruktion der Wirklichkeit. Eine Theorie der Wissenssoziologie, Frankfurt 1969.
Bericht über die 24. Versammlung deutscher Historiker in Trier. 25 bis 27. September 1958, Stuttgart 1959.
Birnbaum, Michael, Im Profil. Thomas Nipperdey, Neuhistoriker, in: SZ, 20.3.1992.
Bitterli, Urs, Golo Mann. Instanz und Außenseiter. Eine Biographie, Berlin 2004.
Blaschke, Olaf, Verleger machen Geschichte. Buchhandel und Historiker seit 1945 im deutsch-britischen Vergleich, Göttingen 2010.
Bleek, Wilhelm, Geschichte der Politikwissenschaft in Deutschland, München 2001.
Bock von Wülfingen, Bettina u. Ute Frietsch (Hg.), Epistemologie und Differenz. Zur Reproduktion des Wissens in den Wissenschaften, Bielefeld 2010.

Böckenförde, Ernst-Wolfgang, Erinnerungen an Franz Schnabel, in: Franz Schnabel. Zu Leben und Werk (1887–1966), München 1988, S. 15–24.
Böhme, Helmut, Prolegomena zu einer Sozial- und Wirtschaftsgeschichte Deutschlands im 19. und 20. Jahrhundert, Frankfurt 1968.
Bourdieu, Pierre, Die biographische Illusion, in: Bios 3. 1990, S. 75–81.
Bourdieu, Pierre, Homo academicus, Frankfurt 1992.
Brandt, Harm-Hinrich, Deutsche Geschichte 1850–1870. Entscheidung über die Nation, Stuttgart 1999.
Braudel, Fernand, Das Mittelmeer und die mediterrane Welt in der Epoche Philipps II., 3 Bde., Frankfurt 1990.
Brown, J. Douglas, The Institute for Advanced Study, in: Alexander Leitch (Hg.), A Princeton Companion, Princeton 1978, S. 273 f.
Butterfield, Herbert, The Whig Interpretation of History, London 1931.
Cancik-Kirschbaum, Eva u. Anita Traninger (Hg.), Wissen in Bewegung. Institution – Iteration – Transfer, Wiesbaden 2015.
Chartier, Roger, Lesewelten. Buch und Lektüre in der frühen Neuzeit, Frankfurt 1990.
Chickering, Roger, Eine normale, ambivalente Geschichte. Zu Thomas Nipperdeys Kaiserreich, in: NPL 38. 1993, S. 81–85.
Clark, Christopher, Die Schlafwandler. Wie Europa in den Ersten Weltkrieg zog, München 2013.
Cornelißen, Christoph, «Vereinigungs-Historikertag» in Bochum? Zur Rolle des Verbandes der Historiker Deutschlands (VDH) in den Jahren 1989–1991, in: GWU 64. 2013, S. 187–202.
Craig, Gordon A., Europe since 1815, New York 1964; dt.: Geschichte Europas im 19. und 20. Jahrhundert, Bd. 1: Vom Wiener Kongress bis zum Ausbruch des Ersten Weltkriegs 1815–1914, München 1978; Bd. 2: Vom Ersten Weltkrieg bis zur Gegenwart 1914–1975, München 1979.
Craig, Gordon A., Germany 1866–1945, Oxford 1978; dt.: Deutsche Geschichte 1866–1945, München 1980.
Craig, Gordon A., The Germans, New York 1982; dt.: Über die Deutschen, München 1982.
Craig, Gordon A., Geschichte Europas 1815–1980. Vom Wiener Kongress bis zur Gegenwart, München 1983.
Currey, Mason, Daily Rituals. How Great Minds Make Time, Find Inspiration, and Get to Work, New York 2013.
Dahrendorf, Ralf, Zwei links, zwei rechts. Wider die Gesinnungsfronten, in: Die Zeit, 20.3.1981, S. 14.
Darnton, Robert, The Business of Enlightenment. A Publishing History of the Encyclopédie, 1775–1800, Cambridge, MA 1979.
Darnton, Robert, The Case for Books. Past, Present, and Future, New York 2009.
Daston, Lorraine, Wunder, Beweise und Tatsachen. Zur Geschichte der Rationalität, Frankfurt 2001.
Dericum, Christa, Alles begann mit Bismarck. Zu Thomas Nipperdeys «Deutsche Geschichte 1866–1918», in: Die Zeit, 5.10.1990, S. 28.
Douglas, Howard, The Predicament of Ideas in Culture: Translation and Historiography, in: HT 42, 2003, S. 45–60.
Droysen, Johann Gustav, Grundriss der Historik, Leipzig 1882.
van Dülmen, Richard (Hg.), Fischer-Lexikon Geschichte, Frankfurt 1990.
Dunkhase, Jan Eike, Werner Conze. Ein deutscher Historiker im 20. Jahrhundert, Göttingen 2010.
Edmonds, David u. John Eidinow, Wie Bobby Fischer den Kalten Krieg gewann, München 2004.

Eley, Geoff, Moral und Nominalismus. Rezension DG 1866–1918/I u. II, in: Werkstatt Geschichte 14. 1996, S. 115–118.
Engelsing, Rolf, Arbeit, Zeit und Werk im literarischen Beruf, Göttingen 1976.
Epple, Angelika, Empfindsame Geschichtsschreibung. Eine Geschlechtergeschichte der Historiographie zwischen Aufklärung und Historismus, Köln 2003.
Eschenburg, Theodor, Herrschaft der Verbände?, Stuttgart 1955.
Etzemüller, Thomas, Sozialgeschichte als politische Geschichte. Werner Conze und die Neuorientierung der westdeutschen Geschichtswissenschaft nach 1945, München 2001.
Etzemüller, Thomas, «Ich sehe das, was Du nicht siehst». Wie entsteht historische Erkenntnis?, in: Jan Eckel u. ders. (Hg.), Neue Zugänge zur Geschichte der Geschichtswissenschaft, Göttingen 2007, S. 27–68.
Evans, Richard J., Too Quick to Judge. Rezension DG 1866–1918/I, in: Times Literary Supplement, 5.10.1990, S. 1079.
Fisch, Stefan, Erzählweisen des Historikers. Heinrich von Treitschke und Thomas Nipperdey, in: Wolfgang Hardtwig u. Harm-Hinrich Brandt (Hg.), Deutschlands Weg in die Moderne, München 1993, S. 54–62.
Fischer, David Hackett, America. A Cultural History, Bd. 1: Albion's Seed. Four British Folkways in America, New York 1989.
Fischer, David Hackett, Paul Revere's Ride, New York 1994.
Foucault, Michel, Archäologie des Wissens, Frankfurt 1973.
Foucault, Michel, Was ist ein Autor (1969), in: ders., Schriften zur Literatur, Frankfurt 2003, S. 234–270.
Foucault, Michel, Sécurité, territoire, population. Cours au Collège de France (1977/78), Paris 2004; dt.: Geschichte der Gouvernementalität, Bd. 1: Sicherheit, Territorium, Bevölkerung, Frankfurt 2004.
Foucault, Michel, Naissance de la biopolitique. Cours au Collège de France (1978/79), Paris 2004; dt.: Geschichte der Gouvernementalität, Bd. 2: Die Geburt der Biopolitik, Frankfurt 2004.
Franck, Georg, Ökonomie der Aufmerksamkeit. Ein Entwurf, München 1998.
Führ, Christoph, Arbeitswelt, Bürgergeist und deutsche Kultur. Zu Thomas Nipperdeys «Deutsche Geschichte 1866–1918», in: Deutsche Universitätszeitung, 19.11.1990, S. 25 f.
Fuhr, Eckhard, Der späte Bürger, in: Welt Online, 17.1.2006, https://www.welt.de/print-welt/article191331/Der-spaete-Buerger.html (Zugriff 8.9.2017).
Fuhrmann, Horst, Begrüßungsrede, in: Stiftung Historisches Kolleg, Vierte Verleihung des Preises des Historischen Kollegs. Aufgaben, Stipendiaten, Schriften des Historischen Kollegs, München 1993, S. 11–15.
Gall, Lothar, Bismarck. Der weiße Revolutionär, Frankfurt 1980.
Gall, Lothar, Die andere deutsche Perspektive. Rezension Heinrich Lutz, Zwischen Habsburg und Preußen, in: FAZ, 9.7.1985, S. 23.
Gall, Lothar, Thomas Nipperdey. Der Historiker wird sechzig, in: FAZ, 27.10.1987, S. 29.
Gall, Lothar, Inmitten der Geschichte. Bürgertum und Nationalstaat. Erinnerung an Thomas Nipperdey, in: FAZ, 17.6.1992, S. 33.
Galtung, Johan, Struktur, Kultur und intellektueller Stil. Ein vergleichender Essay über sachsonische, teutonische, gallische und nipponische Wissenschaft, in: Leviathan 11. 1983, S. 303–338.
Genette, Gérard, Paratexte. Das Buch vom Beiwerk des Buches, Frankfurt 1989.
Genette, Gérard, Palimpseste. Die Literatur auf zweiter Stufe, Frankfurt 1993.
Gfrereis, Heike u. Ellen Strittmatter (Hg.), Zettelkästen. Maschinen der Phantasie, Marbach 2013.

Gillessen, Günther, Dem Leser freundlich zugewandt. Gedenkfeier für Thomas Nipperdey, in: FAZ, 17.6.1993, S. 31.
Gitelman, Lisa, Paper Knowledge. Toward a Media History of Documents, Durham, NC 2014.
Gleixner, Ulrike u. a. (Hg.), Biographien des Buches, Göttingen 2017.
Gordin, Michael D., Scientific Babel. The Language of Science from the Fall of Latin to the Rise of English, Chicago 2015.
Graf, Friedrich Wilhelm, Leichenpredigt für Hans-Ulrich Wehler, in: ZIG 8. 2014, H. 4, S. 113–118.
Grafton, Anthony, Die tragischen Ursprünge der deutschen Fußnote, München 1998.
Grafton, Anthony u. Glenn W. Most (Hg.), Canonical Texts and Scholarly Practices. A Global Comparative Approach, Cambridge 2016.
Greschat, Martin, Rezension DG 1866–1918/I, in: Pastoraltheologie 80. 1991, S. 562–565.
Grimm, Dieter (Hg.), 25 Jahre Wissenschaftskolleg zu Berlin 1981–2006, Berlin 2006.
Grothe, Ewald, Eine «lautlose» Angelegenheit? Zur Rückkehr des Verfassungshistorikers Ernst Rudolf Huber in die universitäre Wissenschaft nach 1945, in ZfG 47. 1999, S. 980–1001.
Gumbrecht, Hans Ulrich, Vom Leben und Sterben der großen Romanisten, München 2002.
Habermas, Jürgen, Das Absolute und die Geschichte. Von der Zwiespältigkeit in Schellings Denken, Diss. phil. Bonn 1954, Bonn 1954.
Habermas, Jürgen, Strukturwandel der Öffentlichkeit. Untersuchungen zu einer Kategorie der bürgerlichen Gesellschaft, Habil. Marburg 1961, Neuwied 1962.
Habermas, Jürgen u. Niklas Luhmann, Theorie der Gesellschaft oder Sozialtechnologie. Was leistet die Systemforschung?, Frankfurt 1971.
Habermas, Jürgen (Hg.), Stichworte zur «Geistigen Situation der Zeit», 2 Bde., Frankfurt 1979.
Habermas, Jürgen, Theorie des kommunikativen Handelns, 2 Bde., Frankfurt 1981.
Habermas, Jürgen, Vorstudien und Ergänzungen zur Theorie des kommunikativen Handelns, Frankfurt 1984.
Habermas, Jürgen, Dialektik der Rationalisierung. Gespräch mit Axel Honneth, Eberhard Knödler-Bunte u. Urs Widmer (1981), in: ders., Die neue Unübersichtlichkeit. Kleine Politische Schriften V, Frankfurt 1985, S. 167–208.
Habermas, Jürgen, Eine Art Schadensabwicklung. Die apologetischen Tendenzen in der deutschen Zeitgeschichtsschreibung, in: Die Zeit, 11.7.1986, S. 40.
Hacke, Jens, Philosophie der Bürgerlichkeit. Die liberalkonservative Begründung der Bundesrepublik, Göttingen 2006.
Hagner, Michael (Hg.), Ansichten der Wissenschaftsgeschichte, Frankfurt 2001.
Hammelehle, Sebastian, Ein wehmütiger Konservativer. Zum Tode Wolf Jobst Siedlers, in: Spiegel Online, 28.11.2013, http://www.spiegel.de/kultur/gesellschaft/zum-tode-wolf-jobst-siedlers-a-936101.html (Zugriff 8.9.2017).
Hardtwig, Wolfgang, Geschichtsreligion – Wissenschaft als Arbeit – Objektivität. Der Historismus in neuer Sicht, in: HZ 252. 1991, S. 1–32; wieder in: ders., Hochkultur des bürgerlichen Zeitalters, Göttingen 2005, S. 51–76.
Hardtwig, Wolfgang u. Harm-Hinrich Brandt (Hg.), Deutschlands Weg in die Moderne. Politik, Gesellschaft und Kultur im 19. Jahrhundert, München 1993.
Hausen, Karin u. Helga Nowotny (Hg.), Wie männlich ist die Wissenschaft?, Frankfurt 1986.
Heimpel, Hermann, Entwurf einer deutschen Geschichte. Eine Rektoratsrede, in: ders., Der Mensch in seiner Gegenwart. Sieben historische Essais, Göttingen 1954, S. 162–195.
Hempfer, Klaus W. u. Philipp Antony (Hg.), Zur Situation der Geisteswissenschaften in Forschung und Lehre. Eine Bestandsaufnahme aus der universitären Praxis, Stuttgart 2009.
Henning, Eckart u. Marion Kazemi (Hg.), Handbuch zur Institutsgeschichte der Kaiser-Wilhelm- / Max-Planck-Gesellschaft 1911–2011. Daten und Quellen, Bd. 1, Berlin 2016.

Hennis, Wilhelm, Die Spuren Nietzsches im Werk Max Webers, in: ders., Max Webers Fragestellung. Studien zur Biographie des Werks, Tübingen 1987, S. 167–191.
Henrich, Dieter, Werke im Werden. Über die Genesis philosophischer Einsichten, München 2011.
Herbert, Ulrich, Der Historikerstreit. Politische, wissenschaftliche, biographische Aspekte, in: Martin Sabrow u. a. (Hg.), Zeitgeschichte als Streitgeschichte. Große Kontroversen nach 1945, München 2003, S. 94–113.
Herbert, Ulrich, Geschichte Deutschlands im 20. Jahrhundert, München 2014.
Herrndorf, Wolfgang, Arbeit und Struktur, Berlin 2013.
Hertz-Eichenrode, Dieter, Deutsche Geschichte 1871–1890. Das Kaiserreich in der Ära Bismarck, Stuttgart 1992.
Hertz-Eichenrode, Dieter, Deutsche Geschichte 1890–1918. Das Kaiserreich in der wilhelminischen Zeit, Stuttgart 1996.
Hettling, Manfred u. Stefan-Ludwig Hoffmann (Hg.), Der bürgerliche Wertehimmel. Innenansichten des 19. Jahrhunderts, Göttingen 2000.
Hildebrand, Klaus, Von Erhard zur Großen Koalition 1963–1969, Stuttgart 1984.
Hillgruber, Andreas, Zweierlei Untergang. Die Zerschlagung des Deutschen Reiches und das Ende des europäischen Judentums, Berlin 1986.
Hirsch, Emanuel, Geschichte der neuern evangelischen Theologie im Zusammenhang mit den allgemeinen Bewegungen des europäischen Denkens, 5 Bde., Gütersloh 1949–1954.
Hirschman, Albert O., Exit, Voice, and Loyalty. Repsonses to Decline in Firms, Organizations, and States, Cambridge, MA 1970.
Hirschman, Albert O., Das vielfältige Unbehagen an der Industrialisierung West, Ost und Süd, in: GG 18. 1992, S. 221–230.
Hockerts, Hans Günter, Ansprache des Dekans der Philosophischen Fakultät für Geschichts- und Kunstwissenschaften, in: In memoriam Thomas Nipperdey, München 1994, S. 10–14.
Hockerts, Hans Günter, Ein Erbe für die Wissenschaft. Die Fritz Thyssen Stiftung in der Bonner Republik, Paderborn 2018.
Hölscher, Lucian, Geschichte und Vergessen, in: HZ 249. 1989, S. 1–17.
Hoeres, Peter, Von der «Tendenzwende» zur «geistig-moralischen Wende». Konstruktion und Kritik konservativer Signaturen in den 1970er und 1980er Jahren, in: VfZ 61. 2013, S. 93–119.
Horn, Batya u. Elisabeth Wäger (Hg.), Schreibrituale. Eine Anthologie, Wien 2004.
Huber, Ernst Rudolf, Deutsche Verfassungsgeschichte seit 1789, Bd. 3: Bismarck und das Reich, Stuttgart 1963.
Hürten, Heinz, Rezension Hermann Holzbauer, Thomas Nipperdey. Bibliographie seiner Veröffentlichungen 1953–1992, in: Historisches Jahrbuch 114. 1994, S. 188 f.
The Institute for Advanced Study (Princeton), Bulletin No. 9, Princeton 1940.
Iriye, Akira u. Jürgen Osterhammel (Hg.), Geschichte der Welt. A History of the World, 6 Bde., München 2012 ff.
Isaac, Rhys, The Transformation of Virginia, 1740–1790, Chapel Hill 1982.
Isaac, Rhys, Toward Ethnographic History. Figures in the Landscape, Action in the Texts, in: James M. Banner u. John R. Gillis (Hg.), Becoming Historians, Chicago 2009, S. 1–25.
Iser, Wolfgang, Der Akt des Lesens. Theorie ästhetischer Wirkung, München 1976.
Jäckel, Eberhard, Hitlers Weltanschauung. Entwurf einer Herrschaft (1969), Stuttgart 1981.
Janßen, Karlheinz, Historikertag in Regensburg. Mut zur Geschichte, in: Die Zeit, 13.10.1972, S. 11.
Jarausch, Konrad H. u. Michael Geyer, Shattered Past. Reconstructing German History, Princeton 2003; dt.: Zerbrochener Spiegel. Deutsche Geschichten im 20. Jahrhundert, München 2005.

Kämmerlings, Richard, Verseschmied am Gefahrenherd. Franz Baermann Steiner rang der Katastrophe sein Werk ab, in: FAZ, 2.10.2000, S. 58.
Karla, Anna, Revolution als Zeitgeschichte. Memoiren der Französischen Revolution in der Restaurationszeit, Göttingen 2014.
Kaube, Jürgen, Theorieproduktion ohne Technologiedefizit. Niklas Luhmann, sein Zettelkasten und die Ideengeschichte der Bundesrepublik, in: Sonja Asal u. Stephan Schlak (Hg.), Was war Bielefeld? Eine ideengeschichtliche Nachfrage, Göttingen 2009, S. 161–170.
Knorr-Cetina, Karin, Die Fabrikation von Erkenntnis. Zur Anthropologie der Naturwissenschaft, Frankfurt 1984.
Knorr-Cetina, Karin, Wissenskulturen. Ein Vergleich naturwissenschaftlicher Wissensformen, Frankfurt 2002.
Koch, Hans-Albrecht, Vergil, Homer und die Kamele. Mit gelehrtem Gepäck von Berlin nach Pennsylvania. Zum 90. Geburtstag des klassischen Philologen Georg Nicolaus Knauer, in: FAZ, 26.2.2016, S. 11.
Kocka, Jürgen, Legende, Aufklärung und Objektivität in der Geschichtswissenschaft. Zu einer Streitschrift von Thomas Nipperdey, in: GG 6. 1980, S. 449–455.
Kocka, Jürgen, Historismus, Kritik und Synthese. Zum Tod des Historikers Thomas Nipperdey, in: die tageszeitung, 20.7.1992, S. 15.
Koenen, Gerd, Das rote Jahrzehnt. Unsere kleine deutsche Kulturrevolution 1967–1977, Köln 2001.
Köpf, Peter, Die Mommsens. Von 1848 bis heute – die Geschichte einer Familie ist die Geschichte der Deutschen, Hamburg 2004.
Koischwitz, Svea, Der Bund Freiheit der Wissenschaft in den Jahren 1970–1976. Ein Interessenverband zwischen Studentenbewegung und Hochschulreform, Köln 2017.
Koselleck, Reinhart, Kritik und Krise. Ein Beitrag zur Pathogenese der bürgerlichen Welt, Freiburg 1959.
Koselleck, Reinhart, Preußen zwischen Reform und Revolution. Allgemeines Landrecht, Verwaltung und soziale Bewegung von 1791 bis 1848, Stuttgart 1967.
Koselleck, Reinhart, Vergangene Zukunft. Zur Semantik historischer Zeiten, Frankfurt 1979.
Koselleck, Reinhart, Erfahrungswandel und Methodenwechsel. Eine historisch-anthropologische Skizze, in: Christian Meier u. Jörn Rüsen (Hg.), Historische Methode, München 1988, S. 13–61.
Koselleck, Reinhart, Diesseits des Nationalstaats. Föderale Strukturen der deutschen Geschichte, in: ders., Begriffsgeschichten. Studien zur Semantik und Pragmatik der politischen und sozialen Sprache, Frankfurt 2006, S. 486–503.
Kreimeier, Klaus u. Georg Stanitzek (Hg.), Paratexte in Literatur, Film, Fernsehen, Berlin 2004.
Krüger, Horst, Was bleibt, sind Abschiede. Essays wider den deutschen Stumpfsinn. Wolf Jobst Siedler als Autor. Beobachtungen und Behauptungen, quer zu den landesüblichen Fronten, in: Die Zeit, 12.11.1982, S. 13.
Ladwig-Winters, Simone, Ernst Fraenkel. Ein politisches Leben, Frankfurt 2009.
Lange, Kai, Der Professor, der sich abkehrt, in: Welt am Sonntag, 14.11.1971, S. 4.
Lässig, Simone (Hg.), Übersetzungen, Göttingen 2012 (= GG Jg. 38, Heft 2).
Latour, Bruno u. Steve Woolgar, Laboratory Life. The Social Construction of Scientific Facts, Beverly Hills 1979.
Latour, Bruno, Science in Action. How to Follow Scientists and Engineers through Society, Cambridge, MA 1987.
Le Burt, G., Schreibrituale, in: Batya Horn u. Elisabeth Wäger (Hg.), Schreibrituale, Wien 2004, S. 50–53.
Lenger, Friedrich, Werner Sombart 1863–1941. Eine Biographie, München 1994.

Lepenies, Wolf, Die drei Kulturen. Soziologie zwischen Literatur und Wissenschaft, München 1985.

Lepsius, M. Rainer, Blicke zurück und nach vorn. Im Gespräch mit Adalbert Hepp u. Martina Löw, in: dies. (Hg.), M. Rainer Lepsius. Soziologie als Profession, Frankfurt 2008, S. 11–75.

Lübbe, Hermann, Helmut Schelsky und die Interdisziplinarität. Zur Philosophie gegenwärtiger Wissenschaftskultur, in: Jürgen Kocka (Hg.), Interdisziplinarität. Praxis – Herausforderung – Ideologie, Frankfurt 1987, S. 17–33.

Lübbe, Hermann, Die politische Verantwortung des Gelehrten, in: In memoriam Thomas Nipperdey, München 1994, S. 37–43.

Lübbe, Hermann, Heitere Hiobsbotschaften. Nachruf auf Odo Marquard, in: ZIG 10. 2016, H. 1, S. 117–127.

Luhmann, Niklas, Soziale Systeme. Grundriß einer allgemeinen Theorie, Frankfurt 1984.

Luhmann, Niklas, Biographie, Attitüden, Zettelkasten. Gespräch mit Rainer Erd und Andrea Maihofer (1985), in: ders., Archimedes und wir, Bielefeld 1987, S. 125–155.

Luhmann, Niklas, Die Gesellschaft der Gesellschaft, 2 Bde., Frankfurt 1997.

Luhmann, Niklas, Die Knappheit der Zeit und die Vordringlichkeit des Befristeten, Berlin 2013.

Lutz, Heinrich, Das Ringen um deutsche Einheit und kirchliche Erneuerung. Von Maximilian I. bis zum Westfälischen Frieden 1490 bis 1648, Berlin 1983.

Lutz, Heinrich, Zwischen Habsburg und Preußen. Deutschland 1815–1866, Berlin 1985.

Mälzer, Moritz, Auf der Suche nach der neuen Universität. Die Entstehung der «Reformuniversitäten» Konstanz und Bielefeld in den 1960er Jahren, Göttingen 2016.

Mann, Golo, Deutsche Geschichte des 19. und 20. Jahrhunderts, Frankfurt 1958.

Mannheim, Karl, Das Problem der Generationen, in: Kölner Vierteljahrshefte für Soziologie 7. 1928, S. 157–185 u. S. 309–330.

Mannheim, Karl, Die Bedeutung der Konkurrenz im Gebiete des Geistigen, in: Verhandlungen des 6. Deutschen Soziologentages 17.–19. September 1928 in Zürich, Tübingen 1929, S. 35–83.

McLuhan, Marshall, The Gutenberg Galaxy. The Making of Typographic Man, Toronto 1962.

Meier, Christian, Die Ohnmacht des allmächtigen Dictators Caesar. Drei biographische Skizzen, Frankfurt 1980.

Meier, Christian, Ein grosser deutscher Historiker. Zum Tode von Thomas Nipperdey, in: NZZ, 17.6.1992, S. 23.

Meifort, Franziska, Ralf Dahrendorf. Eine Biographie, München 2017.

In memoriam Thomas Nipperdey. Reden, gehalten am 14. Juni 1993 bei der akademischen Gedenkfeier der Philosophischen Fakultät für Geschichts- und Kunstwissenschaften der Ludwig-Maximilians-Universität München, München 1994.

Mertens, Joan R., Elfriede (Kezia) Regina Knauer (1926–2010), in: Classical World 103. 2010, S. 537–539.

Merton, Robert K., Auf den Schultern von Riesen. Ein Leitfaden durch das Labyrinth der Gelehrsamkeit, Frankfurt 1980.

Merton, Robert K., Der Matthäus-Effekt in der Wissenschaft (1968), in: ders., Entwicklung und Wandel von Forschungsinteressen. Aufsätze zur Wissenschaftssoziologie, Frankfurt 1985, S. 147–171.

Merton, Robert K., Entwicklung und Wandel von Forschungsinteressen. Aufsätze zur Wissenschaftssoziologie, Frankfurt 1985.

Metzler, Gabriele, Pathos der Ernüchterung. 25 Jahre «Stichworte zur geistigen Situation der Zeit», in: ZF 1. 2004, S. 154–158.

Mialet, Hélène, Hawking Incorporated. Stephen Hawking and the Anthropology of the Knowing Subject, Chicago 2012.

Möller, Horst, Fürstenstaat oder Bürgernation? Deutschland 1763–1815, Berlin 1989.
Mommsen, Adelheid, Mein Vater. Erinnerungen an Theodor Mommsen, München 1992.
Mommsen, Wolfgang J., Friede den Vätern. Zum Tode Thomas Nipperdeys, in: Frankfurter Rundschau, 19.10.1992, S. 8.
Mommsen, Wolfgang J., Das Ringen um den nationalen Staat. Die Gründung und der innere Ausbau des Deutschen Reiches unter Otto von Bismarck 1850 bis 1890, Berlin 1993.
Mommsen, Wolfgang J., Bürgerstolz und Weltmachtstreben. Deutschland unter Wilhelm II. 1890 bis 1918, Berlin 1995.
Moraw, Peter, Von offener Verfassung zu gestalteter Verdichtung. Das Reich im späten Mittelalter 1250–1490, Frankfurt 1989.
Moses, Dirk, Die 45er. Eine Generation zwischen Faschismus und Demokratie, in: Neue Sammlung 40. 2000, S. 233–263.
Mouton, F. A., F. A. van Jaarsveld (1922–1995). A flawed genius?, in: Kleio 27. 1995, S. 5–11.
Müller, Carola, Bücher, Bilder und Ideen. 75 Jahre Büchergilde Gutenberg, Frankfurt 1999.
Müller, Lothar, Weiße Magie. Die Epoche des Papiers, München 2012.
Müller-Doohm, Stefan, Jürgen Habermas. Eine Biographie, Frankfurt 2014.
Münch, Richard, Die Kultur der Moderne, Bd. 2, Frankfurt 1986.
Münch, Richard, Die akademische Elite. Zur sozialen Konstruktion wissenschaftlicher Exzellenz, Frankfurt 2007.
Mulsow, Martin, Prekäres Wissen. Eine andere Ideengeschichte der Frühen Neuzeit, Berlin 2012.
Nadolny, Sten, Zur Sprache des Geschichts-Erzählers, in: In memoriam Thomas Nipperdey, München 1994, S. 28–36.
Nagel, Anne Christine, Im Schatten des Dritten Reiches. Mittelalterforschung in der Bundesrepublik Deutschland 1945–1970, Göttingen 2005.
Nägele, Barbara u. a. (Hg.), «Wir wollten ja nun was anderes in der Bundesrepublik». Das Historische Colloquium in Göttingen. Die Geschichte eines selbstverwalteten studentischen Wohnprojekts seit 1952, Göttingen 2004.
Nipperdey, Vigdis, Dankwort, in: Stiftung Historisches Kolleg, Vierte Verleihung des Preises des Historischen Kollegs. Aufgaben, Stipendiaten, Schriften des Historischen Kollegs, München 1993, S. 35–37.
Nissen, Martin, Populäre Geschichtsschreibung. Historiker, Verleger und die deutsche Öffentlichkeit (1848–1900), Köln 2009.
Nolte, Ernst, Selbstentfremdung und Dialektik im deutschen Idealismus und bei Marx, Diss. phil. Freiburg 1952.
Nolte, Ernst, Der Faschismus in seiner Epoche. Action Française – Italienischer Faschismus – Nationalsozialismus, München 1963.
Nolte, Ernst, Vergangenheit, die nicht vergehen will. Eine Rede, die geschrieben, aber nicht gehalten werden konnte, in: FAZ, 6.6.1986, S. 25.
Nolte, Ernst, Martin Heidegger. Politik und Geschichte im Leben und Denken, Frankfurt 1992.
Nolte, Paul, Die Historiker der Bundesrepublik. Rückblick auf eine «lange Generation», in: Merkur 53. 1999, S. 412–423.
Nolte, Paul, Die Ordnung der deutschen Gesellschaft. Selbstentwurf und Selbstbeschreibung im 20. Jahrhundert, München 2000.
Nolte, Paul, Darstellungsweisen deutscher Geschichte. Erzählstrukturen und «master narratives» bei Nipperdey und Wehler, in: Christoph Conrad u. Sebastian Conrad (Hg.), Die Nation schreiben. Geschichtswissenschaft im internationalen Vergleich, Göttingen 2002, S. 236–268.

Nolte, Paul, Intellektuelle Zeitgeschichte im «Age of Fracture». Zum vorläufigen Abschluss der «Kleinen Politischen Schriften» von Jürgen Habermas, in: GG 39. 2013, S. 391–408.
Nolte, Paul, Thomas Nipperdeys Deutsche Geschichte im 19. Jahrhundert, in: DG 1866–1918/II, München 2013, S. 911–933.
Nolte, Paul, Hans-Ulrich Wehler. Historiker und Zeitgenosse, München 2015.
Nolte, Paul, Historikerwelt und Händlergeist. Die Entstehung von Thomas Nipperdeys «Deutsche Geschichte», in: ZIG 10. 2016, H. 4, S. 93–103.
Nonn, Christoph, Theodor Schieder. Ein bürgerlicher Historiker im 19. Jahrhundert, Düsseldorf 2013.
Osterhammel, Jürgen, Vorwort, in ders. u. a. (Hg.), Wege der Gesellschaftsgeschichte, Göttingen 2006, S. 7–10.
Osterhammel, Jürgen, Die Verwandlung der Welt. Eine Geschichte des 19. Jahrhunderts, München 2009; englisch: The Transformation of the World. A Global History of the Nineteenth Century, Princeton 2014.
Osterhammel, Jürgen, Die Flughöhe der Adler. Historische Essays zur globalen Gegenwart, München 2017.
Parsons, Talcott, The Structure of Social Action, Bd. 1, New York 1937.
Pehnt, Annette u. a. (Hg.), Die Bibliothek der ungeschriebenen Bücher, München 2014.
Pörksen, Uwe, Camelot im Grunewald. Szenen aus dem intellektuellen Leben der achtziger Jahre, München 2014.
Raphael, Lutz, Die Verwissenschaftlichung des Sozialen als methodische und konzeptionelle Herausforderung für eine Sozialgeschichte des 20. Jahrhunderts, in: GG 22. 1996, S. 165–193.
Raphael, Lutz, Radikales Ordnungsdenken und die Organisation totalitärer Herrschaft. Weltanschauungseliten und Humanwissenschaftler im NS-Regime, in: GG 27. 2001, S. 5–40.
Raphael, Lutz, Fernand Braudel (1902–1985), in: ders. (Hg.), Klassiker der Geschichtswissenschaft, Bd. 2, München 2006, S. 45–62.
Rebenich, Stefan, C.H.Beck 1763–2013. Der kulturwissenschaftliche Verlag und seine Geschichte, München 2013.
Rennecke, Petra, Poesie und Wissen. Poetologie des Wissens der Moderne, Heidelberg 2008.
Rheinberger, Hans-Jörg, Iterationen, Berlin 2005.
Rheinberger, Hans-Jörg, Historische Epistemologie zur Einführung, Hamburg 2007.
Ridgway, Brunilde Sismondo, Elfriede Regina Knauer (3 July 1926 – 7 June 2010), in: Proceedings of the American Philosophical Society 155. 2011, S. 327–334.
Ritter, Gerhard A., Hans Rosenberg 1904–1988, in: GG 15. 1989, S. 282–302.
Ritter, Gerhard A., Die emigrierten Meinecke-Schüler in den Vereinigten Staaten. Leben und Geschichtsschreibung zwischen Deutschland und der neuen Heimat: Hajo Holborn, Felix Gilbert, Dietrich Gerhard, Hans Rosenberg, in: HZ 284. 2007, S. 59–102.
Roth, Guenther, Rezension DG 1866–1918/II und Hans-Ulrich Wehler, Deutsche Gesellschaftsgeschichte, Bd. 3, in: Soziologische Revue 20. 1997, S. 181–184.
Rubin, Joan Shelley, The Making of Middlebrow Culture, Chapel Hill 1992.
Rückert, Joachim, Hans Carl Nipperdey, in: NDB 19. 1999, S. 280–282, https://www.deutsche-biographie.de/gnd118735519.html#ndbcontent.
Rückriem, Georg, «Es läuft». Über die Brauchbarkeit von Analogien und Metaphern, in: Wolf-Dieter Narr u. Joachim Stary (Hg.), Lust und Last des wissenschaftlichen Schreibens, Frankfurt 1999, S. 105–127.
Rudolph, Hermann, Der Unzeitgemäße, in: Tagesspiegel Online, 28.11.2013, http://www.tagesspiegel.de/kultur/verleger-und-publizist-wolf-jobst-siedler-gestorben-der-unzeitgemaesse/9143766.html (Zugriff 8.9.2017).

Schelsky, Helmut, Berufsbild und Berufswirklichkeit des Professors, in: Paul Mikat u. ders. (Hg.), Grundzüge einer neuen Universität. Zur Planung einer Hochschulgründung in Ostwestfalen, Gütersloh 1966, S. 21–34.

Schieder, Theodor, Nationalismus und Nationalstaat. Studien zum nationalen Problem im modernen Europa, hg. v. Otto Dann u. Hans-Ulrich Wehler, Göttingen 1992.

Schlak, Stephan, Wilhelm Hennis. Szenen einer Ideengeschichte der Bundesrepublik, München 2008.

Schnabel, Franz, Deutsche Geschichte im neunzehnten Jahrhundert, 4 Bde., Freiburg 1929–1937.

Schnicke, Falko, Die männliche Disziplin. Zur Vergeschlechtlichung der deutschen Geschichtswissenschaft 1780–1900, Göttingen 2015.

Scholder, Klaus (Hg.), Die Mittwochs-Gesellschaft. Protokolle aus dem geistigen Deutschland 1932–1944, Berlin 1982.

Scholtz, Gunter, Zwischen Wissenschaftsanspruch und Orientierungsbedürfnis. Zu Grundlage und Wandel der Geisteswissenschaften, Frankfurt 1991.

Schreiner, Samuel A., The Condensed World of Reader's Digest, New York 1977.

Schulze, Hagen, Freikorps und Republik 1918–1920, Boppard 1969.

Schulze, Hagen, Otto Braun oder Preußens demokratische Sendung. Eine Biographie, Frankfurt 1977.

Schulze, Hagen, Weimar. Deutschland 1917–1933, Berlin 1982.

Schumacher, Martin, Gründung und Gründer der Kommission für Geschichte des Parlamentarismus und der politischen Parteien, in: Karl Dietrich Bracher u. a. (Hg.), Staat und Parteien. Festschrift Rudolf Morsey, Berlin 1992, S. 1029–1054.

Schünemann, Christiane, Eine Schreibwerkstatt der Renaissance. Giovanni Boccaccio und sein Decameron, in: dies., Schreiben. Essays, o. O. 2016; https://www.neobooks.com/ebooks/christiane-schuenemann-schreiben--ebook-neobooks-AVXAnkQKz5W64AJ33cvC.

Seebacher-Brandt, Brigitte, Mit der Akribie eines Buchhalters. Rezension DG 1866–1918/I, in: Rheinischer Merkur. Christ und Welt, 14.6.1991, S. 18.

Seibt, Gustav, Nipperdey gleich Wehler. Urteilssprüche, in: FAZ, 14.11.1990, S. N3.

Seibt, Gustav, Nipperdey. Preis des Historischen Kollegs, in: FAZ, 21.3.1992, S. 27.

Selinger, Suzanne, Charlotte von Kirschbaum und Karl Barth. Eine biographisch-theologiegeschichtliche Studie, Zürich 2004.

Sellmer, Izabela (Hg.), Die biographische Illusion im 20. Jahrhundert. (Auto-)Biographien unter Legitimierungszwang, Frankfurt 2003.

Shapin, Steven, The Invisible Technician, in: American Scientist 77. 1989, S. 554–563.

Sharp, Joanne P., Condensing the Cold War. Reader's Digest and American Identity, Minneapolis 2000.

Sheehan, James J., German History, 1770–1866, Oxford 1989; dt.: Der Ausklang des alten Reiches 1763–1850, Berlin 1994.

Shils, Edward, Die Gesellschaft, das akademische Ethos und die Suche nach Wahrheit, in: Thomas Nipperdey (Hg.), Hochschulen zwischen Politik und Wahrheit. Sind die Reformen zu verkraften?, Zürich 1981, S. 94–123.

Siedler, Wolf Jobst, Weder Maas noch Memel. Ansichten vom beschädigten Deutschland, Stuttgart 1982.

Siedler, Wolf Jobst, Auf der Pfaueninsel. Spaziergänge in Preußens Arkadien, Berlin 1986.

Siedler, Wolf Jobst, Wir waren noch einmal davongekommen. Erinnerungen, München 2004.

Snow, Charles P., Die zwei Kulturen. Literarische und naturwissenschaftliche Intelligenz, Stuttgart 1967.

Sombart, Nicolaus, Journal intime 1982/83. Rückkehr nach Berlin, Berlin 2003.

Spoerhase, Carlos, Walter Kempowski empfängt den Olivetti-Mann. Wie beeinflussen digitale Programme die Poetik der Gegenwartsliteratur? Zur Literaturgeschichte der Textverarbeitung, in: FAZ, 14.1.2017, S. 18.

Sprenger, Gerhard u. Peter Weingart, Zentrum für interdisziplinäre Forschung, in: Peter Lundgreen (Hg.), Reformuniversität Bielefeld 1969–1994. Zwischen Defensive und Innovation, Bielefeld 1994, S. 397–410.

Steiner, George, The end of bookishness?, in: The Times Literary Supplement, 8.7.1988, S. 754.

Stelzel, Philipp, The Second-Generation Émigrés' Impact on German Historiography, in: Andreas W. Daum u. a. (Hg.), The Second Generation. Émigrés from Nazi Germany as Historians, New York 2015, S. 278–300.

Stern, Carola u. Heinrich August Winkler, Wendepunkte deutscher Geschichte 1848–1945, Frankfurt 1979.

Sternberger, Dolf, Panorama oder Ansichten vom 19. Jahrhundert (1938), Frankfurt 1974.

Stiftung Historisches Kolleg im Stifterverband für die Deutsche Wissenschaft, Vierte Verleihung des Preises des Historischen Kollegs. Aufgaben, Stipendiaten, Schriften des Historischen Kollegs, München 1993.

Stollberg-Rilinger, Barbara, Maria Theresia. Die Kaiserin in ihrer Zeit. Eine Biographie, München 2017.

Stone, Lawrence, The Revival of Narrative. Reflections on a New Old History, in: Past & Present 85. 1979, S. 3–24.

Stürmer, Michael, Das ruhelose Reich. Deutschland 1866–1918, Berlin 1983.

Sum, Anna Barbara, Widerspruch als Prinzip. Nachruf auf Albert O. Hirschman (7. April 1915 – 10. Dezember 2012), in: GG 39. 2013, S. 125–138.

Szöllösi-Janze, Margit, Wissensgesellschaft in Deutschland. Überlegungen zur Neubestimmung der deutschen Zeitgeschichte über Verwissenschaftlichungsprozesse, in: GG 30. 2004, S. 277–313.

Talmon, Jacob, Die Ursprünge der totalitären Demokratie (1952), Köln 1961.

te Heesen, Anke, Der Zeitungsausschnitt. Ein Papierobjekt der Moderne, Frankfurt 2006.

Tenbruck, Friedrich H., Abschied von Wirtschaft und Gesellschaft, in: Zeitschrift für die gesamte Staatswissenschaft 133. 1977, S. 703–736.

Terhoeven, Petra, Die Rote Armee Fraktion. Eine Geschichte terroristischer Gewalt, München 2017.

Trabant, Jürgen, Europäisches Sprachdenken. Von Plato bis Wittgenstein, München 2006.

Trabant, Jürgen, Globalesisch, oder was? Ein Plädoyer für Europas Sprachen, München 2014.

Ullrich, Volker, Bunte Vielfalt deutscher Staatenwelt. Thomas Nipperdey schildert die Epoche von 1800 bis 1866, in: SZ, 9.11.1983, S. 49.

Ullrich, Volker, Ambivalenzen der Normalität. Rezension DG 1866–1918/II, in: Die Zeit, 2.10.1992, S. 25.

Ullrich, Volker, Die nervöse Großmacht. Aufstieg und Untergang des deutschen Kaiserreichs 1871–1918, Frankfurt 1997.

Vierhaus, Rudolf, Staaten und Stände. Vom Westfälischen bis zum Hubertusburger Frieden 1648 bis 1763, Berlin 1984.

Vierhaus, Rudolf, Dietrich Gerhard (7.11.1896 – 31.7.1985), in: HZ 242. 1986, S. 758–762.

Wagner-Hasel, Beate, Die Arbeit des Gelehrten. Der Nationalökonom Karl Bücher (1847–1930), Frankfurt 2011.

Weber, Max, Wirtschaft und Gesellschaft. Grundriß der verstehenden Soziologie, Tübingen 1972.

Weber, Max, Die «Objektivität» sozialwissenschaftlicher und sozialpolitischer Erkenntnis (1904), in: ders., Gesammelte Aufsätze zur Wissenschaftslehre, Tübingen 1988, S. 146–214.

Weber, Max, Wissenschaft als Beruf (1919), in: ders., Gesammelte Aufsätze zur Wissenschaftslehre, Tübingen 1988, S. 582–613.
Wehler, Hans-Ulrich, Bismarck und der Imperialismus, Köln 1969.
Wehler, Hans-Ulrich, Das deutsche Kaiserreich 1871–1918, Göttingen 1973; englisch: The German Empire 1871–1918, Leamington Spa 1985.
Wehler, Hans-Ulrich, Geschichte als Historische Sozialwissenschaft, Frankfurt 1973.
Wehler, Hans-Ulrich, Moderne Politikgeschichte oder «Große Politik der Kabinette»?, in: GG 1. 1975, S. 344–369.
Wehler, Hans-Ulrich, Modernisierungstheorie und Geschichte, Göttingen 1975.
Wehler, Hans-Ulrich, Kritik und kritische Antikritik, in: HZ 225. 1977, S. 347–384.
Wehler, Hans-Ulrich, Geschichtswissenschaft heute, in: Jürgen Habermas (Hg.), Stichworte zur «Geistigen Situation der Zeit», Bd. 2: Politik und Kultur, Frankfurt 1979, S. 709–753.
Wehler, Hans-Ulrich, Historische Sozialwissenschaft und Geschichtsschreibung, Göttingen 1980.
Wehler, Hans-Ulrich, Preußen ist wieder chic… Politik und Polemik in zwanzig Essays, Frankfurt 1983.
Wehler, Hans-Ulrich, Preußen ist wieder chic… Der Obrigkeitsstaat im Goldrähmchen, in: ders., Preußen ist wieder chic… Politik und Polemik in zwanzig Essays, Frankfurt 1983, S. 11–19.
Wehler, Hans-Ulrich, Deutschland von Napoleon bis Bismarck. Thomas Nipperdeys «Deutsche Geschichte 1800–1866». Ein Meisterwerk historischer Synthese, in: Die Zeit, 14.10.1983, S. 32.
Wehler, Hans-Ulrich, Nachruf auf Theodor Schieder (11. April 1908 – 8. Oktober 1984), in: GG 11. 1985, S. 143–153.
Wehler, Hans-Ulrich, Deutsche Gesellschaftsgeschichte, Bd. 1: Vom Feudalismus des Alten Reiches bis zur defensiven Modernisierung der Reformära 1700–1815, München 1987.
Wehler, Hans-Ulrich, Deutsche Gesellschaftsgeschichte, Bd. 2: Von der Reformära bis zur industriellen und politischen «Deutschen Doppelrevolution» 1815–1845/49, München 1987.
Wehler, Hans-Ulrich, Entsorgung der deutschen Vergangenheit. Ein polemischer Essay zum «Historikerstreit», München 1988.
Wehler, Hans-Ulrich, Alltagsgeschichte. Königsweg zu neuen Ufern oder Irrgarten der Illusionen?, in: ders., Aus der Geschichte lernen? Essays, München 1988, S. 130–151.
Wehler, Hans-Ulrich, Aus der Geschichte lernen? Essays, München 1988.
Wehler, Hans-Ulrich, Deutsche Gesellschaftsgeschichte, Bd. 3: Von der «Deutschen Doppelrevolution» bis zum Beginn des Ersten Weltkrieges 1849–1914, München 1995.
Wehler, Hans-Ulrich, Rückblick und Ausblick – oder: arbeiten, um überholt zu werden?, in: Paul Nolte u. a. (Hg.), Perspektiven der Gesellschaftsgeschichte, München 2000, S. 159–168.
Wehler, Hans-Ulrich, Eine lebhafte Kampfsituation. Ein Gespräch mit Manfred Hettling und Cornelius Torp, München 2006.
Wehrs, Nikolai, Protest der Professoren. Der «Bund Freiheit der Wissenschaft» in den 1970er Jahren, Göttingen 2014.
Weichlein, Siegfried, Ursprungsmythen in unvordenkbarer Vergangenheit. Die soziale Konstruktion von Zeit in der nationalen Mythologie, in: Dimiter Daphinoff u. Barbara Hallensleben (Hg.), Unsterblichkeit. Vom Mut zum Ende, Heidelberg 2012, S. 19–33.
Weichlein, Siegfried, Europäische Nationalgeschichten im Wandel, in: HZ 303. 2016, S. 760–789.
Weisker, Albrecht, Korporatismus und Lobbyismus vor 50 Jahren und heute, in: ZF 2. 2005, S. 321–325.
Weißmann, Karlheinz, Der Weg in den Abgrund. Deutschland unter Hitler 1933 bis 1945, Berlin 1995.

von Weizsäcker, Richard, Von Deutschland aus. Reden des Bundespräsidenten, Berlin 1985.
Wesel, Uwe, 250 Jahre rechtswissenschaftlicher Verlag C.H.Beck 1763–2013, München 2013.
White, Donald, Dr. Elfriede R. (Kezia) Knauer (3 July 1926 – 7 June 2010), in: Expedition Magazine 52. 2010, H. 3, S. 4.
Willms, Johannes, Paris. Hauptstadt Europas 1789–1914, München 1988.
Wimmer, Mario, Archivkörper. Eine Geschichte historischer Einbildungskraft, Konstanz 2012.
Wimmer, Mario, Rankes Quellen, in: Historicum 34. 2015, S. 46–63.
Wind, Renate, Dorothee Sölle. Rebellin und Mystikerin. Die Biographie, Stuttgart 2008.
Winkler, Heinrich August, Von der Revolution zur Stabilisierung. Arbeiter und Arbeiterbewegung in der Weimarer Republik 1918–1924, Berlin 1984.
Winkler, Heinrich August, Der Schein der Normalität. Arbeiter und Arbeiterbewegung in der Weimarer Republik 1924–1930, Berlin 1985.
Winkler, Heinrich August, Der Weg in die Katastrophe. Arbeiter und Arbeiterbewegung in der Weimarer Republik 1930–1933, Berlin 1987.
Winkler, Heinrich August, Der lange Weg nach Westen, 2 Bde., München 2000; englisch: Germany. The Long Road West, Bd. 1: 1789–1933, Oxford 2006; Bd. 2: 1933–1990, Oxford 2007.
Winkler, Heinrich August, Geschichte des Westens, 4 Bde., München 2009–2015.
Winkler, Heinrich August, Zerreißproben. Deutschland, Europa und der Westen. Interventionen 1990 bis 2015, München 2015.
Winkler, Heinrich August, Zerbricht der Westen? Über die gegenwärtige Krise in Europa und Amerika, München 2017.
Wirsching, Andreas, Abschied vom Provisorium. Geschichte der Bundesrepublik Deutschland 1982–1990, München 2006.
Zöller, Michael (Hg.), Aufklärung heute. Bedingungen unserer Freiheit, Zürich 1980.
Zwahr, Hartmut (Hg.), Verleger und Wissenschaftler, Göttingen 1996 (= GG 22. 1996, H. 1).
Zwiener, Ulrich (Hg.), Wartburgtreffen 1990. Ein demokratisches Deutschland für Europa, Jena 1990.

Personenregister